周恩来传

（四）

中共中央文献研究室　编
主编　金冲及

中央文献出版社

本卷目录

五十七、从严重经济困难中走出来（上）

经历了一九五九年和一九六〇年国民经济连续两年的严重困难，特别是原来没有预计到的严重粮食危机，周恩来深深感到，作为中国国民经济基础的农业还远远谈不上过关，这个基础还十分脆弱。他在一次工作汇报会上指出："不大跃进，不能摆脱落后。但是，我们对大跃进的规模还未摸透，我们对农业过关估计容易了。"①

怎样才叫"农业过关"呢？周恩来在另一次会上是这样解释的："至少农业的主要粮食，在全国每人平均达到一千到一千五百斤中间才能算过关。""农业过关总要使农业能够实现机械化和半机械化，有一定数量的化肥配合土肥来增产，基本上完成水利"，"这都是基本上的要求，要基本上实现"。"我说的过关，就是把农业基础的底子打下来，能够实现四个现代化，成为一个工业国。"② 这自然是需要经过相当长时间的努力才能实现的。

一九六〇年，农业产值比上一年又下降百分之十二点六，其

---

① 周恩来在中共中央华北局汇报工作时的插话记录，1960 年 10 月 29 日。

② 周恩来在中直机关、中央国家机关、北京市各机关 17 级以上干部会上的讲话记录，1960 年 10 月 17 日。

中粮食产量比上一年下降百分之十五点六，国民经济比例失调的情况更加严重，人民生活水平和身体素质都大幅度下降。面对着农业的严重被动局面，从这年秋季开始，周恩来对“大跃进”以来的经验教训和国民经济产生严重困难的原因，进行了认真的反思。他指出：“总的说，做计划、搞建设必须有大跃进的速度，又要按比例地发展。只有大跃进的速度与按比例的发展相结合，也就是丰富的革命性与严格的科学性相结合，才能波浪式地、有节奏地持续跃进。否则，就会违反客观规律，就会受到客观规律的惩罚。没有大跃进的速度，就会犯保守主义的错误。不按比例发展，就会造成比例失调，丧失平衡，欲速不达。一切事物的发展都有一定界限，一切真理都具有严格的科学性。”①

近两年国民经济产生严重困难的原因，周恩来认为主要有三个方面：首先是自然灾害。他说：“我们在建设当中必须对自然灾害要有足够的估计”，“‘人定胜天’这个道理是对的，但是要辩证地来看这个问题。对这方面有任何忽视都会带来本来可以避免的困难”。其次是缺乏经验。周恩来指出：“现在就需要我们总结经验来掌握这个新的规律，并且有可能比较多地来认识这个规律。我们不可能设想，在我们刚搞大跃进的时候，各种规律都预先能够预见到。”第三个，也就是最重要的原因还是工作上的缺点和错误，其中主要是执行政策不力。②

联系到农业对国民经济全局的极端重要性，周恩来指出：“农业是国民经济的基础，也就是说农业的发展水平是国民经济首先是工业发展速度的决定因素”，因此，在安排国民经济计划时，必须首先考虑到“农业能够提供多少粮食给工业和城市，农业能够提供多少劳动力给工业和其他各行各业，农业能为工业提

① 周恩来在副总理汇报计划工作会议上的讲话记录，1960年11月16日。

② 周恩来在中央一级下放干部座谈会上的报告记录，1960年12月8日。

供多少原料，农业能为工业提供多大购买力”。他说：

> “在我国目前农业机械化水平还非常低的条件下，农业的发展速度不能不在极大程度上决定于使用在农业生产方面的劳动力的数量和质量。因而，劳动力在国民经济部门中的配置就成为计划经济中最重要的比例关系之一。在社会主义制度下，提高劳动生产率必须开展技术革新运动，改善劳动组织，调整生产关系，调动广大劳动者的生产积极性。但是，更重要的是保证劳动力持续劳动的能力和延续后代再生产的能力。近三年来，这个最简单的道理，却被忽视了。”①

为了扭转国民经济的被动局面，周恩来提出，一九六一年的口号是“调整、巩固、充实、提高”。由于农业上的问题最先暴露出来，调整农业便成为一九六一年上半年全党最中心的工作。调整农业从哪里入手？首先应该调整党在农村的基本政策。正如陈云所说：“政策问题不解决，农民的积极性发挥不出来，其他的措施再多，农业生产也上不去。”②

当时，在农村政策上积累起来的问题已相当严重。一九六〇年初，在庐山会议反右倾的影响下，全国范围内又重新刮起严重挫伤农民生产积极性的“共产风”：农村人民公社出现超越生产力发展水平而急于从基本队有制向基本社有制过渡的问题，在发展公社一级经济力量时出现“一平二调”的错误，在分配问题上出现集体积累过多、社员增收过少等问题，在干部作风上出现不实事求是、脱离实际、命令主义等问题，严重伤害了农民的积极性。这些问题，已经持续数年，不下大的决心是很难纠正过来的。中共中央曾经针对广东、贵州等地出现的这类问题发出过指

---

① 周恩来在副总理汇报计划工作会议上的讲话记录，1960年11月16日。

② 《陈云文选》第3卷，人民出版社1986年5月版，第161页。

示要求纠正，但没有得到切实贯彻。七月北戴河会议后，各地实行大办水利、大办交通、大办养猪事业等，“一平二调”的现象更加严重。这使中共中央感到迫切需要制定出一套切合实际的具体政策，否则就无法从根本上解决这些问题。这副担子又落到周恩来肩上。

这年秋天，周恩来主持起草了《中共中央关于农村人民公社当前政策问题的紧急指示信》（又称“十二条”）。这是调整时期一个关系经济工作全局的重要文件，是大幅度调整农村政策以战胜严重经济困难的重要开端。

十月二十九日，中共中央政治局扩大会议讨论这个文件。周恩来在会上指出：关于分配问题还是把“各尽所能、按劳分配”的原则平行提出来。“我们批评共产风，要从思想上来认识这个问题。”“共产主义不是平均主义，所以分配问题必须要把这两句话讲透才能鼓励大家各尽所能。”十一月三日，毛泽东对这封信提出几处重要的修改意见后，请周恩来“召集（李）富春、（谭）震林、（廖）鲁言、（陈）正人、（陈）伯达谈一下，最后酌定”。① 当天，中共中央发出这封《紧急指示信》。

周恩来主持起草的这封《紧急指示信》，在调整农村所有制结构和实现形式方面下了异乎寻常的大决心。它强调：“‘共产风’必须坚决反对，彻底纠正。必须把当前农村中迫切需要解决的一系列的政策问题，特别是关于人民公社所有制方面的一系列的政策问题，向各级党组织讲清楚。”信中提出十二条重大措施，这些措施有着很大的针对性和可操作性。它的主要内容是：

一、三级所有，队为基础，是现阶段人民公社的根本制度；

① 毛泽东在《中共中央关于农村人民公社当前政策问题的紧急指示信》上的批语，1960年11月3日。

二、坚决反对和彻底纠正“一平二调”的错误；

三、加强生产队的基本所有制；

四、坚持生产小队的小部分所有制；

五、允许社员经营少量的自留地和小规模的家庭副业；

六、少扣多分，尽力做到百分之九十的社员增加收入；

七、坚持各尽所能、按劳分配的原则，供给部分和工资部分三七开；

八、从各方面节约劳动力，加强农业生产第一线；

九、安排好粮食，办好公共食堂；

十、有领导有计划地恢复农村集市，活跃农村经济；

十一、认真实行劳逸结合；

十二、放手发动群众，整风整社。

与此同时，中共中央发出《关于贯彻执行〈紧急指示信〉的指示》，雷厉风行地要求各地至迟在十二月中旬以前把《紧急指示信》传达到农村中去，使中央的政策直接同群众见面。具体步骤是：先召开有地委、县委书记参加的会议，经过讨论，弄清思想。周恩来在这里补充写道：“其中要有意识地在同级党委中找持有不同意见的人参加。”然后再召开生产小队长以上的干部会议，吸收若干社员代表参加。周恩来在这里又补充写道：“其中也要有持有不同意见的人参加。”①《紧急指示信》下达后，各级领导干部深入农村，向基层干部和农民宣读和讲解，同他们一道为纠正错误、落实政策、扭转农村形势而奋斗。

---

① 周恩来对中共中央《关于贯彻执行〈紧急指示信〉的指示》的修改稿，1960年11月3日。

这封《紧急指示信》在农民中引起强烈反响。四川省郭县红光公社的社员说："中央的十二条完全说到我们的心坎上，条条入耳，越听越想听。"雅安县多营公社的社员更是赞不绝口："照这样办，我们睡着了都会笑醒。"[①] 有的地区的农民听到传达后，"像得了宝似的高兴"，认为"党的政策没有变"，"就像是从农民口中说出的一样"，"完全反映了农民当前的希望和要求"。[②] 随后，各地普遍开展以反对"共产风"为重点的整风整社运动。

为了进一步研究和分析国内情况，特别是农村情况，确定和落实一九六一年的国民经济计划，中共中央决定在北京召开八届九中全会。全会前，先在一九六〇年十二月二十四日至一九六一年一月十三日举行中央工作会议，讨论一九六一年国民经济计划，形成《关于农村整风整社和若干政策问题的讨论纪要》。《纪要》在《紧急指示信》十二条的基础上，进一步确定若干具体政策：一、提高农副产品收购价格和退赔平调账，分两步走。二、社员家庭副业和手工业，是社会主义经济的必要补充，是大集体下的小自由，允许有适当发展。社员自留地占当地每人平均占有耕地的比例，从《紧急指示信》规定的百分之五提高到百分之七。三、对农村集市采取活而不乱、管而不死的方针。目前要放手活跃农村集市，不要过多限制。

中央工作会议开始后不久，周恩来率领四百多人的友好代表团出席缅甸独立节十三周年庆祝典礼，并举行互换中缅边界条约批准书仪式。这是中国同邻国成功地解决边界问题的第一个实例，起了示范的作用。一月十二日，他从云南回到北京。

第二天，周恩来出席中央工作会议的最后一次会议。毛泽东

---

① 中共中央转发四川省委关于贯彻《紧急指示信》的简报，1960年11月。

② 人民来信中对《紧急指示信》的反映，1960年12月25日。

在这次会上做了十分重要的讲话，他指出："现在看起来，社会主义建设不要那么十分急，十分急了办不成，越急就越办不成，不如缓一点，波浪式向前发展"，"不要务虚名而招实祸"。毛泽东提出工作中要做到三条：情况明，决心大，方法对。情况明是第一条，是工作的基础，情况不明，一切无从谈起。他要求大家回去后"大兴调查研究之风，一切从实际出发"。他说："今年搞个实事求是的一年。当然，不能讲我们过去根本一点不实事求是，也不能这么讲。我们有实事求是的传统，就是马克思主义的普遍真理跟中国（革命）的实际相结合。但是解放以来，特别是最近几年，我们不摸底了。"①

一月十四日至十八日，中国共产党八届九中全会在北京中南海怀仁堂隆重召开。它的指导思想，就是毛泽东提出的"大兴调查研究之风"和"今年搞个实事求是的一年"。周恩来出席了会议。这次会议最重要的内容是：正式决定对国民经济实行"调整、巩固、充实、提高"的方针。具体议程有：一、听取和讨论邓小平关于上一年十一月以刘少奇为首的中国共产党代表团到莫斯科参加八十一国共产党和工人党代表会议的情况报告，并通过相应的决议；二、听取和讨论李富春关于一九六〇年国民经济计划执行情况和一九六一年国民经济计划主要指标的报告，建议国务院根据这个方针来编制一九六一年国民经济计划，交全国人大会议审议；三、听取各省、市、自治区党委负责人关于十二条紧急指示信发出后各地开展整风整社和纠正"共产风、浮夸风、瞎指挥风、特殊化风、强迫命令风"等情况的汇报，通过刚刚结束的中央工作会议作出的《关于农村整风整社和若干政策问题的讨论纪要》。

这次全会特别强调：由于农业生产连续两年遭到严重的自然

① 毛泽东在中央工作会议上的讲话记录，1960年1月13日。

灾害，一九六一年全国必须集中力量加强农业战线，贯彻执行国民经济以农业为基础的方针，大办农业，大办粮食。要适当缩小基本建设规模，降低重工业发展速度，加强各行各业对农业的支援，尽最大努力争取农业生产获得较好的收成。一月十八日，全会的最后一天，毛泽东在讲话中再次强调："希望今年这一年，一九六一年成为一个调查年，大兴调查研究之风。"他说："大家回去实事求是地干，不要老是搞计划、算账。要搞实际工作，调查研究，去督促，去实践。""要鼓足干劲、力争上游、多快好省地建设社会主义，这个路线要坚持。"① 这次会议对纠正一九五九年庐山会议后又大大发展起来的"左"的错误、恢复党的实事求是的思想路线起了重要的作用，是党在探索社会主义建设道路上跨出的重大一步。

"一九六一年成为一个调查年"这个口号，产生了巨大的影响。八届九中全会结束后，党的工作有了很大转变。按照毛泽东的部署，全党广泛开展对各项工作的调查研究，调查的重点集中在农业问题上。周恩来在一次会议上说：在困难面前，我们不能怨天，也不能尤人，主要应求之于自己。我们在座的各位同志，都应该下决心摸清情况，摸几个典型。只有情况明，才能决心大，才能把工作搞好。还要谦虚谨慎，把情况弄明后再下决心，不能瞎搞。② 二月间，毛泽东在长沙和杭州等地调查时发现群众反映"十二条解决了一些问题，就是不具体"③。他认为需要搞一个比"十二条"更具体、完善的人民公社各级工作条例，把公社各级组织的职权搞清楚。三月上旬，在毛泽东主持下，起草了《农村人民公社工作条例（草案）》，共六十条。这个条例的基本

---

① 毛泽东在中共八届九中全会上的发言记录，1961 年 1 月 18 日。
② 周恩来在中共中央工作会议上的发言记录，1961 年 1 月 19 日。
③ 毛泽东和王任重谈话记录，1961 年 3 月 7 日。

内容和“十二条”相同，而又更具体化了。三月四日，周恩来飞抵广州。第二天，参加毛泽东主持召开的政治局扩大会议。会议的重点是讨论人民公社的体制和农村人民公社工作条例。会前这段时间内，周恩来正忙于研究基本建设的调整，去东北处理工业生产方面遇到的问题，安排进口粮食，并先后会见阿尔巴尼亚、缅甸、越南、日本、苏联等国经济贸易方面的代表团，没有来得及对农村工作条例进行仔细研究，所以在会上没有就这个问题发表意见，主要汇报了粮食和外贸方面的情况。三月六日，周恩来返回北京。

三月十一日至十三日，毛泽东在广州主持召开包括华东、中南、西南三个地区的中央局和省、市、自治区党委负责人参加的“三南”会议。他在会上再一次强调领导干部亲自做调查研究的重要性，痛切地说：“最近几年吃情况不明的亏很大，付出的代价很大。”① 会议还印发了他在一九三〇年所写的《调查工作》(后来把题目改为《反对本本主义》——编者注)。在这次会上，毛泽东根据几个调查组汇报的情况，鲜明地提出农村人民公社迫切需要解决的问题是反对两个平均主义：一个是大队内部各生产队与生产队之间的平均主义，一个是生产队内部人与人之间的平均主义。毛泽东认为：“这两个问题，问题极大，不彻底解决，不可能真正地全部地调动群众的积极性。”②也是在三月十一日至十三日，刘少奇、周恩来、邓小平在北京召开了包括华北、东北、西北三个地区的中央局和省、市、自治区党委负责人参加的三大区工作会议，通常称为“三北”会议。会议期间，周恩来约参加会议的有关负责人商谈粮食和外贸工作；他还抽空和陈毅、贺龙到工人体育馆观看乒乓球训练，并且会见了即将参加第二十六届世界乒乓球锦标赛的中国运动员，鼓励他们“胜而不骄，败

①② 毛泽东在“三南”工作会议上的讲话记录，1961 年 3 月 13 日。

而不馁”，为国争光，打出水平，赛出风格。

三月十四日，周恩来等飞抵广州。十五日至二十三日，中共中央在广州召开中央工作会议，讨论毛泽东主持起草的《农村人民公社工作条例（草案）》。十九日，周恩来在中南和华北小组会上发言说：这些年对许多问题“所以如此不摸底，不落实，没有留余地、藏一手，除了我们对于复杂的社会主义建设工作没有根据总路线和两条腿走路的方针，拿毛泽东思想不断地总结经验，提高自己以外，最根本的一个毛病就是没有依照毛主席的要求，深入厂矿农村，进行系统调查、典型试验、反复研究、认真核实，便轻率从事，这就不可能做到‘情况明、决心大、办法对’了”。他说：“要改正这些缺点错误，必须从深入下层、深入群众、认真进行调查工作入手。”① 怎样开展调查研究呢？周恩来是这样回答的：

“我们下去调查，必须对事物进行分析、综合和比较。事物总存在内在的矛盾，要分别主次；总有几个侧面，要进行解剖。各人所处的环境总有局限性，要从多方面观察问题；一个人的认识总是有限的，要多听不同的意见，这样才利于综合。事物总是发展的，有进步和落后，有一般和特殊，有真和假，要进行比较，才能看透。下去调查，要敢于正视困难，解决困难。一个困难问题解决了，新的困难问题又来了。共产党人就是为不断克服困难，继续前进而存在的。畏难苟安，不是共产党人的品质。我们下去调查要坚守毛泽东同志的三条原则：从群众中来，到群众中去；集中起来，坚持下去；坚持真理，修正错误。这就是民主集中制，它不但是组织原则，也是工作原则。智慧是从群众中来的，但对群

① 周恩来在中央工作会议中南、华北小组会上的发言记录，1961年3月19日。

众的意见领导方面还要加工，然后回到群众中去考验，在这基础上再加工。脱离我们的基本阶级群众，就会丧失党的基础。尾巴主义，随着群众跑，就会放弃党的领导。目前的毛病，还是我们发号施令太多，走群众路线太少。”①

会议期间，周恩来参与修改了《中共中央关于讨论人民公社工作条例草案给全党同志的信》。信中写道：

“有了这个条例，公社各级干部和全体社员对于人民公社是什么性质，对于公社各级应该做什么，不应该做什么，应该怎样做，不应该怎样做，就可以有一个统一的、全面的、正确的了解。这样，广大农民的积极性就会有一个新的高涨，农村人民公社的工作就会有一个大的进步，农业生产的发展也就可以得到一个更好的保证。”②

根据周恩来的提议，会议还讨论了粮食问题。三月二十一日，周恩来在会上介绍了粮食的现状。他说：从去年七月到今年六月的粮食年度，全国的收购计划为八百四十亿斤，到现在为止，只收购了七百四十四亿斤，相差的一百亿斤要靠麦收。在今后两个季度，即二、三季度，存在八十亿斤的粮食缺额。

怎样来克服面对的困难呢？周恩来提出应该实行“三包三定政策”，即包产、包购、包销，定产、定购、定销。具体办法是：一、包产以后，超产部分可以全部归大队，但是要允许国家买。周恩来说：“没有这一条是不行的，不仅中央有困难，地方上也有困难。在一般地区我们提出四句话：多产多吃多购；少产少吃

① 周恩来在中共中央工作会议中南、华北小组会上的讲话记录，1961年3月19日。

② 《中共中央关于讨论人民公社工作条例草案给全党同志的信》，1961年3月22日。

照购；灾荒少吃少购；重灾可以由社、县、地、市、省调剂，实行救济免购。有了这四条线，才能争取超产。”二、在目前灾荒基础上进行的包产，一般不能“三年不变”，只能一年一变。当然，个别生产稳定、历年丰产的地区，可以考虑几年不变，但是这只是个别的，由地方上控制。三、地方在“三定”之后出现灾荒，由县、地管小灾，地、省管中灾，省和大区管大灾。中央管两种特大灾荒：一是管三个省到四个省的特大灾荒，二是如果超过三四个省，就要开会，实行“大平调”。“平调”也是一种不得已的手段，过去刮“共产风”是不对的，但是遇到自然灾害以东补西，以丰补歉，东调西调，南调北调，也是不得已，并不是愿意这样做。周恩来强调说：“三定三包”政策“一定要贯彻，否则不能调动农民的积极性，稳定农民情绪，增加农业生产”。

为了使粮食早日过关，周恩来提出三条措施：一、在六七年的时间内，还要从各方面来支援农业，大抓经济作物，实行机械化，求得增产。同时还要实行低标准、瓜菜代，口粮水平不能一下增加太多，这是长期奋斗的方针。二、在全国来说，仍要继续提倡节衣缩食，特别是在城市，更要大力提倡。三、在不妨碍生产、而且有利于生产的情况下，要压缩一批城市人口回乡，这项工作应该立即着手准备，而且要有计划有领导有步骤地去做。我们希望从今年麦收开始到明年，争取在一年半的时间内压缩一千万以上的人口回乡，这对于减少城市的粮食压力，促进农业生产的发展，会起很好的作用。① 减人这条措施十分重要，正如陈云所说：“只有这样，才能稳定全局，并且保证农业生产的恢复。”②

三月二十二日，会议通过《农村人民公社工作条例（草

---

① 周恩来在中央工作会议上的发言记录，1961年3月21日。

② 《陈云文选》第3卷，人民出版社1986年5月版，第165页。

案)》，并决定将这个草案发给农村党支部和全体社员讨论，征求意见，并在一部分地区选点试行。

在广州期间，周恩来听到陈赓病逝的消息，十分悲痛。陈赓是周恩来在黄埔军校和上海地下斗争时期的得力助手。长征过草地时，周恩来身患重病，是陈赓和兵站部部长杨立三等用担架抬着他走过来的。周恩来是一个十分重感情的人。一九五五年杨立三病故时，周恩来曾为他抬棺送葬。得到陈赓病逝的消息后，三月二十四日，周恩来经武汉赶回北京。当天，立刻前往设在中山公园的灵堂吊唁，并主持公祭大会。事后，周恩来题写三张“陈赓同志之骨灰”供陈赓的夫人傅涯选用。当邓颖超将三张题字送到傅涯手中时，她感动得流下了眼泪。

这时，由于美国违反一九五四年日内瓦会议协议，干涉老挝国内和平问题，引起中国周边一些国家的不安。四月六日，周恩来离开北京到武汉。在武汉停留期间，修改了中共中央对国家计委党组《关于安排一九六一年基本建设计划的报告》的批转意见和中央转发的《关于调整农村劳动力和精简下放职工问题的报告》。九日，抵达广西凭祥，同越南领导人胡志明、黎笋、范文同等就老挝和平问题进行会谈。随后，周恩来又到云南昆明会见缅甸总理吴努，就相同的问题交换了意见。周恩来在同吴努谈话中指出，我们认为老挝这个战争是打不大的，是美国发动的局部战争。因为那里没有很多空旷的地方，森林太多不好打。如果美国要在那里打局部战争，那么这对美国来说，比朝鲜战争将是更加错误的时间、更加错误的地点和更加错误的战争。只要美国不干涉老挝的内政，老挝问题是可以解决的。

四月十三日至十五日，周恩来陪同吴努到西双版纳傣族自治州首府景洪参加傣历新年庆祝活动和欢度泼水节。在西双版纳期间，周恩来参观了云南亚热带植物研究所和国营橡胶园，要求有关人员搞好我国年轻的橡胶种植业，还要求当地干部增强保护环境的意识。他说："这里是富饶美丽之乡，如果破坏了森林，将来也会变成沙漠，我们共产党人也就成了历史的罪人，后代就会骂我们。"周恩来对他们说："一定要研究这个问题，要解决好合理开垦，保护好自然资源，改造好大自然，要做人民的功臣，可不要做历史的罪人。"①

利用这次外出的机会，周恩来在武汉、南宁、昆明、成都等地向省委和县委负责人了解农村整社的情况和对《农村人民公社工作条例（草案）》的意见。四川省委介绍了省委召开的三级干部会上，对如何解决两个平均主义问题的重要经验：一个是南充潆溪公社介绍的，用"三包"（包产、包工、包成本）"一奖"（超产奖励）来克服生产队之间的平均主义问题；另一个是南充火花公社介绍的用供给和工资"三七开"的分配制度来解决社员与社员之间的平均主义问题。四月十九日，周恩来回到北京后，将四川省委给中央的一个会议简报及潆溪和火花公社的经验报告送给毛泽东，并附信说："很值得一看。"他在信中还写道："广州会议和六十条中对'以产定分'没有深入讨论，所以在分配上没有作出明确规定。当然生产收入低的，不一定非实行'三七开'不可，也可'二八开'或更少于'二八开'。现在看起来，这一问题是具有普遍性的，不仅西南、中南各省如此，回京后听小平、彭真同志谈，北京各县也是要求'以产定分'，而黑龙江则早已实行'以产定分'。其他按劳动等级或按工作定额定工分的，都为群众所不赞成。"②

广州会议结束后，毛泽东又提出五月中旬在北京召开一次中央工作会议，会议的任务是"继续广州会议尚未完成的工作：收

① 周恩来在西双版纳和亚热带植物研究所及国营橡胶园的有关人士谈话记录，1961 年 4 月 13 日—15 日。

② 周恩来致毛泽东的信，1961 年 4 月 19 日，手稿。

集农民和干部的意见，修改（农村）工作条例六十条和继续整‘五风’。”① 为了开好这次会议，毛泽东要求参加会议的人，在会前对农村中若干群众最关心的问题，如食堂问题、粮食问题、供给制问题等进行重点调查。

四月底至五月初，周恩来先到河北邯郸，听取河北省负责人的汇报。随后，在五月三日至八日到河北武安县伯延公社进行深入调查，走访了几十户贫下中农家庭，视察了生产队的集体食堂，还到公社商店了解商品价格。周恩来在社员家中看到的情况令他十分震惊。他后来在中央工作会议上说："除了树叶、咸菜、野菜以外，就没有东西了，硬是没有存粮。"② 抗日战争时期，武安曾是八路军晋冀鲁豫军区所在地，有着光荣的革命斗争传统，当地群众为支援八路军打击日本侵略者做出过重大贡献。看到这里的乡亲们生活仍旧这样贫困，周恩来感到十分痛心和内疚。

在伯延公社，他找了公社、大队、小队的干部和社员群众谈话，其中一个叫张二廷的社员直率地告诉他："这两年生活一年不如一年。"又说："如果再这样下去两年，连你也会没有吃的。"为什么这样讲呢？张二廷解释道："因为我们当然首先要顾自己，你们征购不到，还不是没有吃的？"周恩来后来说："这句话对我教育很大，我很受感动。当时在场的地委的干部听了以后，说这个人是个落后分子。我跟他们解释：这样看不对，这个社员说的是真理，一个农民把我们看作他自己的人才会说这样的话，这是一针见血的话。"③ 会后，周恩来到张二廷家做客。面对和蔼可亲的国家总理，张二廷将伯延公社遭受的灾情和公共食堂等方面

① 毛泽东致邓小平的信，1961 年 4 月 25 日，手稿。

② 周恩来在中央工作会议上的发言记录，1961 年 6 月 12 日。

③ 周恩来在中央工作会议上的发言记录，1961 年 5 月 31 日。

绝密　　　　编号______

记录稿

周恩来同志在中央工作会议上的报告

（速记整稿，未经本人校阅。　中办机要室注）

时　　间：1961年5月31日10时至13时15分

地　　点：北京中南海怀仁堂正厅

主 持 人：刘少奇同志

主要内容：粮食问题

1961年5月31日中央工作会议记录

所存在的问题如实地告诉周恩来，希望周恩来以后还能来伯延。周恩来表示，有机会一定来，如果自己来不了，也一定会派人来。周恩来没有失信，直到“文化大革命”前，他年年都派人到伯延调查，并且代他看望这位敢说真话的农民朋友。

在伯延公社调查过程中，周恩来发现，社员最不放心的是多征购粮食，害怕挤掉他们的自留地。社员们要周恩来当场保证：“分下去的自留地再不要收回了，再不要拿自留地顶口粮指标了。”周恩来认为：“既然摸点，总要摸出个情况来，总要给他一点合理的保证。”所以，他当着地委、县委、社委的同志说：“我可以保证。”社员们又要求周恩来以后能够每半年来一次他们才能放心。周恩来回答说：“我个人能否半年来一次，还不能担保，有时可能忙于什么事情去不成，但是工作组总是要去的。”①

通过对伯延公社的调查，周恩来掌握了大量第一手情况。他发现《紧急指示信》和《农村人民公社工作条例（草案）》中关于开办食堂和保持部分供给制的规定，并不符合农村实际情况，是广大农村干部和社员群众意见比较集中、反应比较强烈的两个问题。五月七日凌晨三点半，他请秘书孙岳用保密电话向正在上海的毛泽东汇报了调查的情况，汇报中说：

> 一、食堂问题。绝大多数甚至于全体社员包括妇女和单身汉在内都愿意回家做饭。我正在一个食堂搞试点，解决如何把食堂解散好和如何安排好社员回家吃饭的问题。二、社员不赞成供给制，只赞成把五保户包下来和照顾困难户的办法。现在社员正在展开讨论。三、社员群众迫切要求恢复到高级社时评工记分的办法，但是已有发展。办法是：包产到生产队，以产定分，包活到组。这样才能真正实现多劳多得的原则。因此，这个

① 周恩来在中央工作会议上的发言记录，1961 年 5 月 31 日。

办法势在必行。只有这样，才能提高群众的生产积极性。四、邯郸专区旱灾严重，看来麦子产量很低，甚至有的颗粒不收，棉花和秋季作物还有希望。目前最主要的问题是恢复社员的体力和恢复畜力问题。①

毛泽东十分重视这些意见，连夜将这份汇报批转给各省、市、自治区党委。与此同时，毛泽东还先后收到刘少奇、朱德、邓小平、彭真、胡乔木等从各地寄来的调查报告。这些报告中反映的问题和周恩来报告中提出的问题几乎是相同的，普遍不赞成办食堂，不赞成在分配上实行供给制。这些调查研究工作为中共中央进一步修改《关于农村人民公社工作条例（草案）》做了重要准备。

随后，周恩来又到邯郸、天津等地调查，了解到更多情况。在这段时间内，为解决老挝问题而准备召开的扩大的日内瓦会议也在紧张筹备中。周恩来不仅要研究农业调整问题，而且多次往返北京，同陈毅以及中央书记处一起商讨出席日内瓦会议的工作，并代中共中央起草了《中央同意陈毅同志在扩大的日内瓦会议上的第一篇讲话和国际委员会问题的复示》，对陈毅等在会议上的斗争策略作出周密部署。

五月十九日下午，周恩来从天津回到北京。二十一日至六月十二日，中共中央在北京继续举行中央工作会议，研究农村工作、商业工作和手工业工作。毛泽东在会上强调指出：只有总路线还不够，还必须有一整套具体政策。由于事前做了充分的准备，会议开得比较顺利。会议的一项重要成果是在中央和各地负责人调查研究的基础上，讨论和修改了《农村人民公社工作条例（草案）》，形成《农村人民公社工作条例（修正草案）》（即农业

① 周恩来给毛泽东的电话汇报记录，1961 年 5 月 7 日。

六十条)。修正草案的重大突破是，根据周恩来等调查研究的结果和广大农村干部和社员的愿望，取消了分配问题上实行的部分供给制，强调严格评工计分；并且针对大家关注的食堂问题提出："在生产队办不办食堂，完全由社员讨论决定"，"实行自愿参加、自由结合、自己管理、自负开销和自由退出的原则"。修正草案还对保障生产大队和生产队的自主权，提出了一些明确的原则。这个条例比《紧急指示信》和《农村人民公社工作条例(草案)》又进了一大步，政策更加完备。它说明人们对客观世界的认识是要有一个过程的，在调整中，每前进一步都要付出艰辛的努力。

在调整政策的过程中，周恩来十分重视总结经验。中央工作会议上，他根据毛泽东在广州会议上对他说的"历史经验很重要，经常回忆和总结历史经验就可以少犯错误"，对几年来在经济建设方面的经验教训，谈了自己的体会。他说：庐山会议以来，由于我们缺乏分析，而把反右倾和工作上的问题混淆起来，更重要的是没有实事求是，所以尽管想搞好一点，结果却是适得其反。一切都搞全民化，动摇了集体所有和全民所有，得罪了小资产阶级。另外，在分配上的平均主义，劳动关系上的命令主义，上层建筑上的规章制度一般化、简单化，认识上的主观片面性，作风上的"五风"问题，有些问题在理论上也说不通，如以农业为基础，但是农林牧副渔普遍减产了；以工业为主导，由于战线拉得太长也不起主导作用了。为什么会产生这些问题呢？周恩来说："那时，就是有点革命，不能深思熟虑，不能冷静下来"，"'欲速则不达'，跌了大跤"。讲到这里，刘少奇在一旁插话说："想要快一点，结果是跌了大跤，反而慢了。看来，搞社会主义光有好的道德、好的感情、好的干劲不行，还要适应客观规律。这一跤是要跌的，跌得越痛越好，跌得不痛就感受不深"，"问题是跌痛了没有"。周恩来说："我是感到痛了。"他认为，工作中出现的这些缺点错误，中央应负很大责任，中央主要是书记处和政府部门，我们做具体工作的人应负主要责任，“有些事情发生问题，就是因为我们没有调查，摸得不细，心里没底”。①

为了克服工作上的缺点，周恩来谈到必须从思想方法上解决六个方面的问题：一、不断革命论和革命发展阶段论要相结合，不能只要不断革命，超越了革命发展阶段；二、主观能动性和客观可能性要相统一，如果过分强调主观能动性，对客观可能性估计不足，结果必定要破坏生产力；三、革命热情和科学精神要相结合，有了创造性、预见性，还要有科学性，不能以感情代替政策；四、正视困难和克服困难是相一致的，承认矛盾就要允许讲困难，只有发现矛盾才能解决矛盾；五、理论和思想不应脱节，在具体执行中，不能把理论问题歪曲了；六、必须认识经济发展的规律，违背客观规律，必然要碰壁。

对下一步的具体任务，周恩来提出，一是平反，我们错了的，就要承认错误，欠了账的就要交代，什么时候交代清楚，什么时候为止。要平反也要有处罚，平反和处罚要结合起来。二是经济建设要全面调整，究竟怎样调整，看来必须把发展速度放慢，把战线缩短（包括工商业和文化教育），这样才能节省劳动力。

当时，各方面的矛盾集中地表现在粮食问题上，就像刘少奇所说的：“人人都要吃饭。城里人要吃饭，乡下人也要吃饭，读书人要吃饭，我们这些‘做官’的人也要吃饭。”所以，怎样从根本上解决粮食问题，是这次会议的一项重要议题。

五月三十一日，会议专门讨论这个问题。周恩来在会上作了关于粮食问题和压缩城市人口的报告。他指出：“粮食的形势还没有好转，还在继续紧”，“一九六〇年至一九六一年粮食紧张，

① 周恩来在中央工作会议上的发言记录，1961 年 5 月。

城市重于农村，这是一个特点”。他从产、购、销、调、存几个方面分析了全国粮食的情况，说明从现在的情况看，农业生产不可能很快恢复，因为农村机械化少，水利比例小，化肥少，电力少，“四化”程度不高，农业主要建立在人力、畜力、手工生产的基础上，所以，每年要供应城市五百亿斤粮食是困难的。周恩来提出，要解决问题，根本的方针是“从城市压人口下乡”。他说：人如何压下去呢？“最重要的方针就是人从哪里来，回到哪里去。”“三年压两千万人，这是一个艰巨的工作。”①

陈云十分赞成周恩来提出的方针，在发言中对城市人口下乡的意义作了进一步的说明。陈云指出：“建国以来，出现过四次粮食供应比较严重的紧张状况。这四次当中，有三次是由于城市人口增加过多产生的，也就是说，城市人口的增加超过了当时商品粮食负担的可能。”他说：“现在的问题，实质是这样：城市人口如果不下乡，就只好再挖农民的口粮。现在全国在讨论贯彻‘十二条’和‘六十条’，但是，如果粮食征购任务不减少，‘十二条’和‘六十条’就起不了应有的作用。因为农民最后还是要看我们征购多少。如果征购数量还是那么多，农民还是吃不饱，那么，他们的积极性仍然不会高。所以，面前摆着两条路要我们选择：一个是继续挖农民的口粮，一个是城市人口下乡。两条路必须选一条，没有什么别的路可走。我认为只能走压缩城市人口这条路。”② 主持会议的刘少奇也表示：“现在就是要下一个很大的决心，减少城市里面的人口。”③

会上，各大区认真讨论了周恩来的报告。经过对讨论中所提意见的综合分析，周恩来连夜主持起草出《关于粮食问题的九条

---

① 周恩来在中央工作会议上的发言记录，1961 年 5 月 31 日。

② 《陈云文选》第 3 卷，人民出版社 1986 年 5 月版，第 161、162 页。

③ 《刘少奇选集》下卷，人民出版社 1985 年 12 月版，第 338 页。

办法》。六月六日，周恩来在中央工作会议上对这九条办法逐一作了说明。经过讨论，作了一些修改和补充。它的主要内容是：

一、城镇减人，必须迅速造成声势。各级党委首先是各中央局，各省、市、自治区党委必须亲自领导，进行充分政治动员，有计划、有步骤地分批分期进行。只许办好，不许搞乱。

二、全国城镇只许减人，不许加人，特殊需要加人的必须得到中央和中央局的批准。减少城镇人口，必须同压缩城市粮食销量结合进行。中央要求，在一九六〇年底一点二九亿城镇人口的基数上，三年内减少城镇人口二千万以上。

三、中央和地方共同核实城镇首先是大中城市的人口，清查黑人黑户，做到人粮相符。

四、今后三五年内，全国口粮一般地仍应实行低标准、瓜菜代的方针。

五、一九六一年第三季度，调出地区调出粮食十七亿斤，要求如数调出。调入地区调入粮食五十四点二亿斤，不能增加，并且要求东北、华北、华东做不能按期如数调到的准备。必要时，只好在短时间内，降低城镇特别是中小城镇的口粮标准。

六、职工的升级、转正和工资的调整，推迟到今年下半年城镇人口减到一定程度以后再进行。

七、中央各部门在这次会议以后，应即会同有关省、市、自治区党委提出中央各部在各该地区的直属企业、事业、学校、机关单位的精简计划，报中央批准后，派人到地方去与各省、市、自治区立即协同配合进行，并以各省、市、自治区为主。各省、市、自治区直属的机关、学校、企业、事业单位的精简计划，由各省、市、自治区规定，报中央批准后进行。各专区、县、市所属的机关、学校、企业、事业单位的精简计划，由各省、市、自治区自行规定，立即执行，并报中央备案。中央在北京的直属单位应该首先带头进行。

八、在城市征兵，重点放在大中城市适龄的中等学校学生、青年工人和机关团体的青年职工。

九、中央和地方应在整风、整社和贯彻十二条、六十条等文件的同时，拟定工业和商业支援农业的计划。

这个文件在会议的最后一天——六月十二日通过，并在六月十六日经中共中央批准下达。文件的题目改为《中央工作会议关于减少城镇人口和压缩城镇粮食销量的九条办法》。这九条办法一直是调整时期指导城市精简工作和解决粮食问题的纲领性文件。

由于制定和实施了符合实际情况的一系列具体政策，把人心安定下来，调动起农民的生产积极性，使农村情况开始得到好转。一九六一年，虽然夏粮收成很差，棉花、糖、烟、麻、茶叶等经济作物继续大幅度减产，农业总产值比上年仍下降百分之二点四，但全年粮食总产量比上一年增长百分之二点八，改变了前两年大幅度下降的局面，许多地方家畜家禽的数量开始上升，农民生活比上一年有所改善。这是一个来之不易的可喜进步。不久，刘少奇在一次扩大的中央工作会议上评价说："我们现在基本上还是一个农业国家，农村情况的这种逐渐好转，对于整个国民经济的发展，对于目前许多困难的克服，对于工农联盟的进一步巩固，具有决定性的意义。"

周恩来本来打算，会后以淮安作为试点来进行农村调查。他满怀感情地说："我五十年不回老家了"，"我回到家乡总可以发现一些情况，帮助解决一些问题。”① 但是，由于身体不好和工作太忙，他没有能够去成，并且再也没有机会实现这个心愿。曾为周恩来驾驶专机的张瑞蔼回忆说，后来周恩来有一次外出视察飞经淮安时，特意让飞机在家乡上空盘旋一周，流露出深埋在他心里的对家乡的深切思念。

五月会议结束后，周恩来的身体很虚弱，中共中央决定让他半天工作，半天休息。但是，大量的外事活动和国内事务，使他根本无法休息。他先后接待了来访的越南总理范文同和金日成率领的朝鲜党政代表团，会见了许多外宾，审阅修改了许多重要文件，还给文艺工作座谈会和电影故事片创作会议的联席会议、冶金厂矿长会议等七个会议的代表作报告。他对一位外国客人说：“三年来我就没有休息过。一九五九年，我参加苏共二十一大，当时病了一场，回来后也没有休息，很难抽出时间，所以只能让我在家半天休息。”其实连半天休息，周恩来也做不到。他对这位外国客人说：“每天都有外宾来，你不来我也做事情，看文件，每天都要超过八小时。”②

经过这半年多的努力，由于农业的情况基本摸清，又采取了比较正确的对策，农村情况开始出现好转，但是，工业方面的困难却更加突出地暴露出来。在一九六一年初调整本年度国民经济时，重工业尽管放慢了发展速度，但主要指标仍维持在上年的过高水平上，没有坚决降下来，而实际产值却在显著下降（到这年年底，重工业总产值比上年下降了百分之四十六点六）。这样，中共中央将调整工作的重心从农业转到工业方面来。根据毛泽东在五月中央工作会议上的建议，中共中央决定于八月二十三日至

① 周恩来在中央工作会议上的发言记录，1961 年 5 月 31 日。

② 周恩来同苏联驻华大使契尔沃年科谈话记录，1961 年 6 月 25 日。

九月十六日在庐山继续召开工作会议，重点解决工业问题和城市整风。

对工业方面出现的问题，周恩来一直十分关注。为了摸清工业情况，八届九中全会刚刚结束，在周恩来的关怀下成立了由各部负责人组成的专门研究工业问题的“十人小组”，成员包括薄一波、谷牧、王鹤寿、张霖之、吕正操、赵尔陆、刘澜波、彭涛、陈正人、孙志远。周恩来让“十人小组”在位于中南海北门斜对面的养蜂夹道设立一个办公室，大家白天到各部委上班，晚上集中在这里开会，研究问题。周恩来常常派他的秘书顾明到会，以便及时掌握情况。有时，他听了顾明的汇报后，还要立刻进一步追问。谷牧后来回忆说：“经常有这样的事情，我夜深回到家里，刚吃了安眠药睡下，案头的红机子又响了。一接电话，原来是周总理打来的；再看看手表，已是凌晨两三点了。”①

那时候，工业究竟应该调整到怎样的数字一时难以确定，但周恩来已经清醒地认识到工业发展的规模主要是由农业状况决定的。他说：“要使工业发展，我们就要认识工农业的关系，城乡关系，这是一个重要问题。拿马克思的话说，集中的一句话，就是农村能够供应多少商品粮给城市，就能够办多大的工业。”②

在周恩来督促下，经济和计划部门努力查清了几年来粮食生产的实际底数：一九五八年不是五千亿斤，而是四千亿斤；一九五九年不是五千一百亿斤，而是三千四百亿斤；一九六〇年不是三千七百亿斤，而是二千八百七十亿斤；一九六一年夏收比上年又减少一百六十亿斤。农业情况见了底，工业困难的症结就暴露得十分清楚了：那种超越实际可能而在工业建设方面不断铺摊子

① 谷牧：《回忆敬爱的周总理》，《我们的周总理》，中央文献出版社 1990 年 1 月版，第 12 页。

② 周恩来在全国人大常委会扩大会议上的发言记录，1961 年 4 月 3 日。

的做法是行不通的，是难以为继的。为了取得可靠的发展先得作必要的收缩，这种暂时的后退正是更好地前进所必需的。在五月北京召开的中央工作会议上，周恩来明确地提出：农村经济需要恢复，城市的各个方面也要根据八字方针进行全面调整。他说：“现在的问题集中表现在速度上，中心是三年内要放慢建设速度。”① 他斩钉截铁地指出：“现在光有冷静不行，还要有勇气。”②

与此同时，“十人小组”在调查中也切实感受到农业对工业的严重制约作用，他们把情况向周恩来作了汇报。谷牧回忆说：

> “如‘保煤’问题，既需解决采掘机械，更需解决周总理已经指出过的劳动力问题。煤矿工人在井下作业，劳动强度很大，粮食定量低了不行。而且不仅是粮食，还需要一些像酒这样的特供品。矿工长年在井下干活，阴冷潮湿，不喝点酒不行。我们把这些情况都向周总理做了汇报。周总理决定：井下工人，每月保证粮食某某斤，供应白酒某某瓶。‘老大哥’的问题解决了，接着又冒出了‘老大嫂’的问题。原来，当年安徽、河北、河南等地农业遭灾，煤矿工人在农村的妻子儿女难以餬口，就跑到煤矿上去找亲人。煤矿工人不忍心看着自己的妻子儿女在一旁挨饿而自己一人吃饱，就得分出一杯羹给妻子儿女，这样，他们自己又吃不饱了，影响了体力。”

周恩来听到这些情况，心情沉重地说：“问题已经成了堆，不动大手术是不行了。”③ 所谓“动大手术”，就是要下决心根据

①② 周恩来在中央工作会议上的发言记录，1961年5月。

③ 谷牧：《回忆敬爱的周总理》，《我们的周总理》，中央文献出版社1990年1月版，第12、13页。

农业所能承受的实际水平对工业进行全面调整。

八月二十三日，中央工作会议开幕的当天，周恩来到达庐山。

根据各地的反映，农业六十条初步贯彻执行以来，农村形势开始好转，农民的生活一般较上一年安定，生产普遍有了发展。经过退赔，大部分人相信，今后“你的就是你的，我的就是我的”，“像个过日子的样子了”。但是问题还存在，主要是许多地方群众留粮和国家征购的数字始终不能落实，而粮食生产虽稍有恢复，产量仍是很低的。群众反映：“千锤打锣，一锤定音”，“粮食问题不解决，条条是空的”。① 因此，八月二十四日，邓小平在大会上宣布的会议第一项议程，就是周恩来作关于粮食问题的报告。

周恩来在报告中首先分析了全国的粮食形势，指出：今年的灾情比去年、前年都大，今年的收成，首先是夏粮低于去年，这是已经定局了的。所以今年到明年粮食年度的粮食供应还要紧。在这种局面下，周恩来认为“三定”还只能是“大死小活”，或者是“半死半活”。他说：“产量和征购一定要定死，但是超产的地区要多购一点，不能定死。”他说：农业恢复要三至五年，粮食仍然要低标准、瓜菜代，实行节衣缩食努力建设的方针。

同农村相比，城市潜伏着的危险更使周恩来担忧。他说：“现在看来，城市还没有发生问题，但是若不注意，可能发生难以预料的事情。我们必须预先觉察到城市还会紧一阵的，而城市如果乱了的话，各方面都会受到影响。农村只要我们的工作做得好，大问题完全可以避免，而城市现在的情况还不明。因此，现在的问题是，城乡都要兼顾。但是紧哪一头呢？这个问题，中央

① 各地贯彻农业六十条的情况和问题的报告，1961 年 8 月。

几次谈过，也向主席报告了，就是要紧农村，保城市。”“只顾农村，粮调不上来，城市供应不上，行不行呢？当然不行。是不是把城市解散，大家都回农村去，我们回延安去？这是没有一个人赞成的。”周恩来强调：为了解决城市问题，必须大力精减城市人口。“现在粮食情况很紧张，中央各部要帮助各省、市把厂矿的人员压下去，压人的事情要抓紧，城市长期这样多人是不行的。”①

八月三十日，会议通过了周恩来改定的《中共中央关于一九六一年到一九六二年度粮食工作的几项规定（草稿）》。规定强调：全党同志必须动员起来，根据城乡兼顾的方针，及时征购，同时安排，踏踏实实地做好粮食分配工作，保证完成粮食征购计划和粮食调拨计划，加紧压缩城市人口和城市粮食销量，切实安排好城乡人民生活，这是摆在全党面前的一项迫切的重大的经济任务和政治任务。

这次会议讨论的内容十分广泛，除粮食问题外，更着重的是工业、财贸和教育等问题。会议制定的《关于当前工业问题的指示》指出：我们已经丧失了一年的时机，现在再不能犹豫了，必须当机立断，该退的就坚决退下来，必须退够。所有工业部门，在今后七年内，都必须毫不动摇地贯彻执行调整、巩固、充实、提高的方针；必须以最大的决心，把工业的生产指标和基本建设的规模降到确实可靠的水平上；在工业管理中，要改变过去一段时间内权力下放过多、分得过散的现象，实行高度集中统一的领导。如果不下这个决心，仍然坚持那些不切实际的指标，既不能上，又不愿下，工业以至整个国民经济就会陷入更被动、更严重的局面。

会议还通过了《国营工业企业工作条例（草案）》（简称工业

① 周恩来在中央工作会议上的发言记录，1961年8月24日。

七十条）和《中华人民共和国教育部直属高等学校暂行工作条例（草案）》（简称高教六十条）。会后，经中共中央批准，国家计委对八届九中全会所定的一九六一年计划作了很大幅度的调整，削减了一半上下：基本建设投资从一百六十七亿元降为八十七亿元，钢产量从一千九百亿吨降为八百五十亿吨，粮产量由四千一百亿斤降为二千七百亿斤。这次对计划指标的削减显示了不寻常的决心。当年年底计划执行的结果，同这些指标大体相符。

在这次会议上，周恩来仍是最忙的人。除了大会安排的日程外，他还经常利用午间休息和晚上召开会议，研究生产建设中的问题。据他当年的工作台历记载：会议期间，他九次约李富春、李先念、姚依林、陈国栋、雷任民等谈粮食问题；六次约宋任穷、黄火青、李富春、薄一波、谷牧、王鹤寿、张霖之等谈工业问题。他还多次出席政治局常委会，提出落实国民经济调整的方针是："坚决退够、留有余地；重点调整、打歼灭战；综合平衡、全面安排；集中统一、分级管理。"这个方针得到毛泽东和与会者的赞同。九月十五日，他给毛泽东的信中说："回北京后，要将重点调整煤炭生产和重点支援农业两项工作抓紧进行。"十六日，会议结束。十七日，周恩来下庐山，先后到江西共产主义劳动大学和南昌等地视察。十九日，从南昌飞抵北京。

回北京后，周恩来立刻着重抓了煤炭工业的调整。他说："煤、钢是工业（生产）上的两匹马，煤比钢还重要。首先要把煤调整了，集中力量打歼灭战。"① 在这次中央工作会议上，通过了周恩来审改的国家经委党组《关于九月份煤炭分配方案和第四季度煤炭分配意见的报告》。这个报告是煤炭部从八月中旬起就开始编制的，由于供需矛盾很大，虽经反复平衡，并同各地区、各部门一再交换意见，方案仍定不下来。在这次会上，周恩

① 周恩来在中共中央召集的民主人士座谈会上的讲话记录，1961 年 9 月 28 日。

来亲自找有关地区、部门的负责人进行协商，才把方案最后确定下来。周恩来回到北京后又花了许多时间和精力来督促落实这个方案。

当时，山西煤炭的生产和调配是全国的重点，周恩来特别关心那里的情况，及时帮助他们解决困难。例如，山西在既搞粮食又搞煤炭的情况下，无法再从农村抽调大批劳动力补充煤矿。周恩来听说后，立刻从铁道部所属的一个工程局抽了两万人补充给山西的重点煤矿。当他得知山西重点煤矿工人口粮中百分之三十的面粉无法保障时，在全国粮食极端困难的情况下，立刻从库存中调出三千万斤小麦给以支持。他呼吁中央有关部门要更多地支持和帮助山西。当年在山西工作的池必卿十分感动地说："这一切，都充分体现出周总理对经济调整中的关键环节和关键地方，不论在决策方面还是在执行方面，都是直接负责，亲自动手，有始有终，一抓到底的。"①

中国国内的困难到了什么程度？中国共产党究竟有没有能力战胜这些困难？一时也成为国际上普遍关注和议论纷纷的问题。周恩来从庐山回到北京的第三天，会见英国陆军元帅蒙哥马利。蒙哥马利对周恩来说："西方有人说，中国现在正在走下坡路，人民在挨饿，他们要暴乱，中央的计划也松弛，总之，一切都不很好。我们到中国来就是想看看这些情况。但是，我所看到的情况却不能为那些说法提供证明。"他问周恩来："西方人为什么要这么说，是中国有自然灾害，收成不好，便以为人民挨饿吗？我想西方这样说，唯一的理由是他们希望中国失败。所以，他们就说中国失败了。"周恩来回答说："感谢你所做的观察和对我们的

① 池必卿：《回忆周恩来总理的几件事》，《我们的周总理》，中央文献出版社1990年1月版，第239页。

称赞。你在我们这里接触了现实。我们钦佩你公正的判断。当然你看到的是好的一面，我们的工作也还有缺点，也许你没有说，也许你还没有发现。有缺点是任何工作中的正常现象。缺点是经常会有的，是不可避免的。"① 这种客观的态度，赢得了蒙哥马利的尊重。周恩来表示完全同意和支持蒙哥马利在陈毅宴请他的酒会上提出的三项基本原则。这三项基本原则是：大家都承认一个中国——中华人民共和国。承认两个德国。一切地方的一切武装部队都应当撤退到他们自己的国土上去。

九月二十二日，周恩来再次会见蒙哥马利，对他关心的问题一一做了回答。蒙哥马利问："五十年后，中国将会很强大，将拥有十亿人口，那时，它想做些什么呢?"周恩来说："我们将来的前途是共产主义社会，从我们入党的第一天起，我们就抱有这个理想。过去这只是一个模糊的理想，现在它还是一个理想，但是具体了一些，现在有了实现它的可能，但它还是遥远的。"蒙哥马利问：社会主义和共产主义的区别究竟在哪里？周恩来指出，它们的区别表现在生产关系上，也表现在生产力上。他说：

> 在建设社会主义的过程中，有很长一段时间有两种所有制，一种是全民所有制，一种是集体所有制，此外还有一种是补充性质的个人所有制，如小商小贩或手工业者，或单独的个人中医诊所。在分配方面，社会主义的分配原则是各尽所能，按劳分配，一个人能做什么就做什么，我们按他生产的价值进行分配，不劳不得，多劳多得，分配的形式是工资。劳动关系，在建设社会主义的长期过程中，将逐渐使领导和被领导关系打成一片，发展平等的关系，就是长期的发展社会主义民主。这些工作做到最后，就自然而然地出现共产主义。到那

① 周恩来同蒙哥马利会谈记录，1961 年 9 月 21 日。

时，城市和乡村的界线没有了，集体所有制变成全民所有制，也可能保留极少数个人所有制，不起决定作用。共产主义的分配原则是，各尽所能，按需分配，劳动关系更加平等。共产主义更发展时，甚至党组织和国家组织也会逐渐消失，这是最高理想。那时，只会有经济组织，最平等，也还要有些行政机构管理事务。但这需要物质极大地丰富，比美国现在还要丰富，要有极大的后备力量，才能按需分配。在物质基础上所反映出来的精神生活也更高得多，人的自觉性更高，不仅没有人剥削人，也没有人欺压人的现象，这才是理想的共产主义社会。这是我们现在所能设想的，将来我们的设想还会变化，比现在更具体、更好，这是下一代的事。①

十月十五日，周恩来应苏共中央的邀请，率领中国共产党代表团赴莫斯科参加苏联共产党第二十二次代表大会。本来这次大会的中心议题是要通过苏共的纲领，但是，从会议一开始，赫鲁晓夫就把主要矛头指向因持有不同意见而未受到邀请的阿尔巴尼亚，把社会主义国家内部的矛盾再次公开暴露出来。这样，周恩来在十九日的发言中，增加了强调社会主义国家内部团结的内容。周恩来指出：社会主义和国际共产主义运动的团结，是由共同理想和共同事业联结起来的，是在共同斗争中巩固和发展起来的。维护这种团结是我们共产党人的国际主义义务。兄弟党、兄弟国家之间，如果不幸发生了争执和分歧，应该本着无产阶级国际主义的精神，平等和协商一致的原则，耐心地加以解决。周恩来着重地说：对任何一个兄弟党进行不公平的片面指责，无助于团结，无助于问题的解决。把兄弟党、兄弟国家之间的争执公开暴露在敌人面前，不能认为是马克思列宁主义的郑重态度。这种

① 周恩来同蒙哥马利会谈记录，1961年9月22日。

态度只能使亲者痛，仇者快。中国共产党真诚希望，有争执和分歧的兄弟党，将会在马克思列宁主义的基础上，在互相尊重独立和平等的基础上，重新团结起来。周恩来的讲话赢得全场大多数人的掌声。看到主席台上的赫鲁晓夫等没有鼓掌，“全场为之注目”，“赫鲁晓夫面红耳赤，表情沉重”。①

会议期间，周恩来同赫鲁晓夫等苏共领导人进行了九个小时的会谈，就斯大林问题、苏阿关系和苏共二十大等问题阐明了中国共产党的立场和态度。他还就社会主义建设问题谈了自己的意见。周恩来说：“每个国家，由于他们的具体情况不同，因此，他们在革命和建设中的做法也会有区别”，“但这不是说有几条道路、几个中心。道路只有一条，这就是十月革命的道路。不过具体做法可以不同，只要我们忠实于马列主义而不是修正主义，则可以将马列主义的普遍真理与各国的具体实践相结合。中国革命的经验对国际共运来说有一定的参考意义，但是只是有参考意义。各国党只有根据自己的条件，在马列主义的基础上，积累自己的经验，才能取得胜利”。② 周恩来还分别会见了胡志明、黎笋、金日成等兄弟党领导人，在谈话中批评赫鲁晓夫的做法，强调兄弟党之间在对敌斗争中应该互相支持，兄弟党的内部事务不能干涉，兄弟党要保持内部团结。

由于苏共二十二大上出现的不正常状况，中共中央决定由彭真代理中共代表团团长，继续留在苏联参加这次大会，周恩来提前回国。周恩来向赫鲁晓夫告别时说：“目前，我们国内还很困难，去年遇到了那么大的灾荒，这一年我的头发白了很多，这次一定要赶回去。”③

---

① 中共代表团致中共中央的电报，1961年10月19日。

②③ 周恩来同赫鲁晓夫的谈话记录，1961年10月22日。

五十八、从严重经济困难中走出来(下)

经过一九六一年的调整，国民经济主要比例日益失调的势头初步得到控制。农业生产开始稳住了，粮食产量略有回升。但是，重工业生产从这一年起却出现了令人震惊的大倒退。钢产量从上一年的一千八百六十六万吨下降到八百多万吨，比一九五九年的一千三百八十七万吨还要少得多。煤产量下降到二亿八千多万吨，下降的势头还在继续。轻工业总产值又比上一年下降百分之二十一点六。出现这种状况的原因是：原有的生产能力本来没有那么大，由于前几年生产指标太高，机器设备超负荷运转，加上长期失修，损坏严重；工人吃不饱饭，体力不足，劳动积极性也下降。钢铁减产的另一个原因是煤炭供应不足。全国粮食供应的状况仍很紧张，能够用来供应城市的更是严重不足。正如周恩来所看到的，工作任务依然极其繁重，“关键在于明年”。他说：“因为明年的工作不仅对本年有关系，而且影响以后五年，首先是影响到一九六三年回升的问题。”①

一九六一年十月二十四日，周恩来从莫斯科回到北京。他立刻督促有关部门研究安排一九六二年的经济计划。十二月六日至

① 周恩来在中央工作会议上的发言记录，1961 年 12 月 28 日。

八日，周恩来召集副总理们一起听取国家计委关于一九六二年计划安排情况的汇报。他在会上指出："明年必须认真调整好，丝毫也放松不得"，而"全面调整、综合平衡"是解决已经出现的几个不平衡的重要方针。① 十一日，周恩来在中央书记处会议上继续强调明年是"关键年"，"关键在于调整，关键在于集中统一，关键在于领导，关键在于从全面出发，综合平衡"。他说："对困难应有足够的认识，并应想方设法去克服困难。""在工作方法上要抓重点，以问题为中心抓，要抓煤、木材、有色金属及其他，基建要认真排队，集中力量解决问题，不能分散。"他还提出：要抓定额，抓减人，抓生产和维修，抓基本建设排队，抓增产节约，抓品种质量。② 十五日，他在国务院全体会议上又说：我们有些搞急了，搞多了，基本建设战线拉长了。调整期间今明两年是关键，今后一定要有重点，所有各部门对不是当务之急的工程都要下马。归根到底是要集中统一，要听中央、国务院的决定。③

在十二月下旬至一九六二年一月上旬召开的中央工作会议上，周恩来对国内形势作了这样的概括："形势已在好转，农村先于城市；困难仍然很多，城市大过农村。"他提出一九六二年进行全面调整的八项任务，主要是：一、放下架子。也就是说，要对那种架子大而又不实在、原料和物资都不够的经济结构坚决调整，实行关停并转。二、坚决减人。周恩来指出，这回要下狠心，首先是各部，按工交、基建、财贸、农林水、行政各个口子摸，非要把综合生产能力跟减人的数目定下来不可。三、争取农业丰收。周恩来说："今年为了缓农民的气，在庐山把粮棉油的

① 周恩来在听取国家计委关于1962年计划情况安排时的讲话记录，1961年12月8日。

② 薄一波传达中央书记处会议情况记录，1961年12月13日。

③ 周恩来在国务院第114次全体会议上的发言记录，1961年12月15日。

征购数目搞低了，那个时候只能是这个数目。但是，不能说明年还是这样。农村明年就得回升，要保证争取明年农业增产。”他还提出，要多种多吃豆类作物；多种多打山区的食品和饲料，“把上山搞粮食当作一个方针”。四、保证木、煤、钢、矿、运五件事，这是“现在工业上最迫切的而且是关键性的”。其他四项任务是：清理物资、保证市场、贯彻各种政策条例、建立新秩序。

面对的任务这样繁重，而党内思想状况却不能适应这种形势。不少干部对困难仍估计不足，对自己铺开的摊子舍不得收缩，对调整的决心不大；还有相当多的人对近两年国内出现的困难形势产生消极的埋怨情绪。许多人思想上存在各种疑问，希望中央能够开个会，总结一下经验教训，统一思想，更好地完成一九六二年的任务。

在这个关键时刻，一九六二年一月十一日至二月七日，中共中央在北京召开扩大的中央工作会议。参加这次会议的范围比以往任何一次中央工作会议都广泛，除了中央、各中央局、各省市自治区党委负责人外，还包括地委、县委以及重要厂矿企业和部队的负责干部七千多人。因此，这次会议又称为“七千人大会”。

会议分两个阶段。一月十一日至二十九日是第一阶段，主要是讨论并修改由刘少奇代表党中央作的书面政治报告。和以往的做法不同的是，根据毛泽东的建议，这份报告没有先经过中央常委、政治局和书记处讨论，而是直接发下去请到会者讨论。会议期间，中共中央组织了二十一人的起草委员会，周恩来也参加这个委员会，根据大家的意见又讨论了八天，改了七八遍。

会议前，周恩来忙于一九六二年国民经济计划的安排。会议开始后，周恩来五次参加起草委员会的讨论，逐字逐句地对书面报告的内容和文字进行推敲。他对报告中所列的十二条“基本经验教训”提出了重要的补充意见：关于执行总路线的经验教训，

"要阐明鼓足干劲力争上游和实事求是、多快和好省、数量和质量、需要和可能之间的相互联系和相互制约关系，说明几年来所发生的缺点和错误是由于违反总路线和两条腿走路的方针造成的"。关于高速度和按比例地发展社会主义经济的问题，应该说明："要在基本上保证吃、穿、用的基础上的建设高速度，也就是消费和积累放在适当的比例关系上，才有可能和持久。否则，就难以维持简单再生产，更谈不上扩大再生产。要做到既有高速度，又能按比例地发展生产，就必须加强计划性，进行国民经济的综合平衡工作。列宁说的：'经常的、自觉保持的平衡实际上就是计划性'的话可以加写进去。"他还提出原文中"工业的发展规模，必须同农业所能够提供的农产品（包括粮食和原料）"这句话后面应加上"和劳动力"几个字，或者再加上"运输力和购买力"。关于人民公社的体制，周恩来建议把"所有制的改变要根据生产力发展水平和农民觉悟程度来决定的意思补写进去"。关于集中制的论述，他认为"不够确切"，建议改写为"集中统一和分级管理，中央集权和地方分权，统一的国家计划和发挥地方积极性问题"。关于工作方法，建议改写为"一切要经过试验，因地制宜，是建设工作中的重要方法，应该有健全的规章制度，经济工作应该越做越细"。他还建议增写四条基本教训："一、文化、教育、科学事业的发展要与经济建设相适应，不能过快；二、勤俭建国，勤俭办一切事业，增产节约；三、精兵简政；四、加强党对经济建设的领导。"① 一月二十五日，中共中央政治局讨论和通过刘少奇的书面报告，周恩来所提的意见基本上被吸收到报告中。

一月二十七日，刘少奇在向大会提出书面报告的同时，又作了一个口头报告。他说："关于目前的国内形势，实事求是地说，

① 周恩来对《基本经验教训》条文的补充意见记录稿，1962 年 1 月 20 日。

我们在经济方面是有相当大的困难。”这种困难是怎样产生的呢？刘少奇举了一个例子，说他去年回湖南调查时，问那里的农民，产生困难的原因究竟是什么？他们回答说：“天灾有，但是小，产生困难的原因是‘三分天灾，七分人祸’。”刘少奇经过调查后，赞成这个意见。他说：“过去我们经常把缺点、错误和成绩，比之于一个指头和九个指头的关系。现在恐怕不能到处这样套。有一部分地区还可以这样讲。在那些地方虽然也有缺点和错误，可能只是一个指头，而成绩是九个指头。可是，全国总起来讲，缺点和成绩的关系，就不能说是一个指头和九个指头的关系，恐怕是三个指头和七个指头的关系。还有些地区，缺点和错误不止是三个指头。如果说这些地方的缺点和错误只是三个指头，成绩还有七个指头，这是不符合实际情况的，是不能说服人的。”①本来，大会通过刘少奇的书面报告后准备结束，但是，由于在会议当中许多人纷纷提出意见，还有不少人心里的话没有都讲出来，因此，毛泽东决定延长会议的时间，并且决定后一个阶段的会主要是“解决上下通气这个问题”。

从一月二十九日至二月七日，“七千人大会”进入第二个阶段。

一月二十九日，毛泽东在会上指出：“这次用这么个方式，在北京开这么个会，要解决问题。现在，要解决的一个中心问题是：有些同志的一些话没有讲出来，觉得不大好讲，这就不那么好了。”“我建议让人家出气。不出气，统一不起来。没有民主，就不可能有集中，因为气都没有出来嘛！积极性怎么调动起来？到中央开会，还不敢讲话，到地方就更不敢讲话。”毛泽东做了自我批评，他说：“中央的错误，有些我要直接负责，间接的我

① 《刘少奇选集》下卷，人民出版社1985年12月版，第421页。

也有责任。”① 第二天，毛泽东又在会上讲话，特别强调了民主集中制的问题。这使会议的气氛活跃起来。

大会期间，周恩来一面继续处理日常工作，一面尽量挤出时间参加小组讨论。他参加福建组的讨论，连续三天听取会议的发言。在发言中，地方干部反映了许多强迫命令、浮夸和讲假话，以及党群关系紧张等情况。周恩来听后充分肯定这些发言“都是很健康的”，对他们的发言“都要尊重”。他说：“你们已经说了很多，主要是对省委说的，但也说了许多是中央的事情，这一点我是心中有数的。”②

二月三日，周恩来在福建小组会上发表讲话。他集中地谈了一个问题，就是“说真话，鼓真劲，做实事，收实效”。他说：

> “这几年来，党风不纯，产生了浮夸和说假话的现象。我们要提倡说真话。怎样才能做到这一点呢？要大家讲真话，首先要领导上喜欢听真话，反对说假话。如果你乱压任务，结果像同志们所说的，他就会准备两本账，揣摩一下才讲，看你喜欢听什么再讲什么。这的确是一个党风问题。大家都说假话，看领导的脸色说话，那不就同旧社会的官场习气一样了吗？你们反映的情况我听起来觉得很痛心。你们说假话当然不对，但更重要的是我们压你们。从现在起，不要乱压任务、乱戴帽子了。要提倡讲真话，即使是讲过了火的也要听。唐代皇帝李世民，能听魏征的反对意见，‘兼听则明’，把唐朝搞得兴盛起来。他们是君臣关系，还能做到这样，我们是同志关系，就更应该能听真话了。”
>
> “说真话，鼓真劲，做实事，收实效。这四句话归

① 毛泽东在中央工作会议上的讲话记录，1962年1月29日。

② 周恩来在中央工作会议上的讲话记录，1962年2月3日。

纳起来就是：实事求是。实事求是是一句成语，毛泽东同志作了新的解释，它代表了毛泽东同志的一个根本思想。这四个字，话虽简单，却包含着丰富的内容。如何做到实事求是？首先要通过认真的调查研究。要调查研究得好确实是不容易的，因为现在已经有四年的浮夸风气，不易一下子改变过来。”

“你要了解真实情况，就要与老百姓平等相待。在战争年代，我们与老百姓住在一起，天天见面，不分彼此，和群众的关系很密切。现在就不一样了。比如我参加你们这个会议，一进会场，你们就站起来鼓掌，我就不舒服，但是又不好阻止你们。昨天下午你们没有鼓掌，我心里就很舒畅。因为有了那么一些形式，就显得不那么亲切，不是平起平坐，而是隔了一层。当然这一层不是一道墙，是一张纸。你们也都是老革命了，参加革命都有十几年、二十几年了，为什么还会产生这个隔阂呢？我想就是因为国家大了，‘官’大了，和根据地的情况不一样了。所以你们鼓掌，我心里就不安。现在造成的这种形势，一定要改变，下决心改变。要搞好调查研究，就要真正联系群众。”①

周恩来的讲话切中时弊，感人肺腑。当年参加会议组织工作的杨波回忆道：“周总理这一篇具有重要历史意义的讲话，引起了到会各地同志的极大反响，一致认为说出了他们的心里话，反映了他们的内心要求，表示坚决拥护。”②

刘少奇在书面报告中分析国内形势时曾说：最困难的时期已

---

① 周恩来在中共中央扩大的工作会议福建组会上的讲话记录，1962 年 2 月 3 日。

② 杨波：《共产党人的崇高风范》，《我们的周总理》，中央文献出版社 1990 年 1 月版，第 179—180 页。

经基本过了，但是，目前还存在着相当严重的困难。对这种分析，与会的许多代表感到很不理解。二月七日，周恩来在大会的闭幕会上讲话，对这个问题作了解释。他讲道：这主要是说，工作中的缺点和错误已经改正或者正在改正；几年来工作经验的积累，使我们逐渐认识了一些建设中的客观规律；粮食、家禽、猪的产量在大部分地区已经开始回升；工业的调整工作正在进行；最重要的是，我们对过去工作中的缺点、错误揭开了盖子，破除了迷信，统一了认识，总结了经验。而充分地估计困难，是为了寻找办法，去战胜它，克服它。周恩来认为，当前经济生活中最严重的问题，还是粮食问题。他提出：坚决精简机构，压缩城镇人口，精简职工人数，减少粮食供应，“是克服当前困难的最重要的一着，也是调整工作的一个重要环节”。他强调：“‘精兵’必先‘简政’。党政机关首先要裁并机构，‘拆庙’，同时‘撤菩萨’。”

周恩来还对几年来工作中的缺点和错误主动承担了责任。他说：这几年的缺点错误，“国务院及其所属的各综合性委员会、各综合口和各部，要负很大的责任”。“不切实际地规定跃进的进度，就使人们只注意多快，不注意好省；只注意数量，不注意品种、质量；只要高速度，不重视按比例；只顾主观需要，不顾客观可能性；只顾当前要求，没有长远打算；不从整个历史时期来计算大跃进的速度，而要求年年有同样的高速度。”“结果，欲速则不达。”① 当年参加会议的陈丕显回忆说：“他那情词恳切的自我批评，实际上减轻了中央各部门和地方的压力，同时也做了表率，希望各部门、各地能作自我批评，汲取经验教训。周总理的这种实事求是、光明磊落，对党和人民的利益高度负责的高尚品

① 周恩来在中央工作会议上的发言记录，1962 年 2 月 7 日。

格和思想作风，给了我们极为深刻的教育。”①

七千人大会在当时的历史条件下是开得比较成功的。它发扬了民主，进行了批评和自我批评，达到了全党的团结。尽管那时大家还不敢批评“三面红旗”，因而不能把困难的原因说深说透，但这次大会对统一思想、进一步贯彻“八字方针”、扭转国民经济的困难局面仍起了重要作用。

要顺利地恢复和发展国民经济，离不开知识分子的积极参与。周恩来深刻地认识到这一点。七千人大会后，他花了很多时间和精力，努力纠正一九五七年以来在知识分子问题上出现的种种偏差。在团结知识分子、调动知识分子积极性方面，他在当时发挥的巨大作用是其他人难以相比的。

当时，知识分子的心情是相当压抑的。自从一九五七年反右扩大化后，“资产阶级”这顶帽子又重新戴到广大知识分子头上。“大跃进”中的“左”倾错误，也在知识分子集中的科技、教育、文艺、体育、卫生等部门严重泛滥，表现在：在政策上违反精神生产的客观规律，知识和人才得不到尊重，一些专家学者被当做“白旗”来拔，知识分子的积极性受到极大伤害。

周恩来很早就注意到这个问题。一九五八年十二月二十二日，毛泽东在中共中央宣传部内部刊物上看到一份反映清华大学一个党支部对待教师宁“左”勿右的材料后，给中央宣传部部长陆定一写了一封信，建议将这份材料印发全国一切大专学校、科研机关的党委、总支、支部阅读并讨论，以“端正方向，争取一切可能争取的教授、讲师、助教、研究人员为无产阶级的教育事

① 陈丕显：《滚滚浦江水　难诉思念情》，《我们的周总理》，中央文献出版社1990年1月版，第83页。

业和文化科学事业服务”。[①] 周恩来看到后，立刻在二十八日晚上召集宣传、文化、教育等部门负责人陆定一、康生、张际春、杨秀峰、周扬、钱俊瑞、张子意、胡乔木、刘芝明、夏衍、陈克寒、林默涵、徐运北、张凯、黄中、荣高棠、沙洪、邵荃麟、吴冷西、姚溱等到西花厅开会。他以鲜明的态度批评各部门在执行知识分子政策上的“左”的错误。对教育部门，周恩来批评在大学教授中“拔白旗”是错误的，反对学校中把一切工作成绩归给学生而不提教师的做法。对卫生部门，他指出要尊重和保护医务界的老专家。对文艺部门，他批评过分夸大文艺的政治作用，指出精神产品不能“放卫星”，“人人写诗”、“人人作画”的口号是错误的。他要求与会者保持清醒的头脑，回去后“要研究知识分子问题，注意纠正在知识分子问题上‘左’的偏向”。[②] 林默涵后来回忆道：“有些同志开始思想不通，后来都愉快地接受了他的意见。这次会议，特别是周恩来同志的一番话，起到了‘降温’的作用。”[③] 会议结束后，大家走出西花厅时，天色已经发白了。

第二年五月，周恩来在中南海紫光阁又约集全国人大代表和政协委员中的部分文艺界代表和委员，以及北京的一部分文艺界人士座谈，进一步分析“大跃进”中对知识分子产生这些“左”的偏向的原因。周恩来指出，这是思想方法和工作方法上的片面性造成的。针对这个问题，周恩来提出了一系列“两条腿走路”的方针。他说：“我们一些同志总是强调某一方面，变成一条腿，

① 毛泽东致陆定一的信，1958 年 12 月 22 日，手稿。

② 周恩来在意识形态各部门负责人座谈会上的发言记录，1958 年 12 月 28 日。

③ 林默涵：《关心文艺事业　纠正“左”的错误》，《不尽的思念》，中央文献出版社 1987 年 12 月版，第 531 页。

而一条腿走路，难免就要跌跤。”① 但是，由于当时全国仍处在继续“跃进”的形势下，周恩来的意见在实际工作中没有得到贯彻，有些省市甚至不让传达。周恩来后来回想起这个时期的情况时曾说：“使我难过的是，讲了以后得不到反应，打入‘冷宫’，这就叫人不免有点情绪了。”②

一九五九年庐山会议后，执行知识分子政策上的“左”的错误又有新的发展。一九六一年上半年在中共中央对国民经济进行全面调整的形势下，文化、教育、科技等部门也开始纠正工作中存在的偏向，着手制定做好知识分子工作的各项具体措施。新的形势为周恩来采取新的措施来改善知识分子工作状况创造了条件。

为了解决这个问题，首先要弄清楚党在执行知识分子政策上究竟存在哪些问题，产生问题的原因是什么。根据毛泽东大兴调查研究的要求，周恩来决定从他熟悉的文艺界入手。一九六一年六月，中宣部和文化部分别召开文艺工作座谈会和故事片创作会议，检查几年来文艺工作中的问题，研究改进工作的措施。周恩来进行了三天的调查。他不仅看了大批文字材料，同时深入到会议代表中去听取意见。他感觉到一种普遍存在的情绪：人们不敢讲话了，而不敢讲话的原因“和领导有关”。周恩来认为这是问题的关键所在。

经过充分的准备，六月十九日，周恩来为这两个会议作了重要讲话。他尖锐地指出：“现在有一种不好的风气，就是民主作风不够”，“几年来有一种做法，别人的话说出来，就给套框子、抓辫子、挖根子、戴帽子、打棍子”，“五子登科”。他说：“这种

① 周恩来在全国人大代表、全国政协委员中的部分文艺界代表和委员以及北京的一部分文艺界人士座谈时的讲话记录，1959 年 5 月 3 日。

② 周恩来在文艺工作座谈会和故事片创作会议上的讲话记录，1961 年 6 月 19 日。

风气不好，现在要把这种风气反过来。”周恩来强调：“我们要造成民主风气，要改变文艺界的作风，首先要改变干部的作风；改变干部的作风首先要改变领导干部的作风；改变领导干部的作风首先从我们几个人改起。我们常常同文艺界朋友接触，如果我们发表的意见不允许怀疑、商量，那还有什么研究、商讨呢？我们的讲话又不是党正式批准的。即使是党已经研究通过的东西，也允许提意见。”周恩来从强调艺术民主入手，提出许多反“左”的意见，其中，对知识分子问题是这样讲的：“有一个时期好像觉得一九五六年关于知识分子的那些问题可以不讲了，不是的，那些原则仍然存在，只是三年来由于忙，这方面有所疏忽，讲得少了些。”① 周恩来这个报告正如一位与会代表所说：“是在一个长久时期的沉闷的政治空气中打了个惊雷，发人深省，为繁荣社会主义文学艺术揭开新的一页。”②

这次会议结束后不久，七月六日，中共中央政治局讨论了国家科学技术委员会党组和中国科学院党组制定的《关于自然科学研究机构当前工作的十四条意见（草案）》（简称科技十四条）。这个文件是纠正“大跃进”以来科学研究领域中的“左”的错误、落实知识分子政策的一个重要文件。周恩来在会上说：“这个文件，财经、文教等系统也都可以发。要向我们的干部讲清楚，我们为科学家服务好了，科学家就为社会主义服务得好。总而言之，都是为了社会主义。”③ 七月十九日，中共中央批准这个文件，批语中指出：“做好知识分子工作，很关紧要”，“近几年来有不少同志，在对待知识、对待知识分子的问题上，有一些

① 周恩来在文艺工作座谈会和故事片创作会议上的讲话记录，1961 年 6 月 19 日。

② 徐桑楚：《一位对电影创作有关键性影响的人》，《周恩来与电影》，中央文献出版社 1995 年 12 月版，第 165 页。

③ 《聂荣臻回忆录》下卷，解放军出版社 1984 年 10 月版，第 826 页。

片面的认识，简单粗暴的现象也有所滋长，必须引起严重的注意，以端正方向，正确贯彻执行百花齐放、百家争鸣的方针和理论联系实际的原则。”① 随后，在周恩来的关注下，中宣部协同文化部和全国文联在调查研究的基础上又制定了《关于当前文学艺术工作的意见（草案）》。这个草案最初有十条，后来改定为八条。这一系列条例的制定在知识分子中引起强烈反响，使他们再次感到春天的信息。

在这个过程中，周恩来越来越突出地感到，要真正落实知识分子政策、妥善解决党同知识分子的关系，必须首先从指导思想上彻底扭转一九五七年以来对知识分子阶级属性的错误估计。

一九六二年初的七千人大会后，在广州举行两个会议。一个是聂荣臻主持的全国科学技术工作会议。这次会议的目的，起初是想借下发“科技十四条”以后的有利形势，搞出一个新的科学规划来。代表们集中到广州后，聂荣臻找一些科学家谈心，发现他们的顾虑仍很大。有的人问聂荣臻：对资产阶级知识分子这个提法如何理解？他们说：“一提起知识分子，就是资产阶级的，叫做资产阶级知识分子，使子女也因此受到歧视，从没听到有人提谁是无产阶级知识分子。”聂荣臻认为这个问题应该解决，报告了周恩来。周恩来当即表示：“知识分子就是知识分子，人民的知识分子。”② 另一个会是文化部、中国戏剧家协会筹组的话剧、歌剧、儿童剧座谈会。这是周恩来亲自指导召开的。会前，周恩来要求主办单位进行充分的准备，对全国剧作家的情况及有关各级领导的思想情况做一次全面调查。周恩来从调查报告中，进一步体会到知识分子要求摘去“资产阶级”这顶帽子的心情是

① 中共中央对《关于自然科学研究机构当前工作的十四条意见（草案）》的批语，1961 年 7 月 19 日。

② 《聂荣臻回忆录》下卷，解放军出版社 1984 年 10 月版，第 832 页。

多么急迫。二月十七日，周恩来在中南海紫光阁会见了在北京的话剧、歌剧、儿童剧作家，希望他们在创作上进一步破除迷信，解放思想，到广州去百花齐放、百家争鸣，把会开好。当时，周恩来工作很忙，正在主持起草全国人大二届三次会议的政府工作报告。他本来不打算去广州，请陈毅去给这两个会议的代表讲话，但是，广州会议上传来的知识分子要求摘掉“资产阶级”帽子的强烈呼声，使他下决心亲自去一次，解决这个问题。二月二十五日，周恩来致信毛泽东汇报了政府工作报告起草的情况，并说：准备和陈毅一起去广州，“谈军队转业十万干部的安置问题和科学机构的精简问题。同时也准备同科学家见见面，听听他们意见”。①

二月二十六日，周恩来和陈毅一起飞抵广州。他看望了会议代表，听取了聂荣臻、郭沫若等的汇报。三月一日，周恩来约集两个会议的党内负责人陶铸、聂荣臻、于光远、张劲夫、林默涵、范长江等座谈②，着重讨论知识分子的阶级属性问题。会议结束时，周恩来明确地作出结论：从总体上讲，知识分子不能再说是资产阶级知识分子。

三月二日，周恩来在广州羊城宾馆向两个会议的代表作《论知识分子问题》的报告。同他一九五六年在知识分子问题会议上所作的报告相比，这个报告着重从中国所处的特定历史环境的角度，分析了中国知识分子的特点。周恩来指出：中国半殖民地半封建的社会性质，决定中国知识分子的大多数常常站在民族立场上反对外国殖民者和本国卖国贼，成为革命的爱国的知识分子。他充分肯定建国以来知识界取得的根本转变和进步。周恩来在讲话中引用了列宁《“关于用自由平等口号欺骗人民”出版序言》

① 周恩来致毛泽东的信，1962 年 2 月 25 日，手稿。

② 周恩来工作台历，1962 年 3 月 1 日。

中的一段话："无产阶级专政是劳动者的先锋队——无产阶级同人数众多的非无产阶级的劳动阶层（小资产阶级、小业主、农民、知识分子等等）或同他们的大多数结成的特种形式的联盟。"[①] 周恩来认为列宁把知识分子包括在"非无产阶级"的"劳动阶层"内，"对知识分子的估计要以这个为纲"。[②] 要在这个根本估计的基础上确定党和国家对知识分子的政策。报告中，周恩来批评了一九五七年以来对知识分子改造问题的片面理解，指出改造是长期的，方法要和风细雨，不能粗暴，这样气才能顺，心情才能舒畅。他说，知识分子最怕别人给他"上大课"，要促膝谈心。

周恩来因为工作实在太忙，无法等到会议结束，就赶回北京。三月五日和三月六日，陈毅分别向两个会议的代表转达了周恩来的嘱托，明确提出要为知识分子"脱帽加冕"。陈毅说："周总理前天动身回北京的时候，我把我讲话的大体意思跟他讲了一下，他赞成我这个讲话。他说：你们是人民的科学家、社会主义的科学家、无产阶级的科学家，是革命的知识分子，应该取消资产阶级知识分子的帽子。今天我向你们行脱帽礼！"接着，他动情地说："十二年的改造，十二年的考验，尤其是这几年严重的自然灾害带来的考验，还是不抱怨，还是愿意跟着我们走，还是对共产党不丧失信心，这至少可以看出一个人的心。十年八年还不能考验一个人，十年八年十二年还不能鉴别一个人，共产党也太没有眼光了。"[③] 这些也代表周恩来的激动人心的话，引起了强烈反响。代表们普遍认为："很全面、很透彻，感情充沛，听

---

① 《列宁全集》第 29 卷，人民出版社 1956 年版，第 343—344 页。

② 《周恩来选集》下卷，人民出版社 1984 年 11 月版，第 359 页。

③ 陈毅：《在全国话剧、歌剧、儿童剧创作座谈会上的讲话》，《周恩来论文艺》，人民文学出版社 1979 年 2 月版，第 47 页。

来很亲切，使人深受感动，心悦诚服。”① 历史学家周谷城听到为知识分子“脱帽加冕”的消息后说：“知识分子过去认为自己是资产阶级知识分子，觉得自己是被改造的，始终是做客的思想，积极性还没有发挥出来。”如今，“得到一个光荣称号，是劳动人民了，对这一点特别高兴。我对这一点也很兴奋。我觉得只要有这些感觉，精神就活跃起来了”。② 这是他的肺腑之言，代表了广大知识分子的心声。

广州会议后，党和知识分子的关系得到全面改善，知识分子的积极性普遍高涨。聂荣臻回忆说：那时候“中国科学院、国防部五院、二机部九院等许多科研单位，晚上灯火通明，图书馆通宵开放，一片热气腾腾，我国真正出现了科学的春天。至今我还认为：如果没有那几年的实干，‘两弹’也就不会那么快地上天。我们常说，中国人民是很聪明的，并不比别的民族笨。事实证明了这一点。我们有些科学家的确很有才能，关键是怎样发挥他们的才干，要有正确的政策，要关心他们的生活”。③ 文化艺术界也取得了令人可喜的成就，创作出一大批深受人民喜爱的文艺作品。

三月三日周恩来回到北京。广州会议上的强烈反响，进一步坚定了周恩来对知识分子问题的认识。他在党内对这个问题的认识仍存在分歧的情况下，坚持把为知识分子“脱帽加冕”的精神写入三月底召开的全国人大二届三次会议的政府工作报告中。这份报告毫不含糊地指出，中国的绝大多数知识分子是属于劳动人民知识分子。报告中说：“知识分子中的绝大多数，都是积极地为社会主义服务，接受中国共产党的领导，并且愿意继续进行自

---

① 全国话剧、歌剧、儿童剧创作座谈会会议简报第1期，1962年3月。

② 周谷城在最高国务会议上的发言记录，1962年3月21日。

③ 《聂荣臻回忆录》下卷，解放军出版社1984年10月版，第834页。

我改造的。毫无疑问，他们是属于劳动人民的知识分子。我们应该信任他们，关心他们，使他们很好地为社会主义服务。如果还把他们看作是资产阶级知识分子，显然是不对的。”由于这些话是在全国人民代表大会上的政府工作报告中郑重提出来的，并且得到大会的通过，它的分量比平时的讲话更要重得多。对知识分子的改造，报告中强调：“应该创造条件，使他们能够心情舒畅地、自觉地、逐步地进行，而不应该采取任何简单粗暴的方式。”“对知识分子的改造要求过高过急，是不适当的；把某些学术问题当作政治问题来处理，更是错误的。”① 周恩来这个报告，从根本上恢复并发展了他在一九五六年知识分子问题会议上代表中共中央对知识分子作的正确估计。知识分子迎来了又一个春天。

可是，对知识分子阶级属性的问题，党内认识上的不一致并没有真正消除。八届十中全会前后，在北戴河召开的中央工作会议中心小组会和在北京召开的中央书记处会议上，曾对这个问题进行过多次讨论。毛泽东发表意见说：“资产阶级知识分子有些人阳魂过来了，但是阴魂未散，有的连阳魂也没有过来。”② 一些人批评周恩来为知识分子“脱帽加冕”是“没有阶级观点”③；说陈毅在广州会议上的讲话是“上当”。④ 面对这种压力，周恩来没有沉默。十一月二十六日，周恩来在中央书记处讨论宣传文教工作的会议上对这些指责进行了反驳。他说：广州会议上关于知识分子问题的报告不能说没有阶级观点，在列宁的著作和刘少奇关于宪法的报告中都是这样提的，“我是代表中央作报告的”。⑤ 主持这次会议的邓小平支持周恩来的意见，他最后作结

① 周恩来在全国人大二届三次会议上作的《政府工作报告》，1962年3月28日。
② 毛泽东在中央工作会议中心小组会议上的发言记录，1962年8月9日。
③ 中央书记处会议记录，1962年11月26日。
④ 中央工作会议核心小组会议记录，1962年8月11日。
⑤ 周恩来在中央书记处会议上的发言记录，1962年11月26日。

论时说:“总的提法,一切按总理人大报告所说,把那段话再印一下,统一语言,那是中央批准的。”① 但是,这些努力没有能阻止“左”的错误的发展。周恩来感到十分忧虑。林默涵回忆说:“看得出来,这个时期周恩来的心情很不愉快。”② 后来,情况果然又出现更大的反复。

七千人大会结束后不久,因为在大会上难以具体地部署经济调整工作,二月二十一日至二十三日,刘少奇在中南海西楼召开政治局常委扩大会议,讨论一九六二年国家预算和经济形势问题。这是继七千人大会后中共中央召开的又一次重要会议,通常被称为“西楼会议”。讨论中发现,当年财政预算中实际上存在五十亿元的赤字,经济形势的困难程度比七千人大会时的估计要严重得多。刘少奇和陈云在会上相继发言,指出最困难的时期还没有过去,如果不采取果断措施,国民经济将进一步恶化。刘少奇特别指出:“中央工作会议对困难情况透底不够,有问题不愿揭,怕说漆黑一团!还它个本来面目,怕什么?说漆黑一团,可以让人悲观,也可以激发人们向困难作斗争的勇气!”③ 陈云提出了克服困难、应付“非常时期”的具体办法。他指出,十年经济规划可以分为两个时期:前一阶段(大概五年)是恢复阶段,后一阶段是发展阶段。要把工作的基点放在“争取快,准备慢”。目前第一位的任务是:“增加农业生产,解决吃穿问题,保证市场供应,制止通货膨胀。”④ 听了陈云的讲话后,刘少奇建议他在国务院全体会议上再展开地讲一讲,统一大家的思想。二月二十六日国务院召开各部委党组成员会议,陈云作了《目前财政经

① 邓小平在中央书记处会议上的发言记录,1962 年 11 月 26 日。

② 访问林默涵谈话记录,1984 年 4 月 17 日。

③ 刘少奇在中央政治局常委会上的发言记录,1962 年 2 月 21 日。

④ 陈云在中央政治局常委会上的发言记录,1962 年 2 月 21 日。

济情况和克服困难的若干办法》的报告，更加全面、透彻地论述他的观点。周恩来出席了西楼会议，完全同意刘少奇和陈云的意见，并建议对国民经济进行大幅度调整。这是一个十分重要的建议。

在西楼会议期间，邓小平主持召开中央书记处会议，专门讨论精简问题。会议对国务院九个口子的精简工作做了安排。周恩来在发言中强调：精简工作的中心问题是安置，要“先减人，再拆庙，以免人心惶惶”。他建议成立中央精简小组，由杨尚昆主持，并表示自己要直接过问这项工作。①

西楼会议后，如何恢复和发展国民经济的任务迫切地摆到全党和全国人民面前。为了做好这项工作，中共中央决定恢复“大跃进”开始后不久就停止工作的中央财经小组。刘少奇提议由陈云担任中央财经小组组长。李富春和李先念担任副组长，成员有周恩来、谭震林、薄一波、罗瑞卿、程子华、谷牧、姚依林、薛暮桥。三月上旬，中央财经小组连续开会，讨论国民经济形势，认真地摆问题。陈云认为，由于情况还没有完全搞清楚，对长期计划很难提出比较切实的指标，甚至画个“框框”也很难。他建议准备在七月召开的中央工作会议不要先讨论第三个五年计划，主要还是分析当前的财政经济形势，摆情况，把问题搞清楚，讨论方针，研究措施，把思想统一起来。

在三月七日的讨论中，陈云提出：对一九六二年的年度计划需要有一个相当大的调整，重新安排。他说：“要准备对重工业、基本建设的指标‘伤筋动骨’。重点是‘伤筋动骨’这四个字。要痛痛快快地下来，不要拒绝‘伤筋动骨’。现在再不能犹豫了。”② 周恩来十分赞成陈云的意见，在一旁插话说：“可以写一

① 中央书记处会议记录，1962 年 2 月 22 日。

② 陈云在中央财经小组会议上的发言记录，1962 年 3 月 7 日。

副对联，上联是先抓吃穿用，下联是实现农轻重，横批是综合平衡。”[①] 这副对联只有短短十四个字，却提出一个很重要的问题，就是在经济工作中必须把保障并逐步改善人民生活摆在首位。正如陈云所说：“如果六千多万人身体搞得不好，我们不切实想办法解决，群众是会有意见的。人民群众要看共产党对他们到底关心不关心，有没有办法解决生活的问题。这是政治问题。”[②]

三月八日，中央财经小组继续开会。周恩来在发言中，着重谈了形势问题。他指出：“目前财政经济的困难是相当严重的，而且有些困难，我们可能还没有看到，没有预料到。”他非常同意刘少奇在西楼会议上所讲的：把困难估计足比估计不足要好得多。他说：“要鼓励各种意见都说出来，有不同意见可以争论，争论以后由中央作决定。个人还有不同意见，可以保留，但在行动上必须一致。”事情很清楚：在依然十分严峻的局势面前，只有下决心采取断然处置，才有可能站稳脚跟，摆脱困境，继续前进。周恩来十分赞成陈云的意见：“在今后十年中要有个恢复时期”。他指出：“这是讲它的主要性质。而一般地仍可称它为调整时期。”本来，在一九六二年对国民经济计划进行大幅度调整，是周恩来最先向中央提出来的，但那时还是想慢慢转弯。这时，周恩来说：“现在看来不行，要有一个一百八十度的大转弯。如果说，过去是改良的办法，那么，现在就要采取革命的办法。当然，步子一定要踩稳。”究竟怎样转弯呢？周恩来提出八点办法，其中第一点是“经济计划工作要从以工业交通为重点转到以农业、市场为重点”。[③] 陈云认为周恩来提出的这一点很重要，插话说：“这是国计民生的大事，是决定中国前途的问题，我们要

---

① 周恩来在中央财经小组会议上的发言记录，1962 年 3 月 7 日。

② 陈云在中央财经小组会议上的发言记录，1962 年 3 月 7 日。

③ 周恩来在中央财经小组会议上的发言记录，1962 年 3 月 8 日。

自觉，我们自觉了就有希望。”① 周恩来提出的其他办法还有：要“按照当前最急需的安排生产”，“从现在起就要搞综合平衡”等。经过几天的充分交换意见和分析情况，大家基本上统一了认识。

三月十二日、十三日，中共中央政治局举行常委扩大会议，通过二月二十六日陈云所作的《关于目前财政经济情况和克服困难的若干办法》的报告，以及由陈云担任中央财经小组组长。三月十六日，周恩来和刘少奇、邓小平飞抵武汉，向毛泽东汇报常委扩大会议和中央财经小组会议的情况，毛泽东表示同意。三月十八日，周恩来回到北京。这时，离全国人大二届三次会议的召开还有九天。这是一次迟到的会议，本来应该在上一年召开，因为对经济形势一直不摸底，所以拖了下来。

三月二十七日，全国人大二届三次会议在北京开幕。周恩来接连两天在会上作了政府工作报告。

周恩来认为，争取国民经济的根本好转，“关键就在我们要做好当前的调整工作”。他在报告中特别强调：

> “对于社会主义建设的客观规律，我们还不完全认识，在工作中还不能不带有一定的盲目性。我们只能在实践中逐步地积累经验和总结经验，逐步地求得主观认识符合客观实际。”“在社会主义建设经过了一个非常大的发展以后，进行全面调整是十分必要的。在我国前几年社会主义建设的大发展中，出现了许多不协调的现象。为了改变这种不协调的现象，为了巩固已有的成绩，为了给以后的国民经济的新的大发展创造条件，就必须用一个较长的时间，即用几年的时间，通过综合平衡，全面安排，进行较大幅度的调整。在当前的国民经

① 陈云在中央财经小组会议上的发言记录，1962 年 3 月 8 日。

济调整工作中，恢复和发展农业生产是一个中心环节。我国国民经济中出现的不协调现象，农业生产下降的影响最大。没有农业的恢复和发展，就不可能有国民经济的协调发展。”

对一九六二年的任务，周恩来说：

“必须采取更有力的措施，切实按照农业、轻工业、重工业这样的次序，对整个国民经济进行全面调整，合理安排，以便集中主要力量，逐步地解决人民的吃、穿、用方面的最迫切的问题，并且逐步地在国民经济各部门之间建立新的平衡。当然，这并不是说，全部调整工作今年就可以做好。我们应该在今后几年中，把调整作为经济工作的主要任务。但是，今年的工作做好了，就能够为以后的调整工作打下可靠的基础，就有可能争取较快地完成调整任务。从这个意义上说，一九六二年是调整国民经济的极关紧要的一年。”

周恩来还提出一九六二年调整的十项任务：

一、争取农业增产，首先是争取粮食、棉花、油料的增产；二、合理安排轻重工业生产，尽一切可能多增产日用品；三、进一步缩短基本建设战线；四、压缩城镇人口，精简职工；五、彻底清理仓库，重新核定资金；六、改善市场的供应状况；七、保证完成对外贸易任务，偿还外债，努力承担国际义务；八、提高文化、教育、科学研究、卫生等工作的质量；九、节约支出，增加收入，加强现金管理，保证财政收支平衡；十、进一步改进计划工作。①

这种调整究竟是前进还是后退，是积极的还是消极的？在会

① 周恩来在全国人大二届三次会议上作的《政府工作报告》，1962 年 3 月 28 日。

议讨论中反映出各种疑问。在四月十六日的闭幕会上，周恩来坚定地回答大家："这种调整是积极的，而不是消极的。调整不是一切后退，各个部门、各个行业，情况不同，根据按比例的要求有进有退，有增有减。而一切都是为了前进。"①

周恩来清醒地看到，报告中提出的有些措施也会在某些方面加重暂时的困难，所以有必要密切注意事态的发展，并且把当前的形势和困难坦率地向人民讲清楚，取得他们的理解和支持。他在全国政协三届三次会议上指出，那些"敢于提出不同意见，敢于批评对方的短处"的朋友"不是畏友而是诤友"。② 他不仅在会上而且在会后都十分重视收集和听取各方面的意见，并有针对性地进行思想工作。在全国人代会议结束后不久，周恩来收到的群众来信中，有一封是全国青联一些代表寄来的。他们提出：这些年我们国家在经济上发生这么多困难到底是强了还是弱了，怎样解释最困难的时期已基本度过、现在依然还很困难等问题。这些问题实际上在周恩来的政府工作报告中已经讲得很清楚了，但青年人继续提出问题，说明他们思想中还存在着困惑。

那时，全国青联四届一次会议正在北京举行。尽管那些日子里周恩来工作十分繁忙，他还是抽出时间去参加这次会议，和大家进行交谈。周恩来说："你们要我同你们交换意见，那么好，我也给你们提出一个条件，我回答你们一些问题，你们得反映给我一点意见。""对我的发言你们要做到四点：一是同意，二是反对，三是补充，四是怀疑，做到这四点才算是民主。我就以你们青联三百多位同志作为民主的据点。"代表们报以热烈的掌声。针对大家提出的问题，周恩来着重从认识问题的方法上进行引

① 周恩来在全国人大二届三次会议上的发言记录，1962 年 4 月 16 日。

② 周恩来在政协第三届全国委员会第三次全体会议上的闭幕词，1962 年 4 月 18 日。

导。他指出:“我们观察问题要有历史观点、全局观点，还要有长远观点。你们要掌握一点方法，透过现象来看本质。”联系到我们国家现在究竟是强了还是弱了的问题，周恩来说:“什么是最困难的时期，什么是还有困难，我们要搞清楚。所谓最困难的时期，就是当我们还不懂得，有了病还不知道，而且埋伏着一个危险的时候。如果我们还不懂得，情况就会比现在严重。现在我们懂得了，懂得和不懂得到底哪一个强呢？当然懂得强嘛！但治病又是逐步来的，只要治了病，就会强起来。”周恩来的这番话，使大家感到耳目一新。由于精简工作是下一步进行全面调整中的一项重要而艰巨的任务，涉及千家万户，和青年们的前途也紧密相关，所以，周恩来较多地谈了这个问题。他指出，精简中必须注意两点，一是对人要妥善安置，二是多为大家找出路。周恩来提出了一个重要问题:“过去什么都要变成全民的，有些东西搞得过急了。有些可单独开业的医生应该允许他单独开业，有些家庭教师可以给人家教一点书，过去都搞成全民的就搞死了。”谈到一部分青年不能升学时，他说:“不能升学可以补课嘛，可以由私人办补习学校、函授学校。”他鼓励大家多想办法，但这些办法必须同当地的实际情况相结合。① 以后，大幅度的精简工作顺利地进行了，社会仍然保持了稳定的局面。周恩来细致周到的工作，也起了重要的作用。

西楼会议后，繁重的经济工作使身体一向不好的陈云病倒了，领导中央财经小组的重担实际上又落到周恩来肩上。四月上旬，在周恩来主持下，中央财经小组多次听取并讨论国家计委党组关于一九六二年国民经济计划的调整方案。这个方案对一九六

① 周恩来在全国青联第四届委员会第一次会议上的发言记录，1962 年 4 月 30 日。

二年的计划作了大幅度的调整：尽可能挤出一部分材料来增加农业所需要的生产资料；尽可能安排较多的原料、材料和燃料来增加日用工业品的生产；根据农轻重的方针和实际的可能，降低了绝大多数重工业产品的生产指标；进一步缩小基本建设的规模，从原计划的投资六十亿七千万元降低为四十六亿元。经过这样的调整，一九六二年的工农业总产值指标从原计划的一千四百亿元下调为一千三百亿元。中央财经小组讨论时认为，国家计委党组这个方案对国民经济存在的严重不平衡状况仍然认识不够，用周恩来的话来说，就是“没有按照中央指出的方向进一步暴露问题，没有斩钉截铁地大胆地提出问题”。① 他要求制定一九六二年计划时，“一定要考虑到一九六三年和以后几年，如果今年的计划没有缺口，执行情况又好，明年就可以争取比今年有所增长，国民经济的调整工作就能够顺利进行。今年有缺口，把库存用亏空了，明年就不能保持今年的水平，甚至会下降。经济上不好过，政治上也不好交代”。② 他提出，解决问题的方针要按照陈云讲的“争取快，准备慢”，还要增加：“争取好，准备差一点”；要对国民经济进行大幅度调整，“企业要关一批，并一批，转化一批，缩小一批”，过去是在高指标下被迫进行调整，现在是主动地进行调整，“情况如果确实弄清楚了，就要断然处置”。③

根据会议讨论的意见，周恩来主持起草了《中央财经小组关于讨论一九六二年国民经济调整计划的报告（草稿）》。报告中提出了几项重大措施：第一，大幅度削减基本建设规模。同时，合理使用有限的财力物力，确保一批重点项目和支援农业、满足市

① 周恩来在中央财经小组会议上的发言记录，1962年4月2日—4日。
② 周恩来在中央财经小组会议上的发言记录，1962年4月8日。
③ 周恩来在中央财经小组会议上的发言记录，1962年4月2日—4日。

场、出口需要的工业项目继续建设并按时投产。第二，除砍掉十万个小高炉外，对那些消耗大、成本高、质量差、效益不好、经过整顿仍然亏损的企业和那些原料、燃料、动力供应不上或生产任务严重不足的企业，下决心关、停、并、转。第三，继续压缩城镇人口一千万人，其中精简职工八百五十万人，以缓和城镇粮食和副食品供应的紧张状态。报告起草完成后，周恩来派薛暮桥送到杭州向陈云报告，得到他的同意。周恩来还改定了《中共中央关于批发一九六二年国民经济调整计划的指示》。《指示》指出：

“这个计划就当年的平衡来说，还有不少的缺口；就今年计划同明后年调整任务的衔接来说，还有不少的重大问题没有解决。今年计划中存在的问题，是过去几年工业和农业之间，轻工业和重工业之间，原材料工业和加工工业之间，积累和消费之间，财政信贷和物资之间，国民经济其他各个方面之间以及城市和乡村之间的关系严重失调所造成的后果。这些问题不是一年两年所能解决的，而需要用几年的时间，经过一系列的调整工作才能解决。把这些问题在全党主要干部面前摆出来，使大家对当前国民经济的严重不平衡和财政经济方面的严重困难有进一步的认识，这是好事，而不是坏事。我们对困难的情况认识得愈深刻，愈充分，甚至把困难估计得多一些，并没有危险，因为这样可以使我们更有准备地、更主动地和更有把握地去战胜困难。”

“中央认为，争取财政经济情况根本好转的关键，是争取尽快地恢复农业生产，采取切实有效的措施，加强农业生产战线，加强农村基层工作，力争粮食、棉花、油料等农产品能够多种一些，多生产一些，多收购一些。而要做到这一点，就必须首先通过一系列的调整工作来减轻工业生产建设规模过大、职工人数和城镇人口过多所加给农村的过重负担。因此，当前最急迫的措施，是要坚决缩短工业生产战线和基本建设战线，关掉、合并、缩小一批工厂，拆掉那些用不着的架子，收起那些用不着的摊子，大力精简职工和压缩城镇人口。这些方面的工作做得愈坚决，愈妥善，我们就能够愈快地改变当前国民经济的困难局面。”①

问题的症结找出了，解决问题的方针也已确定，但是，真正在党内和干部中统一思想依然不是一件容易的事情：一些经济部门担任主要领导工作的干部，几年来习惯于铺摊子，提高指标，而对财政经济存在的困难仍认识不足，对国民经济进行大幅度调整仍然下不了大的决心，还在等待观望，缺乏得力的措施。有些下面的厂长议论说：“调整减人，举棋不定，思想混乱，工作被动”，造成企业职工的思想动荡不安。② 这说明，要把中央的决心化为全党的决心，使大家都接受，还需要一个艰苦的说服过程。

为了进一步统一思想，做好调整工作，五月七日至十一日，中共中央政治局常委在北京举行工作会议，讨论《中央财经小组关于讨论一九六二年国民经济调整计划的报告（草稿）》和中共中央《指示》。会议由刘少奇主持，参加的有在京的政治局委员、书记处成员、各大区书记和中央各部门负责人，共一百零五人，通常被称为“五月会议”。

周恩来在五月十一日的会议上，围绕当前的经济形势和方针任务等问题有针对性地作了讲话，提出许多重要的指导性意见。

---

① 中共中央关于批发 1962 年国民经济调整计划的指示，1962 年 4 月 30 日。

② 国家经委党组关于大区经委主任会议情况汇报的提纲，1962 年 5 月 3 日。

他指出，中国目前还是处在一个严重困难的时期，我们主观上的失误造成的经济发展的不平衡后果，不是短时期能够扭转好的，只能逐步扭转。经济工作千头万绪，要越做越细。周恩来指出，调整要成为一个阶段，第三个五年计划恐怕就是个调整阶段，甚至第三个五年计划还可能不够。在调整过程中，首先是恢复农业，在这个基础上工业必须有一个大幅度调整。调整的方针是“按照短线，不留缺口，并且留有余地。这个方针不能一步实现，要逐步实现，但是必须坚持这个方针”。周恩来认为，农轻重的次序现在是严重失调，这一点七千人大会上就说了，现在更表现出来。所以，我们首先就应该抓住这个关键来调整。这个调整不能以为今年一年马上就绪。生产秩序要就绪，时间要长一些。在七千人大会上决定的指标，尽量要压下来，但是现在看来，还是站不住。他说：“现在我们应该更冷静地来看这个问题，这是个艰巨的工作。”“经济落后的国家在经济上要翻身是一个艰巨的任务，不是一件小事，我们应该有这样一个临事而惧的精神，这不是后退，不是泄气，而是戒慎恐惧。”周恩来告诫大家：“建设时期丝毫骄傲自满不得，丝毫大意不得。”

在调整工作中，一个关键性的措施是大幅度精简城镇职工。一九五七年全国职工人数是二千四百五十万人，一九六〇年猛增到五千万人。与此同时，农村劳动力减少了二千三百万人，原来生产粮食的人变成吃商品粮的人。职工人数大大超过了经济发展水平、特别是农业生产水平所许可的程度。中共中央下决心把新从农村中招来的职工退回到农村去。这样大的一个调整，又同精简联系在一起，更增加了工作的艰巨性。所以，周恩来在谈目前工作时，以很多时间来讲精简问题。他认为，这不是一件简单的事情，“这个事情是领导的决心，也是全民的决心，震动极大，几乎要震动我们全民的生活。不是一个简单的事情，要意识到这个问题”。[①] 在二月份，中共中央曾经发出一个通知，决定一九六二年上半年继续减少城镇人口七百万。在这次会上，中共中央提出在一九六二年和一九六三年上半年减少城镇人口两千万。加上一九六一年已精简的城镇人口一千万人，一共是三千万人。这是克服困难的一项根本性措施。当时有人评论说：“这是一个中等的国家搬家，这是史无前例的，世界上也没有的。”拆这么多“庙”，精简这么多人，这个事情在中国没有哪一个政权能够这样做，只有中国共产党才有这个魄力，才有这样的群众基础。周恩来强调这件事情时机紧迫，不应该犹豫了，但是另一方面也要谨慎。他说：“今天的情况又是千头万绪，动一根头发就要牵动全身，稍一不慎，就会出乱子。我们应该有准备，一个是力争不出乱子，另一方面也要准备，万一出了乱子也没有什么可怕。我们只要把情况跟干部、群众讲清楚，大乱子可以克服。可是办事不能急躁，必须要谨慎从事，不能草率从事。”精简这样大的数目，“决心要大，步骤要稳，工作要细，要负责到底”。[②]

五月会议讨论并通过了中央财经小组的报告和中央的指示，向全党明确地摆出了问题，明确了解决问题的方针，确定了进一步调整一九六二年计划的各项指标。薄一波回忆道：“对这些问题的分析和认识，又比西楼会议深入了一步。有的同志在会上表示，面对困难，要有‘毒蛇噬臂，壮士断腕’的决心，才能把国民经济调整好。”[③] 如果不下如此果断的决心，要从这样的困境中走出来是不可能的。

五月会议在扭转严重经济困难局面中，是一次具有转折意义

---

① 周恩来在中央工作会议上的讲话记录，1962 年 5 月 11 日。

② 中央工作会议记录，1962 年 5 月 11 日。

③ 薄一波：《若干重大决策与事件的回顾》下卷，中共中央党校出版社 1993 年 6 月版，第 1057 页。

的会议。会后，在全国范围内大刀阔斧地对国民经济进行全面调整。

这时，最重要的问题在于落实。为了帮助各地制定和落实具体的调整方案，周恩来和几个副总理分别到各省、市去督促和指导工作，同他们一起共商压缩城镇人口、精简职工、削减基本建设规模以及关停并转企业等各项任务的落实措施。

东北是重工业区，大型企业多，情况复杂，是困难特别严重的地方。周恩来主动提出到东北去。李富春负责华东；李先念负责中南；薄一波留在北京，除处理日常工作外，负责华北的调整工作。

五月二十八日，周恩来和邓颖超一行乘火车去沈阳，随同前往的有国务院工交系统的几位部长。一到沈阳，他就向管理生活的人员交待：鱼、蛋、肉之类的东西不吃，肉制品也不行，群众有困难，做领导工作的更不能特殊。

在行前，周恩来先派国家计委副主任顾卓新率领包括工交系统的副部长、司局长等八十余人的工作组到东北进行调查，并且向他们提出三点具体的调整方针：一、在整个经济布局上，要缩短工业战线，拉长农业战线；二、在工业系统，要缩短基本建设战线，拉长生产战线；三、在机械设备方面，要先辅机，后主机，先维修，后制造。顾卓新说："我们正是据此调整和安排东北工作的。"在东北地区最困难的任务是精简职工，压缩城市人口。当时，中央要求东北地区需要精简职工二百万，压缩城市人口三百万。这个问题牵涉到职工生活、家属安排以及到农村后的住房等问题，都很棘手。再加上为确保鞍钢、大庆油田等重点大企业的充分开工，对于地方所属的几千个小型企业要分别情况实行"关、停、并、转"，一些地方同志总是舍不得。这样，精简工作就难以进行了。所以，在周恩来到东北前，顾卓新等根据周恩来的指示精神所研究拟定的调整方案一直没有能落实。周恩来到达沈阳后，立刻听取顾卓新的详细汇报。顾卓新后来回忆说：

> “在长达七个小时的汇报中，总理始终精神饱满边听边问，一面记笔记，一面思考。总理充分肯定了我们的准备工作，随即和东北局及三个省的负责同志，进一步研讨克服困难进行调整的办法。他耐心地进行说服解释，并对照全国的情况，分析东北的问题。他说，除坚决调整外，别无出路。他提醒大家，难道让鞍钢、大庆、三大动力制造、汽车和飞机制造等都停止生产，以保证那些‘小土群’、‘小洋群’吗？难道我们对工矿企业和大中城市的粮食、副食及日用消费品供应严重不足束手无策吗？总理经过两三个星期的工作，才说服了大家，落实了调整方案，并要求立即付诸行动。回北京后，我将这次东北地区的全部调整工作，写出一个详尽系统的报告，经总理和富春同志转报中央常委，得到肯定和赞许。”①

周恩来在东北将近一个月的时间内，不顾旅途劳累，先后视察了鞍山钢铁厂、沈阳拖拉机厂、长春拖拉机厂、长春第一汽车制造厂、长春电影制片厂、长春合成纤维厂、哈尔滨发电厂、哈尔滨飞机修理厂、齐齐哈尔炮厂、富拉尔基重型机械厂和特殊钢厂、延边农机厂、延边农学院、吉林化肥厂等地，还视察了各地农村。到鞍钢时，得知接待人员安排他住在新建宾馆，周恩来立刻表示：“楼盖得这样好，全国还有的地方比较困难，我不能住。”

六月二十一日，周恩来一行到达石油化工基地萨尔图（今大庆市）视察大庆油田。这时，正是大庆全体干部和群众以感人肺

---

① 顾卓新：《坚持原则和解决困难的高超领导艺术》，《我们的周总理》，中央文献出版社 1990 年 1 月版，第 191 页。

腑的爱国热情和顽强意志，住在临时搭起的棚屋里，每天依靠五两粮食加野菜，战天斗地，进行石油会战的时期。周恩来和邓颖超深深为大庆职工艰苦创业的精神所感动。他们首先看望了正在打井的一二〇二、一二〇三钻井队的工人们。当年陪同周恩来视察的康世恩回忆说："周总理健步登上钻台，和工人们一一握手问候。当班工人见自己手上满是油污和泥浆，不好意思地在衣服上猛擦。总理主动上前紧握钻工的手，和蔼地说：'没关系，我也当过工人。'接着他又亲切地和围在身边的同志拉家常：'多大年纪了'，'当了几年钻井工人'，'老家在哪里'，'冬天野外钻井冷不冷，穿的工服暖不暖，爱人接来没有……'他一面细心询问，一面耐心倾听大家的回答，不时深情地点头，发出爽朗的笑声。"周恩来到职工食堂尝了工人们的菜汤。他还到工人住的地窝子里，因为里面又黑又脏，大家劝他不要进去，周恩来说："你们能住，我就能进。"感动得许多人流下眼泪。① 周恩来充分肯定大庆职工艰苦奋斗、自力更生的创业精神，肯定大庆结合实际情况以科学态度办事的做法。他称赞说：像大庆这样的矿区，不搞集中的城市，分散建设居民点，家属组织起来参加农副业生产，对生产生活都有好处。后来，周恩来把这些特点概括为："工农结合、城乡结合、有利生产、方便生活"。这十六个字成为大庆矿区的建设方针。

这以后，周恩来又曾多次到大庆视察工作。在周恩来的关怀指导下，中国石油工业迅速发展。一九六三年全国原油产量达到六百四十七万七千吨，占国内消费量的百分之七十一点五，中国从此摘掉了贫油国的帽子。同年十二月，周恩来在全国人大二届四次会议上自豪地宣布："我国需要的石油，现在可以基本自给

---

① 康世恩：《大庆油田浸透了周总理的心血》，《我们的周总理》，中央文献出版社 1990 年 1 月版，第 244、245 页。

了。”一九六四年，石油勘探重点转移到渤海湾盆地，又相继建立了胜利油田和大港油田。一九六五年，中国的原油产量达到一千一百三十一万二千吨，国内消耗的原油以及石油产品实现全部自给。

经过这一段时间的努力，由于初步统一了思想，又采取了一系列得力的措施，从全国范围来看，整个国民经济形势开始全面好转。

在付出重大代价后，经济建设上急于求成的思想得到初步扭转。毛泽东在一次会议上说：高指标、高征购、浮夸风，这个教训永远也不能忘记，永远也不能够再干了。但是，“左”的指导思想并没有从根本上改变，在政治和思想文化领域内更有了进一步的发展。特别是当经济形势开始全面好转、困难趋向缓和时，这种“左”的思想便迅速抬头了。

在调整国民经济的过程中，党内围绕农村究竟应该采取什么样的经营管理方式更能调动农民的生产积极性的问题，出现了一场激烈的争论。一些生产队开始试行“定产到田，责任到人”的办法。一九六一年底，安徽一个省就有百分之八十五以上的生产队采用了这个办法。在广东、广西、河南和湖南等省灾情严重的地方采用了包工、包产等经营管理方法，极少数地区还出现分田到户和单干的情况。周恩来到东北视察期间，中央书记处曾开会讨论“包产到户”问题。刘少奇、邓小平、陈云等都支持中共中央农村工作部部长邓子恢在调查研究基础上提出的“生产责任制”的办法。刘少奇说，农业上也要退够，可以在一些地方实行“包产到户”。六月二十六日，周恩来从东北回到北京。他多次去看望病中的陈云，就这些问题交换意见。陈云讲到，可以用“包产到户”的办法来鼓励农民的生产积极性，使农业尽快恢复。周恩来赞成陈云的意见。毛泽东也注意到关于农村经营管理问题上出现的这场争论，但他错误地认为邓子恢关于实行生产责任制的意见是刮“单干风”，搞资本主义，是阶级斗争在党内的反映。同时，他又把这个时期在干部甄别过程中彭德怀申诉一九五九年庐山会议的问题所写的八万言书看作是“翻案风”，是阶级斗争的新动向。在国际上，中苏关系的严重恶化和赫鲁晓夫那样人物的出现，使毛泽东深深感到忧虑。从一九六二年以来，在中国的西北边境，苏联在新疆少数民族中进行颠覆活动；在西南边境上，尼赫鲁挑起中印边界冲突；在东南沿海，美国支持蒋介石集团准备侵犯大陆。这一连串事件更加重了毛泽东对阶级斗争形势的错误判断。党内的政治空气突然紧张起来，使原来准备在七月召开的讨论经济工作的中央工作会议的议题发生了变化。

七月二十五日至八月二十四日，中央工作会议在北戴河举行。根据刘少奇的提议，会议成立了中心小组，由毛泽东、刘少奇、周恩来、朱德、陈云、林彪、邓小平、彭真、李富春、李先念、谭震林、陈伯达、陆定一、罗瑞卿、谢富治、谷牧、陈毅、杨尚昆、柯庆施、李井泉、宋任穷、陶铸、李雪峰、刘澜涛组成。这次会议，陈云因病请假，林彪没有出席。七月二十七日，周恩来到达北戴河。他连续两天组织讨论国务院财贸办公室提交的关于《粮食问题的报告》。随后，他又根据政治局常委会的决定，十七次召集有二十五人参加的城市工作会议，并代中央起草了关于当前城市工作若干问题的指示。由于过度劳累，周恩来病了，但他没有时间休息。

八月六日，中央工作会议召开全体会议。邓小平在开始时本来宣布会议准备讨论的问题是：一、关于农村工作，制定和通过《关于巩固人民公社集体经济发展农业生产的决定》、《农村人民公社工作条例（修正草案)》；二、关于财贸工作的《市场物价问题报告》和《改进商业体制决定草案》；三、城市工作；四、《中央关于有计划地交流各级党政主要领导干部的决定》。

但毛泽东在会上的发言根本改变了原定的会议议题。他提出三个问题要大家讨论：一、现在究竟还有没有阶级，还存在不存在阶级斗争？二、对国际国内形势问题究竟怎么看？三、社会主义社会是不是就没有矛盾了，有些什么矛盾？毛泽东认为，资产阶级天天在那里专政，天天在那里斗无产阶级，“如果我们承认阶级残余还存在，那就应该承认社会主义与资本主义的矛盾就是存在的，而且是长期存在的，不是几年几十年的问题”。关于形势问题，毛泽东说：“我倾向于不那么悲观，不那样一片黑暗、一点光明都没有，我不赞成这个意见。现在，那种一片光明、毫无黑暗的问题不存在了。现在转成另外一个方面，引得一些同志思想混乱，丧失前途，丧失信心。”① 这些批评所针对的，显然包括中央常委和中央财经小组前一阶段对形势的分析和工作的部署。

围绕毛泽东提出的这几个问题，会议中心小组进行了多次讨论。八月十一日，在中心小组会议上，刘少奇对五月中央工作会议上对形势的估计作了检讨，接受毛泽东的批评，承认对形势估计“过分了”。② 八月十七日，周恩来出席中心小组会并谈了他对问题的认识。周恩来说：“主席提出的三个问题、六个矛盾都很重要，很适时。阶级斗争是长期的，过去如此，将来相当长时期如此。”对形势问题，周恩来认为“过去一个时期，我们把困难说得多了一些，这对党内发生消极影响。虽然我们采取了正确措施，但使人看问题容易看成漆黑一团”。同时他又强调：“一月扩大的中央工作会议以后，做了很多事情，做了很多重要工作。全国人民团结一致，经受了严重的考验，要肯定成绩。”接着，他列举大量事例说明这一段取得的成就。比如减人，周恩来指

① 毛泽东在中央工作会议上的发言记录，1962 年 8 月 6 日。

② 刘少奇在中央工作会议中心小组会上的发言记录，1962 年 8 月 11 日。

出："五月会议下了最大的决心，在去年精简九百万人口的基础上，今年和明年上半年再减二千万，到七月底已经减了八百九十万，这是很大的成绩。这样大的事全国没有发生大的问题，是因为既有决心，又有措施。这样集中地搞精简，在党的历史上还是第一次，有的地方出了点毛病，随时得到了纠正。"关于"包产到户"问题，周恩来说："主席一讲，就把问题搞清楚了，我们头脑清醒了。讲到责任田，我们就要注意，就要分析，都有了警惕。"① 为了统一全党的思想，中共中央决定召开八届十中全会。八月二十八日，周恩来回到北京。

在北戴河将近一个月的中央工作会议和在北京开的将近一个月的预备会议，都是为八届十中全会做准备。

九月二十四日至二十七日，中共八届十中全会在北京举行。周恩来出席了会议。根据毛泽东的意见和确定的方针，会议着重讨论了阶级、形势和矛盾问题。毛泽东在会上作了错误的结论：在整个社会主义历史阶段，资产阶级都将存在，并有资本主义复辟的危险。阶级斗争问题从现在就讲起，要年年讲，月月讲。这对全党的认识和工作产生了严重的影响。这种"左"的偏差，从八届十中全会后，在政治、思想、文化方面发展得愈来愈严重，为后来错误地发动"文化大革命"做了思想理论上的准备。会议通过了七月中央工作会议讨论的几个文件，还对邓子恢、彭德怀等进行了错误的批判。

九月二十六日，周恩来在大会上发言。在当时的气氛下，他批评了主张包产到户的思想，但认为这是"认识上的错误"。他提出要加强党性和党内团结，说："所谓团结，首先就是大家都应该是一条心，为革命奋斗，为社会主义建设奋斗。"周恩来指出："在我们建设社会主义的过程中，曾经发生这样或那样的错

① 周恩来在中央工作会议中心小组会上的发言记录，1962年8月17日。

误，我们不断地纠正这些错误，我们对社会主义建设规律的认识不断地深化。这一个时期在调整时期，有正确的东西，也有错误的东西。这次主席指出错误有属于认识上的，有属于方向性的。”“属于个别性质的错误，在我们工作中是常有的，要经常提醒，及时改正。中央委员会也好，各级党委也好，讨论工作的时候，总是有不同意见，要有争论，要敢于批评，敢于提出来。这样才能发现问题，才能加以解决。地方对中央有不同的意见，也可以按照组织路线提出来，这是有好处的。我们在工作中总会有缺点的，认识错了就改正嘛。主席提醒我们有些认识上的错误，这就使得我们注意抓紧各方面的工作。”根据一九五九年庐山会议的教训，周恩来提醒大家：“反右的时候还要防‘左’。”他说：“一九五九年庐山会议还有一个缺点，就是把反右斗争搞到底下，搞到群众中去了。这回就吸取这个教训，反右防‘左’，不搞运动。”① 周恩来还说，这次全会不仅是对党员进行社会主义教育，而且要求大家更深刻地认识社会主义建设的总方针，把国民经济调整工作做好。

整个会议的“左”的气氛对工作产生了多方面的消极影响，但是，由于毛泽东接受了刘少奇提出的“鉴于第一次庐山会议的经验，要有个限制，要搞个具体规定，传达的范围、方法、方式要考虑”的意见，② 规定这次会议的精神只传达到行政十七级以上干部，并且提出决不可以因为阶级斗争而妨碍经济工作，“要把工作放在第一位，阶级斗争跟它平行，不要放在很严重的地位”。③ 周恩来在传达八届十中全会精神时也这样说：国际斗争还是经常性的，由专门的部门负主要的责任；彭德怀等问题交给

① 周恩来在中共八届十中全会上的发言记录，1962 年 9 月 26 日。

② 刘少奇在中央工作会议中心小组会议上的发言记录，1962 年 8 月 20 日。

③ 毛泽东在中共八届十中全会上的发言记录，1962 年 9 月 24 日。

审查委员会去审查；“我们大家要转过力量来抓紧工作，把工业调整好，把商业、财政各方面的工作做好，迎接第三个五年计划”。① 所以，八届十中全会后的经济调整工作基本上还是按照原来计划进行的。

在党的八届九中全会正式确定“调整、巩固、充实、提高”的八字方针以后，又经过一九六二年的七千人大会、西楼会议和五月会议，大家对当时经济困难的严重形势逐步有了比较充分的认识，下定了必须退够的决心，坚持不懈地采取一系列果断有力的措施，使农村生产关系退到比较适应当时农业生产力的发展水平，使整个经济工作逐步转移到以农业为基础的轨道上来。这样，到一九六二年快要结束的时候，经济调整工作已经取得显著的成效：粮食总产量达到三千二百亿斤，比上一年增产二百五十亿斤；农业总产值比上年增长百分之六点二，结束了三年连续下降的状况；国家财政收支平衡，结束了四年连续赤字的状况；市场商品供应有所缓和，城乡人民生活略有上升。整个国民经济开始从极端困难的状况下摆脱出来，出现了从下降到上升的决定性转折。恢复的速度大大超过人们原来预期的目标。事实证明：中国共产党在这个时期确定的“调整、巩固、充实、提高”的方针和采取的有力措施是正确的，是符合实际情况的。这是中共中央领导集体和全国各族人民团结奋斗的结果，作为政府总理的周恩来为此呕心沥血地做出的巨大贡献也是有目共睹的。

---

① 周恩来在中共中央召开的民主人士座谈会上的讲话记录，1962 年 10 月 17 日。

五十九、中印边界第二次武装冲突

一九六二年十月五日，八届十中全会结束一个星期后，周恩来接到报告：根据各方面的情况反映，印度正在加紧备战，“在今后几天内，印军可能要发起攻势，预料这将是中印边界三年冲突以来的第一次真正的战斗”。① 中印边境出现的这种令人不安的紧张局势，使周恩来不得不将主要精力再一次集中到解决中印边界问题上来。

为了和平解决中印边界问题，几年来中国政府一直做出积极的努力。一九六〇年四月周恩来访问印度后，中国军队从东西两段的实际控制线单方面后撤了二十公里，以便使双方军队脱离接触，并且在撤出的地区停止巡逻。这种十分克制的态度和措施，换来了边界地区两年多的相对平静状态。

但是，问题并没有得到解决。印度政府不但没有采取相应的措施，反而视中国的和平诚意为软弱可欺。周恩来刚刚离开德里，印度军队就开始在边境地区调动。澳大利亚记者内维尔·马克斯韦尔在他的著作《印度对华战争》中写道：“他（指周恩来

① 解放军总参某部关于中印边界情况的报告，1962年10月5日。

——编者注）动身的那天，一名重要官员告诉我说，不要指望边界会恢复平静了，因为印度巡逻队就要开始搜索中国占领的地区。”① 一九六一年，印军趁中国忙于解决国内经济问题的时机，先从西段派遣军队侵入，在中国军队后撤的地区相继建立了四十三个侵略据点。中国方面因为已单方面停止巡逻，直到一九六二年上半年才发现印军侵入的情况。中国政府多次要求印军退回实际控制线的印度一侧，印军却拒不退出。这样，中国军队只得在实际控制线中国一侧重新建立哨所，恢复巡逻，双方形成犬牙交错、相互对峙的局面。接着，印军又在东段越过所谓“麦克马洪线”向北推进，从中国西藏的兼则马尼向西北侵入克节朗河谷三角地带，并不断增设哨所。因为中国军队在东段同样停止了巡逻，那里又是荒无人烟的地方，所以直到一九六二年八月，中国政府才发现问题，并在九月八日派驻了哨所。东段靠近印度的后方，集中的印军更多，所以形势更加严峻。面对印军的不断制造事端，七月以来，中国政府曾三次建议中印双方就边界问题进行不附加任何先决条件的谈判。但是，都遭到印度方面的拒绝。

尽管如此，正如周恩来所说，只要还有一线希望，中国政府就不会放弃寻求和解的途径。一段时间内，尼赫鲁为了掩盖扩张的意图，曾经表示可以谈判，但要以中国军队撤出西段的阿克赛钦地区为条件。为了避免边界局势进一步恶化到不可收拾的地步，中国方面很快作出回应。七月二十三日，周恩来致电正在日内瓦参加会议的陈毅，请他约见印度国防部长梅农，争取发表一个恢复中印边界谈判的公报或消息。电报说：“关于恢复谈判的手续、时间、地点和人员级别如能与梅农谈定最好，否则留等外交途径解决，谈判人员级别或者大使级，或者副外长级。地点如

① ［澳］内维尔·马克斯韦尔：《印度对华战争》，世界知识出版社 1981 年 3 月版，第 188 页。

北京新德里轮流不便，可改在中立国。”① 但是，尼赫鲁并不是真心想通过和平谈判解决问题。十月十二日，尼赫鲁突然采取重大步骤，进行全国总动员，下令清除掉驻守在中国实际控制线以内的中国军队。十月二十日，印度军队在中印边界的东段和西段同时发动大规模进攻。

印度为什么要在这个时候向中国军队发动大规模进攻？原因在于他们错误地估计了形势。陈毅后来在接见瑞典广播电视记者时是这样回答的：“这首先是由于中国一再忍让，印度政府得到一个错觉，以为中国不会进行反击。同时，印度政府错误地认为中国国内的经济情况很困难，在国际上很孤立，因此妄图用武力来迫使中国屈服。”②

在印度政府单方面造成的这种严重局势下，中国边防部队除了进行自卫还击外，已经别无选择。毛泽东后来向外宾介绍情况时说：“他们以为中国人无论如何不会打他们，他们就一步一步地向麦克马洪线以北推进。有时甚至到了我们的后边，随便走来走去。这时候，我们的总理、总参谋长生气了，太欺人了，决定打它一下。”③

十月五日，周恩来接到总参谋部某部的报告后，立刻作出对应的部署。周恩来指出：“敌人如在东段动手，我们除给予痛击外，西段也可同时歼灭其若干处据点。请罗（瑞卿）总长立即考虑这一设想，并要总参提出方案送中央考虑。”④ 十月八日，周恩来又预先通知苏联政府：“印度可能在中印边境东段发动一场

① 周恩来致陈毅的电报，1962 年 7 月 23 日。

② 《人民日报》，1963 年 3 月 15 日。

③ 毛泽东会见巴基斯坦总统阿尤布·汗谈话记录，1965 年 3 月 4 日。

④ 周恩来办公室每日汇报表，1962 年 10 月 5 日。

大规模的战争，如果他们一旦发动进攻，我们就坚决自卫。”① 对印度的挑衅长期采取克制忍让态度的中国政府，为什么在这时决定要进行反击？因为事实已经充分证明：继续忍让不但不会使印度政府有所收敛，相反，只会鼓励他们更加得寸进尺，使事态不断扩大。周恩来解释说：几年来的事实说明，“尼赫鲁不会放弃大印帝国的思想，不会放弃侵略立场。只有自卫反击，逐渐孤立他，才能使他知难而退，或者暂时和缓。”“我们不给他以大的打击，是不能引起大的变化的”，“不给他大暴露也是不能和缓局势的”。② 也就是说：中国的被迫还击只是为了向印方表明，中国的克制是有限度的，两国边界的争议只能通过和平协商来求得公平合理的解决，如果想用武力入侵造成既成事实来迫使中国政府承认是办不到的。

十月二十日清晨，印度军队终于发动了大规模进攻，在中印边境响起密集的枪炮声。在东段，印军沿着克节朗河全线，向中国边防部队开始猛攻；在西段，印军配合东段的战斗，先在奇普恰普河各地区，随后在加勒万河各地区也向中国边防部队发起攻击。中国边防部队在印军的猛烈炮火下，遭受严重的伤亡。在忍无可忍的情况下，中共中央发出进行自卫还击的命令。从战斗打响的当天到二十三日接连几个晚上，周恩来都在毛泽东处研究作战方案，并作出部署。周恩来说明，过去我们是为了谈判所以才没有越过“麦克马洪线”，而今天，印度先已破坏了“麦克马洪线”，因此中国也没有必要再受“麦克马洪线”的约束。

经过几天的激烈战斗，中国军队在打退印军多次进攻后进行反击。在东段，一举全歼侵入中国境内的印军第七旅，并越过“麦克马洪线”，进占达旺，逼近瓦弄；在西段，清除了印军在中

① 周恩来同苏联驻华大使契尔沃年科谈话记录，1962年10月8日。
② 周恩来在全国人大常委会会议上的发言记录，1962年11月24日。

国境内设立的许多据点，收复大部分领土。这些迅猛有力的还击，给了入侵印军没有预料到的沉重打击。

在军事上进行必要还击后，中国政府又主动提出和平解决中印边界问题的三项声明。十月二十三日，周恩来召集陈毅、吴冷西、乔冠华、姚溱等共同商讨并起草了这份声明。二十四日，声明公开发表。它指出：

“目前，剧烈的战斗正在进行。这种严重局势的发生，使中国政府和中国人民感到痛心，也引起了亚非国家和人民的不安。中国和印度之间究竟有什么问题不能和平解决呢？中国和印度究竟有什么理由发生流血冲突呢？中国不要印度一寸领土。中印边界问题在任何情况下都不可能设想用武力来解决。中国和印度是亚洲的两个大国，对于亚洲和世界和平负有重大的责任。两国是和平共处五项原则的倡议者和万隆会议的参加国。中印两国的关系纵然目前十分紧张，也没有理由抛弃和平共处五项原则和万隆会议的精神。中国政府认为，中印两国政府都应该以中印十一亿人民的根本利益为重，以两国人民反对帝国主义斗争的共同利益为重，以亚洲和平和亚非团结的利益为重，竭尽一切可能，寻求停止边境冲突、重开和平谈判、解决中印边界问题的途径。”

中国政府没有因为战场上的胜利而把任何片面的要求强加给印度，而是本着和平解决中印边界问题的一贯立场，在声明中提出三项建议：

一、双方确认中印边界问题必须通过谈判和平解决。在和平解决前，中国政府希望印度政府同意，双方尊重在整个中印边界上存在于双方之间的实际控制线，双方武装部队从这条线各自后撤二十公里，脱离接触。

二、在印度政府同意前项建议的情况下，中国政府愿意通过双方协商，把边界东段的中国边防部队撤回到实际控制线以北；同时，在边界的中段和西段，中印双方保证不越过实际控制线，即传统习惯线。有关双方武装部队脱离接触和停止武装冲突事宜，由中印两国政府指派官员谈判。

三、中国政府认为，为了谋求中印边界问题的友好解决，中印两国总理应该再一次举行会谈。在双方认为适当的时候，中国政府欢迎印度总理前来北京；如果印度政府有所不便，中国总理愿意前往德里，进行会谈。①

这三项建议，对在战场上正取得重大胜利的中国军队来说，做出了国内外很多人没有料到的重大让步：中国不仅没有乘胜扩大战果，而且愿意重新撤回到原来的实际控制线，还准备从实际控制线再后撤二十公里。一位外国朋友评价说："这实在太合理，太公道了，不能做比这更多的了。"②

十月二十四日，声明发表的当天，周恩来给尼赫鲁写了一封信。信中说："在我们两国之间竟然发生了目前这样严重的边境冲突，这是十分令人痛心的。剧烈的战斗还在进行，在此紧急的时刻，我不准备回述这一场冲突的来由。我认为，我们应该向前看，我们应该采取措施，扭转局势。"周恩来恳切呼吁印度政府回到谈判桌上来。③

中国政府原本期待印度政府会慎重考虑中国政府的三项建议，再作回答。可是，印度政府当天就拒绝了中国政府的建议。印度政府在声明中，不是要恢复一九五九年十一月七日双方的实

① 《人民日报》，1962年10月24日。

② 阿联驻华大使查·阿·伊马姆同周恩来谈话记录，1962年10月27日。

③ 周恩来致尼赫鲁的信，1962年10月24日。

际控制线，而是提出要首先恢复因印军一再入侵而造成的一九六二年九月八日以前的边界全线状况，然后才同意举行会谈。三天后，尼赫鲁又复信周恩来，坚持要中国接受印度政府这个建议，即“恢复一九六二年九月八日前存在于印中边界全线的局面”。①尼赫鲁提出的这个先决条件是毫无道理的，也是中国人民无法答应的。周恩来解释道：

> “自一九五九年以来，印度方面使用武力片面改变边界状况，在西段侵占了大片中国领土，建立了四十三个军事据点；在中段，侵入中国乌热地区；在东段，越过所谓麦克马洪线侵占了线北的克节朗河地区，建立了许多据点。从今年九月八日至十月二十日，更是印度方面部署大规模全面进攻的时期。因此，恢复九月八日以前的边界状况，实际上就等于承认印度有权进行侵略，而中国则无权进行自卫，承认印度片面使用武力侵占中国大片领土的状况，使印方重新处于向中国方面发动大规模全面进攻的态势。”②

十一月四日，周恩来又一次致信尼赫鲁，呼吁印度政府接受中国政府的三项建议。周恩来指出：这三项建议正是本着恢复一九五九年以前两国友好关系的精神提出来的。建议中所说的实际控制线基本上是一九五九年十一月七日当时存在的实际控制线。“这三项建议对双方来说，是对等的而不是片面的，是平等的而不是屈服的，是互让的而不是强加于人的，是互相尊重的而不是欺凌一方的，是友好协商的而不是武断专横的。”对一九五九年十一月七日的实际控制线，周恩来作了具体说明：在东段，大体上同“麦克马洪线”一致，尽管中国并没有承认它是合法的；在

① 尼赫鲁致周恩来的信，1962年10月27日。

② 周恩来致恩克鲁玛的信，1962年10月30日。

西段和中段大体上同中国一贯指出的传统习惯线一致。周恩来说："中国政府所以着重地重新提出这一建议，是因为根据三年来的痛苦经验，深深地体会到在有争论的边境地方，如果不使双方的武装部队脱离接触，就很难避免冲突。中国政府的这项建议以一九五九年实际控制线为基础，而不是以目前双方武装部队的实际接触线为基础。这就充分说明，中国方面没有因为最近在自卫反击中所取得的进展，而把任何片面要求强加于印度方面。按照中国政府的这项建议，双方承担的义务是对等的。"而"印度政府却向中国政府提出了只适宜于强迫战败者接受的屈辱条件"，"同扭转目前局势和恢复中印友好关系的目的背道而驰"。周恩来还强调："我们两个国家都是主权国家，任何一方都不能把自己的片面要求强加于另一方。印度有自尊，中国也有自尊。正是从维护中印双方的这种自尊出发，中国政府才提出十月二十四日的三项建议。我诚挚地呼吁阁下再一次考虑这三项建议，并且作出积极的响应。"①

但是，印度方面依然没有作出任何积极的响应，反而在边境局势和缓下来后，一意孤行，更加狂热地展开反华活动。尼赫鲁致信美国总统肯尼迪，寻求美国军事援助，进行战争准备。印度政府不仅继续在中印边境地区侵犯中国的领土、领空，还加紧迫害在印的华侨，把两千多名华侨关入集中营；强迫撤销中国在印度的总领事馆，限制中国驻印度使馆的活动；无理接管中国银行在印度的分支机构；对中印之间的来往邮电采取检查措施；同时，更加放肆地纵容逃亡在印的西藏叛乱分子进行反对祖国的罪恶活动。这就迫使中国政府不得不再次作出反击印军进攻的决定。十一月中旬，经过第二阶段反击作战，中国边防部队在东段控制了"麦克马洪线"以南的大片土地；在西段驱逐入侵印军，

① 周恩来致尼赫鲁的信，1962 年 11 月 4 日。

拔除印军全部侵略据点。印度政府发动大规模进攻，不但没有得到他们预期的好处，反而陷入越来越被动的局面。

中印边界冲突事态的不断发展和扩大，越来越引起世界人民，特别是中印两国人民和亚非许多中立国家的严重关切。锡兰、缅甸、柬埔寨、几内亚、阿联等国的领导人纷纷给周恩来写信或派大使前来了解情况。有的提出由亚非国家来协商或以会议的方式促成和解；有的提出由少数友好国家成立斡旋委员会；有的建议通过报纸呼吁和平；有的国家如几内亚总统塞古·杜尔、阿联总统纳赛尔等对如何解决边界冲突提出了具体的建议。英国哲学家罗素还多次以个人名义写信给周恩来，希望中国“采取主动，停止当前的战斗”。① 他对周恩来说：“你是否可以带头停火，并寻求印度同意跟随你这样做，以便在大战吞没世界以前得以开始会谈？”② 从同各国来使的交谈和对一些材料的研究中，周恩来发现大多数亚非国家是同情中国的。但也有一部分人并不理解中国为什么不能接受印度的条件而一定要坚持自己的立场。

为了向各国人民说明真相，周恩来以国务院总理名义在十一月十五日，发表了致亚非二十五个国家领导人的信，全面阐述了中印边界问题的背景和中国政府和平解决中印边界问题的一贯立场。事前，周恩来做了大量的研究工作，正如他常说的：“我不是历史学家，但每解决一个边界问题，我就要研究一下跟邻国的关系。”③ 周恩来在信中指出：

> “中国一贯致力于和平解决边界问题。中国不仅同印度有边界问题，同许多西南邻邦也有边界问题。这些

① 罗素致周恩来的信，1962年11月16日，《人民日报》，1962年11月22日。

② 罗素致周恩来的信，1962年11月8日，《人民日报》，1962年11月22日。

③ 周恩来会见朝鲜友好代表团团长金锡亨的谈话记录，1962年9月30日。

边界问题，究其根源来说，大部分是帝国主义和殖民主义在我们这些国家还没有取得独立以前制造出来的。在我们这些国家相继取得独立之后，帝国主义和殖民主义者又企图利用这种边界问题在我们新独立国家之间制造纠纷。因此，中国政府认为，在处理这些边界问题的时候，应该认清楚这是亚非国家之间的问题，不同于亚非国家和帝国主义之间的问题，应该提高警惕，不上帝国主义挑拨离间的当。这些边界问题，既然是历史遗留下来的，新中国不能负责，新独立的有关国家也不能负责。因此，中国政府主张：在处理这些边界问题的时候，既要照顾过去的历史背景，又要照顾已经形成的实际情况；有关两方中的任何一方都不应该把自己的要求，强加于另一方，而应该在和平共处五项原则和万隆会议十项原则的基础上，通过友好协商，互谅互让，求得双方都是公平合理的解决。”

周恩来回顾了几年来中国政府为了公平合理地解决边界问题所做出的种种努力后，着重回答了亚非国家普遍关心的一个问题，这就是中国为什么不能同意印度政府提出的恢复一九六二年九月八日以前的边界状态。周恩来指出：

“印度政府所谓恢复九月八日以前的边界状态意味着什么呢？在中印边界东段，它意味着印度军队重新侵占非法的麦克马洪线以北的中国领土；在中印边界西段，它意味着印度军队重新侵占他们从一九五九年以来在中国境内建立的军事据点。这种状态究竟是一种什么样的状态呢？这是印度军队凭借他们已经侵占的有利军事地位在十月二十日向中国边防部队发动大规模武装进攻的状态。这是孕育着严重到不可避免的边境冲突的状态。无论是恢复九月八日的边界状态，或是恢复十月二十日的边界状态，都是不公平的，都不可能带来和平。”

“印度政府不同意恢复一九五九年十一月七日的边界状态，而要求恢复一九六二年九月八日的边界状态，就证明印度政府从一九五九年以来用武力侵占了中国大片领土。印度建议恢复的状态是三年来印度军队越过实际控制线、侵占中国领土后的状态；而中国建议恢复的状态却是三年前中印边境基本上保持平静的状态。按照印度的建议，只有中国一方面后撤，而印度不仅不撤，还要前进，还要重新侵占中国领土；按照中国的建议，中印双方互有撤退，而在东段，中国边防部队后撤的距离还会远远超过印度军队后撤的距离。无论从哪方面看，印度的建议是片面的、强加于人的、是要中国屈服的；而中国的建议对于双方来说，却是对等的、互让的、互相尊重的。中国方面还提出举行两国总理会谈，欢迎尼赫鲁总理到北京来；如果印度政府认为有所不便，中国总理准备再一次到新德里去。中国提出这样和解的建议，显然是对印度的威信和体面作了充分考虑的。印度政府强调它只准备‘在体面、尊严和自尊的基础上’进行谈判。但是，它的建议表明，它只考虑自己的体面、尊严和自尊，而不允许对方有体面、尊严和自尊。”

“中国政府从一开始就主张通过和平谈判，友好解决边界问题。三年来，几乎所有的谈判建议都是中国方面主动提出的。为了谈判，中国总理去过新德里，并且还准备再去。但是，三年来，印度政府常常是拒绝谈判，或者是勉强同意了谈判，也不解决任何一个可以解决的问题。中国政府主张，在和平解决之前维持业已形成的边界状况，具体地说，就是维持一九五九年存在于中印双方之间的实际控制线。但是，印度方面先是在中印边界西段越过了实际控制线，最后甚至破坏了它自己在东段所主张的所谓麦克马洪线。中国要双方武装部队脱离接触，印度硬是要双方武装部队保持接触。中国政府主张，为了避免边境冲突，应该隔离双方武装部队，停止巡逻，并且在印度拒绝了中国的建议之后，单方面的在边界自己的一边停止了巡逻。印度武装部队却利用中国单方面停止巡逻的空隙，侵入中国领土，建立军事据点，步步进逼，使中印边境冲突终于成为不可避免。如果印度政府具有一点和平解决边界问题的愿望，中印边境局势是绝不会发展到今天这样不幸的地步的。今天这种不幸的局面是印度政府一手造成的。”

尽管如此，周恩来仍表示：“中国政府并不灰心，我们愿意向前看。不管眼前的情况怎样复杂，中国政府谋求和平解决中印边界问题的决心是坚定不移的。只要还有一线希望，中国政府将继续寻求和解的途径，主动地创造有利于停止边境冲突的条件。”①

不仅如此，中国政府还在各国最关心的中印边界地区正在进行的作战方面采取了重大的和解步骤。

当时，世界舆论都认为中国军队必将在战场上充分利用已经取得的有利态势，乘胜追击，扩大战果。中国政府却出人意料地决定立刻在中印边界全线主动停火，并准备后撤。十一月二十一日零时，《人民日报》发表中华人民共和国政府声明，公布了这一决定：

一、从本声明发表之次日、即一九六二年十一月二十二日零时起，中国边防部队在中印边界全线停火。

① 《人民日报》，1962年11月20日。

二、从一九六二年十二月一日起，中国边防部队将从一九五九年十一月七日存在于中印双方之间的实际控制线，后撤二十公里。

在东段，中国边防部队虽然至今是在传统习惯线以北的中国领土上进行自卫反击，但仍准备从目前的驻地撤回到实际控制线、即非法的麦克马洪线以北，并且从这条线再后撤二十公里。

在中段和西段，中国边防部队将从实际控制线后撤二十公里。

三、为了保证中印边境地区人民的正常往来、防止破坏分子的活动和维持边境的秩序，中国将在实际控制线的本侧的若干地点设立检查站，在每一个检查站配备一定数量的民警。中国政府将经过外交途径把上述检查站的位置通知印度政府。

声明还表示："中国政府真诚期待印度政府作出积极的响应。即使印度政府不能及时作出这种响应，中国政府也将按规定日期主动地执行上述措施。"①

二十分钟后，周恩来和陈毅约见印度驻华使馆临时代办班纳吉，向印方通报了声明的主要内容。

这个出人意外的举动，"就像掌舵的遇到激流应该转舵那样非常之灵活、非常之迅速、非常之坚决"。② 在世界舆论中，引起了巨大的轰动。中国不仅在军事上取得巨大胜利，而且在政治上取得完全主动。加纳广播电台广播说："这确实是一个令人高兴的意外的事情。"香港《明报》也评论说：这一招使得漂亮之极，潇洒之极。

---

① 《人民日报》，1962年11月21日。

② 周恩来在5个专业干部会议上的发言记录，1963年10月12日。

一周后，十一月二十八日，周恩来致信尼赫鲁，希望印度政府以亚非和平的大局为重，及时采取相应的措施。周恩来在信中指出：

“我们双方都很了解彼此在边界问题上的分歧，目前重复这些分歧是不必要的。中国政府认为，我们双方当前的任务是停止边境冲突，隔离双方武装部队，创造适宜的气氛，以便通过谈判来解决边界分歧，而且我们应该有信心，这些分歧是能够通过和平谈判得到友好解决的。”

“根据中国政府的决定，中国边防部队将撤离一九五九年十一月七日实际控制线二十公里。这就是说，他们将不仅撤出在最近的自卫战斗中所进驻的地区，而且将撤到远离他们一九六二年九月八日或十月二十日所在位置的地方。一九五九年十一月七日实际控制线是根据当时双方的行政管辖范围形成的；它是客观存在的，不能由任何一方任意加以规定，加以解释。双方武装部队从这条线各自后撤二十公里，都是从自己管辖的地区后撤，因此不发生一方占便宜、另一方吃亏的问题。而且，这样做，既不妨碍每一方对自己撤出的地区继续行使管辖，也不损害任何一方对边界的主张。”

“仅仅是中国一方面把自己的边防部队撤退到一九五九年实际控制线本侧二十公里以外的地方，并不能保证双方武装部队脱离接触，也不能防止边境冲突的再起。相反，如果印度方面不合作，已经实现的停火还会有遭到破坏的可能。因此，中国政府诚恳地希望印度政府采取相应的措施。如果印度政府同意这样做，我具体建议，两国政府指派官员在中印边界各段双方协议的地点会晤，商谈有关双方武装部队各自后撤二十公里形成一个非军事区、双方在实际控制线本侧设立检查站和归还被俘人员等问题。两国官员会晤的实现，将标志着我们双方从战场回到谈判桌旁，这本身就具有很大的积极意义。如果两国官员会晤取得结果并且付诸实施，两国总理就可以举行会谈，进一步谋求中印边界问题的友好解决。”①

中国政府采取的一系列主动措施赢得亚非友好国家的普遍赞扬。蒙古人民共和国部长会议主席泽登巴尔访华期间对周恩来说：“（中国）采取了很大（的）主动，这是明智的步骤。中国关于通过谈判和平解决中印冲突的建议，我们认为是合情合理的。”② 缅甸驻华大使叫温称这些措施“崇高而宽大”。他说：“印度政府应该予以接受，并采取同样措施。”③

尽管印度政府没有如人们所期待的那样做出积极反应，但是，由于中国政府率先停火并且撤回自己的部队，中印边境的局势缓和了下来，并开始显示出转机。

一些关心亚非地区和平的国家愿意在这个基础上进行斡旋。在中国政府发表声明的同一天，锡兰驻华使馆转来锡兰总理班达拉奈克夫人致周恩来的信，信中建议由阿联、印尼、加纳、缅甸、柬埔寨和锡兰的元首或总理在十二月的第一周召开非正式的会议，商量立即共同与印度和中国进行接触的办法。周恩来认为这个建议“的确是一个建设性的倡议”。④ 他随即致电锡兰总理，支持她召开六国领导人会议的倡议，同时电告其他有关各国领导人。

① 《人民日报》，1962年12月1日。
② 泽登巴尔同周恩来谈话记录，1962年12月26日。
③ 叫温同周恩来谈话记录，1962年11月21日。
④ 周恩来致班达拉奈克夫人的信，1962年11月23日。

十二月十日至十二日，亚非六国会议在锡兰首都科伦坡举行。会议从一开始就出现不同意见：阿联、印尼和加纳主张提出具体建议作为中印谈判的基础，并各自提出了自己的意见；柬埔寨和缅甸不赞成搞具体建议，只同意做一般呼吁，促进双方会谈；锡兰作为会议的组织国采取了中间立场。会议最后形成了一个六国建议。

这个建议看起来是对中印双方提出要求，实际上在西段只要求中国后撤二十公里而印军留在原地不动，并且要由中印两国来讨论在中国领土上由双方设立民政点的问题。这个方案是中国方面所不能接受的。西哈努克也感到这个建议是偏袒印度的。

六国会议结束后，班达拉奈克夫人受会议的委托，到中国和印度提出并解释六国会议的建议。十二月三十一日，班达拉奈克夫人到达北京。在北京期间，她同周恩来进行了多次会谈。

在一九六三年一月二日的会谈中，班达拉奈克夫人向周恩来介绍了六国会议的情况和会议建议。她说："中印两国冲突的延长和恶化将最有害于我们长期利益。"① 周恩来在谈话中充分肯定了六国会议的积极意义。他指出："我们要给科伦坡会议一个正确估计。我们认为会议达成协议或者没有达成协议都是为了继续努力推动中印实现稳定的停火，双方部队脱离接触，双方官员进行会晤，直到两国总理进行直接会谈。""另外一点我们也是一致的，就是中印两国本身谋求直接谈判还不够，还需要有亚非友好国家从旁进行斡旋。"同时，周恩来也直率地指出六国会议建议中存在的问题。周恩来向班达拉奈克夫人建议说：可以分两个阶段或更多阶段来谈。第一步可以像六国会议所希望的，谈稳定停火的问题，这个问题解决了，形成脱离接触，避免冲突再起，就可留出时间从容地讨论边界问题。在讨论边界问题的时候，不

① 周恩来会见班达拉奈克夫人谈话记录，1963 年 1 月 2 日。

能像印度所要求的那样，只讨论他所提出的问题，中国提出的问题就不能谈，这不行。如果双方都同意像科伦坡会议所提出的那样稳定停火的讨论不妨碍双方对边界位置或走向的主张，那么我们就可以进行谈判。①

一月三日，会谈继续进行。参加会谈的又增加了前一天刚到北京的印度尼西亚副首席部长苏班德里约。会谈中，周恩来具体地说明科伦坡建议中存在的问题。他首先指出，关于西段，中国从一九五九年实际控制线后撤二十公里已远离印度侵占的四十三个据点的位置。中国方面的这个行动照顾到了两方面的利益，而会议的建议却主张印度在原地不动，仍留在一九五九年线的中国一侧，并提出要同中国讨论在中国撤出的地区建立双方的民政点。这样做的结果实际上是，中国从两条线都让步，印度在两条线都不让步。周恩来说："这对我们有些难堪。"其次，周恩来指出，建议把解决问题的重点放在西段是因为印度提出了强烈的领土要求。实际上东段和中段都存在问题。如果承认争议地区由双方协商来解决，那么东段的扯冬和朗久，中段的九个地点都应该通过双方协商解决。不应该对一部分地区有建议，对一部分地区没有建议。② 苏班德里约解释说："的确，我们的这一建议不能满足中国的要求。我们的确非常欣赏中国主动停火和主动后撤的措施，这使小国感到安心，因为小国就其本性来说，总是害怕大国的。但是中国的行动证明，她是诚实的，她虽在军事上取得胜利，但仍主动停火和后撤。中国的这一措施对我们是一个很大的帮助。""从公平的观点来说，可能会问为什么提出要中国后撤，而不要印度后撤。从我们的观点来说，我们提出要中国后撤并不是要求中国放弃其领土，而是为了要谋求实现脱离接触作为谈判

① 周恩来会见班达拉奈克夫人谈话记录，1963 年 1 月 2 日。

② 周恩来会见班达拉奈克夫人等会谈记录，1963 年 1 月 3 日。

基础。这是向军事上强的一方面提出的。中国主动后撤二十公里，这个距离也可脱离接触。”周恩来说：“但我们不能让印度进入我军撤出的二十公里以内，不论是军事的或民政的，都不能进来，这是中心之点。”苏班德里约最后说：“如果我们这次能够考试及格，帮助两个大国和平解决边界纠纷，那么将有助于今后解决亚非国家之间的冲突，希望周总理不要把我们考得太多。”①周恩来耐心地解释道：“如果拿这一建议来考试，你们及格了，我们就不及格了。人民会通不过，我这总理得撤职。因为这一建议仅要中国一方面承担义务，而未要印度承担任何义务。”②

尽管在讨论中双方存在很大差距，但是，周恩来仍旧认真考虑了对方的意见，并根据会谈中得到的启发，提出了对科伦坡建议的两点解释。一月四日，双方继续会谈，周恩来郑重提出了这两点解释，请班达拉奈克夫人转告印度政府：

> 一、在双方官员会晤期间，在东段我们撤出的地区，印军不跟进，而只可派行政人员和民政人员进驻，一直到实际控制线以南；
>
> 二、中国从西段实际控制线后撤二十公里以后，印军在九月八日以前侵占的四十三个军事哨所也就空出了，但无论是印军事人员或民政人员都不能进去，该地将是空的。

周恩来还表示中国主动停火后撤以促使中印直接谈判的声明是继续有效的。不管印度对科伦坡建议采取什么态度，在同锡兰总理会谈后采取什么态度，中国仍按既定方针继续停火并按中国政府声明那样在全线主动后撤，直至脱离实际控制线（即一九五九年十一月七日线）二十公里的地方。这点可以说明中国政府是

① 周恩来会见苏班德里约谈话记录，1963年1月3日。

② 周恩来会见苏班德里约谈话记录，1963年1月3日。

力求避免中印再发生冲突的。如果印度同意中国对科伦坡建议的两点解释，我们可以同意把这个建议作为中印开始谈判的初步基础。经中共中央批准和毛泽东同意后，这两点解释正式写入周恩来给班达拉奈克夫人的备忘录中。

备忘录指出：这“两点只在中印双方官员会晤以前和会晤期间有效，不影响双方官员在会晤中提出的其他建议和作出的最后决定。”班达拉奈克夫人看到备忘录后说：“这一备忘录非常公正和准确地表明了中国对六国建议的意见和明确地说明了中国希望锡方转达给尼赫鲁总理的态度和建议。”

一九六三年一月五日，周恩来陪同班达拉奈克夫人先后赴杭州、上海参观，分别看望了毛泽东和宋庆龄等。在上海，周恩来还陪同班达拉奈克夫人到上海最大的佛教寺院玉佛寺，举行纪念锡兰已故总理所罗门·班达拉奈克六十四岁诞辰的佛教仪式。一月八日，班达拉奈克夫人离上海飞赴印度。周恩来送走客人后因痔疮发作到杭州进行治疗和作短暂休息。

一月二十二日，周恩来回到上海过春节。他同三十多年前曾经和自己并肩参加上海工人三次武装起义的老工人一起度过了农历除夕。春节期间，周恩来参加了上海市委召开的各界民主人士座谈会，还参加了上海市科学技术工作会议，在这次会上的讲话中作出十分重要的论断：科学技术现代化在社会主义建设中具有关键性的意义。他说：“我国过去的科学基础很差。我们要实现农业现代化、工业现代化、国防现代化和科学技术现代化，把我们祖国建设成为一个社会主义强国，关键在于实现科学技术的现代化。”他提出，实现科学技术现代化要做到十六个字：实事求是，循序前进，相互促进，迎头赶上。① 利用这次到上海的机会，周恩来会见了文艺界的朋友袁雪芬、张瑞芳、赵丹等，看望

---

① 《周恩来选集》下卷，人民出版社 1984 年 11 月版，第 412、413 页。

了宋庆龄和上海市副市长荣毅仁等。三十多年后，荣毅仁还清楚地记得那一次周恩来到家中做客的情景。他说："周总理在我家吃了饭，胃口很好，像家里人一样随和，使人感到十分亲切，可以接近。"① 周恩来还和邓颖超一起到苏州看望正在那里养病的陈云和盆景艺术家周瘦鹃。二月三日，周恩来匆匆赶回北京。他把美好的感情留在上海，留在许许多多朋友的心中。

周恩来急于赶回北京，是因为在解决中印边界问题上又出现新的情况。

班达拉奈克夫人离开中国后直接去了印度。她在德里同科伦坡六国会议参加国代表——阿联部长执行会议主席阿里·萨布里、加纳司法部长奥弗里·阿塔会谈，共同提出了一个对科伦坡建议的"澄清文件"。这个文件对科伦坡建议的解释更符合印度的需要。所以，尼赫鲁在议会上表示，印度接受的科伦坡建议与这份"澄清"是不可分割的。一月十四日，班达拉奈克夫人写信给周恩来，希望中国不把"两点解释"作为先决条件，同意原则上接受科伦坡建议作为中印直接谈判的基础。随后，阿塔来到中国，向周恩来提出了同样的希望。一月十九日，周恩来复信班达拉奈克夫人，表示中国政府原则上接受科伦坡会议的建议作为中印官员会晤讨论的初步基础；但是，中国政府仍保留对科伦坡会议建议的"两点解释"。阿塔不久后说：科伦坡建议不一定要全部接受，对一部分不同意也可以谈。一月二十四日和二十八日，周恩来在上海又接连收到班达拉奈克夫人的两封来信说，印度政府已经全部接受科伦坡会议的建议和"澄清"，作为中印举行直接会谈的基础，而不坚持任何事前的保留。这时，周恩来还不知道锡兰等国在德里提出的"澄清文件"的内容，因此，他感到十分奇

① 访问荣毅仁谈话记录，1997 年 5 月 22 日。

怪。

直到一月三十一日，周恩来收到锡兰驻华大使送来的“澄清文件”后，他才了解这个文件不仅同班达拉奈克夫人一月十四日来信有出入，而且同她在北京所作的解释也有出入。对争论的核心，即西段问题，在德里提出的“澄清文件”写道：“中国军事撤退所形成的二十公里非军事区将由双方民政点进行管理，这是科伦坡建议的一个实质部分。有待于印中两国政府达成协议的是，关于民政点的位置、数目及其组成”；而在北京并没有谈到这些内容。关于东段，这个“澄清文件”写道：“印度军队可以一直开到实际控制线，即麦线以南，除了印中两国政府存在意见分歧的两个地区以外。”这一点，班达拉奈克夫人在北京也根本没有提到。

二月四日，周恩来从上海回到北京的第二天，出席锡兰驻华大使佩雷拉举行的国庆招待会。他告诉佩雷拉：“我们不能撤回我们的两点解释，不然，我们就无法向我国人民交代，也无法向世界舆论交代。”但他仍表示：“我们的两点解释并不是会谈的先决条件。我们认为中印各方对六国建议的不同解释是可以在会谈中解决的。”“如果印度坚持先决条件以至双方谈不起来，也不要紧。我们还是要按既定计划主动后撤，因此，我们实际上将同对方脱离接触。只要印度不进行挑衅，不进入我们空出的、在停火安排中有争执的那四个地方，即不进入东段的朗久和扯冬，中段的乌热，西段印度曾经侵占过的四十三个据点，那就打不起来。”①

二月二十一日，周恩来复信班达拉奈克夫人，明确指出：科伦坡建议不是指令或裁决，会议的任务是调解而不是仲裁。尼赫鲁说中国政府必须全盘接受科伦坡建议，否则不能举行任何谈判

① 周恩来会见锡兰驻华大使佩雷拉谈话记录，1963年2月4日。

甚至初步的谈判，这种态度是同科伦坡会议的基本精神相违背的。信中同时指出：科伦坡建议是有严重缺陷的。科伦坡会议作出现在这样的具体建议，是中国政府始料所不及的。尽管会议的愿望是好的，但是，这样做的结果实际上使科伦坡会议的工作超出了调解的范围，使与会国的调解活动增加了困难。信中说：

> "我发现你和你的同事们在新德里所作的澄清同在北京所作的澄清又不同，它不仅同你交给我们的书面说明有很大出入，而且在某些关键问题上同你和你的同事们在北京所作的口头说明几乎是截然相反的。""印度政府利用科伦坡建议含糊不清的规定，利用你和你的同事们在新德里提供的'澄清'，把科伦坡建议进一步解释成为完全符合印度的立场。""印度政府却坚持中国必须全盘地接受它所解释的科伦坡建议作为开始会谈的先决条件，这实际上是要中国在会谈开始以前就向印度的无理立场屈服。印度的这种态度只能使人怀疑，它对举行直接谈判究竟有多少诚意。"

信中还写到：目前的停火是否能够稳定下来，关键在于双方是否具有诚意，如果一方缺乏诚意，即使它接受科伦坡建议，也不能保证停火的稳定。为了促使中印直接谈判，中国政府做了仁至义尽的努力。中国政府希望中印官员会晤能够迅速举行，如果一时不能举行，中国政府也愿意耐心等待。①

尽管周恩来感到科伦坡建议，特别是锡兰等三国在德里提出的那份"澄清文件"对中国很不公正，但是，他对班达拉奈克夫人的困难处境和期望解决问题的急迫心情却表示体谅和理解。二月二十二日，周恩来会见佩雷拉时谈到："她是六国会议的发起人，不能坚持自己的意见，她不能不照顾到参加会议的多数人的

① 周恩来致班达拉奈克夫人的信，1963 年 2 月 21 日。

意见。”① 二月十日，参加科伦坡会议的柬埔寨国家元首西哈努克亲王从印度来到中国。周恩来前往昆明迎接，同他坦率深入地交换了意见。周恩来告诉西哈努克：“我们任何时候都愿与印度官员在边境上或其他地方会晤，没有任何条件。我们可以拿科伦坡建议作为谈判基础，但我们不隐蔽我们自己的解释。如果科伦坡会议多数国家和锡兰总理同意我们的态度，我们等着印度谈判就是了。当然，印度一定不干，印度说要每一个字都按照在德里‘澄清’的科伦坡建议办，就是所谓要全部接受。”“如果印度不打算重新挑衅，局势可以不紧张，停火会稳定一个时期，双方也可以脱离接触一个时期。如印度要紧张，即使谈判也可以紧张，因为它可以随便抓住一个问题使局势紧张起来。”② 第二天，双方继续会谈。周恩来说：“我们将继续完成后撤二十公里并空出停火安排中有争议的四个地区。我们在二十公里地区内设立民政点，也将通知印度和科伦坡会议参加国。”“我们努力寻求和平谈判发展中印友好是坚定不移的方针。”③ 西哈努克非常感谢周恩来向他澄清了许多复杂的问题，并且对科伦坡会议参加国采取十分体谅的态度。二月十二日，周恩来陪同西哈努克回到北京。

这时，国内其他方面的工作也很繁忙。在毛泽东亲自主持下，中共中央正在研究和讨论国际上反对修正主义和在国内进行社会主义教育（也就是四清运动）的问题。周恩来回到北京的第二天参加了中共中央召开的工作会议。从会议记录来看，周恩来在发言中对前面所说的两个问题没有发表多少意见，主要谈的是粮食问题和精简工作。他指出：一九六二年比一九六一年粮食增

① 周恩来会见锡兰驻华大使佩雷拉谈话记录，1963 年 2 月 22 日。
② 周恩来会见西哈努克谈话记录，1963 年 2 月 10 日。
③ 周恩来会见西哈努克谈话记录，1963 年 2 月 11 日。

产了二百多亿斤，这是形势得以好转的中心。而精简工作、减少城市人口工作取得的成绩，又使粮食销量得以减少。他说，这个成绩得来不易，必须继续巩固。周恩来强调："不论从哪个方面说，精简、控制城市人口、勤俭建国、计划生育都是我们长期的方针。"[①] 三月十五日，周恩来在中南海怀仁堂作了《关于中央精简工作的报告》，提出精简扫尾工作必须同增产节约和在城市进行的"五反"（指反对贪污盗窃、反对投机倒把、反对铺张浪费、反对分散主义和反对官僚主义）运动结合起来；必须同经营管理结合起来；必须同控制城市人口、全面安排劳动力、明确教育方针和计划生育工作结合起来。他要求："精简必须限期完成，以利今年八月起逐步调整工资，为第三个五年计划打下新的基础。"[②] 在周恩来的领导下，全国性的精简工作按计划在七月底基本完成。

这段时间内，周恩来很关注文艺工作。当时，电影和话剧舞台十分活跃，涌现出一大批反映现代生活和精神风貌的作品，如《霓虹灯下的哨兵》、《第二个春天》、《红色宣传员》等。周恩来从讨论剧本到确定导演和演员，都给予具体指导。他多次讲话要求文艺工作者要树立共产主义的远大理想，在学习、实践、竞赛和斗争中不断地改造自己，在惊涛骇浪中考验自己，长期奋斗，至死不已。[③] 为了加强同香港地区的文化交流，周恩来决定向香港派出京剧艺术团。这以前，他曾向香港派出过潮剧、昆剧和越剧等艺术团。三四月间，周恩来先后两次会见准备赴港的京剧团负责人和京剧表演艺术家马连良、裘盛戎、张君秋、赵燕侠等，反复强调赴港演出的意义，详细审查了演出剧目。会见中，周恩

① 周恩来在中央工作会议上的讲话记录，1963 年 2 月 13 日。

② 周恩来关于中央精简工作的报告，1963 年 3 月 15 日。

③ 周恩来在中宣部召集的文艺工作会议和文联第三届全国委员会第二次扩大会议联合报告会上的讲话记录，1963 年 4 月 19 日。

来嘱咐张君秋：一定要将寄养在香港的女儿接回来。他说："香港总要收回来，到那时，我已经一百岁（虚岁）了。"这就是指一九九七年。张君秋后来说："这句话给我印象最深，至今不能忘记。"①

一九六三年四月中旬，刘少奇率中国政府代表团到印度尼西亚和柬埔寨等东南亚国家进行为期一个多月的访问，毛泽东也去了南方，主持中共中央日常工作的重担落在周恩来的身上。他接连处理了两件棘手的事情。

一件事是，刘少奇是否按期访问柬埔寨。四月二十一日，周恩来接到情报：国民党特务准备在柬埔寨首都金边搞爆炸，破坏刘少奇的访柬活动。当时，刘少奇正在印尼访问，下一站就要到柬埔寨去。中国驻柬使馆根据西哈努克的意见，建议不定期推迟刘少奇访柬。周恩来经过慎重考虑后认为：这是新中国元首第一次访问柬埔寨，"不定期的推迟对柬访问，政治上不利"。② 他建议按原计划访柬，但可以把日期提前，缩小或取消群众场面。为了确保刘少奇在柬的安全，周恩来派专机到河南安阳把前任中国驻柬埔寨大使王幼平接回北京。二十五日，经请示毛泽东后，周恩来做出两项安排：一、派公安部局长凌云随王幼平飞昆明，向正在那里休息的刘少奇汇报情况；二、派王幼平以外交部顾问名义作为刘少奇访柬的随员，先期到金边指导中国使馆同柬方接洽安全保卫工作。在周恩来的妥善安排下，协助柬方粉碎了国民党特务的破坏活动，刘少奇胜利完成访问柬埔寨的任务。西哈努克感动地说："中国主席是用生命把友谊送来。"

另一件事是处理中国第一艘国产远洋货轮"跃进号"在由青岛首航日本途中遇难事件。五月一日，周恩来接到"跃进号"货

---

① 访问张君秋谈话记录，1997 年 5 月 14 日。

② 周恩来、彭真、杨尚昆、孔原致刘少奇、陈毅的电报，1963 年 4 月 23 日。

轮遇难的报告后，立即指示派军舰前往出事地点营救。他几乎彻夜未眠，等候详细报告。最初，船上报的信号是遭到袭击，接着又说是“为三发鱼雷命中”而沉没。① 由于事情重大，周恩来没有轻易下结论。他同意罗瑞卿提出的“慎重为好”的意见，② 建议“情况弄清后，再发表正式声明”。为了查明事情的经过，周恩来多次找有关方面了解情况，责成交通部和解放军总参某部进行调查。调查小组经过周密调查，得出“‘跃进号’的沉没极大可能为触礁”的结论。为了作出最后判断，五月八日，周恩来召集中央会议决定“须到现场进行海中调查”。③ 会后，周恩来向毛泽东报告说：“‘跃进号’触礁沉没，几乎可以肯定。现在再进行现场调查，既表示我们实事求是，利于取得世界公正舆论的同情；又可以借此锻炼我们海军部队和交通船员出海作业；同时，还可取得‘跃进号’的全部保险金。”④五月十二日，周恩来冒着浓雾飞往上海，亲自听取东海舰队和上海海难救助打捞局关于出海调查准备工作的汇报。他提出：我们在调查“跃进号”沉没的原因时，一定要实事求是，要有科学态度。在周恩来的直接指导下，潜水侦察顺利完成。六月二日，新华社奉命发表声明：“经过周密的调查，已经证实‘跃进号’是因触礁而沉没的。”⑤ 中国政府实事求是的态度，赢得世界舆论的赞扬。

周恩来到上海前，先到杭州向毛泽东汇报工作。当时，农村四清运动正在开展。部分政治局委员和各大区书记正在这里讨论毛泽东主持起草的《关于目前农村工作中若干问题的决定（草案）》修改稿（通常简称“前十条”——编者注）。这份文件对国内政治形势作了过分严重的估计，认为当前中国社会中出现了尖

① 周恩来致毛泽东、彭真的信，1963 年 5 月 2 日。

② 周恩来在中央机关负责干部会议上的讲话记录，1963 年 5 月 29 日。

③④ 周恩来致毛泽东、彭真的信，1963 年 5 月 9 日。

⑤ 《人民日报》，1963 年 6 月 3 日。

锐的阶级斗争情况，要求各地开展大规模的群众运动，打退资本主义和封建势力的进攻。周恩来参加了会议最后两天的讨论。为了缩小运动的打击面，周恩来主张将“团结百分之九十几”改为“百分之九十五”。他认为：“到底百分之几，各地方的情况不一样，如果写上团结百分之九十几以上，那么从反面想，就必然是打击百分之十，这样打击面就宽了。写上团结百分之九十五以上，从反面想，打击面就是百分之五，就会打击少一点。”毛泽东说有道理，就照这样改了。① 后来，周恩来在许多会议上都强调“特别要掌握政策”，“团结百分之九十五”，他说：“农村中如此，城市也是如此。我们机关、企业、事业、部队、学校也是如此。不论是群众是干部，绝大多数都是可以争取和教育过来的。”②

这时，从一九六二年底开始的反对修正主义的斗争也越来越激烈。七月间进行的中苏两党会谈毫无结果。在这前后，中共中央发表了《关于国际共产主义运动总路线的建议》，苏共中央发表了《给苏联各级党组织和全体共产党员的公开信》。中共中央从九月至一九六四年七月以《人民日报》编辑部和《红旗》杂志编辑部的名义，相继发表九篇评论苏共中央公开信的文章，批判“赫鲁晓夫修正主义”。中苏之间展开了空前激烈的大论战。

但在经济建设方面，中共中央接受了一九六〇年因国际斗争而加快生产上盲目冒进的教训。周恩来回顾道：那时，“总是有一种想法，我们多生产一百万吨钢，觉得好像对我们的国际斗争就有多大力量”。③ 结果，“把事情耽搁了，生气，吃了亏，痛定

① 周恩来在中共中央政治局会议上的发言记录，1963 年 5 月 18 日。

② 周恩来在中央机关和国务院直属机关负责干部会议上的讲话记录，1963 年 6 月 13 日。

③ 周恩来在经委政治工作座谈会上的讲话记录，1963 年 4 月 15 日。

思痛，不要激动，不要生气”。① 当国民经济的形势开始全面好转时，一种急躁情绪又有抬头，许多人希望加快建设速度。经过反复讨论，中共中央认为国民经济虽已开始好转，但农业还没有恢复到一九五七年的水平，工业结构也没有调整好。从这种实际状况出发，毛泽东在七月初提出从一九六三年至一九六五年作为一个过渡期，再搞三年调整，然后在这个基础上搞五年或十年规划。周恩来十分赞成毛泽东的意见，并从一九六三年下半年起召开各种会议，来统一认识。有些人提出，为什么要有一个过渡计划，继续进行三年调整是不是太消极了？周恩来回答说：“不是消极的，而是积极的。”他说：这个过渡计划是指，“从第一个五年计划主要学习苏联，第二个五年计划在总路线指导下，摸索把马列主义关于建设社会主义的原则同中国的具体实践相结合的经验，过渡到以后十五年的三个五年计划，求得在基本上建成独立的、完整的国民经济体系和工业体系。因为有这样一个目的，我们需要总结经验，全面安排，创造条件，全面跃进，就必须有这三年的过渡。”②

九月六日至二十七日，中共中央在北京召开中央工作会议，通过这个建议。在会上，周恩来展示出他所设想的一幅未来中国经济发展的蓝图。他说：我们要埋头调整三年。三年过渡之后，搞一个十五年的设想，“就是基本上搞一个初步的、独立的国民经济体系，或者说工业体系。然后再有十五年左右，总是在二十世纪以内，建成一个现代化农业、现代化工业、现代化国防、现代化科学技术的社会主义强国”。周恩来认为“这个事情非常重要”。③ 为了更好地进行经济建设，周恩来要求“中央各部门都

① 周恩来在大区经委主任会议上的讲话记录，1963 年 7 月 4 日。

② 周恩来在全国人大二届四次会议上的发言记录，1963 年 12 月 2 日。

③ 周恩来在中央工作会议上的讲话记录，1963 年 9 月 6 日。

要抓业务”。他说：“建国十三年了，业务还不通，这怎么行呢?”①

在指导国内各项工作的同时，周恩来仍密切关注着中印边界局势的发展，并及时而妥善地处理随时出现的各种棘手的问题。

一九六三年二月二十八日，中国政府根据上一年十一月二十一日发表的声明，完成在中印边界全线从一九五九年十一月七日实际控制线后撤二十公里的计划。三月四日，周恩来致信尼赫鲁，再一次建议，双方就稳定停火、脱离接触和和平解决边界问题开始直接谈判。信中指出：“不应该再有什么理由来推迟中印官员会谈的举行。如果说，双方对于科伦坡会议的建议还存在不同的解释，那么，这尽可以在会谈中讨论解决，而不应该成为会谈的障碍。中国保留自己对科伦坡建议的两点解释，但是并不把接受这两点解释作为开始会谈的先决条件。我相信，只要双方都有稳定停火、脱离接触和和平解决边界问题的诚意，不管双方之间还有什么样的分歧，这些分歧都是可以在会谈中得到合理的解决的。”信中还提出：“如果印度政府由于对内对外政策上的需要，还不准备举行这种会晤的话，那么，中国政府也愿意耐心等待。”“只要印度方面不再进行挑衅，不再进入停火安排中有争议的四个地区，已经和缓了的边境局势是不会重新紧张起来的。”②但是，印度方面拒绝用和谈的方式解决边界争端的决心已定。三月五日，尼赫鲁在回信中说，只有中国政府全盘接受科伦坡建议和那个“澄清文件”，才能开始中印会谈。③

这种僵持状况使锡兰等国十分焦虑。三月七日和四月一日，

① 周恩来在大区经委主任会议上的发言记录，1963年7月4日。

② 周恩来致尼赫鲁的信，1963年3月4日。

③ 尼赫鲁致周恩来的信，1963年3月5日。

周恩来先后收到班达拉奈克夫人和加纳总统恩克鲁玛的来信。信中都十分担心中印双方会因谈判不成而重新紧张起来。因此，他们希望以中国的让步，即不提“两点解释”来满足印度的要求，以便重开谈判。四月七日，周恩来会见加纳驻华大使默塞尔，向他提出三个问题：一、如果中国政府不提两点解释，印度是否真的会解决边界问题？二、如果中国政府现在不提两点解释而留待谈判时解决，这样中印直接谈判是否就能举行？三、是不是谈判开始之后中印关系就会改善，如果谈不起来，中印关系就会更加恶化？周恩来指出这三种设想都是不切实际的，问题没有他们想的那么简单。周恩来说：目前的情况是，中印边界局势并不紧张，原因是中国方面主动采取了种种友好步骤使局势和缓下来。第一，不管印度是否同意，中国主动停火，结果停火实现了。第二，不管印度同意与否，中国边防部队主动后撤到实际控制线中国一边二十公里，后撤计划已于二月底完成。第三，我们在退出的二十公里地区设立了民政检查站，并且把我们设立民政检查站的地点和数目都告诉了印度和科伦坡与会各国。第四，至于东、中、西各段关于停火安排有争议的地区，我们把它们空出来，不仅军队不进去，民政点也不进去，而留待将来在谈判中解决。因此，中印边境上实际上出现了一个隔离带。这完全是由于中国边防部队的后撤，而不是由于印方采取了什么措施。问题是印度自己在制造紧张气氛。①

四月二十日，周恩来致信班达拉奈克夫人，对她三月七日的来信作出答复。周恩来指出，正是由于科伦坡建议和在新德里的澄清对中国不公平的规定，中国政府在原则接受科伦坡建议的同时，不能不保留自己的两点解释。我们认为，我们的两点解释有助于使科伦坡建议保持必要程度的公正性。在印度坚持必须全盘

① 周恩来会见加纳驻华大使默塞尔谈话记录，1963 年 4 月 7 日。

接受科伦坡建议和在新德里产生的“澄清文件”的情况下，中国政府更有必要保留自己的两点解释。但是，尽管如此，我们并不把接受自己的两点解释作为开始中印直接谈判的先决条件。中国政府仍然愿意同印度政府在谈判中讨论解决双方之间对科伦坡建议的不同解释和其他分歧意见。我们相信，我们这种态度是入情入理的，是符合科伦坡会议的基本精神的。周恩来解释说：

> “你希望迅速促成中印直接谈判的心情，是可以理解的。但是，和解的努力必须来自双方。如你所知，为了促进中印边界问题的谈判和解决，中国方面已经做了一系列的努力。”“如果印度政府继续坚持它的僵硬无理的立场，那么我们没有旁的办法，只能耐心地等待。由于中国政府的主动努力，中印边境局势已经和缓下来了。只要印度方面不再进行挑衅，中印边境局势是不会再紧张起来的。在这种情况下，中印谈判一时不能举行，局势也不会恶化到危险的程度。”①

同一天，周恩来致信尼赫鲁，指出他三月五日来信实际上是以最后通牒的方式要求中国接受印度政府对科伦坡建议的解释。他严正声明：“这是绝对办不到的。”周恩来谴责道：“你一向劝别的国家通过谈判和平解决争端，不提先决条件，为什么印度政府对中印边界谈判却采取了截然相反的态度呢?”周恩来说：“尽管印度政府采取了这种态度，我仍然再一次请你考虑双方原则上接受科伦坡建议作为基础，立即就稳定停火、脱离接触和和平解决边界问题开始谈判，把各自对科伦坡建议的不同解释留待谈判中解决。这是中国政府所希望的，也是世界人民所希望的。”②

为了促进边界问题的和平解决，中国政府又一次采取重大步

① 周恩来致班达拉奈克夫人的信，1963 年 4 月 20 日。

② 周恩来致尼赫鲁的信，1963 年 4 月 20 日。

骤。四月十日至五月二十五日，中国边防部队在中国红十字会协助下，分批释放了在军事冲突中俘获的包括一名准将、二十六名校级军官、二十九名尉级军官在内的印军军事人员三千二百多名，并归还在冲突中缴获的武器、弹药和军用物资。中国政府的真诚态度使更多的人看清了究竟是谁在阻碍和平。

四月二十一日，阿联部长执行会议主席阿里·萨布里到达北京。这是访问北京的第一位阿联政府领导人。在第一天会谈中，萨布里首先就阿联在科伦坡会议的立场向周恩来作了解释。他说："中印是两个居于领导地位的大国，他们同亚非以外的任何大国都没有牵连，所以我们一开始就设法寻找促使双方通过和平谈判解决边界争端的办法。"①萨布里承认他们对印度采取了偏袒的态度。他说："印度在这次冲突中无论在政治、军事上都打了败仗，而中国则无论在政治上、军事上都取得了胜利。因此，我们觉得印度应该比中国得到更多的帮助。"②周恩来同意萨布里所说的中印友好不仅关系到中印两国，而且关系到亚非团结和世界和平。问题是在印度取得独立和中国得到解放后，中印两国应该如何相处。在中国方面，我们是尽量忍让，争取中印友好。不幸的是，印方采取的行动不完全如此。周恩来坦率地对科伦坡会议提出意见："我们对科伦坡会议是支持的，但是科伦坡建议是不公正的。当时的情况是，科伦坡会议的参加者只注意如何使建议被印度接受，至于中国是否接受的问题就不去考虑了。""六国本来准备呼吁停火，后来看到停火可以实现，所以转而考虑如何满足印度的一部分要求的问题。会议注意的重点是如何巩固停火，因而使科伦坡建议和建议所根据的原则都偏向一方，而不适用于双方。"周恩来还表示，如果萨布里去新德里发现印度愿意合作，不拿它的解释作为先决条件，双方可以原则上接受科伦坡

①② 周恩来会见萨布里谈话记录，1963年4月22日。

建议作为谈判的基础，那么我们可以谈。如果尼赫鲁不能一下子来个一百八十度的转弯，而只能十五、十五度地慢慢转，我们也可以迎合他，我们给了他很多机会。他说："我说过我愿意去德里，这是给很大的面子。去德里并不好受，我是准备去受侮辱的。中国又不是小国，也不是没有文化、没有自尊的啊。但是，为了亚非团结和中印友好，我们可以作此牺牲。我已经去过四次，再去一次也不要紧。"① 四月二十三日，双方进行第三次会谈。萨布里问周恩来："是否绝对不能允许印度在实际控制线的另侧设立民政点或派出军事人员？"② 周恩来坚定地回答："是的。""目前是这样。如果谈判中双方表现友好和诚意，在新的情况下，我们可以寻求新的方法。"③

四月二十三日，周恩来给萨布里的备忘录中进一步阐明了中国政府对科伦坡建议的立场，并且指出：如果印度政府仍然要求中国政府全盘接受或者没有保留地接受科伦坡建议作为谈判的先决条件，特别是坚持中国政府必须事先接受印度政府对科伦坡建议第二条丙款一项的解释，才能开始中印谈判，这就表明印度政府不准备为谈判留有余地。在这种情况下，进一步的调解努力将是徒劳的。事实上只要印度政府坚持目前的僵硬立场，即使谈判能够举行，谈判的前途也只能是破裂；这样，反而会使目前和缓下来的局势重新紧张起来。与其造成这样的不良后果，中国政府宁愿耐心地等待。科伦坡与会国家可以相信，即使谈判一时不能举行，中国政府将一如既往，尽自己的一切努力，使目前已经和缓的局势保持下去。

通过双方多次坦诚的交谈，萨布里接受了周恩来的意见。他说："科伦坡建议只是建议，总不能作为裁决。如果我在同印度

①周恩来会见萨布里谈话记录，1963年4月22日。

②③ 周恩来会见萨布里谈话记录，1963年4月23日。

的会谈中发现谈判可能导致破裂，我也同意还不如不谈。”①

四月二十五日，周恩来陪同萨布里到上海访问，第二天返回北京。不久，就传来萨布里访问印度的消息，尼赫鲁拒绝了萨布里的要求，说：“印度由于国内原因，目前不能与中国谈判。”这使阿联政府进一步相信了周恩来对形势的分析。尼赫鲁的态度使科伦坡会议的一些国家感到十分失望，周恩来反过来鼓励他们说：科伦坡会议和它的建议，我们认为并不是毫无结果，而是很大的成功。因为，有了科伦坡建议，中国作了积极的响应，并采取了六七次主动措施，其中有的是响应，有的是超过了科伦坡会议建议的要求。一旦印度真正对中国进行挑衅，科伦坡会议六国就可以起作用，可以去劝阻印度。②

第二年五月二十七日，尼赫鲁因病逝世。当天，周恩来致电印度总统萨瓦帕利·拉达克里希南吊唁，并且说：“尽管在我们两国之间目前还存在着一定的分歧，但这种不幸的情况终究只是暂时的。我深信，中印两国人民的友好关系，必将在和平共处五项原则的基础上得到恢复和发展。”第二天，他和陈毅前往印度驻华使馆，吊唁尼赫鲁逝世，并向尼赫鲁遗像献了花圈。

以后很长一段时间内，中印边界问题一直没有得到根本解决。澳大利亚记者内维尔·马克斯韦尔写道：“战争无情地暴露了印度的虚弱；同时，尽管它矢口否认，但看来印度已暗中和美国结成同盟，共同反华。因此，它已不再能充当不结盟国家的领导者了。除此之外，从六十年代开始，印度的国内困难也在日益加剧。边境战争及其后果可能加速了这些困难，但看来它还是由于印度政治和经济发展的内在原因所促成的。印度经济的困难和政

① 周恩来会见萨布里谈话记录，1963年4月23日。

② 周恩来会见加纳驻华大使默塞尔谈话记录，1963年7月2日。

治的虚弱日益加深，就必然要削弱它的国际地位。”① 相反，在解决中印边界问题的过程中，中国的国际地位却得到提高。许许多多亚非地区的朋友，甚至包括一些过去对中国持有偏见和怀疑态度的国家，通过这个事件，承认新中国是热爱和平的。他们希望周恩来到更多的亚非国家去看看，加强彼此间的团结友好。这也是周恩来一直向往的事情。

① ［澳］内维尔·马克斯韦尔：《印度对华战争》，世界知识出版社 1981 年 3 月版，第 493 页。

六十、出访亚非欧十四国

一九六三年十二月十三日到一九六四年三月一日，周恩来用两个多月时间出访亚非欧十四国，重点是非洲十国。新中国政府首脑首次出访非洲，并且到了那么多国家，是一次十分引人注目的重大外交行动。

进入五十年代末，世界殖民主义体系正在加速崩溃。昔日被称为“黑暗大陆”的非洲的民族解放运动风起云涌，先后有三十个国家获得独立，史称“非洲独立年代”。在一九五五年四月万隆会议时，非洲的独立国家只有四个；到一九六三年底，已有三十四个。这些独立国家的面积和人口分别占整个非洲面积和人口的百分之八十和百分之八十四。① 周恩来在万隆会议上同非洲已独立的四个国家的代表第一次有了接触。到一九六三年底，中国已同十二个非洲国家建立外交关系，形成新中国第二次建交高潮。一些非洲国家的领导人相继到中国访问。

这时，美国、苏联从各自的全球战略利益出发，利用旧殖民体系的瓦解，以“经济援助”、“技术合作”为名，加紧对非洲国家进行政治、经济和军事渗透，并挑拨这些国家同中国的关系。

中苏两党意识形态分歧的公开化和中印边界冲突的发生，也

① 《人民日报》，1963 年 12 月 14 日。

在亚非国家中产生不小影响，有些国家对中国政府还存在种种疑虑。

在错综复杂、激烈动荡的国际形势面前，作为政府总理的周恩来出访这些国家，支持它们反对帝国主义和殖民主义的斗争，就共同关心的保卫世界和平、加强亚非国家团结、促进友好合作关系等问题，广泛交换意见，打破美国、苏联、印度从几面对中国施加压力、企图孤立中国的局面，便提到中国外交工作的重要日程上来。经过几年的艰苦努力，这时中国的国民经济已从严重困难中摆脱出来，开始全面好转，又使几年来一直肩负着国民经济全面调整重任的周恩来，有可能抽出比较长的时间来进行这次出访。在他出行期间，国务院总理的职务由邓小平副总理代理。

周恩来首先访问非洲国家。出访非洲的目的，是他所说的："增进同非洲友好国家之间的相互了解，加强中国和非洲国家的友好合作关系，增加我们的知识，向非洲人民学习有益的东西。"①

阿拉伯联合共和国（当时由埃及和叙利亚联合而成，以后又分为两个国家）是古代人类文明的发源地之一，在近现代具有光荣的反对帝国主义和殖民主义的革命传统，是非洲最早掀起民族独立运动并获得独立的国家，对非洲民族解放运动的兴起和发展产生了重要影响。周恩来在万隆会议上同加麦尔·阿卜杜勒·纳赛尔②成为好朋友，两国友谊迅速发展起来，阿联成为第一个同中国建交的非洲国家，纳赛尔多次邀请周恩来访问阿联。因此，周恩来把阿联作为出访非洲的第一站。

① 周恩来答加纳通讯社记者问，1964年1月15日，《人民日报》，1964年1月18日。

② 万隆会议时任政府总理。

周恩来一行，是在十二月十三日下午乘坐租用的荷兰皇家航空公司“波罗的海”号专机飞离昆明的。陪同周恩来出访的有：国务院副总理兼外交部部长陈毅，国务院外事办公室副主任孔原，外交部副部长黄镇，国务院总理办公室主任童小鹏等。经过十几小时飞行，在十四日中午抵达阿联首都开罗。开罗是座美丽的古老城市。城内清真寺的高耸尖塔到处可见，被誉为“千塔之城”。

在披上节日盛装、飘扬着两国国旗的机场，周恩来受到代表纳赛尔总统前来迎接的阿联总统会议委员、部长执行会议主席阿里·萨布里等政府和军队高级官员以及密密层层、情绪高昂的人民群众的热烈欢迎。群众高举的横幅标语上写着：“阿联的朋友周恩来，欢迎你”，“阿联和中国的友谊万岁”。节奏感强烈的口号声、欢呼声和掌声持续不断，此伏彼起。

周恩来在机场发表了热情洋溢的讲话。他说：

> “这是我第一次访问阿拉伯联合共和国”，“是我第一次访问非洲大陆”。“当我踏上阿联的美丽国土的时候，我谨代表中国人民向全体阿联人民致以亲切的问候和崇高的敬意。”“我愿意利用这个机会向所有非洲新兴的独立国家和人民致敬，向一切正在斗争中的非洲各国人民致敬。亚非各国人民在斗争中从来是相互支持的。我深信，团结起来的亚非各国人民，一定能够在争取和维护民族独立、保卫世界和平的共同事业中，不断取得新的胜利。非洲、亚洲和全世界一切被压迫民族、被压迫人民是一定要解放的。”①

当晚，纳赛尔总统设宴招待周恩来。宾主致词共赞中阿友谊。纳赛尔怀着真挚的感情说：“我亲爱的朋友，你在这里将会

① 《人民日报》，1963 年 12 月 15 日。

看到有许多人早就期待着你们前来阿拉伯联合共和国访问；你将会看到，他们全都对伟大中国的革命和她的决定性胜利怀着无限的钦佩和赞赏。”①

宴会上，怀着兴奋和喜悦心情的周恩来，追忆了他“不止一次地经过”阿联的情景，说：

> “一九二四年，当我从欧洲回国途经苏伊士运河的时候，埃及刚刚摆脱保护国的地位，几乎整个非洲大陆还处在帝国主义的黑暗统治之下。”
>
> “一九五四年，当我在日内瓦会议期间途经开罗的时候，埃及人民已经推翻法鲁克王朝，阿尔及利亚人民正在酝酿反抗殖民统治的武装斗争，整个非洲处在暴风雨的前夕。”
>
> “四十年，在人类历史上只是短暂的一瞬。但是，在这四十年间，世界大变了，中东大变了，非洲大变了，世界人民觉醒了。”“今天，当我们作为中国人民的友好使者来到非洲的时候，我们看见的是一个觉醒的大陆，一个战斗的大陆。在这一片被帝国主义者叫做‘黑暗大陆’的辽阔土地上，自由的晨曦已经升起，帝国主义的殖民体系正在不可避免地走向土崩瓦解。”“我愿利用这个机会，向正在用自己的英勇斗争创造着历史的阿拉伯各国人民和非洲人民致敬……向所有已经赢得独立的非洲国家致敬。”②

周恩来这番情真意切的话，深深地打动了纳赛尔等阿方主人，赢得热烈的掌声。

访问阿联期间，周恩来同纳赛尔总统在诚挚、友好、坦率、

---

① 纳赛尔总统在欢迎周恩来的招待会上的讲话，1963 年 12 月 14 日。

② 《人民日报》，1963 年 12 月 16 日。

相互信任和谅解的气氛中，就共同关心的重要问题进行了三次正式会谈和一次单独会谈。

鉴于阿联在阿拉伯国家中所处的重要地位，周恩来在阿联将中国政府对阿拉伯国家的一贯主张归纳起来，在会谈中郑重宣布：

> "中国政府在处理同阿拉伯各国的关系时，一向坚持不渝地采取以下的立场：一、支持阿拉伯各国人民反对帝国主义、争取和维护民族独立的斗争。二、支持阿拉伯各国政府奉行和平中立的不结盟政策。三、支持阿拉伯各国人民用自己选择的方式实现团结和统一的愿望。四、支持阿拉伯各国通过和平协商解决彼此之间的争端。五、主张阿拉伯各国的主权应当得到所有其他国家的尊重，反对来自任何方面的侵犯和干涉。"①

纳赛尔总统很欣赏这五点立场。它作为中国处理同阿拉伯国家和非洲国家关系的五项原则，写进了十二月十六日签署的中国和阿联政府《联合公报》中。几天后，这五项原则又写进中国和阿尔及利亚政府《联合公报》中。以后，中国政府根据这些原则恰当地处理中国同阿拉伯国家和非洲国家之间的关系，保证了中国同这些国家之间的友好关系持久稳定健康地发展。

中美关系问题和中印边界争端问题，是全世界包括纳赛尔总统等非洲国家领导人关心的热点。周恩来坦率地说明了这两个问题的历史与现状。

对中美关系，周恩来说："新中国建立后，中美两国关系一直不好"，但是，"责任不在我方。我们对美国人民一直是友好的"。他列举大量事实后得出结论："以上说明，美国在靠近新中

① 《周恩来外交文选》，中央文献出版社 1990 年 5 月版，第 387 页；孔原、黄镇、童小鹏给外交部的关于 16 日、17 日情况的综合报告，1963 年 12 月 19 日。

国的地方，制造台湾海峡、南朝鲜和印度支那三个紧张地区，实行反华。”一九五四年下半年，美国又策划东南亚条约组织，“目的便是对社会主义的新中国造成半月形的包围圈”。“尽管如此，我（国）还是愿意同美国坐下来，谈判解决争端。”①

周恩来说：“一九五八年蒋军在金门岛向大陆厦门实行炮轰，我集中火力进行还击，曾一度形成紧张。但我们遵守只同蒋介石打内战的原则，不把美国牵进去，我们未同美国开火。例如美机侵犯我领空、领海，我只提警告，不开火；美国也命令海军不要进入我国领海。为什么？因为美国同盟国不愿同中国打仗。英法不愿意，加澳也不愿意。美国广大人民也反对为蒋介石打仗。”因此，“中美之间并无武装冲突”。

周恩来进一步指出：“至于有人说中国好战、扩张，这是毫无根据的。”中国没有一兵一卒在国外，而美国却有一百多万军队驻在国外，分布在几十个国家。“中国受到美国的包围和敌视，新中国的人民不得不反美。但是我们一再声称，我们同美国人民是友好的。”虽然中美双边关系问题没有解决，但“并不妨碍我们执行同别国的和平共处和友好政策”。“和平共处五项原则是我国同亚非拉乃至西方国家相处的基本准则。”“现在美国在全世界称霸”，“在全世界唯我独尊，绝大多数国家同美国有外交关系，除跟美国走的国家外，别的国家要照顾到同美国的关系，但中美无外交关系，中国也未进入联合国，因此由中国把美国干的坏事向全世界人民讲清楚有好处，我们可以畅所欲言。我们觉得，中美双方虽然仍在谈判，但真正解决问题的时机还未到来”。“要美国改变政策不是一件简单的事。”但我们相信，“中美问题终有一天会得到解决，我们已经等了十四年，还可以再等十四年。”②

① 周恩来同纳赛尔总统单独会谈记录，1963 年 12 月 20 日。

② 周恩来同纳赛尔总统第 3 次会谈记录，1963 年 12 月 19 日。

周恩来在这里说：中美关系问题“还可以再等十四年”。恰恰在十五年后，中美实现了邦交正常化。

对中印边界的争端，周恩来说：“坦率地讲，目前是太平无事。自我方采取主动停火和全线主动后撤二十公里等缓和措施后，如印军不再进入我方实际控制线，双方将不会发生冲突。”“为应付印方可能发起新的挑衅，我们准备今后根据以下三种情况，采取步骤：（1）如果印度只少数武装侵入我方控制区，而且进来之后又走了的话，则我向对方提出警告，并记上账，每一季度将情况综合通知科伦坡会议国家。（2）如印度侵入我方地区后不走，我将向它提出警告，要求撤出，并立即将情况通知科伦坡会议国家，设法将印度劝回去。印度如撤军，事情就过去了。（3）如印度拒绝撤走，那时我们才实行自卫权利。”

“现在情况同去年十月以前的情况不大相同了。过去只有双方的照会来往，别国不过问，也不大引起人注意，结果打了起来。现在有了以上三个办法，科伦坡国家便可以起到重要的调解作用。”

“我们希望中印两国关系搞得和缓些。”“亚非国家应该和平友好相处，这同我们和帝国主义之间关系是不同的。日本过去侵略过中国，现在我们也愿意同它改善关系。为什么我们会同印度闹僵?!”① 他在同纳赛尔单独会谈时又郑重地表示：“就我们方面来说，我们可以保证我们是不会向印度政府挑衅的。”②

周恩来推心置腹的长谈，消除了纳赛尔心中的疑虑，加深了他对新中国对外政策的了解。他坦诚地说：过去，我们“往往更多地关心自己的问题，而少注意其他地区的问题。这样的介绍对我们很有好处”。③“我们非常关心的是你们两国间的紧张局势得

①③　周恩来同纳赛尔总统第3次会谈记录，1963年12月19日。

②　周恩来同纳赛尔总统单独会谈记录，1963年12月20日。

到缓和，恢复良好关系。”“我们将再次设法促进双方的谈判。”① 以后，经过阿联政府的工作，虽然没有能促成中印谈判，但仍对双方起了某些沟通作用。这对以后中印边境局势长期保持基本稳定产生了重要影响。

周恩来还把参加群众活动和参观访问，作为“寻求友谊与合作，多了解一些东西，多学习一些东西”② 的重要方式。他参加了倡导发展民族文化和科学事业的阿联庆祝教育日大会，访问了具有光荣反帝革命传统的北方城市塞得港，参观了世界闻名的苏伊士运河、象征古埃及文明的金字塔和狮身人面像，以及正在建设中的蓄水量居世界第一的阿斯旺水利工程等，比较全面地了解了阿联悠久的历史和近些年来在政治、经济、军事、科技等方面取得的进展。

十七日，在塞得港市市长马德丁·鲁什迪举行的欢迎会上，周恩来盛赞阿联人民保卫塞得港、保卫苏伊士运河的英勇斗争。他说：“帝国主义要霸占苏伊士运河，阿联人民把他们打败了。帝国主义说阿联人民不会管理苏伊士运河，阿联人民把这条运河管理得更好了。帝国主义破坏了塞得港，阿联人民把这个城市建设得更美丽了。这一切，有力地表明：在我们的时代，被压迫人民和被压迫民族只要团结起来，坚决斗争，就能够打败貌似强大的帝国主义侵略者。亚非各国人民只要把帝国主义和殖民主义赶走，自己当家作主，就能够把自己的国家建设起来。”③

为了让世界各国更多地了解中国政府对一些重大国际问题的看法，十二月二十日下午，周恩来在共和国宫举行记者招待会。

在回答记者提问中，周恩来强调：中国“对外政策的主要内

① 周恩来同纳赛尔总统单独会谈记录，1963 年 12 月 20 日。

② 周恩来在开罗记者招待会上的讲话，1963 年 12 月 20 日，《人民日报》，1963 年 12 月 22 日。

③ 《人民日报》，1963 年 12 月 19 日。

容之一，就是积极支持亚洲、非洲、拉丁美洲的民族解放运动”。因为“中国就是从帝国主义和殖民主义枷锁下解放出来的国家。我们与亚洲、非洲、拉丁美洲各国人民有着共同的遭遇。因此我们就必然互相同情、互相支持。中国是已经取得胜利的国家，有义务支持那些正在取得胜利和将要取得胜利的国家”。① 对于有的记者提出的刁难性问题，周恩来坦诚友好地一一给以回答。

美国加利福尼亚报纸记者问：“我想了解你对肯尼迪②被杀害有何反应？”周恩来回答：“肯尼迪总统的遇害是你们国家的内部事情。当然，暗杀本身是卑鄙可耻的。你知道，我们共产党人反对任何这类行为，尽管被暗杀的人是敌视我们新中国的。”③

美国《时代》杂志记者问：“你的政府为什么反对部分核禁试条约？”④ 周恩来回答：“这样一个条约，表示三个大国要垄断核武器，所以我们要反对。我们主张全面禁止和彻底销毁核武器，制止核战争。因为发生一场核大战，对人类是个大灾难。既然如此，世界各国都应该过问，应该有权来讨论如何全面禁止和彻底销毁核武器、制止核战争的问题。世界上不论是大国还是小国，强国还是弱国，在政治上应该一律平等。关系到全人类命运的问题应该由大家来共同讨论，而不应该由少数国家垄断这种讨论，甚至把有利于少数垄断者的决定强加给没有参加讨论的国家。”他进一步揭露道：“这个部分禁止核试验条约签字以后，美国就不断进行地下核试验。美国总统和政府官员不断声称，要继续核试验、生产和储存核武器，把核武器交给它的盟国，不承担不使用核武器的义务。”“这证明，三国条约的签订，并没有减少

①③ 《周恩来外交文选》，中央文献出版社 1990 年 5 月版，第 374、375、376 页。

② 1963 年 11 月 22 日在争取连任总统的竞选旅途中遇刺身亡。

④ 指 1963 年 8 月 5 日美国、英国、苏联签订的《禁止在大气层、外层空间和水下进行核试验条约》。

核战争的危险，而是增加了核战争的危险。”①

这个记者接着又提出一个似乎更尖锐的问题：“中国为什么反对东西方和平协商?”这使记者招待会的气氛陡然紧张起来，人们屏息静听中国总理作何回答。周恩来不假思索地反问道：“中国政府什么时候说过这样的话？我不晓得。”突如其来的反问，使这个美国记者顿时语塞，过了好一会儿，才回答道：“因为中国政府反对部分核禁试条约，人们设想，中国反对缓和东西方关系的小步骤，反对一步一步地解决问题。”周恩来笑了笑，解释说：“这是两回事。”“绝不能认为，由于中国反对部分核禁试条约就说中国政府反对东西方谈判和缓局势。”他语气缓和地继续说道：“你想想，如果中国反对东西方和缓局势，为什么中国大使在华沙同美国大使进行了八年多的会谈呢？谈判次数达一百一十八次。我的历史知识有限，在现代史上，这样长的谈判恐怕是空前的。会谈八年多，虽然没有解决问题，但还在继续谈。”“怎么能说中国不要和平协商呢？我希望通过你的美国杂志，向美国人民致意，告诉美国人民，中国人民愿意同美国人民友好，但是，美国政府对中国的侵略政策和战争政策，我们是要反对到底的。必须把这两件事区别清楚。”② 周恩来微笑地注视着这个处于窘境中的美国记者，只见他连称：“是，是。”③

周恩来对答如流，征服了出席招待会的各国记者。美联社记者说：周恩来“得心应手地回答了所有问题”。不少原来对中国有误解的人改变了看法。

对阿联的访问要结束了。十二月二十日晚上，周恩来在阿比丁宫为纳赛尔总统和夫人举行盛大招待会。他在讲话中热情洋溢

① 《周恩来外交文选》，中央文献出版社 1990 年 5 月版，第 382、383 页。

② 《周恩来外交文选》，中央文献出版社 1990 年 5 月版，第 383、384 页。

③ 周恩来在开罗举行记者招待会记录，1963 年 12 月 20 日。

地说："这些天里，我们一直置身于友谊的海洋中。我们不会忘记，英勇的塞得港人民欢迎我们的盛况。我们也不会忘记，阿斯旺的建设者们在劳动工地上向我们亲切致意。""我们这次访问，加深了相互的了解，增加了我们的知识，促进了中阿两国人民的友谊，获得了圆满的成功。"① 第二天，他和陈毅在给中共中央和毛泽东的报告中写道："阿联人民经过推翻法鲁克王朝和苏伊士运河的斗争后，反帝情绪高涨，建设国家的积极性较高。阿联人民对中国友好，对我们的欢迎极为热烈，始终如一。"②

纳赛尔总统也发表了充满眷恋之情的讲话。他说："亲爱的朋友，你对我国的访问……给了我们重温在前往万隆途中相聚在一起的友谊的机会"，"给了我们把你当作光荣而伟大的潮流和价值的代表和象征来欢迎的机会"。"我们感到你对我国的访问，还超越了中国和阿联之间的直接关系的范围，你的访问会在这个范围以外留下影响，并且为我们现时代的一些最重要的问题带来积极的好处。""在你明天继续你的范围广阔的旅行的时候，我们祝你一路愉快。"③

十二月二十一日下午，周恩来一行飞抵阿尔及利亚首都阿尔及尔。这是一座傍山而建、俯视蓝色地中海海面的秀丽山城。阿尔及利亚是非洲第一个通过长期武装斗争取得民族独立的国家。坚持七年半的阿尔及利亚民族解放战争，牵制和消耗了法国殖民主义者的大量兵力和财力，为北非以及其他法属非洲殖民地人民争取民族独立的斗争创造了有利条件，成为非洲和中东国家争取民族独立斗争的重要榜样。

① 《人民日报》，1963 年 12 月 22 日。

② 周恩来、陈毅关于访问阿联情况给中共中央、毛泽东的电报，1963 年 12 月 21 日。

③ 《人民日报》，1963 年 12 月 22 日。

经过二十二年武装斗争才获得革命胜利、并且曾经在道义上和物质上坚决支持阿尔及利亚抗法战争的中华人民共和国，在阿尔及利亚人民中享有崇高的声誉。这一天，阿尔及尔沸腾起来了。本·贝拉总统率领政府和军队高级官员前往机场迎接周恩来。本·贝拉在致欢迎词时说："阿尔及尔，在她重新获得了自由的黎明时刻欢迎经历过长征的人们的使者，为此感到自豪和高兴。""中华人民共和国和阿尔及利亚的手握在一起，这是具有重大意义的象征。"①

在前往国宾馆的途中，周恩来受到三十多万群众的欢迎。他们鼓掌，跳跃，欢呼。周恩来、陈毅的照片悬挂和张贴在许多建筑物上。阿尔及利亚民族解放阵线机关报《人民报》发表社论说："对于所有年轻国家的人民来说，人民中国是一个榜样。"②

访问中，周恩来同本·贝拉进行四次会谈。双方介绍了各自国家革命和建设的经验，并就进一步发展两国友好合作关系和共同关心的重大国际问题，充分地交换意见。

会谈中，周恩来高度评价说："阿尔及利亚的革命胜利，是继中国革命和古巴革命后，六十年代的伟大事件。""阿尔及利亚革命在你们领导下会继续前进。这对非洲各国、阿拉伯各国以至亚洲和拉丁美洲，都会起很大的影响。""你们反帝革命的胜利主要是靠自己。别人的帮助，包括我们的帮助，是微不足道的。你们的反帝斗争付出了极大的代价。今天看到了你们许多寡妇、孤儿，你们的牺牲在比例上超过了中国。"③

根据本·贝拉介绍的情况，周恩来分析了阿尔及利亚革命成

① 《人民日报》，1963年12月23日。

② 《人民日报》，1963年12月23日。

③ 周恩来同本·贝拉总统第3次会谈记录，1963年12月24日。

功的原因说：第一，“当时发动的革命是民族性质的革命，直接同帝国主义、殖民主义作战，赶走它们。这样，这个革命就必然有最广泛的、全民族的统一战线”。“除了极少数走狗外，绝大多数人在反法斗争中是一致的、团结的”。第二，“依靠人民，发动武装斗争和革命战争，直到取得胜利。你们从武装农民开始，建立了革命军队”。第三，“阿尔及利亚革命有一个革命的领导集团，有一个革命的纲领，联系着革命的广大人民群众”。“人民总是要革命的，这主要是指广大劳动人民；谁能依靠人民，坚持革命，谁就能领导革命。”革命能否成功，“关键在于领导是否正确”。①

从阿尔及利亚所处的特殊历史环境出发，周恩来在谈到阿尔及利亚同帝国主义斗争的策略时说：“现在是这种情形：法帝国主义承认在阿尔及利亚失败了，但能多留一天还想多留一天。”你们“希望法国基地明年撤走，法国却总想拖延”。“总统同志说得对，你们反帝立场是坚定的，要肃清一切帝国主义势力。但在策略和方法上，要避免多方面作战，原则性和灵活性要很好地结合起来。”②

在谈到中国经济建设问题时，周恩来说：新中国诞生已经十四年了。“在第一个五年计划期间，我们建立了工业化的初步基础。”“第二个五年计划，已有第一个五年计划的基础，就想更依靠自己的力量来更快地建设。”“像中国这样的大国，如果依靠外援，任何国家也不能满足。我们不仅需要质量，数量也是很大，因此必须依靠自己来建设。同时，胜利了的占世界人口四分之一的大国，有义务支援正在争取胜利、将要革命的国家，支援已经胜利的不发达的、正在培养自己力量的国家。这两方面的原因，

① 周恩来同本·贝拉总统第3次会谈记录，1963年12月24日。

② 周恩来同本·贝拉总统第4次会谈记录，1963年12月26日。

要我们必须建设得快一些，以有利于建立一个独立的经济体系并尽国际义务。”

他说：“由于要加速建设和依靠自己，由于经验不足，发生一些错误和缺点。有的是不可避免的，有的本来是可以避免的。”“我们希望更快一些，但把建设规律同中国实际一结合，发现也不能太快。以前的一些错误很多就是要求太快而产生的。总起来说，我们的速度要比资本主义快，但也不能太快。”经过十来年的经济建设，我们已经“摸出一些经验”。①

在回答中美关系紧张是否会引发第三次世界大战问题时，周恩来坦诚地说：“中美问题要解决，有两个原则：（1）根据五项原则达成协议；（2）美国原则上同意从台湾和台湾海峡撤出。”“我们希望有原则的协议，有和平的环境来搞社会主义建设。但看来时机尚未来到，美国还要制造紧张，继续敌视我们。”至于“美国会不会对中国发动战争？我看危险是有的，但是否马上打，挑起三次大战，这种可能性也不大。原因是，美国如果在中国开辟战场，它在其他方面就要大大削弱，而它目前的主要矛盾还是在欧洲。”②

周恩来的谈话，引起本·贝拉总统的极大兴趣。他说：周总理“讲的都是很重要的东西”。③“我们对你的讲话很满意”。“你们的经验很丰富”，“对我们很有用”。“这是一个我们学习的机会。”从我们的需要来说，继续几个月都是有益的。④

访问期间，周恩来出席了阿尔及尔市“北京大街”的命名典礼和阿尔及利亚民族解放阵线的干部会议，和陈毅一道接受了“阿尔及尔荣誉市民”的称号；前往位于东部的阿里亚公墓，悼

---

①② 周恩来同本·贝拉总统第4次会谈记录，1963年12月26日。

③ 周恩来同本·贝拉总统第3次会谈记录，1963年12月24日。

④ 周恩来同本·贝拉总统第4次会谈记录，1963年12月26日；孔原、黄镇、童小鹏给外交部的报告，1963年12月27日。

念在民族解放战争中牺牲的烈士；到阿尔及利亚“烈士子弟之家”，看望生活在那里的为民族解放而牺牲的烈士们的孩子；参观了西部的第二大城市奥兰。

临行前，周恩来在会见法国记者时指出：第一次访问阿尔及利亚，给我留下“最强烈的印象是阿尔及利亚人民的革命热情很强，他们医治了战争创伤，在革命的道路上前进”。① 半个月后，他和陈毅在一个电报中又指出：阿尔及利亚政府确实“是要坚决进行民族民主革命的”。独立后，“阿政府在缺乏经验、缺乏干部的情况下，依靠军队的力量，在极短的时间内，竟然克服了困难，维持了社会秩序。这是一个很大成就”。“它对现在进行武装斗争的一些非洲国家和地区有极大影响。”②

在阿尔及利亚期间，周恩来要一个中国派遣到法国工作的人员到那里来，听取他汇报情况，并要求早日实现中法建交。中法建交这件事酝酿已久。就在出访十四国前夕，从十月二十三日至十一月二日，他同法国总统戴高乐的代表、前总理埃德加·富尔，就中法建交问题进行了多次会谈，并把中方提出的“直接建交方案”的内容以《周恩来总理谈话要点》的书面形式交给富尔。中法双方前后进行了三个月的建交谈判。童小鹏回忆道：“那时周总理对戴高乐的估计是正确的。首先，周总理认为戴高乐反法西斯是坚决的；其次，认为戴高乐在从阿尔及利亚撤兵的问题上是开明的。”③

十二月二十七日中午，周恩来抵达摩洛哥首都拉巴特，开始为期三天的访问。

---

① 周恩来和法国《观察家》记者克鲁德·高达的谈话纪要，1963 年 12 月 26 日。

② 周恩来、陈毅关于访问阿尔及利亚的观感给中共中央的电报，1964 年 1 月 10 日。

③ 童小鹏在座谈会上的发言记录，1984 年 11 月 16 日。

摩洛哥北临碧波万顷的地中海，西接浩瀚无际的大西洋，阿特拉斯山挡住了撒哈拉沙漠的热风，使它成为一个地理位置得天独厚、物产富饶、自然资源众多的国家。摩洛哥是君主立宪国家，一六四九年建立的阿拉维王朝一直延续下来。摩洛哥独立后，开明的王室公开在道义上、军事上和物资上支援非洲还未独立国家的民族解放运动，赢得非洲各国人民的赞扬。

年仅三十四岁的穆莱·哈桑二世国王承袭摩洛哥民族热情好客的传统，特意将自己在王家公园内的豪华别墅——和平宫让出来给周恩来下榻，并亲自在和平宫迎接。外交大臣艾哈迈德·雷达·格迪拉对中国客人说：国王这次是破例了，哪一个国家领导人来访都没有这样接待过。①

这天晚上，哈桑二世举行国宴时又打破只用西餐招待外国元首和政府首脑的惯例，而以“烤全羊”、“巴斯提拉”、“古斯古斯”等传统名菜盛情款待。据当时中国驻摩洛哥大使杨琪良回忆：

> “这一破例之举，使出席宴会的外国使节们均感意外。依照当地习俗，主人哈桑国王陪主宾围着一张矮脚长方桌席地盘膝而坐。直径长达八九十厘米的瓷盘中盛着一只烤好的整羊。席间，好客的主人首先用手挑选一块最好的羊肉放在周总理的食盘里（摩洛哥的传统饭菜是用手抓着吃的），以后每上一道菜都是如此，以示对客人的尊重。周总理也依样回敬主人，气氛极为亲切融洽。”②

周恩来有常流鼻血的毛病，在国内极少吃容易“上火”的羊

---

① 黄镇：《把友谊之路铺向觉醒的非洲》，《不尽的思念》，中央文献出版社 1987 年 12 月版，第 366 页。

② 杨琪良：《在摩洛哥王国的六年概记》，《当代中国使节外交生涯》第 3 辑，世界知识出版社 1996 年 4 月版，第 58—59 页。

肉。但出国访问后，他十分注意尊重东道主，入乡随俗，客随主便，也“破例”吃起羊肉来。回国后，他说：我们访问的非洲国家大多是伊斯兰教国家。“你既然到了伊斯兰教国家，就得入国问风、入境问俗，就得遵守人家的风俗。”“中国绝大多数的人是汉人，就是不大习惯吃羊肉”，“特别我们江浙人，就是顽固得很”。“人家高级宴会，请你去吃，也就学习到一些，就把这个保守习惯打破了。”① 宴会后，哈桑二世请周恩来、陈毅到他会客厅品茶漫谈。

随着历史进程的发展，近代以来，君主制国家在世界范围内一个接一个地消亡。这使哈桑二世在考虑君主制的前途问题。在海阔天空的闲谈中，哈桑二世突然提出这样一个出人意料的严肃问题，请周恩来发表意见。据在场的杨琪良大使回忆：

> “他笑着说：当今世界像我们这样的国王、皇帝已为数不多了，不知今后怎么样？周总理和陈毅副总理听后都笑了起来。周总理蛮有风趣地说，你们可以组织一个委员会，开个会商量嘛！陈毅副总理随之说道，亚洲有个西哈努克亲王，我们是好朋友，可邀请他参加。周总理接着说，陛下可以担任这个委员会的委员长嘛！说毕，三人皆哈哈大笑。我在一旁也随之笑出声来，并暗中思忖，哈桑二世事前可能有所准备，问题提得相当巧妙，而我们的周总理和陈毅副总理也答得诙谐而妙趣横生。”②

在会谈中，周恩来对哈桑二世深情地说：“我们来就是为了了解情况，学习有益的东西。摩洛哥的革命，为独立而奋斗的英

---

① 周恩来关于访问 14 国的报告记录，1964 年 3 月 30、31 日。

② 杨琪良：《在摩洛哥王国的六年概记》，《当代中国使节外交生涯》第 3 辑，世界知识出版社 1996 年 4 月版，第 59 页。

雄事迹，我们在年轻时就知道。我在法国时，第一次大战后北非的民族解放斗争是从摩洛哥开始的。我们留法学生的共产主义青年团组织，在提到民族独立斗争时，以摩洛哥为例子。”①

进入六十年代后，国内正在从事开发石油的大会战。怎样用先进技术加工我国当时年产一两千万吨的原油，成为周恩来关注的一个重大问题。继在阿联、阿尔及利亚参观现代化炼油厂以后，周恩来在摩洛哥又兴致勃勃地参观了意大利、法国帮助建设的一座炼油厂，并题词：“这是一个很好的现代化的炼油厂，建设得很快，管理得很好，并且锻炼出不少技术人员，值得我们学习。”② 他感慨地对大家说：苏联帮助我们在兰州建设的炼油厂与这个厂的生产能力差不多，但包括技术训练班的人在内，他们的职工总共才三百多人，而我们却需要六千职工。相比之下，我们人力资源浪费是何等惊人！记住，回国后一定要石油部派技术专家来这里考察，这很值得看一看。③ 回国后，周恩来立即指示石油部派出一位总工程师前往摩洛哥考察。十天后，深知科学技术对社会生产力发展起重大作用的周恩来和陈毅联名，把出访阿联、阿尔及利亚和摩洛哥所看到的这些情况，专门向中共中央作了报告：“这些国家用外援兴建或接管的新工业，都采用现代化的设备，特点是投资少、设备新、自动化程度大、收效快、用的劳动力少。这对于我们进口工业装备和进行援外工作，提出了一个新的课题。”④ 这直接导致六十年代中期有关部委根据周恩来

① 周恩来同哈桑二世第 2 次会谈记录，1963 年 12 月 28 日。

② 黄镇：《把友谊之路铺向觉醒的非洲》，《不尽的思念》，中央文献出版社 1987 年 12 月版，第 371 页。

③ 杨琪良：《在摩洛哥王国的六年概记》，《当代中国使节外交生涯》第 3 辑，世界知识出版社 1996 年 4 月版，第 60 页。

④ 周恩来、陈毅关于访问阿尔及利亚的观感给中共中央的电报，1964 年 1 月 10 日。

指示，陆续从日本、英国和法国引进价值二亿七千万美元、八十四个项目的石油化工、冶金、矿山、精密机械等国内短缺的先进技术和装备，填补了不少空白。① 半个月后，周恩来又参观了加纳新建的一座炼油厂。

阿联、阿尔及利亚、摩洛哥都是濒临地中海的北非国家。结束摩洛哥之行后，周恩来等在十二月三十一日开始到地中海北面的阿尔巴尼亚访问。他同霍查、谢胡等阿尔巴尼亚党政领导人举行了八次会谈，就国际形势和两国经济建设中的问题交换意见，还访问了斯库台和发罗拉等城市。两国总理共同签署了《联合公报》。

结束对阿尔巴尼亚访问后，代表团租用的荷兰飞机的机组人员本来应该换一批人了。但他们写了一份报告，表示决心为这个代表团服务到底。因此，就没有换人。他们后来对代表团工作人员李树槐说："我们荷兰飞机差不多跑遍了全世界，但是没有看到任何国家的领导人像你们的周总理这样平等对待我们，他同我们握手、照相，对我们十分尊重。"②

接着，周恩来从阿尔巴尼亚飞回非洲，访问突尼斯。这次非洲之行，原来并未安排访问还没有同中国建交的突尼斯。当访问阿联和阿尔及利亚期间，周恩来和陈毅得知突尼斯的哈比卜·布尔吉巴总统有同中国建交的意向后，向中共中央提出："借这次访问非洲机会顺道过突尼斯一下，解决同突建交问题。"③ 随即，周恩来指示中国驻阿尔及利亚大使曾涛同突尼斯联系。十二月二

① 参见顾明：《怀念与思考》，《周恩来研究学术讨论会论文集》，中央文献出版社 1988 年 12 月版，第 360 页。

② 李树槐在座谈会上的发言记录，1984 年 11 月 16 日。

③ 周恩来、陈毅关于中突建交问题给中共中央的电报，1963 年 12 月 27 日。

十六日晚，周恩来得到突尼斯政府的正式邀请。二十七日，周恩来、陈毅联名致电中共中央："布尔吉巴决定正式邀请我们访问突尼斯两天，并愿在我们离开阿尔及利亚前，由两国驻阿尔及利亚使馆商定并马上公布一个新闻公报，公报中提到访问期间会谈后双方将发表联合公报，公报中要特别宣布中突建立外交关系问题。我们已答复同意这一做法并接受布的邀请，在访问阿尔巴尼亚后访加纳前，到突尼斯访问两天。"①

一九六四年一月九日，周恩来从阿尔巴尼亚飞抵突尼斯。中国和突尼斯过去相互都缺乏了解。为了深入探讨对方所关心的一些敏感问题，中国方面建议，由周恩来同布尔吉巴进行单独会谈，以增进相互间的了解。

九日下午，周恩来在会谈中提出在国际会议上要努力寻找共同点的问题。他说："不论什么国际会议，只要能找到共同点就有意义。亚非国家有共同目标，这就是摆脱殖民主义强加给我们的落后状态，实现经济发展，促进友谊。不论各国属于什么制度，只要这个制度是人民自己选择的，亚非各国之间就一定能找到共同点。"

布尔吉巴不同意，说："单有共同目标还不够"，因为不同的方法也可以使人们相互间"产生距离"。周恩来解释说："我们的目标相同，但使用的方法不一定相同。"因为"每个国家有自己的情况。各国领导人根据国内的具体实践和人民的要求确定自己的方法。某一种方法也许在一国内适用，而在另一国就不适用。但是大家可以有一致的目标，可以接近和了解，相互介绍自己使用的方法，也可以互相吸收好的经验。不同的方法可以相互尊重，也可以相互影响"。接着，他表示赞成布尔吉巴关于各国领导人应"加强相互接触"的意见，强调：在接触中，"基本的原

---

① 周恩来、陈毅关于中突建交问题给中共中央的电报，1963 年 12 月 27 日。

则是要互相尊重独立和主权，不要强加于人，不要干涉别人内政，更不要侵犯别人。这样，才能在民族独立国家间达到真正平等友好的关系，而不像殖民主义时代大国压迫小国，强国欺压弱国”。①

随后，布尔吉巴直言不讳地提出：中国总理在非洲国家和阿尔巴尼亚访问时，对美国的态度不同，“使人们感到你们不严肃”。周恩来立刻作答：

> “谢谢您把这种想法告诉我，但是我也要直率地回答您”，“中国的政策是一贯的，我们出国访问，也从未在态度上表现两样”。“美国历来敌视中国”，并“动用全国的力量和宣传机器，诬蔑、敌视和攻击中国”。“您要是处在中国的境地，恐怕也不得不采取中国现在对美国的政策。”但是，“我们这次到非洲是为了寻求友谊与合作”。“为了不使我们访问的非洲国家为难，我们在联合公报中没有强调反对美国。这并不是说，我们在会谈中没有把美国敌视中国的情况告诉非洲的朋友们。我们在会谈中都讲得很清楚。”“阿尔巴尼亚是受美国欺压的国家，反对美帝国主义对阿尔巴尼亚并不造成任何困难。所以我在那里更多强调反美，就好像我在北京时强调反美一样。”②

这天晚上，布尔吉巴在为周恩来举行的宴会上又把不同意见公开地提了出来。周恩来不回避布尔吉巴提出的问题，但采取了化解矛盾的做法。他说：“不错，诚如阁下所说，我们两国不是在所有的问题上都是一致的”。“但是，我们相信，通过两国领导人的接触和交换意见，我们总是可以增进相互了解，求同存异，

---

① 周恩来同布尔吉巴总统第1次单独会谈记录，1964年1月9日。

② 周恩来同布尔吉巴总统第1次单独会谈记录，1964年1月9日。

并且为我们共同目标而加强努力的。”“在我们双方的共同努力下，中突两国的友好合作关系，是有着广阔的发展前途的。”①

十日上午，周恩来同布尔吉巴总统继续单独会谈。布尔吉巴总统提出：“如果你们能和美国寻求一点缓和”，“而不是总认为美国要对你们进行战争，这样就可以有利于东南亚局势的缓和”。周恩来回答说：“问题很简单，是美国挑起对我们的敌视，美国坚持不承认六亿五千万中国人民，扶植蒋介石，占领台湾。我们一直避免引起和美国的冲突，主张和平谈判解决中美争端。我们没有核武器，更谈不上使用核武器，可是核大国一直用核武器对我们进行威胁。”“我们在华沙中美会谈时建议过中美在和平共处五项原则的基础上达成协议，但是美国不干。”随后，他以和缓的口气说：“我们这次访非是为了寻求友谊与合作，我们本着求同存异的精神，愿意和突尼斯发展友好关系。”②

周恩来完全体谅对方的误解和疑虑，并且总是以“求同存异”的精神给以有说服力的答复，终于打动了布尔吉巴。布尔吉巴说：“我同意周恩来总理求同存异的方针，我们还是要反帝反殖。突尼斯需要伟大的友谊，并一定要同中国建立外交关系。”③

就在这一天，两国关系获得突破性进展，中国和突尼斯的《联合公报》正式宣布：“决定两国建立外交关系”。④

一月十日深夜，周恩来离开突尼斯，向南飞越世界面积最大的沙漠——撒哈拉沙漠，开始对西非三国访问。十一日上午，抵达加纳共和国首都阿克拉。

① 《人民日报》，1964 年 1 月 12 日。

② 周恩来同布尔吉巴总统第 2 次单独会谈记录，1964 年 1 月 10 日。

③ 黄镇：《把友谊之路铺向觉醒的非洲》，《不尽的思念》，中央文献出版社 1987 年 12 月版，第 369—370 页。

④ 《人民日报》，1964 年 1 月 12 日。

加纳盛产黄金。一四七一年葡萄牙入侵后曾在沿海一带大规模开采，所以殖民主义者原来称加纳为黄金海岸。加纳是西非第一个冲破殖民主义枷锁获得独立的国家。克瓦米·恩克鲁玛总统曾向中国驻加纳大使黄华提出希望周恩来出访西非时首先访问加纳的要求。

加纳在非洲事务中发挥着重要作用，为支持仍没有取得独立的非洲国家的民族解放运动做过不少工作。恩克鲁玛在非洲是个很有影响的人物。因此，周恩来高兴地接受了这个邀请。但就在周恩来访问加纳前夕，一月二日发生一名哨兵行刺恩克鲁玛的事件，案情还在调查中，加纳国内局势动荡不安。随访的总理办公室主任童小鹏回忆：

> 得知恩克鲁玛总统遇刺受伤的消息后，“周恩来立即找陈毅、孔原、黄镇、童小鹏、乔冠华以及外交部的几个司长商议。周恩来先谈了他的意见。他说：‘我们不能因为人家遇到了暂时困难就取消访问，这是对人家不尊重、不支持。发生这样的事情我们还是要去，才表现出我们的真诚，患难见真诚嘛！按原计划访问加纳，不能取消，至于外交仪式，可以打破通常的礼宾惯例。’”
>
> “陈毅支持周恩来的意见。有的同志感到加纳政局不稳，有可能出现危险，而且加纳方面要接待中国代表团也会有困难，不赞成去加纳。我在周恩来身边工作二十多年了，深知他遇到无数次的艰难险阻，从不被危险、困难所阻挡，他想要做的事，别人是挡不住的。”“最后，周恩来和陈毅说服了大家。”①

后来，周恩来在出访十四国的报告中说：“我们代表团里有

① 童小鹏：《风雨四十年》第二部，中央文献出版社 1996 年 1 月版，第 103 页。

几个同志，他们天天在考虑这个问题；我们的后方‘司令’——杨尚昆同志，也是经常打电报，这是他的任务。我跟陈毅同志就不大想这个问题，因为有一种力量把我们鼓舞了。”“我们看到人民群众那样欢迎我们，支持我们，我们感到不仅不孤立，而且对我们的安全问题都不考虑了。”①

为了安排好这次访问，周恩来派随访的外交部副部长黄镇先去加纳，带去三点建议：“一、为了两国领导人的安全，一切外交礼节可以从简，恩克鲁玛总统也可以不去机场迎接。二、不去外地参观，可多进行会谈。三、请加方指定安全保卫官员与使馆联系，具体布置安全保卫工作。”② 恩克鲁玛收到黄镇转交的三点建议后，喜出望外。他原以为周恩来不会去加纳访问了。因为在他第一次遇刺时，当时正在尼日利亚访问的印度总理尼赫鲁就取消了访问加纳的计划。黄镇回忆道：“他原来估计在这么动乱的情况下周总理不会去的。但总理去了，表示了对他的尊重与信任，在困难的时候支持了他。这件事效果很好，影响非常大。”③

周恩来到达加纳的当天下午，就从下榻的阿克拉总统府前往位于海滨的奥苏城堡去拜会两年多前曾访问过中国的恩克鲁玛。这时城堡周围仍然布满大炮和装甲车，门口戒备森严。脸上贴着纱布、一手缠着绷带的恩克鲁玛等候在门外。见面后，他向周恩来说的第一句话是：“欢迎你，欣赏你能来。”周恩来面带笑容地送上毛泽东给他的慰问信，并对行刺他的卑劣行为表示强烈谴责。

访问期间，根据事先商定的日程，周恩来把相当多的时间用到在城堡内同恩克鲁玛的五次会谈上。

---

① 周恩来关于访问 14 国的报告记录，1964 年 3 月 30 日、31 日。

② 封耀元：《记周总理访问加纳》，《新中国外交风云》第 4 辑，世界知识出版社 1996 年 5 月版，第 192 页。

③ 黄镇在座谈会上的发言记录，1984 年 11 月 16 日。

会谈中，恩克鲁玛提出一个在他看来十分棘手的问题。他说："我们非洲不希望卷入核战争，希望有一个政策为和平而斗争"，"但我们同帝国主义不能有和平，必须同帝国主义进行斗争，消灭帝国主义这个战争根源"。那么，究竟怎样才能"寻求一个最好的途径"来"实现全面和平"呢？

周恩来爽快地说："阁下的问题提得好，许多看法和我相同，世界上的确有许多矛盾要解决。我们要和平共处，帝国主义要侵略和战争，如何同它共处。""我们主张全面禁止和彻底销毁核武器。这些都是矛盾。如何解决这些矛盾，我的意见：要实现和平，反对侵略战争。全面裁军和禁止核武器都要经过斗争。不能乞求和平，只有斗争才能达到一些目的。只有消灭了帝国主义才能消灭战争根源。""经过斗争，可以逐步限制帝国主义发动侵略战争。如果乞求，不但达不到实现和平的目的，不会有利于裁军，反而会加剧扩军备战和增加战争危险；不会减少反而会增加核战争危险；不会阻止帝国主义实行扩张，反而会助长他们扩张，这是后退不是前进。"①

中国是一个发展中的社会主义国家，物质力量有限，但仍愿对这些新独立的经济同样落后的国家，提供力所能及的、见效快的、同受援国国计民生关系密切的经济和技术援助。

一月十五日，周恩来同恩克鲁玛最后一次会谈时，提出了中国政府对外援助的八项原则，并在答加纳记者问时向国际社会宣布：

"中国政府在对外提供经济技术援助的时候，严格遵守以下八项原则：

"第一，中国政府一贯根据平等互利的原则对外提供援助，从来不把这种援助看作是单方面的赐予，而认

① 周恩来同恩克鲁玛总统第2次会谈记录，1964年1月13日。

为援助是相互的。

“第二，中国政府在对外提供援助的时候，严格尊重受援国的主权，绝不附带任何条件，绝不要求任何特权。

“第三，中国政府以无息或者低息贷款的方式提供经济援助，在需要的时候延长还款期限，以尽量减少受援国的负担。

“第四，中国政府对外提供援助的目的，不是造成受援国对中国的依赖，而是帮助受援国逐步走上自力更生、经济上独立发展的道路。

“第五，中国政府帮助受援国建设的项目，力求投资少，收效快，使受援国政府能够增加收入，积累资金。

“第六，中国政府提供自己所能生产的、质量最好的设备和物资，并且根据国际市场的价格议价。如果中国政府所提供的设备和物资不合乎商定的规格和质量，中国政府保证退换。

“第七，中国政府对外提供任何一种技术援助的时候，保证做到使受援国的人员充分掌握这种技术。

“第八，中国政府派到受援国帮助进行建设的专家，同受援国自己的专家享受同样的物质待遇，不容许有任何特殊要求和享受。”①

这八项原则，是周恩来在访问过程中边谈边总结，经过反复考虑，同陈毅和代表团成员多次讨论后，归纳出来的。孔原回忆道：“对外经济援助的八项原则，处处为受援国考虑，不附加任何政治条件，使我们对外经济援助的原则理论化、系统化、方针

① 《周恩来外交文选》，中央文献出版社1990年5月版，第388—389页。

化。当时，这八项原则在各国报纸上都登在突出的位置，对各国影响很深。”①

恩克鲁玛被周恩来在他危难之际的来访和在八项原则中体现的真诚无私、尊重主权、平等互利的精神所感动。在第三次会谈结束时，他说：“我个人、加纳政府和人民感谢你的访问。”“我代表大家一致的意见认为”，“你的访问，是所有（外国领导人）对加纳访问中最好的一次访问”。②

周恩来提出的中国政府对外经济技术援助八项原则，成功地将和平共处五项原则和万隆会议十项原则的精神运用到对外经济关系中。它同帝国主义国家以实现政治控制和经济控制为目的的“援助”有根本的区别，为开展新型的国际经济合作提供了基本准则。

这以后，在周恩来亲自过问和对外援助八项原则的指导下，中国先后同十三个非洲国家签订经济技术合作协定，双边经济贸易往来迅速发展。中国从一九六四年至一九七七年的经济援助金额比一九五〇年至一九六三年增长四点八倍。中国提供的经济援助项目，对于帮助受援国发展民族经济、提高自力更生能力和改善人民生活发挥了积极作用，也大大促进了中国同非洲国家关系的巩固和发展。一九六三年底以前，同中国建交的非洲国家只有十二个，到一九七五年已经发展到三十八个。

一月十六日上午十一时，周恩来抵达马里共和国访问。这时正赶上伊斯兰国家为时一周的斋戒。在这期间，每天从黎明到落日之间不能进食和饮水。但是，首都巴马科市民几乎倾城出动，身着节日盛装，忍饥忍渴，载歌载舞，欢迎周恩来一行。从机场

① 孔原在座谈会上的发言记录，1984 年 11 月 16 日。

② 周恩来同恩克鲁玛总统第 3 次会谈记录，1964 年 1 月 15 日。

到周恩来下榻的总统府，总长约十公里的公路两旁，簇拥着密密麻麻的人群，形成周恩来访问非洲以来的又一个高潮。

这天晚上，莫迪博·凯塔总统举行盛大招待会。在马里国家交响乐队演奏的富有黑非洲特色的优美音乐的热烈气氛中，周恩来和凯塔带头跳起了欢快的舞蹈。

十七日上午，在凯塔陪同下，周恩来参观位于首都东北六十公里尼日尔河畔的库利科罗城。这是马里的水陆交通中心、主要的花生产区和有名的“芒果城”。在该市欢迎大会上，周恩来发表讲演说：

> “昨天，凯塔总统提到了中国对马里的援助。我们认为，援助新兴的亚非友好国家，是中国人民应尽的国际主义义务。中国政府一贯根据平等互利的原则，提供这种援助，帮助亚非友好国家发展自己独立的民族经济，逐步走上自力更生的道路。我们从来不把这种援助看作是单方面的，而认为援助总是相互的。新兴的友好国家，通过这种援助，逐步发展自己的民族经济，摆脱殖民主义的控制，增强世界上反对帝国主义的力量，这就是对中国的极大的支援。”
>
> “中国目前对马里的援助是很有限的。中国专家在马里工作，受到马里政府的亲切关怀，得到马里人民的充分合作和支持。我们向马里政府和人民表示衷心的感谢。中国专家的工作是否称职，中国提供的机器和物资是否合乎马里的需要，我们真挚地希望马里有关方面向我们提出意见。”①

周恩来感人肺腑的讲话，赢来了热烈的掌声和欢呼声。

一月二十一日，中国和马里政府发表《联合公报》。中国政

---

① 《人民日报》，1964年1月19日。

府对外经济技术援助的八项原则正式写进公报中。

二十一日上午八时半，周恩来“满载马里人民对中国人民的深情厚谊”，并留下“独立和自由的亚洲和非洲，一定能够一天一天繁荣富强起来”① 的祝福，飞离马里，前往几内亚共和国访问。十时，抵达几内亚首都科纳克里。

几内亚西临大西洋，雨量充沛，土地肥沃，资源丰富，发展工农业生产的自然条件十分优越。境内的佛塔加隆高原，是西非几条大河流的发源地，有“西非水塔”之称。科纳克里坐落在一个半岛上，三面是碧蓝碧蓝的海水。沿着海滨，高大的椰子树、芒果树突入天空。

在塞古·杜尔总统陪同下，周恩来乘敞篷汽车前往坐落在漂亮的海滩旁的、具有浓厚民族建筑特点的“美景别墅”，沿途受到科纳克里群众倾城而出的欢迎。据当时新华社记者从科纳克里发回的报道：

“从机场到宾馆的十五公里的公路两旁，密密层层的群众夹道向周恩来欢呼：‘中国——几内亚友谊万岁！’当成千上万的市民热情洋溢地向中国客人挥舞手帕的时候，大街变成了一条白色的河流。有许多人爬在沿街的屋顶上向中国客人欢呼。”

“一路上，都有男女老少表演各种民间歌舞，尽情地敲打着在欢庆节日和欢迎贵宾时用的‘塔姆塔姆’鼓，向中国贵宾表示欢迎。”

“鼓声，巴利风（木琴）声以及其他各种非洲乐器的动人的音乐，给这个城市增添了节日的快乐。”

“科纳克里的市民都穿上了最漂亮的衣服。当车队

① 《人民日报》，1964 年 1 月 22 日。

缓缓驶过的时候，几内亚姑娘唱起歌颂中国——几内亚友好的歌曲。”①

杜尔是几中友谊的积极倡导者。几内亚独立后，他积极推动几中两国的相互交往，并于一九五九年十月同中国建立外交关系。周恩来和杜尔相识于一九六〇年九月。当时，杜尔应刘少奇的邀请访问中国，成为第一位访问中国的非洲国家最高领导人。周恩来参与接待并同杜尔总统会谈，代表中国政府在《中华人民共和国和几内亚共和国友好条约》上签字。一九六二年十月中印边界冲突发生后，十一月六日杜尔领导的几内亚政府提出解决边界冲突的四项主张，受到中国政府和周恩来的高度重视。周恩来致电杜尔：几内亚政府的“这些主张是公正的、建设性的、有助于和平解决中印边界问题”。“中国政府十分赞赏贵国政府的这一公平、合理的主张。”② 彼此的了解和友谊进一步加深。

一月二十日晚，杜尔和夫人在几内亚民主党总部为周恩来举行盛大的文艺晚会。在文艺演出前，杜尔发表了热情友好的讲话，赞扬说：“对于世界上一切遭受统治和剥削势力奴役的各国人民来说，中国人民反对帝国主义和封建主义的双重统治的英勇斗争，过去和现在始终是令人得到鼓舞的泉源和自觉的勇敢精神的典范。”③

周恩来也发表了热情的讲话，赞扬几内亚富饶美丽的国土、勤劳勇敢的人民和几内亚政府在国际事务中的重要作用。他说：“几内亚共和国是富饶和美丽的，几内亚人民是勤劳和富有才干的。正如塞古·杜尔总统所说，几内亚是一个没有被打开的‘百宝箱’。我们深信，几内亚人民一定能够用自己勤劳的双手把这

① 《人民日报》，1964年1月23日。

② 周恩来就几内亚政府提出的解决中印边界冲突4项主张复杜尔总统电，1962年11月13日。

③ 《人民日报》，1964年1月24日。

个‘百宝箱’打开，一定能够把自己的国家建设得繁荣富强起来。”“世界上的国家不论大小，都能为全世界人民反对帝国主义、保卫世界和平的事业做出自己的贡献。有的国家虽小，在国际事务中却不畏强暴，坚持正义立场，发挥积极的作用。几内亚就是这样的国家。”它“一贯奉行和平中立的不结盟政策，为反对帝国主义和殖民主义、维护亚非团结和保卫世界和平，做了积极的努力”。①

访问期间，周恩来同杜尔进行了五次会谈和一次单独会谈。会谈中，杜尔申明：几内亚不像有的非洲国家那样，我们“向来不谈社会主义”，“主要的是实际行动，那些讲社会主义的国家内并无适当的经济条件”。周恩来赞许地说：如果几内亚谈“社会主义，我们才感到奇怪”。② 他对几内亚人民自己选择的发展道路，表示充分理解。

在谈到对外援助八项原则时，周恩来解释说：（一）正常情况下，中国援助的器材、设备按国际市场价格计价，因为没有别的标准可以作依据。但是，如果国际市场出现压价的特殊情况（如抵制古巴出口糖），我们将作特殊考虑，“就以高价格收买”。（二）中国的贷款是无息的，但偿还时间应有规定，这主要是为了尊重主权国家，保证该国在国际上能争取到其他国家的贷款。“贷款有两种方式：一是确定一笔贷款数目后再分配在各项目中，另一种方法是先确定项目，再根据项目确定贷款。”贷款期限到了后，偿还有困难的，“可以延期”。“我们愿意在农业、轻工业、水利、动力方面提供援助。”③

同时，周恩来积极鼓励几内亚坚持自力更生为主，大力发展

① 《人民日报》，1964 年 1 月 24 日。

② 周恩来同杜尔总统第 2 次会谈记录，1964 年 1 月 24 日。

③ 周恩来同杜尔总统第 5 次会谈记录，1964 年 1 月 25 日。

民族经济。他说：

> “我觉得非洲各国，几内亚也是一样，真是一个没有打开的宝箱。殖民主义者不重视工业的发展，无穷的宝藏没有被开发，这是一个有利条件；非洲人民包括几内亚人民正在觉悟起来，情绪高涨；国家领导人也有建设的愿望。这三个因素结合起来，只要抓紧建设，建设一定会搞得好。”“虽然你们现在农业生产水平不高，但有发展的潜力。搞好农业，不仅能解决粮食自给的问题，还可以腾出力量来搞工业。配合农业发展，可以首先建立农畜产品加工工业，这样既能满足本国消费者的需要，又可出口，换回外汇及机器。几内亚矿产资源丰富，但首先应该使农业过关，农业和轻工业发展后可以回笼货币、积累资金，为重工业创造条件，也可使国家经济建立在自力更生的基础上。自力更生是建设的最可靠的保证，但这并不排斥友好国家之间的援助特别是亚非国家之间的互相支持。”①

一月二十七日零时三十分，周恩来向广播电台发表主题为“一个没有帝国主义和新老殖民主义的独立自主的新非洲一定会出现”② 的《告别词》后，飞离几内亚，向东横穿非洲大陆，前往苏丹共和国。

苏丹位于非洲东北角的红海之滨，是非洲面积最大的国家。二十七日下午三时，周恩来一行抵达苏丹首都喀土穆。苏丹武装部队最高委员会主席易卜拉欣·阿布德率领苏丹高级军政领导人前往机场迎接。据童小鹏回忆：“当时苏丹政局动荡，苏丹方面

① 周恩来同杜尔总统第5次会谈记录，1964年1月25日。
② 《人民日报》，1964年1月29日。

想请周恩来、陈毅从机场到宾馆时乘敞篷汽车，既让喀土穆人民得以瞻仰中国总理的风采，也扩大他们的政治影响。孔原、黄镇和我商议，觉得安全没有保证。我们没有请示周恩来即改变了苏丹方面的计划。周恩来知道此事后，严厉地批评了我们，认为这种做法对东道主不尊重，在他们遇到困难时没有给予支持，又失去了跟苏丹人民见面的机会。”①

这天晚上，通晓中外历史的周恩来在阿布德为他举行的国宴上讲话时，从中国和苏丹两国人民有着深厚友谊的角度，赞扬苏丹人民惩罚了中国和苏丹两国人民的共同敌人——英国侵略军军官查尔斯·戈登。戈登在一八六〇年第二次鸦片战争时，曾参与英法联军火烧北京圆明园的活动。一八六三年，他又率领洋枪队帮助清朝政府镇压太平天国革命。一八七四年，他被英国派到苏丹担任总督。一八八五年，苏丹人民起义军在民族英雄马赫迪率领下，攻克喀土穆，戈登在总督官邸被起义军用长矛刺死。

周恩来在国宴上欣慰地说：

“在反对帝国主义和殖民主义的长期斗争中，我们两国人民是相互同情和相互支持的。曾经镇压过中国太平天国革命运动和苏丹民族革命运动的帝国主义者戈登，最后终于受到了苏丹人民的惩罚。这种共同的斗争一直把我们两国人民联在一起。自从我们两国相继获得独立和解放以后，特别是我们两国建交以来，中国和苏丹的友好合作关系，在和平共处五项原则和万隆会议十项原则的基础上，获得了令人满意的发展。”②

在有限的时间里，周恩来尽可能多地增加同苏丹人民的接

① 童小鹏：《风雨四十年》第二部，中央文献出版社 1996 年 1 月版，第 106—107 页。

② 《人民日报》，1964 年 1 月 29 日。

触。他先后参观了喀土穆市、苏丹民族博物馆和故都恩图曼、青尼罗河省棉产区吉齐拉等重要城市。

一月二十八日，新华社记者发回周恩来参观恩图曼和位于该市的哈利法博物馆的报道：

“恩图曼……在一八八五年到一八九八年曾经是苏丹的首都，在苏丹历史上，这个城市由于对殖民主义侵略者进行过英勇的斗争而闻名。它是一八八一年苏丹人民发动反对殖民主义侵略的武装起义的基地。”

“周恩来总理、陈毅副总理和其他随行人员……乘车到达哈利法博物馆，那里陈列着说明苏丹人民过去反对殖民主义侵略斗争的丰功伟绩的展品。中国客人怀着敬佩的心情仔细观看了这些展品。”“馆中还陈列着一件中国的黄绸马褂，这件黄马褂是中国清朝皇帝为了英国将领戈登帮助他镇压太平天国革命运动而送给戈登的。”①

一月三十日上午，启程前往埃塞俄比亚帝国的周恩来，为了弥补到喀土穆时没有乘坐敞篷车的缺憾，决定坐敞篷汽车去机场，使送行的阿布德等苏丹高级军政领导人很受感动。

埃塞俄比亚是非洲最早武装反抗法西斯势力的国家，是非洲国家首脑会议的发起国，并在首都亚的斯亚贝巴召开了非洲统一组织成立大会，非洲统一组织的总部也设在这里。虽然它没有同中华人民共和国建交，但是同蒋介石集团也没有外交关系。

七十多岁的海尔·塞拉西皇帝邀请中国政府总理来访，但又迫于美国的压力，把会谈地点安排到远离首都的北部城市阿斯马拉。阿斯马拉坐落在海拔二千四百米的高原上。按照国际惯例，

① 《人民日报》，1964年1月30日。

这样做是不礼貌的。但是，周恩来充分体谅东道主的难处，决定前往阿斯马拉。他说服有反感情绪的部分随行人员，说：应该体谅埃塞俄比亚政府的困难，不要计较礼仪，要着眼于发展中埃人民的友谊。[①] 塞拉西皇帝对于包括周恩来在内的中国人民来说，并不陌生。一九三五年中国工农红军到达陕北后，就已知道他领导阿比西尼亚（埃塞俄比亚的旧称）人民英勇抗击意大利法西斯侵略而享誉世界的感人事迹。

中午，周恩来一行在阿斯马拉皇宫受到塞拉西皇帝的接见。下午，双方开始会谈。

会谈中，塞拉西皇帝指责中国在埃塞俄比亚、肯尼亚同索马里的边界争端中支持了索马里，理由是“中国援助索马里”，“索马里会利用中国的援助来反对埃塞俄比亚和肯尼亚”。周恩来耐心解释说：埃、肯、索三国的“民族争执问题，对我们是一个新问题。索马里同中国先建交，埃塞俄比亚同中国未建交，肯尼亚当时还未独立。由于中索建交，索马里总理到中国访问”。“索总理访华时向我们要求经济援助。凡是非洲国家向我们提出经援要求，我们一般都给予满足。”“我们帮助索马里进行经济建设，同索马里想用武力夺回领土毫无关系。”“好似我们对阿尔及利亚提供的援助，同阿、摩冲突完全是两回事”一样。因为“我们对阿的援助从阿进行反殖民主义战争就开始了，但阿、摩冲突是发生在去年十月”。“我们一向坚持万隆精神，主张任何争端和平解决，而不诉诸武力。”“我在同索马里总理的谈话中，一再强调了我们对埃、索争端采取不介入的立场。索总理表示同意我们的立场。”“我们愿意同非洲各国友好，不在争端中支持任何一方。”“对索马里提供军事援助的不是我们，是别人，是某些大国。”“我们不介入的立场是坚定不移的。”“我们已听过索马里的意见，

① 童小鹏：《风雨四十年》第二部，中央文献出版社 1996 年 1 月版，第 107 页。

所以这次先访问埃塞俄比亚，先听取你们的意见。”

周恩来通情达理的一席话，驱散了笼罩在塞拉西皇帝心中的阴影。他表示感谢周恩来的承诺，并且表白：埃塞俄比亚并不是说中国“不该援助索马里”，而是“觉得只能给经济援助而不能给军事援助”。接着，他说：埃塞俄比亚“仍愿同索马里坐下来谈判”。周恩来回答说：“很高兴听到陛下坚持同索马里坐下来谈判的立场。这精神很好，我一定转达索马里方面。”① 第一次会谈就在欢声笑语中结束了。

一月三十一日下午，双方进行第二次会谈。塞拉西皇帝不同意中国方面提出在两国《联合公报》中“宣布中埃两国建立外交关系”。他说：

> “我们的建议是：‘双方协议采取措施加强埃塞俄比亚同中华人民共和国的关系，包括在最近的将来使两国关系正常化。’”
>
> “埃塞俄比亚一直支持中华人民共和国在联合国的地位。”“如果我们要使同中国的关系正常化，我们不能不考虑同美国的关系。”“我并非追随美国的政策。我们的政策是不结盟，我们相信这一政策是正确的。”②

周恩来设身处地地理解塞拉西皇帝的这些解释。他说：“陛下提到埃塞俄比亚面临的实际困难，并且表示要努力克服这种困难。”“现在的主要问题是要照顾埃塞俄比亚的困难，还需要时间。”“也可能需要长时间，这没有关系。事情总是准备长一点好，困难总是估计多一点好。”因此，“公报如何写法应该考虑”。③ 周恩来这样表示后，塞拉西皇帝感动地说：“毫无疑问，

① 周恩来同塞拉西皇帝第 1 次会谈记录，1964 年 1 月 30 日。

② 周恩来同塞拉西皇帝第 2 次会谈记录，1964 年 1 月 31 日。

③ 周恩来同塞拉西皇帝第 2 次会谈记录，1964 年 1 月 31 日。

我们一定会克服困难，保证遵守诺言。”

会谈结束后，中国方面在《联合公报》中完全采纳了塞拉西皇帝提出的关于两国关系写法的建议。这以后，塞拉西皇帝努力推动中埃两国关系的进一步发展。两国终于在一九七〇年正式建交。[①]

鉴于在非洲出访的时间已经很长，经同有关国家商定，周恩来原定对坦噶尼喀、肯尼亚和乌干达的访问推迟到今后方便的时候进行。这样，周恩来对索马里共和国的访问成为非洲十国之行的最后一站。

二月一日中午，周恩来抵达索马里首都摩加迪沙，受到阿卜迪拉希德·阿里·舍马克总理和首都市民载歌载舞的欢迎。这是周恩来对上一年舍马克访问中国的回访。

这天晚上，在舍马克举行的国宴上，周恩来追溯了中索两国人民的传统友谊。他说：“早在九世纪初叶的中国文献上，就有着关于索马里的记载。十五世纪中国的大航海家郑和，在他著名的远航中，曾多次访问过摩加迪沙和索马里的其他地方。在此期间，也曾有过索马里的友好使者到中国进行访问。所有这些历史上的友谊的佳话，为中索两国人民世世代代所传颂。”[②] 次日，周恩来同亚丁·阿卜杜拉·欧斯曼总统会谈时，再次强调了中索两国“早在一千年前就有了来往”[③] 的传统友谊。

周恩来出访的十个非洲国家的领导人，几乎都十分关注恢复中国在联合国的合法席位问题。在索马里，周恩来再次重申中国政府的坚定立场：虽然承认中国已成为一种趋势，但“联合国是

---

① 周恩来同塞拉西皇帝第 2 次会谈记录，1964 年 1 月 31 日。

② 《人民日报》，1964 年 2 月 3 日。

③ 周恩来拜会欧斯曼总统的会谈记录，1964 年 2 月 2 日。

否能多数支持恢复中国合法权利并且驱逐蒋介石，那还不能肯定”。因为“美国在联合国操纵了多数”。假如它“看到联合国多数支持恢复中国席位”，“一定会提出台湾地位未定”，“会提出把台湾变成一个独立的政治单位，叫台湾政府，或台湾共和国，或者托管地”。拉丁美洲国家会追随美国，英国会赞成，“一部分亚非国家会动摇，会劝我们先进去，不要反对把台湾除外”。“把台湾除外，我们是绝对不能接受的。不然，等于我们承认台湾被割出去，承认美国占领台湾。”这是“蒋介石都不承认的事，我们承认，我们就变成民族罪人，出卖领土”！他斩钉截铁地说：“只要中华人民共和国存在，只要中国共产党在领导，我们绝不会承认把台湾割出去。”

舍马克仍疑惑地提出：“如果联合国多数支持恢复中国席位，而美国有不同意见，要把台湾除外，中国是否可先接受安理会的席位，同时宣布台湾是非法的？”周恩来直截了当地回答：“不可能，这两个问题一定得联在一起。中国的席位一恢复，蒋介石（在联合国的席位）应该是不存在了。”“如果出现两个中国，我们宁可不进联合国。”因为“美国在搞鬼，许多国家受影响，要造成两个中国同时存在。我们只有不进去，没有别的办法。我们不能在美国的阴谋面前屈膝”。①

正是基于这种反对“两个中国”的坚定立场，在周恩来指导下，一月二十七日，当他访问非洲期间，中国和法国政府发表了体现“承认一个国家的新政府，不言而喻地意味着不再承认被这个国家的人民所推翻的旧的统治集团”② 精神的《联合公报》，宣布中法两国“一致决定建立外交关系”。③ 这是第一个同中国

① 周恩来同舍马克总理第2次会谈记录，1964年2月3日。

② 《人民日报》，1964年1月29日。

③ 《人民日报》，1964年1月28日。

建立大使级外交关系的西方大国，是中国外交工作中的一个重要突破。

在索马里，周恩来通过这次出访对非洲形势的认识作出总结，盛赞非洲人民敢于同帝国主义、殖民主义斗争的精神风貌，并且提出了“整个非洲大陆是一片大好的革命形势”的论断，预言非洲的民族解放斗争终将取得最后胜利。他说：

“我们访问了十个非洲国家，东非其他国家推迟到以后再访问。这次访问主要是已建交的国家。”以前我们对非洲情况的了解，基本上是从到中国访问的非洲朋友和中国驻非洲国家使馆得到的，“现在亲自来非洲有了许多新的认识，增加了不少知识”。

“现在是非洲人民大觉醒的时代。在任何地方看到的非洲人民表现的热情都是很感动人的，这不仅仅是为着欢迎中国代表，而是因为他们独立了，解放了，碰到解放了的朋友。给我们印象最深的是，非洲人民站起来了，觉醒了，再没有任何力量能够阻挡他们前进。”①

“整个非洲大陆是一片大好的革命形势。”“我们深信，非洲新兴国家，有了正确的领导，紧密地依靠人民群众的力量，把民族革命进行到底，一定能够创造光明的未来。”②

二月四日，周恩来一行结束对非洲十国历时五十五天的访问，满载非洲人民的深情厚谊飞离索马里，二月五日抵达昆明。周恩来这次出访的非洲十国的总面积和总人口，分别占非洲大陆总面积和总人口的百分之三十二点五和百分之四十一。

---

① 周恩来同舍马克总理第1次会谈记录，1964年2月2日。

② 周恩来在摩加迪沙群众欢迎大会上的讲话，1964年2月3日，《人民日报》，1964年2月6日。

按照预定计划，在昆明、成都稍事休整后，二月十四日到二十九日，周恩来和陈毅等再次出访南亚的缅甸、巴基斯坦和锡兰（今斯里兰卡）。他将这次访问称为："旧地重游，倍感亲切。"① 在缅甸和巴基斯坦，他们分别同奈温主席和阿尤布·汗总统多次会谈。当结束对巴基斯坦访问时，应锡兰总理班达拉奈克夫人邀请前往访问的国家副主席宋庆龄从昆明飞抵达卡。二十六日下午，他们一起抵达锡兰首都科伦坡。同班达拉奈克夫人会谈中，周恩来再次介绍了中印边境的现状和中国政府的主张，说：中印边界问题只能和平解决，没有别的办法。并且表示：如果印军前进，我们将采取措施让科伦坡会议国家出来调解，不会直接和印度冲突。

三月一日，周恩来一行从科伦坡飞抵昆明。至此，周恩来结束了历时七十二天、行程十万八千里的对非洲、欧洲和亚洲十四个国家的访问。

周恩来这次出访，举世瞩目，是一次伸张正义、扶弱抗强的壮举，是中国发展同亚非国家友好关系的又一个重要里程碑。特别是周恩来提出的中国处理同非洲国家、阿拉伯国家关系的五项原则和中国对外经济技术援助的八项原则，在国际上产生了巨大反响。正如周恩来所说："这次访问，受到了各国热烈的欢迎和隆重的接待，获得了圆满的成功，达到了预期的目的"，"具有重大的国际意义和影响"。②

三月十五日，周恩来一行返回北京，受到毛泽东、刘少奇、邓小平等五千多人的热烈欢迎。全场高呼："欢迎周总理！""亚非人民团结万岁！"

---

① 《当代中国外交》，中国社会科学出版社 1988 年 3 月版，第 142 页。

② 周恩来关于访问 14 国的报告记录，1964 年 3 月 30、31 日。

六十一、领导发展核事业

周恩来访问亚非欧十四国归来后，在全国人大常委会和国务院全体会议联席会议上所作出访报告中说："我们的工作光集中在对外还不行，最主要的是把国内工作搞好，力量强大就是最可靠的本钱。"① 他曾说：在解决吃穿用、打好基础工业的同时，尖端必须要赶上先进水平，两弹一箭要带头。在作这次出访报告后十多天，他就召开会议，具体部署中国第一颗原子弹的爆炸试验工作，要求九月十日以前做好一切准备。各项试验前的准备工作进入紧张的最后阶段。十月十六日，中国成功地进行了第一次核试验。这件事震动了全世界。

六十年代初，国际形势异常尖锐复杂。帝国主义国家依仗手里掌握的核武器，推行核讹诈政策，动辄便以原子弹作威胁。人类和平时刻处在核战争的威胁中。

面对霸权主义的核讹诈和核威胁，早在一九五五年一月十五日，毛泽东主持有刘少奇、周恩来、朱德、陈云、彭德怀、彭真、邓小平、李富春、薄一波等参加的中共中央书记处扩大会议，作出发展中国原子能事业的战略决策。

---

① 周恩来关于访问14国的报告记录，1964年3月30、31日。

周恩来对发展中国的原子能事业一向十分重视。新中国成立前夕，中国派代表团出国参加保卫世界和平大会时，周恩来曾支持著名科学家钱三强的建议，批准拨出一笔外汇从国外定购研究原子核科学所需要的器材。一九五〇年五月，在中国科学院组建了近代物理研究所，主要任务是研究原子核物理和放射化学。一九五四年，李四光主持下的地质部在综合找矿中发现了铀矿资源。一九五五年一月十四日，也就是中央书记处扩大会议讨论发展原子能事业的前一天，周恩来约见李四光和钱三强，详细地询问中国核科学的研究人员和设备、资源等情况，还向他们了解发展核能技术所需要的条件等，为会议做准备。

中央书记处扩大会议作出发展中国原子能事业的决策后半个月，一月三十一日，周恩来在国务院全体会议讨论《国务院关于苏联建议帮助中国研究和平利用原子能问题的决议》时说：

“这是一件很好的事情。过去我们在这方面没有基础，科学院懂得一些，我们就不懂。曾经请李四光部长、钱三强所长给我们讲过几次，也只能看懂文件上的名词。现在对于苏联部长会议的声明和斯科贝尔琴院士答记者问，比较能看懂了。对中国来说，这是个新问题。现在是原子时代，原子能不论用于和平或者用于战争，都必须懂得才行。我们必须要掌握原子能。在这方面，我们很落后，但是有苏联的帮助，我们有信心、有决心能够赶上去。”“帝国主义在叫嚣原子战争，我们要把它戳穿，应该使全世界的人民知道，原子能如果为和平建设服务，就可以造福人类。”“如果为战争服务，就是毁灭人类。”“如果连对原子能的认识都不够，哪里有信心和勇气来制止原子战争、促进原子能的和平利用呢?”“美国想用恐怖吓倒我们，但是吓不倒我们。”

“从积极方面说，我们要使广大人民了解原子能，

> 要进行广泛的教育和认真的工作。”“从消极方面说，的确有可能造成一种力量来反对使用原子武器，因为现在美国和苏联都掌握了原子武器……你用我也用，战争就无法进行了。所以，现在也有可能禁止使用原子武器。”①

接着，周恩来指出：为此，我们要进行几项工作，一是开展“拥护苏联帮助中国和平利用原子能”、“反对制造和使用原子武器”的签名运动；二是进行有关原子能的科学教育，注意对现有的物理学家的使用，科学院录用留学生“有优先权”；三是认真进行原子能的研究工作。他特别强调：

> “要把现在的原子物理专家逐渐从行政工作中抽出来。物理专家的组织才能都很强，钱三强是科学院的秘书长，又是青联的副主席，钱伟长是清华大学的教务长，周培源是北京大学的教务长，在浙江大学有个物理专家，叫胡启明，担任副教务长，调了好久调不来，这次要下命令调来，从行政部门把他们‘解放’出来。如果找不到适当的人选做教务长，当个名誉教务长也可以嘛。总之要号召专家归队，各位如果知道有专长的人可以推荐，不要瞒起来。”②

根据中共中央的决策，国务院全体会议作出中国要“迅速掌握使用原子能技术”的重大决定。③这以前，中国在原子能方面，只有人数不多的科学家在专门研究机构中从事研究工作。从

① 周恩来在国务院第4次全体会议上的讲话记录，1955年1月31日，《党的文献》，1994年第3期，第18、19页。

② 周恩来在国务院第4次全体会议上的讲话记录，1955年1月31日，《党的文献》，1994年第3期，第19、20页。

③ 《国务院关于苏联建议帮助中国研究和平利用原子能问题的决议》，1955年1月31日。

此，中国的原子能工业建设开始起步。

这项规模巨大的工程要起步，首先需要把队伍组织好。他们中有：开国后一直从事核科学研究工作的钱三强、王淦昌、彭桓武、何泽慧、赵忠尧、邓稼先、朱洪元、杨澄中、杨承宗、戴传曾等；有中美日内瓦大使级会谈开始后陆续从美国和西欧归国的张文裕、汪德昭、王承书、李整武、谢家麟等；还有原来分散在各高校工作的朱光亚、胡济民、虞福春、卢鹤绂、吴征铠、周光召等；同时加速培养这方面的专业人才，逐步形成一支比以往强大得多的骨干队伍，齐心协力，向核科学研究的高峰挺进。

同年，经过周恩来同苏联驻华大使尤金多次谈判，苏联政府正式通知中国，在和平利用原子能方面提供一座七千千瓦的重水型实验性反应堆和直径为一点二米的回旋加速器，并接受科学技术人员去苏联实习。

周恩来考虑问题，一向想得远，想得深，周到缜密。他在坚持自力更生壮大自己核科学技术力量的基础上，抓住时机，有计划有步骤地尽可能争取苏联在核领域内的技术援助。在较短的时间里，先后指示有关部门同苏联签订六个关于援助中国发展原子能事业的协定，包括苏联援助中国研制核武器的协定。对引进项目的规模，周恩来提出，中国核工业要有完整的一套，能够形成独立的核力量，但我们主要是解决有无问题，规模不宜过大。同时，他又指出，力争苏联援助绝不是依赖苏联和苏联专家，必须花大力气消化、吸收人家的先进技术。① 后来的事实证明：他这个考虑是十分富有远见的。

一九五六年七月二十八日，周恩来同薄一波、宋任穷、张劲夫等商议后，给毛泽东和中共中央写了报告，建议成立原子能工

① 刘杰：《我国原子能事业的决策者和组织者》，《不尽的思念》，中央文献出版社1987年12月版，第317、318页。

业部和原子能工业设计院，指定地质部、科学院和各工业部门分别担负有关任务，并对原子能工业的发展速度、投资和技术干部等问题提出详细意见。不久，主管原子能工业的第三机械工业部（一九五八年二月改为二机部）成立，由宋任穷任部长。

根据周恩来的指示，三机部从这年十月起，开始在国内组织生产专用的仪器设备，培养自己的设计和设备制造能力。到一九五八年，建成比较完整的综合性的和各种专业性的核科学技术研究机构，大力开展研究工作，培养出大批专业人才。这就为独立自主地发展中国核工业，做了必要的技术储备和人才储备，争取了宝贵的时间。

一九五九年六月中苏关系恶化，苏联政府走出撕毁帮助中国发展原子弹协定的第一步——拒绝向中国提供原子弹教学模型和技术资料。接着，他们又在一九六〇年七月背信弃义地单方面撕毁两国政府签订的关于援助中国建设原子能工业的协定和合同，下令撤走苏联专家。八月，苏联专家全部撤走，并带走重要图纸资料，中止了对中国原子能研究所需设备和材料的供应。

这时，中国的国内形势也极为严峻。“大跃进”的重大失误和严重的自然灾害，使农业生产遭受极大破坏，国民经济进入严重困难时期。这也给中国原子能事业的发展投下了巨大阴影。

有些外国人幸灾乐祸地断言：中国的核工业已遭到“毁灭性打击”，中国核工业已“处于技术真空状态”，中国“二十年也搞不出原子弹来”。①

中国的原子能事业是“下马”还是继续前进，已成为最高决策层必须明确回答的问题。事情很清楚：在外来的咄咄逼人的核威胁面前，如果中国人自己手里没有原子弹，国家的安全就没有

① 刘杰：《我国原子能事业的决策者和组织者》，《不尽的思念》，中央文献出版社1987年12月版，第319页。

可靠的保障，中国的国际地位就难以提高，就要处处受别人的欺侮。尽管面对着常人难以想象的困难，中国人决不会屈服于外界的压力，一定要义无反顾地迎着困难上，把自己的原子弹搞出来。

正是在这个紧要关头，周恩来于一九五九年七月在庐山会议上向二机部部长宋任穷、副部长刘杰传达中共中央的决策："自己动手，从头摸起，准备用八年时间搞出原子弹。"① 陈毅接着说：即使当了裤子，也要把原子弹搞出来。② 以后，他又多次对聂荣臻说：我这个外交部长的腰杆还不太硬，你们把导弹、原子弹搞出来了，我的腰杆就硬了。③

周恩来对这项工作进行具体部署，提出"独立自主、自力更生、立足国内"的方针，要二机部缩短战线，集中力量解决最急需的工作，并调动各地区、各部门的力量支持原子能事业。对掌握原子能科学技术，他提出四个字：要，学，买，钻。他强调："不管要到、学到、买到与否或者多少，主要还靠自己钻研。自己不钻，不仅不能有独特的创造发明，而且也不能把要到、学到、买到的用于实际和有所发展。"④

一九六一年春节期间，根据国际形势的发展，他进一步明确提出：要集中力量，突破国防尖端，争取三年到五年过关。⑤ 随后，又强调："现在是新技术的时代，就是说经过新的工业革命和技术革命，已经是原子、电子、喷气的时代，超音速的时代。

---

① 宋任穷：《春蚕到死丝方尽》，《我们的周总理》，中央文献出版社 1990 年 1 月版，第 69 页。

② 刘杰：《我国原子能事业的决策者和组织者》，《不尽的思念》，中央文献出版社 1987 年 12 月版，第 319 页。

③ 《聂荣臻回忆录》下卷，解放军出版社 1984 年 10 月版，第 812 页。

④ 周恩来在聂荣臻关于科学技术合作的报告上的批语，1960 年 7 月 11 日。

⑤ 《当代中国的国防科技事业》上册，当代中国出版社 1992 年 10 月版，第 64 页。

我们在尖端技术上要像攀登珠穆朗玛峰那样前进。”他说：“曾经有人问过，你们什么时候搞出来？我说，我也不晓得。这是老实话。但是，搞得好，也许快噢！我们必须努力突破尖端技术。我想，中国人民能够取得革命的胜利，能够取得抗美援朝的胜利，在社会主义革命、社会主义建设方面也取得了一定程度的成功，因此尖端技术我们是一定能够搞出来的。在这一点上，我们的科学家、我们的工人会贡献出他们的力量的。”① 一九六一年七月十六日，中共中央作出《关于加强原子能工业建设的决定》，要求全国各地区、各部门进一步加强对原子能工业建设的支援。

为了抢时间，赶速度，实现既定目标，一九六一年八月十二日，周恩来在听取国防工委工作会议情况汇报时，提出在国务院设立国防工业口，由罗瑞卿负责。他强调：当前，调整国民经济的方针是：“坚决退够，留有余地，重点调整，打歼灭战”四句话。只有退够，才能前进。要打破过去计划指标的框框，进行国民经济大调整。如果现在压缩不够，要再压缩。但是尖端要有。有了导弹、核武器，才能防止使用导弹、核武器；如果我们没有导弹、核武器，帝国主义就会使用导弹、核武器。同时，他又指出：面对的斗争还是靠常规武器，也要抓紧搞常规武器。② 十一月二十九日，中共中央批准罗瑞卿提出的成立国务院国防工业办公室（简称国防工办）问题的报告。

由于相继提出的一系列措施十分得力，又得到切实的贯彻执行，到一九六二年下半年，中国原子能工业建设和核武器研制都取得长足进展。但是，仍有一些重大技术难关有待突破。核技术的复杂性和这项巨大工程的综合性，单靠二机部会同国务院有关部门工作，是难以完成任务的。这就有必要成立一个强有力的领

① 《周恩来经济文选》，中央文献出版社 1993 年 2 月版，第 426—427 页。

② 周恩来在国防科委北戴河工作会议上的讲话记录，1961 年 8 月 12 日。

导机构，对这项工作实行集中统一领导。

一九六二年十月十日，聂荣臻、罗瑞卿听取二机部部长刘杰关于最好在一九六四年进行中国第一颗原子弹爆炸的汇报。罗瑞卿根据汇报向中共中央提出报告，建议在中央直接领导下成立一个专门委员会。报告中说：

“在发愤图强、自力更生的基础上，通过全体职工、科学家、工程技术人员的辛勤劳动，几年来，在工业生产建设和原子武器的研究、试验方面，都取得了显著进展。最近，二机部在分析了各个方面的条件以后提出，力争在一九六四年爆炸第一颗原子弹。这一目标的实现，不但在国内是一件振奋人心的大事，而且也会震惊全世界，在国际上产生巨大影响。”

“实现原子弹爆炸，这是全国科学技术和工业水平的集中表现，绝非哪一个部门所能单独办到的。因此，除了二机部本身要做艰苦努力外，还必须取得各工业部门、科学研究单位的密切配合，以及全国在人力、物力上的大力支援。现在离预定的日期只有两年的时间，为了抓紧时机，更有力地保证实现这个目标，建议在中央直接领导下成立一个专门委员会，加强对原子能工业的领导，随时检查、督促计划执行情况，并在必需的人力、物力上进行具体调度，及时解决在研究设计和建设中所遇到的问题。”

“这样做，不但可以避免在时间进度上的拖延，而且可以有效地集中可能的人力、物力，在物质技术上给予适当保证。”①

---

① 罗瑞卿：《关于成立原子能工业领导的中央十五人专门委员会的建议》，1962年10月30日。

十一月二日，邓小平在罗瑞卿的报告上批示："拟同意，主席、刘、周、朱、彭阅"。三日，毛泽东在报告上批示："很好，照办。要大力协同做好这件工作。"这个专门委员会，由周恩来直接主持。后来的事实证明：如果不成立这样的专门委员会，要集中和调度全国的人力物力财力，在短短两年时间内，成功地实现第一次核试验，是不可能的。

一九六二年十一月十七日，周恩来在西花厅主持召开中央十五人专门委员会（简称中央专委会）第一次会议，宣布中央专委会正式成立，主任为周恩来，成员有贺龙、李富春、李先念、聂荣臻、薄一波、陆定一、罗瑞卿七个副总理和赵尔陆、张爱萍、王鹤寿、刘杰、孙志远、段君毅、高扬七个部长。十二月十四日，中共中央作出《关于成立十五人专门委员会的决定》，明确规定："委员会是一个行政权力机构，主要任务是：组织有关方面大力协调，密切配合；督促检查原子能工业发展规划的制订和执行情况；根据需要在人力、物力、财力等方面及时进行调动。委员会的决定，由有关方面坚决保证，贯彻执行。"① 从此，周恩来便直接担负起发展中国原子能事业的主要领导责任来。

组织和指挥这样大规模的科学技术工程，对新中国来说，既没有任何经验，又在许多方面缺乏现成的条件。这就必须实行全国的大协作，并且必须早抓，及时抓，抓住不放，一直抓到底。周恩来就任后，以高屋建瓴的气势，排除重重困难，在较短时间里卓有成效地建立起庞大的全国大协作体系，统一指挥调度有二十多个部、委、院和二十个省、市自治区的九百多家工厂、科研机构、大专院校参加的研究、制造原子弹的科技攻关工作。全国各地各部门的工作必须服从这个大局。中央有关决定必须不折不

① 中共中央文件，中发［1962］687号。

扣地执行。

著名科学家钱学森对周恩来亲自领导和指挥的这场全国大协作，作了高度评价。他说："周总理生前说过这套办法可以用到民用上去，但是我们还没有很好总结这套经验，并把它应用到民用上去。在这方面总理是有伟大功绩的。他为中国大规模科学技术的发展创造了成功的经验，而且是结合中国实际的，具有中国特色的。"他又说："中国过去没有搞过大规模科学技术研究，'两弹'才是大规模的科学技术研究，那要几千人、上万人的协作，中国过去没有。组织是十分庞大的，形象地说，那时候我们每次搞试验，全国的通讯线路将近一半要由我们占用，可见规模之大。""我们体会，中国在那样一个工业、技术都很薄弱的情况下搞'两弹'，没有社会主义制度是不行的，那就是党中央、毛主席一声号令，没二话，我们就干，而直接领导者、组织者就是周恩来总理和聂帅。"①

在中央专委会成立后短短半个月的时间里，周恩来连续召开了三次中央专委会会议，及时解决工作进展中遇到的许多重大问题。

一九六二年十一月十七日，中央专委会第一次会议详细听取二机部部长刘杰的汇报。十一月二十九日，中央专委会第二次会议上，周恩来针对核工业的薄弱环节，决定：加强第二机械工业部的科技力量以及党和行政的领导力量，限令各有关部门、部队、高等院校和科研单位于十二月底以前，为二机部选调各方面出类拔萃的人才五百名，并调配一千一百多台仪器设备；从资本主义国家引进一些必需的技术设备。同时，他明确提出"先抓原

① 钱学森：《周总理让我搞导弹》，《不尽的思念》，中央文献出版社 1987 年 12 月版，第 289、292 页。

中共中央专门委员会第十一次会议记录

时间：一九六五年三月二十日上午

地点：国务院西华厅

主持人：周恩来

出席：李先念、陆定一、赵尔陆、孙志远、段君毅、高扬、余秋里、王诤、邱创成、王秉璋、吕东。

（贺龙、李富春、薄一波、聂荣臻、罗瑞卿、张爱萍、刘杰、方强、袁宝华不在京。）

列席：杨成武、谷牧、李庄、邹家尤、秦力生、郑天翔、刘西尧、刘星、刘有光、刘秉彦、张震寰、郑汉涛及专委办公室、国防科委有关人员六人。

1965年3月20日中共中央专门委员会会议记录

子弹”的战略重点。[①] 曾担任中央专委会办公室副秘书长的刘柏罗回忆说：“那时林彪曾提出一个使人捉摸不透的口号，叫做‘两弹为主，导弹第一’，这实际上等于没有重点，或者把重点的先后放颠倒了。周总理明确了先抓原子弹，使大家的心情豁然开朗，一下子就把思想集中到原子弹这个重点上来了，中央其他领导同志也都很赞同。”[②]

十二月四日，在中央专委会第三次会议上，周恩来原则批准刘杰提出的《一九六三年、一九六四年原子武器、工业建设、生产计划大纲》（简称《两年规划》）。他提出四句话、十六个字来。那就是：“实事求是，循序而进，坚持不懈，戒骄戒躁。”他强调：实事求是，既是思想方法，又是指导原则。在科学研究工作中，要循序而进，努力认识和遵循客观规律；同时要不怕失败，有时必须经过失败，甚至多次，才能成功。还要坚持不懈，做任何事情，总是靠短促突击是不行的，欲速不达。无论成功或失败，都要戒骄戒躁；骄傲和急躁没有好处，总要导致多犯错误。[③]

周恩来不仅是作出宏观决策的杰出战略家，而且从不放过对全局有影响的任何一个细节。从战略规划的实施，到核试验基地广大科技人员、工人、解放军官兵的衣食住行，他都一一过问，精心安排，遇到什么问题，就及时解决什么问题。

在国民经济极度困难的情况下，生活在青藏高原和年均气温在零度以下、高寒缺氧、荒无人烟的戈壁大漠中的核试验基地的科技工作者、解放军官兵，他们的生活自然更加艰难困苦。周恩来早就注意到这个问题。他指示有关部门想方设法从全国各地调

---

① 中央专委会第 2 次会议记录，1962 年 11 月 29 日。

② 刘柏罗：《我国尖端科学事业凝聚着周总理的心血》，《不尽的思念》，中央文献出版社 1987 年 12 月版，第 344 页。

③ 中央专委会第 3 次会议记录，1962 年 12 月 4 日。

拨生活用品支援核试验基地，给他们送去大米、面粉和治疗浮肿病的药品；每逢过年过节，还尽可能让他们吃上云南宣威火腿，喝上贵州茅台酒。他曾在电话中千叮万嘱主管核试验基地工作的解放军副总参谋长、国防科委副主任张爱萍：要让科学家、技术工人、军队干部战士吃饱，不能让他们饿着肚子研制原子弹。①

一九六三年初，为了准确地掌握情况，周恩来指定国防科委副主任刘西尧带领国防工办和国防科委联合工作组，分赴二机部所属院、所、厂、矿第一线，进行全面检查。

这年三月十九日、二十一日，周恩来主持召开中央专委会第四、第五次会议，听取刘西尧对二机部工作检查情况的汇报，讨论应该采取的措施。

会上，周恩来说：完成《两年规划》，中央专委会有重大责任，但主要的责任在二机部党组书记、部长、副部长身上。国务院各部、委和各省、市对二机部的工作都很支持，要人给人，要物给物。现在，二机部要善于协调，“把调来的人安排好，使他们在工作中起作用。把力量用在刀刃上，不要积压和浪费人力。”“要房子，要投资，要人，都要精打细算。党组要好好计算一下，要严防浪费。”他还叮嘱：有的单位“假日不休息不行，要循序而进，坚持不懈，不能靠突击”。②

那时，不仅国民经济正遭遇严重困难，而且二机部大部分单位又设在最困难的地区，遇到的困难更大。周恩来对二机部全体职工在这样的条件下能取得很大的成绩，给予热情鼓励。他指出：大跃进以来，二机部“没有动乱，没出乱子”，并且在一九六一年、一九六二年取得很大成绩，是了不起的。《两年规划》

---

① 张爱萍：《追随麾下四十年》，《我们的周总理》，中央文献出版社 1990 年 1 月版，第 103 页。

② 周恩来在中央专委会第 4 次会议上的讲话记录，1963 年 3 月 19 日。

的提出，是二机部全体职工努力的结果。有了规划，就有了轨道。他再次强调："总之，我们相信中国人民的智慧，一定能够搞出来。最重要的是大家必须实事求是，循序渐进，坚持不懈，戒骄戒躁。"他提出："二机部的工作，要做到有高度的政治思想性，高度的科学计划性，高度的组织纪律性。"他对这三条要求作了具体解释：高度的政治思想性，就是"要求有平凡而伟大的风格，要有终身为这门事业的思想，向雷锋同志学习"。高度的科学计划性，就是"要求一环扣一环，采取科学的态度和科学的方法，要按进度表进行工作，不能拖。有了问题，要下决心，赶快解决"。高度的组织纪律性，就是要"克服松、散、乱、慢的现象。党组要很好分工，严格督促检查，发现问题早作处理。有些问题发现了，要从组织纪律上解决"。"改得要快，要彻底"。①

周恩来这三条"高度"的要求，成为中国尖端科技研究工作和队伍建设的长期的指导方针。

由于周恩来出色的组织指挥和中央专委会其他成员尽心竭力的工作，由于全国各行各业大力协作，共同以一九六四年实现第一颗原子弹爆炸为目标，为研制生产核材料、制造仪器设备和进行科技攻关解决了近千项难题，中国原子弹研制的每一个环节的进展都比预期的要好。

一九六三年三月，理论物理研究人员正式拿出第一颗原子弹的理论设想方案。周恩来又提出进一步的要求。七月，他指出：不仅要爆炸一个核装置，而且要进一步解决武器生产问题。同年底，他又明确提出："核武器的研究方向，应以导弹头为主，空投弹为辅。"当时担任二机部部长的刘杰回忆道："因此，我们在研制首次核试验的核装置时就考虑到武器化的要求，核装置本身

① 周恩来在中央专委会第5次会议上的讲话记录，1963年3月21日。

的水平比较高。而且，与此同时，就抽调力量开始核航弹和导弹核弹头的研制工作，从而缩短了武器化的周期。从首次核装置试验到核航弹试验，只用了七个月时间，到制成导弹核弹头，也只用了两年时间。”①

十二月二十四日，在西北核武器试验基地进行的试验获得成功。这是一次对理论设计和一系列试验结果进行的综合验证，在理论上和技术上都有较多创造性的突破，直接为原子弹弹体设计打下了可靠基础。

一九六四年一月十四日，兰州浓缩铀厂在克服一个又一个技术难关后，生产出可以作为原子弹装料的合格的高浓铀产品。周恩来接到报告后指示秘书：“请转告刘杰同志，庆贺他们提前完成关键性生产和解决了关键性的技术试验，仍望他们积极谨慎，坚持不懈地继续完成今后各项任务。”②

关键的时刻终于临近了。一九六四年四月，第一颗原子弹装置的研制工作进入最后完成阶段。四月十一日，出访亚非欧十四国归来的周恩来主持召开中央专委会第八次会议，决定第一颗原子弹装置爆炸试验采取塔爆方式，要求九月十日以前做好试验前的一切准备，做到“保响、保测、保安全，一次成功”。③

一切工作都在严格地、一丝不苟地进行着。六月六日，西北核武器试验基地成功地进行了一比一模型爆轰试验。这是一次除了不使用核活性材料以外，其他全都采用同核试验完全相同的材料与结构的综合性预演。

---

① 刘杰：《我国原子能事业的决策者和组织者》，《不尽的思念》，中央文献出版社 1987 年 12 月版，第 321 页。

② 刘杰：《我国原子能事业的决策者和组织者》，《不尽的思念》，中央文献出版社 1987 年 12 月版，第 322 页。

③ 周恩来在中央专委会第 8 次会议上的讲话记录，1964 年 4 月 11 日，《当代中国核工业》，中国社会科学出版社 1987 年 4 月版，第 54 页。

以上情况表明：中国科技工作者在极端困难的条件下，经过顽强的努力，已经完全掌握研制了原子弹的理论、试验、设计和制造的一整套高难技术。

七月二十日，第一颗原子弹的装配工作正式开始，并在八月十九日全部装配完毕，质量完全符合原定的技术要求。

八月中旬，由国防科委、二机部、核试验基地、参加试验工作的各总部、军兵种的负责干部和专家六十八人组成首次核试验委员会，和由三十五人组成的首次核试验党委会，统一组织指挥全部试验工作。张爱萍任试验委员会主任委员、党委书记，刘西尧任副主任委员、副书记，委员会成员有空军副司令员成钧、国防科委副秘书长张震寰、核试验基地司令员张蕴玉、核武器研究院院长李觉和核科学家朱光亚、程开甲等。

九月一日，核试验预演结束。当时传来消息，国外可能有人正在策划对中国的核设施进行破坏，以阻止中国掌握核武器。这样，何时爆炸中国第一颗原子弹，便更加紧迫地提到中共中央和中央专委会的议事日程上来。

九月十六日、十七日，周恩来主持召开中央专委会第九次会议，听取张爱萍、刘西尧关于原子弹预演情况的汇报，综合分析国际形势，慎重研究正式试验的时机。周恩来还详细了解有关燃料保存、点火控制（起爆和刹车）、气象、地形、运输、组织和拍摄记录等问题。十七日，会议在研究什么时候进行爆炸试验时，存在不同意见。经过充分讨论，周恩来综合大家意见，提出两个方案：一是早试，将在本月下旬下决心；一是晚试，先抓三线研制基地的建设，选择机会再试。他说：“我们要设想一下原子弹炸响后的情况，再决定爆炸试验的时间，国庆前下决心。”他表示：我倾向于早试。无论早试还是晚试，准备工作不能有丝毫松懈。至于核试验具体时间，待报请中共中央政治局常委和毛主席作最后决定。①

九月二十一日，周恩来致信毛泽东：

主席：

瑞卿同志送给主席的这个报告，想已阅及。

中央十五人专门委员会于本月十六、十七两日开了两次会，讨论了关于核爆炸及其有关问题，急需待主席回后，当面报告，以便中央早作决定，时间以不迟于二十四日为好。因为如决定今年爆炸，以十月中旬到十一月上旬为最好，而事前准备时间至少需二十天；如决定明年四五月与空投航弹连续试炸，也需要在十月做过冬准备；如需从战略上进行考虑，推迟爆炸，使之与第二套新的基地的建设和导弹及核弹头生产相衔接，也需要有方针上的决定。

同时，瑞卿同志拟于明（二十二）日出外视察，国庆节前回来，如主席能于明日约谈，可告他晚走一天；如明天分不出时间，他出去后，还有张爱萍、刘西尧、刘杰等同志可以报告。开会时，除常委外，还请约彭真、贺、陈三同志参加。

究如何，请告林克或徐业夫以电话告瑞卿和我。

周恩来

九月二十一日下午七时

当晚，毛泽东在信上批示："已阅，拟即办。"

九月二十二日，周恩来在毛泽东、刘少奇等参加的中共中央政治局常委扩大会议上汇报首次核试验的准备工作和中央专委会的试验方案。会议作出了早试的明确决定。

九月二十三日，周恩来召集贺龙、陈毅、张爱萍、刘杰、刘

① 周恩来在中央专委会第9次会议上的讲话记录，1964年9月17日。

西尧等开会，传达中共中央常委扩大会议的决定。他兴奋地向大家说：我向毛主席和少奇等同志作了汇报，“他们同意第一方案”。原子弹“的确是吓人的”，主席更大的战略想法是，“既然是吓人的，就早响”。这样，“任务是更重了，不是更轻了”。“试验的时间看来需在二十天以后了。十月有四次好天气，中旬可能赶上也可能赶不上，还有下旬一次；十一月上旬还有一次，到十一月下旬就不好了。”“要把风向、放射性微尘飞散距离详细计算，搞出资料。”原子弹响了，影响就大了。万一不响，后果如何，还要找参加核试验的专家进行专门研究。周恩来周密地部署核试验的各项准备工作，指出：为了防备敌人万一进行破坏，由总参谋部和空军研究，作出严密的防空部署；由刘杰负责组织关键技术资料、仪器设备的安全转移；由陈毅组织外交部进行对外宣传工作的准备；张爱萍、刘西尧赶赴试验现场组织指挥；除我和贺龙、罗瑞卿亲自抓以外，刘杰在北京主持由二机部、国防科委组成的联合办公室，负责北京与试验场的联络；要规定一些暗语、密码。他还郑重地叮嘱：“一定要保护好我们自己的专家，东西要转移保存下一部分。不是破釜沉舟，一锤子买卖。”①

尽管进行了这样周到细致的准备，但仍有相当的风险。万一试验失败，消息泄露，将造成不利影响。为了绝对保守原子弹试验的秘密，周恩来向与会人员规定了严格的保密纪律。他说：

> “保密问题，不能假手许多人。我这次小病（指八月十日至二十日因病住院做手术——编者注），传得很广。”“希望你们对家里人也不说，不要一高兴就说出去。邓颖超同志是老党员、中央委员，不该说的我不向她说。任何人不该知道的，不要知道。前几天开会的人（指出席中央专委会第九次会议人员——编者注），不一

① 周恩来传达中共中央常委扩大会议精神的讲话记录，1964 年 9 月 23 日。

定通知。”“我们决定这件事也只是常委，军委两位副主席，彭真同志。”“这个时期就根本不要写信了。你们自己除公事以外，也不要为私人打电话。上梁不正下梁歪。你们今晚要开个紧急会，具体规定几条，从现在起就搞好保密，什么消息也不要漏出去。”“你们两人（指张爱萍、刘西尧——编者注）从今天起不要接见外宾了，埋头苦干，是无名的工作，决定了松不得。”①

周恩来还对后到会的陈毅说：“你可不能讲啊！”陈毅知道周恩来是在提醒他在以外长身份接待外宾时不能说了出去。他操着四川口音爽快地回答：“我不讲哇！”

当天晚上，张爱萍召集紧急会议，研究落实周恩来的这些指示。会后，张爱萍向周恩来写了书面报告，并附上明密语对照表。

九月二十七日，张爱萍、刘西尧返回西北核试验现场。他们将中央专委会第九次会议精神和周恩来关于严格遵守保密纪律的指示，原原本本地向全体参试人员传达，并部署了最后阶段的各项准备工作。参加这项工作的有六千多人，连间接的共有上万人。周恩来以身作则的表率行为，使大家受到深刻教育，有效地保证了第一次核试验没有发生一起泄密事件。

同时，周恩来致信刘杰：“望告张、刘，同意他们来信所说的一切布置由他们根据现场气象情况决定起爆日期和时间，在决定后告我们。你们来往电话均需通过保密设备以暗语进行。”②

为了准确地把握原子弹爆炸情况，周恩来还要中央专委会办公室副秘书长刘柏罗邀请在北京的核物理科学家王淦昌、彭桓

① 周恩来传达中共中央常委扩大会议精神的讲话记录，1964 年 9 月 23 日。

② 宋炳寰：《我国第一颗原子弹爆炸决策的经过》，《中国军工报》，1994 年 11 月 1 日。

武、邓稼先、郭永怀等飞往试验现场，直接观察原子弹爆炸实况。

原子弹试验前的各项准备在繁忙紧张而有条不紊地进行着。从十月十一日开始，周恩来的工作更加繁忙了。

十一日这天凌晨一时三十分，周恩来写信给毛泽东、刘少奇、林彪、邓小平、彭真、贺龙、聂荣臻、罗瑞卿说："送上张爱萍、刘西尧两同志从现场经飞机送来的十月十日三时报告，请予审阅。现一切已准备好了，拟经保密有线电话以暗语告他，同意来信所说的一切布置，从十月十五日到二十日之间，由他们根据现场气象情况决定起爆日期时间，并告我们。""另外，送上刘杰同日报告请阅。防空方面请罗总告总参负责检查、联系和指挥，转移资料、设备、仪器和保密工作，由刘杰负责督促进行。""关于起爆有效后的宣传和政治斗争，正在进行准备，当另报。"①

这一天，周恩来还召集总参谋部、二机部、外交部负责人杨成武、刘杰和乔冠华，磋商原子弹爆炸后的宣传工作和有关国际问题。

十月十三日，周恩来布置并主持起草有关中国第一颗原子弹爆炸的中国政府声明、新闻公报和中共中央通知等文件。当时任新华社社长兼《人民日报》总编辑的吴冷西在《严师的教诲》一文中详细介绍了这些文件的形成经过：

> "一九六四年十月十三日下午，总理办公室通知我，晚饭后同乔冠华和姚溱两位同志一道到钓鱼台六号楼去，周总理有事要我们办。"
>
> "当时我在钓鱼台八号楼中央文稿起草小组，离六号楼不远。晚饭后我同乔冠华、姚溱漫步十分钟就到达

① 《党的文献》，1994年第3期，第23页。

周总理的住地。在六号楼门前，总理的秘书把我们带到一个小餐厅，而不是带到总理的办公室或客厅。”

“不一会，周总理进来了。看来他刚吃过晚饭，他一边用牙签剔着牙，一边在圆餐桌周围来回走动，向我们交代任务。”

“周总理开始用平静的语气向我们宣布：近日将在罗布泊附近爆炸第一颗原子弹。把你们找来就是要起草一个公报和一个政府声明，这都要在今晚搞好，要送毛主席审定，待爆炸成功后发表。”

“周总理说，首次核试验来得不易。他向我们追述十多年来我国开展核能研究和利用的大致过程。”

“接着，周总理就提出他设想的政府声明的要点：一、要全面阐明我国政府对核武器的政策，我们的目标是全面禁止、彻底销毁核武器。二、要说明我国进行核试验和发展核武器是被迫的，为了自卫的，是对付帝国主义的核威胁和核讹诈的。三、要宣布中国在任何情况下决不首先使用核武器。四、要提出召开各国首脑会议的建议，首先要有核武器国家承担不使用核武器的义务。”

“我们三人赶紧议论如何体现总理的思想，并大体上拟出了声明的布局。我们还作了分工，先由乔冠华说个大体的意思，然后由我遣词造句，大家商定后再由姚溱执笔写下来，起草工作进行得较顺利。两千字不到的政府声明在午夜过后不久就起草出来了。到写完简短的公报，大约是十四日清晨两点钟。”

“周总理看过草稿后，又走到小餐厅来，带着亲切的微笑对我们说，稿子大体可用，个别字句我还要斟酌一下，就可以送毛主席审定了。你们这些秀才不愧为快手。现在慰劳你们一人一碗双黄蛋煮挂面。总理风趣地说，这双黄蛋是我家乡（淮安）的特产，拿来慰劳你们带有象征意义，就是我们正在搞两弹。”①

十月十四日晚七时，在对三个主要文件草稿进行修改后，周恩来致信毛泽东、刘少奇、林彪、邓小平、彭真、贺龙：

“有关爆炸原子弹的宣传和政治斗争的工作，昨天已在书记处、后来又向主席，作了报告，并得到同意。现在先将已拟好的三个文件，即政府声明、新闻公报、中央通知的草稿，送请审阅。其他还有致各友好国家政府首脑信、外交部通知、对外宾外国记者谈话要点，将陆续送审。我国这次试验，决采取公开宣传办法，以便主动地击破一切诬蔑和挑拨的阴谋，并利今后斗争。爆炸时间，前方还在作最后研讨，今晚方能定夺，当另告。”②

各项准备工作圆满完成后，气象条件成为确定原子弹爆炸时间的首要因素，真可说是：“万事俱备，只欠东风”。

当晚八点三十分，周恩来在得到张爱萍、刘西尧关于气象情况分析的报告后，庄严地下达原子弹装置就位的命令。

为了慎重起见，十月十五日，周恩来打电话给留守北京、负责试验现场同中共中央联系的刘杰，问道：“试验可能会发生什么结果?”刘杰回答：“有三种可能，第一是干脆利索，第二是拖泥带水，第三是完全失败。”他判断道：“第一种可能性最大。”周恩来十分欣慰，但仍郑重地叮嘱：“要做好以防万一的准备工作。”同时，他告诉刘杰：中共中央已批准张爱萍、刘杰的请示报告，正式决定将原子弹的爆炸时间定在十月十六日十五时（内

① 《我们的周总理》，中央文献出版社 1990 年 1 月版，第 427—429 页。
② 《周恩来书信选集》，中央文献出版社 1988 年 1 月版，第 582 页。

部的代号为零时）。

十月十六日清晨，罗布泊地区晴空万里，碧空如洗。周恩来提倡的“严肃认真，周到细致，稳妥可靠，万无一失”的高度政治责任感，使核试验基地笼罩在一片紧张、肃穆的气氛中。由八千四百六十七个构件组成，重七十吨，高一百零二米的铁塔，在耀眼的金色阳光辉映下，傲然挺立。在它的顶端的金属结构里，几十万人心血凝聚而成的第一颗原子弹就安置在这里。张爱萍、刘西尧、张震寰、张蕴玉、李觉等再一次检查了最后的准备工作。

中午十二时，周恩来致信刘杰：“在十二时后，当张、刘回到指挥所时，请你与他们通一次保密电话，告以如无特殊变化，不必再来往请示了。零时（指十五时——编者注）后，不论情况如何，请他们立即同我直通一次电话。”①

十四时三十分，张爱萍、刘西尧等进入距离爆炸中心六十公里处的白云岗观察所，在露天堑壕中指挥和观察中国第一颗原子弹的爆炸试验。

张爱萍用保密电话将起爆前的准备工作情况向周恩来作了简要汇报。周恩来当即批准按时起爆。

十四时四十分，即原子弹起爆时间前二十分钟，张震寰在主控制室依次下达命令：“加电源”、“开机”、“预热”……在零时前十秒钟，张震寰又下达“启动”的命令。

口齿伶俐的年轻主操作员随着控制仪一秒一秒地自动显示的倒计时，报出“十、九、八、七、六、五……”每个在场的人都感到一种难以形容的亢奋和紧张。他们屏住呼吸，现场寂静无

① 宋炳寰：《我国第一颗原子弹爆炸决策的经过》，《中国军工报》，1994 年 11 月 1 日。

声。

在读秒到达零时，“起爆”命令发出的一瞬间，只见罗布泊戈壁大漠深处出现一道红色的强烈闪光；紧接着，腾空而起一个巨大火球，犹如出现第二个太阳那样，天空和大地被照得一片通红；形成的蘑菇云不断上升扩张；稍后，一阵惊天动地的巨响震耳欲聋，好像要把苍穹撕裂似的。

这时，试验现场欢声雷动，全体参试人员激动万分，热泪盈眶，互致祝贺。十五时零四分，张爱萍眼望高耸蓝天的蘑菇云，打电话给周恩来报告说：“原子弹已按时爆炸，蘑菇云已经升起，根据爆炸景象判断是核爆炸，试验成功了。”①

周恩来获得这一喜讯后，马上报告毛泽东。几分钟后，他告诉张爱萍：毛泽东指示，要查清楚是不是真的核爆炸，国外不相信怎么办？张爱萍十分肯定地答复：爆炸后的火球已经变成蘑菇云。②

两个多小时后，张爱萍、刘西尧等签发一份经多方专家认定的关于原子弹成功爆炸的报告，将它电告毛泽东、周恩来、林彪、贺龙、罗瑞卿：确实实现了核爆炸，威力估计在二万吨梯恩梯当量以上。③

傍晚五时，周恩来陪同毛泽东、刘少奇、朱德、邓小平、董必武、彭真、李富春等党和国家领导人，在人民大会堂接见三千多名大型音乐舞蹈史诗《东方红》的演职人员。他满面春风地向大家宣布：报告大家一个好消息，我们的第一颗原子弹爆炸成功了！顿时，人们欢呼雀跃起来。周恩来高举并挥动着双手，示意

①③ 《当代中国的国防科技事业》上册，当代中国出版社 1992 年 10 月第 1 版，第 240、241 页。

② 刘杰：《我国原子能事业的决策者和组织者》，《不尽的思念》，中央文献出版社 1987 年12 月版，第 322、323 页；周恩来在全国计划会议上的讲话，1964 年 10 月 19 日。

大家静一静，诙谐地说：大家可不要把地板震塌了呀！

几个小时后，日本传出的消息，说中国可能在西部地区爆炸了一颗原子弹。不久，又收到了美国的广播。深夜十一时，中央人民广播电台播发了新华社关于中国在西部地区成功地实行了第一次核试验的《新闻公报》，同时播发阐明中国政府对于核武器立场的《中华人民共和国政府声明》。《声明》郑重地指出：

“中国发展核武器，不是由于中国相信核武器的万能，要使用核武器。恰恰相反，中国发展核武器，正是为了打破核大国的核垄断，要消灭核武器。”

“中国掌握了核武器，对于斗争中的各国革命人民，是巨大的鼓舞，对于保卫世界和平事业，是一个巨大的贡献。在核武器问题上，中国既不会犯冒险主义的错误，也不会犯投降主义的错误。中国人民是可以信赖的。”

“中国政府向世界各国政府郑重建议：召开世界各国首脑会议，讨论全面禁止和彻底销毁核武器问题。作为第一步，各国首脑会议应当达成协议，即拥有核武器的国家和很快可能拥有核武器的国家承担义务，保证不使用核武器，不对无核国家使用核武器，彼此也不使用核武器。”

“中国政府将一如既往，尽一切努力，争取通过国际协商，促进全面禁止和彻底销毁核武器的崇高目标的实现。在这一天没有到来之前，中国政府和中国人民将坚定不移地走自己的路，加强国防，保卫祖国，保卫世界和平。”①

---

① 《人民日报》，1964年10月17日。

从中国原子能事业的起步到第一颗原子弹的成功爆炸，中国所花费用是很低的。周恩来曾经说：我们第一颗原子弹爆炸成功，只花了几十亿人民币，美国花了几百亿美元。我们是后来居上，也应该后来居上，因为人家已经为我们探了路。①

世界上真有凑巧事。就在中国原子弹爆炸的这一天，莫斯科传来另一件震惊世界的消息，苏共中央第一书记赫鲁晓夫被赶下了台，理由说是“年迈和健康状况恶化”。中国核试验一举成功之日，正是赫鲁晓夫下台之时，这难道不是历史的绝妙讽刺吗？怪不得世界舆论议论纷纷：中国原子弹爆炸！赫鲁晓夫下台！

十月十七日，周恩来致电世界各国政府首脑，转达中国政府在十六日声明中提出的关于召开世界各国首脑会议讨论全面禁止和彻底销毁核武器问题的建议。

当大家正沉浸在成功的喜悦中时，周恩来又在考虑爆炸后对人民健康安全的影响，特别是试验地附近地区受到放射性污染的情况。十八日凌晨，他要专家向他报告这方面的情况。直到经过反复检验、包括给在最前沿的战士进行抽血化验，没有发现异常情况后，他才放下心来。

中国原子弹爆炸，在国内外引起强烈反响。中国人民充满了民族自豪感，对国防力量的增强欢欣鼓舞；友好国家和团体的舆论普遍认为，中国有了原子弹，显示了自力更生的威力，是亚洲历史上的一个辉煌功绩，使世界力量的比重发生了深刻变化，使亚洲和世界和平得到更为有力的保障，并为全面禁止使用核武器开辟了道路。

---

① 刘柏罗：《我国尖端科技事业凝聚着周总理的心血》，《不尽的思念》，中央文献出版社 1987 年 12 月版，第 351 页。

六十二、在备战形势下制定第三个五年计划

一位外国朋友曾经对周恩来说：一九六四年是中国年。他所以这样说，不仅因为中国成功地进行了第一次核试验，而且因为经过一九六三年和一九六四年的继续调整，中国的经济形势已经好转。按照中共中央的部署，再有一年过渡，将开始实行第三个五年计划。周恩来肩上的担子比前两年似乎应该轻松一些了。

但这时中国周边却呈现出“山雨欲来风满楼”的紧张局势，外来的军事入侵仿佛随时可能发生。一九六四年八月五日，中国第一颗原子弹爆炸前两个多月，美国海空军向越南民主共和国发动袭击，把侵略的战火从越南南方燃烧到北方，直接威胁中国的安全。在北面，一九六四年以来的中苏边境冲突在不断恶化。在西南面，中印边境的紧张局势也没有完全解除。

这种似乎四面受敌的严峻形势，是新中国成立以来不曾遇到过的。它迫使中国共产党人需要做好应付可能发生突然事变的准备，从备战的角度重新安排经济建设的布局，重新编制第三个五年计划。周恩来对外国朋友说：“我们的政策是，凡是对我们友好的国家，我们就以更友好的态度对待他们；如果敌视我们，我们就以同样的态度进行抵抗。但是敌视不为人先，这就是我们的

原则。”① 为了做好应付战争的准备，以便在突然事变发生时有备无患，加上大量内政和外交事务，周恩来从一九六四年夏到一九六五年秋，又忙了整整一年多时间。

备战问题，最早提出来的是毛泽东。一九六四年四月二十五日，军委总参谋部作战部在一份报告中提出：国家经济建设在如何防备敌人突然袭击方面问题很多，有些情况还相当严重。主要表现在：一、工业过于集中，十四个一百万人口以上的大城市集中了将近百分之六十的主要民用机械工业，百分之五十的化学工业和百分之五十二的国防工业。二、大城市人口多，大部分都在沿海地区，易遭空袭，如何防空尚无有效措施。三、主要铁路枢纽、桥梁和港口码头多在大中城市附近，易遭轰炸破坏，缺乏应付措施。四、所有水库紧急泄水能力都很小。这份报告引起毛泽东的高度重视。

五月十五日至六月十七日，中共中央在北京召开工作会议，讨论农业规划和第三个五年计划。毛泽东在会议期间向刘少奇、周恩来、邓小平等谈了他的看法。他从存在着战争严重威胁的估计出发，提出：在原子弹时期，没有后方不行。“三五计划”要考虑解决全国工业布局不平衡的问题，要搞一、二、三线的战略布局，加强三线建设，防备敌人的入侵。他特别强调应该在四川的攀枝花建立钢铁生产基地。②

毛泽东在这里提出的一、二、三线主要是按中国的地理区域划分的：一线是指沿海地区。二线是指中部地区。三线分两块，一块是西南三线，包括云、贵、川三省的全部或大部以及湘西、鄂西；另一块是西北三线，包括陕、甘、宁、青四省区全部或大

① 周恩来和松村谦三等谈话记录，1964年4月18日。

② 毛泽东在中央工作会议期间的讲话记录，1964年5月27日。

部以及豫西、晋西地区。周恩来在一次会议上作了这样的解释：“除了攀枝花（位于西南川滇交界处）以外，我国周围各省都是第一线。东南沿海，舟山是最前边，东南几省是第一线。对东南亚来说，南边几省是第一线。对印度来说，西藏是第一线。对修正主义，西北、东北各省是第一线。但是各省相互来说又都是二线三线。比如，西藏有事，内地都是三线。真正的三线是青海、陕南、甘南、攀枝花。”①

五月二十八日，中央政治局常委、书记处书记和各中央局负责人的会议讨论国家计委提出的第三个五年计划初步设想时，周恩来在发言中谈到需要对国家建设的布局有一个通盘和长远的考虑。他说：

“我觉得，主席提出这个战略思想，我们从中可以引申出许多认识来。中国过去是半封建半殖民地，中国的人口也不平衡，经济发展更不平衡，以后就是要逐步走向平衡。”“要走向平衡，那是一个大的经济斗争。我们这样一个占全世界四分之一人口的国家，要在政治、经济、军事、文化各方面都发展到平衡，非要到二十一世纪不可。但是，我们还是要有这样一个预见，这样一个方向。把主席提到的这个问题一引申，就可以看到许多问题。要看到第三线，还要看到一、二线；要看到军事，还要看到政治、经济、文化。既然要看到这些问题，从党的领导来说，在考虑整个布局的时候，那就更要全面地想一想。”“现在我们要建立三线观点，同时又必须懂得一、二线怎么布局。一、二线这样集中，特别是一线这样集中，很不利。”

---

① 周恩来在听取关于国防工业和计划工作汇报时的插话，1964 年 8 月 4 日、5 日。

他提醒在制定计划时不要因为现在强调三线工作而放松了一、二线的工作。周恩来以上海为例说明“一、二线的工作还是很重的”。他说：“如何把一个上海变成三个、四个、五个，最后变成十七八个，用二分法把它分出去，上海的城市既不至于扩大，又能够帮助别的地方发展起来。”①

对第三个五年计划的初步设想，毛泽东在会前听取国家计委汇报时提出：国民经济有“两个拳头——农业、国防工业；一个屁股——基础工业，要摆好。要把基础工业适当搞上去。其他方面不能太多，要相适应”。② 周恩来十分赞成毛泽东的意见，他在五月二十八日的会上指出：毛泽东提出的方针实际上是要回答“到底基础工业放在什么地方这样一个问题。如果基础工业不安排好，国防尖端也突破不了，突破了也不能大量生产；支援农业只好还是靠双手，机械化、化肥化等等都上不去。所以，屁股必须要坐得扎实，坐得稳。”“基础坐得稳，站得住，两个拳头才能伸缩自如。这是一个平衡问题，就是农轻重、吃穿用、国防跟基础工业的平衡问题、比例关系问题。这个比例关系，我们还没有能够计算得很好。”③

六月六日，毛泽东在中央工作会议上进一步强调备战问题，他说：只要有帝国主义存在，就有战争的危险。要搞三线工业基地的建设，攀枝花钢铁工业基地的建设要快，但不要毛糙。攀枝花搞不起来，睡不着觉。后来，毛泽东又多次讲到这些问题。薄一波回忆说：“毛主席的这番话，引起与会同志的共鸣。大家一致拥护他的主张，认为应在加强农业生产、解决人民吃穿用的同

① 周恩来在中央政治局常委、书记处书记和各中央局负责人会议上的发言记录，1964年5月28日。

② 毛泽东在听取国家计委领导小组汇报时的讲话记录，1964年5月10日。

③ 周恩来在中央政治局常委、书记处书记和各中央局负责人会议上的发言记录，1964年5月28日。

时，迅速展开三线建设，加强备战。自此，全国备战的气氛日趋浓厚。”①

毛泽东的指示传达后，特别是美国加紧对越南北方的轰炸后，各省市加快做出三线建设的安排。十月十八日，广东省委首先向中共中央和中南局提出《关于国防工业和备战工作的请示报告》，得到毛泽东的赞扬。十月二十二日毛泽东将这份报告批给刘少奇、周恩来、邓小平、彭真和罗瑞卿传阅，批语中说：“广东省是动起来了，请总理约瑞卿谈一下，或者周、罗和邓、彭一起谈一下，是否可以将此报告转发第一线和第二线各省，叫他们也讨论一下自己的第三线问题，并向中央提出一个合乎他们具体情况的报告。无非是增加一批建设费，全国大约需十五亿左右，分两三年支付，可以解决一个长远的战略性的大问题。现在不为，后悔无及。”②

周恩来接到批示后，在十月二十五日邀请有关负责人讨论广东省委的报告和毛泽东的批示。“大家认为，抓紧一、二线各省、市、自治区的后方建设，是一项具有战略意义的大事，同意把这个报告和主席的指示转发给一、二线的各省、市、自治区党委，请他们根据具体情况，尽快地于十二月提出明年和今后三年加强后方建设和备战工作的具体规划，以便统筹安排，逐步实现。”③这种一、二线的后方建设，当时称作“小三线”。会后，周恩来和罗瑞卿根据会议讨论的结果，向毛泽东和中共中央提出了关于一、二线的后方建设和备战工作的报告。报告提出一、二线的建设和备战工作大体包括七项内容：

---

① 薄一波：《若干重大决策和事件的回顾》下卷，中共中央党校出版社 1993 年 6 月版，第 1200 页。

② 毛泽东对广东省委关于国防工业和三线备战工作报告的批语，1964 年 10 月 22 日，手稿。

③ 周恩来、罗瑞卿给毛泽东和中共中央的报告，1964 年 10 月 29 日。

一、建设一批地方军工厂，包括枪支、子弹、地雷、手榴弹和炸药等轻武器的制造厂；

二、为了配合各地方军工厂的建设和保证战时的供应，要从大城市搬迁一些必要的配套工厂到省、区自己后方，并且在后方相应地建设一些小煤矿、小电站和必要的修配工厂；

三、搞好现有的公路、桥梁、渡口和通讯线路，新建或者改建一些运输、通讯设施和边境上的江河护岸工程；

四、修建一批储备粮食、原盐、汽油等战略物资的仓库；

五、加强一、二两线后方地区的农业建设，特别是山区建设；

六、迁建或者新建一些必需的医院和学校；

七、省委和军区领导机关的防护工程。

报告认为完成这样一个部署，可能需要三年时间，但其中有些主要项目应当在两年内建成。报告还提出为了集中力量打歼灭战，各省、市、自治区在规划时要注意以下几个问题：

一、一、二两线省、市、区的规划可以同时进行，但是在步骤上明年首先着重搞一线地区的后方建设；二线地区明年安排的项目可以少一些。

二、不论是一线地区还是二线地区的建设，都要精心研究，统一规划，分别轻重缓急，根据资金设备材料的可能，认真排队，逐步实施，保证搞一个，成一个。

三、搬迁的厂子，要认真做好准备工作，缩短停产时间，尽可能少影响明年的生产。

四、凡是不属于国防工业和三线战备的项目，应分别列入中央或地方的建设计划之内，所有的项目都要贯彻执行勤俭建国、因陋就简的方针，主要的军工企业和仓库，都必须贯彻执行小型、分散、靠山、隐蔽的方针。

这次会议还对下一步工作做出部署，决定：由国家计委、经委和财贸办抽调干部，组成四个工作组，到中南、华东、华北和东北四个大区去，一面会同大区计委和省、市、自治区负责人了解现场的实际情况，一面协助各省、市、自治区进行规划。十月二十九日，周恩来代中共中央起草《关于加强一、二线的后方建设和战备工作的指示》。指示说，中央同意并转发周恩来和罗瑞卿的报告，要求各地“抓紧进行”。

毛泽东提出三线建设时，特别强调要加快建设攀枝花钢铁基地，要周恩来直接主管这件事。攀枝花位于四川和云南交界处，有着丰富的水利资源和矿产资源，并且靠近林区，距离成昆铁路和贵州六盘水大型煤炭基地较近，地点也很隐蔽，是建设战略后方的钢铁基地的理想地区。为了筹划这个项目，周恩来多次召集国家计委和冶金、地质、铁道、交通等部门负责人进行研究。长期跟随周恩来做经济工作的周子健回忆说：“他过问一件他不熟悉的事，总要反复地向专家请教，从不自做主张。”① 七月初的一个晚上，周恩来召集有关负责人开会。会上，周恩来传达了毛泽东在中央工作会议上所作关于建设攀枝花的指示，特别指出毛泽东讲的“攀枝花建设要快，但不要毛糙”是建设攀枝花的方针。他要求尽快组织一个攀枝花建设专家考察组，由程子华任考察组组长，成员以冶金部为主，由有关部门负责人和专家组成。考察组要尽早到实地调查资源、交通等情况，考察配套建设冶金、煤炭、电力及各矿山、工厂的条件，提出建设方案和厂址选

① 周子健：《周恩来抓经济工作的片断回忆》，《怀念周恩来》，人民出版社 1986 年 1 月版，第 47、48 页。

择建议。要求他们在一个半月内完成调查研究，提出建议，不迟于八月底回京汇报。当年冶金部具体负责攀枝花钢铁基地建设工作的徐驰回忆道：“周总理以炯炯而深邃的目光环视着我们，就像一个临战前的司令员，向我们下达了战斗任务。听到这振奋人心的号令，一股股暖流涌上心头。我们清楚地意识到，一项建设攀枝花钢铁生产基地的宏大工程已经拉开了序幕。”①

一个多月后，考察组回到北京。周恩来和李富春立刻听取程子华等的汇报。根据汇报的情况，周恩来提出几点意见：

一、同意将攀钢、六盘水煤矿和成昆铁路作为配套项目同时上马，同时列入国家计划。

二、同意把攀钢的厂址放在弄弄坪。我向来不赞成选择厂址的传统观点。我认为苏联专家选定的武钢、包钢厂址都过于宽广，厂内各车间的距离过大，厂内铁路太多、太长。难道不能放弃那些传统的观点，选用一个面积较小的厂址，把厂内布置得更加紧凑、更加经济合理吗？希望钢铁厂总图布置专家们好好地研究这个问题。

三、同意即速建设试验厂。为了早日完成冶炼攀枝花钒钛磁铁矿的工业试验，花两千万元的投资是值得的，请计委审查核拨。

四、攀钢的设计规模第一期定为一百五十万吨是可以的。最终规模应该多大，请冶金部研究确定。

五、同意程子华的建议，先请四川省建委尽快派一支建筑队在弄弄坪厂址附近盖一批房子，尽快做到通水、通电、通路和修临时住处，供现场设计人员、施工

① 徐驰：《周总理领导我们建设攀枝花》，《我们的周总理》，中央文献出版社1990年1月版，第219页。

队伍和基地建设指挥部的先遣人员居住和办公。

会后，各部门根据周恩来的指示分头进行准备。不久，第一批建设人员到达基地现场，开工的隆隆炮声惊醒了这座沉睡亿万年的金沙江大峡谷。后来，在周恩来关怀下，经过几年艰苦奋斗，攀枝花钢铁基地终于在一九七〇年七月一日建成出铁，成为西南地区最大的钢铁基地，在社会主义现代化建设中发挥了很大作用。

在紧张部署三线建设的过程中，为了加快经济建设的步伐，国家着手进行工业改革。

这项工作实际上从一九六三年夏天就开始了。当时，周恩来强调："我们要搞一套制度出来"，"人治不行的，第一还是法治"。[①] 这年八月，根据中央书记处的决定，在邓小平主持下，成立了由周恩来、彭真、李富春、李先念、陈伯达等参加的工业发展问题起草委员会。在调查研究过程中，起草委员会发现十几年来因循沿袭的工业管理体制存在不少弊端，是妨碍生产力发展的重要原因。因此，如何改进企业经营管理，为国民经济发展创造更多更好的条件，成为这次工业改革的重要内容。

九月，工业发展问题起草委员会起草出《关于工业发展问题》的文件，其中提出通过试办"托拉斯"来改进工业管理体制。十月二十四日，刘少奇在听取工业工作汇报时，充分肯定了这个意见。"托拉斯"最初是资本主义的生产和资本集中达到很高程度后产生的垄断组织的一种高级形式。它是产品相同的企业或生产密切联系的企业组成的联合经营的公司，是一种大企业集团。这种组织形式和经营管理方式是否能为社会主义中国服务，还需要一个调查研究和在实践中探索的过程。周恩来在工作十分

① 周恩来在企业的全国经济工作座谈会上的讲话记录，1963 年 6 月 30 日。

繁忙的情况下，一直很重视这个新生事物。他历来主张：首先要集中力量搞必要的和最需要的，什么都搞、分散力量是不行的。后来，他又对一位外宾谈到自己对这个问题的具体想法，认为可以采取资本主义企业的某些组织形式来办社会主义的企业，完全按照经济方法来管理，不要靠行政命令。当然，在那时的历史条件下，他还是在计划经济的前提下提出这种设想的。他说：

> “用政府名义管理工厂，不利于经营管理。行政命令太多，层次太多，一个中央部门和一个省的部门直接管到企业，单位太多，中间层次太多。我们有大小工业企业十万多个，这种管理方法不容易。相反，把它分散像南斯拉夫那样的自治，分散主义就会大大发展。即使不采取南斯拉夫那样在外汇和市场上自由的资本主义方法，也危险，不利于计划经济。是分散主义都不利于计划经济。怎么办呢？我们想采取资本主义托拉斯的组织形式，但是是社会主义方式的公司，按行业自上而下领导。这样完全按照经济的方法来管理，经济核算，改善方法，不要行政命令。”①

为了促进试办托拉斯的进程，一九六四年六七月间，周恩来两次主持会议，讨论国家经委党组起草的《关于试办工业、交通托拉斯的意见报告（草稿）》，提出了重要的指导性意见。

在六月二十九日会上，周恩来强调：“要把托拉斯的发展前途写明。成立托拉斯以后，随着托拉斯的职能的扩大，部的机构就要缩小，行政部门只留少数人就够了。将来有些专业部如石油部，现有三至四个大基地，可改变为大企业，这样，石油部本身就可以变成总托拉斯。”他还指出：托拉斯要按照经济的办法来办，按照经济规律要求来管理。公司的企业职能逐步扩大，行政

① 周恩来会见古巴社会主义革命统一党代表团谈话记录，1965 年 2 月 8 日。

的职能要缩小，行政的职能转化为经济的职能。将来地方上同托拉斯的关系也要由行政关系为主转化为经济关系为主。①

在七月二十九日的会上，周恩来指出："在工业建设方面，对过去大而全的方向问题，要否定一下。开始苏联帮助我国建设，它只有这方面的经验，只好这样搞。现在我们应当加以总结，要解决，要来个革命。"他把试办托拉斯提到工业管理体制改革的高度来肯定，说："我们现行工业管理体制不利于新技术的发展。工厂搞大而全，生产数量越来越大，产品的品种和质量则愈来愈少，愈来愈差。""组织托拉斯就是要解决行政管理和生产管理方面存在的问题，要对目前的一些官僚主义的办法来个革命，吸取资本主义管理企业的长处。当然，不是追求利润的办法，而是用社会主义经济革命的办法，来发展新技术，提高劳动生产率，发展生产力。"周恩来认为组织托拉斯可以有两种办法，一种是开始就组织全国性的托拉斯，又设分公司。这种托拉斯既是集中，又要分权，地方上也管。但是，要用经济办法来管。另一种是先从地区搞起，然后再组织全国性的托拉斯。例如可以以天津钢厂、石景山钢厂为主，组织一个托拉斯；以上海钢厂为主，组织一个托拉斯；或者以天津钢厂、唐山钢厂为主组织一个河北省范围内的托拉斯。鞍钢本身就可以搞一个托拉斯，还可以和政权改革结合起来。这样可以大大减少行政机构和人员。这两种做法的原则先肯定下来。至于冶金和机械托拉斯可以指定冶金部门和机械部门进行具体研究，提出方案。针对一些人提出的组织托拉斯是先搞容易的还是先搞难的问题，周恩来说："不管难易，准备好了，条件成熟的先搞。"②

国家经委党组《关于试办工业、交通托拉斯的意见报告（草

① 周恩来在讨论试办托拉斯问题座谈会上的发言记录，1964 年 6 月 29 日。

② 周恩来在讨论试办托拉斯问题座谈会上的发言记录，1964 年 7 月 29 日。

案)》提出，在一九六四年内先试办十二个托拉斯，其中全国性的九个，地区性的三个。八月十七日，中共中央、国务院批转了这份文件，指出这是工业管理体制上的一项重大改革，要求中央主管部门和各级党委要充分地重视这件事情，集中力量首先把这一批试办的托拉斯搞好。在以后一年多的实践中，这项重大改革遇到不少问题，也积累了许多经验。

可惜的是，这个探索由于“文化大革命”的发生而中断。薄一波评论道：“当年中央决定试办托拉斯，期望以此为契机，逐步改变中央权力过分集中而束缚生产力发展的经济体制，是有远见卓识之举。少奇同志、周总理和小平同志为指导这一改革付出了很大努力。‘文化大革命’否定了它，使经济又回到老路上去，实在是一大憾事。”①

七月上旬，周恩来去了一趟河内，和越南、老挝领导人讨论东南亚的形势和对美斗争的方针。回国途中，周恩来又访问了缅甸。他对缅甸联邦革命委员会主席奈温说：我们争取通过谈判来保证日内瓦协议的实施，但是如果美国决心要扩大这一战争，进攻越南民主共和国，或者它直接出兵，把战火烧到中国的身边，我们就不能坐视不管。七月十二日，回到上海。在上海期间，他应陈毅邀请观看了大型歌舞《在毛泽东旗帜下高歌猛进》，感到“很动心”。② 他想到搞一台大歌舞，以庆祝即将来临的建国十五周年。

回到北京后，他立即请主管文学艺术的中央宣传部副部长周扬召集文化部、总政文化部、北京市委宣传部、音协等部门进行

① 薄一波：《关于重大决策和事件的回顾》下卷，中共中央党校出版社 1993 年 6 月版，第 1189 页。

② 周恩来在国务院各部党组书记会议上的讲话记录，1964 年 7 月 18 日。

研究。七月十八日，周恩来在国务院各部党组书记会议上说："现在离国庆只有两个月了，有这么一个想法，就是最好在这个十五周年国庆，把我们革命的发展，从党的诞生起，十月革命一声炮响，后来的'五四'运动，到大革命，然后又到井冈山，举起了红旗，都贯穿着毛泽东思想，通过这个表演逐步地体现出来。"① 搞这样一台思想性和艺术性完美结合的大歌舞是周恩来久藏心中的一个愿望。六十年代初，他在观看中央民族歌舞团归国汇报演出时曾说："建国十一年了，在艺术方面总要有新东西，总要有提高。开国初期看看大秧歌《人民公社庆丰收》这类歌舞还可以接受。现在还保持那样的水平就不行了。"③ 以后，他又多次讲过这个问题，但一直没有很好实现。周恩来希望这一次能够走出一条民族大歌舞的新路来。

根据周恩来的意见，周扬组织有关方面负责人进行研究，"大家热烈拥护，都愿接受这一任务"。七月二十四日，周扬致陆定一等转周恩来和彭真的报告中，对大歌舞的总体设想、规模、艺术表现和组织领导等提出具体意见。周恩来认真审阅和修改了这份报告，并于七月三十日在西花厅约见有关负责人商定大歌舞立即上马。它的名称经周恩来同意定为《东方红》。周恩来说：这个题目好，既精练又切题。八月一日，周恩来正式批准周扬的报告，亲自拟定一个十三人组成的领导小组，周扬为组长，梁必业、林默涵等任副组长，李一氓、齐燕铭、张致祥、陈亚丁、周巍峙等为组员。周恩来在报告上批示说："全力争取搞好，并在国庆上演，如届时还搞不好，或彩排时有大缺点不及改正，就推迟上演。"④

---

① 周恩来在国务院各部党组书记会议上的讲话记录，1964 年 7 月 18 日。

③ 周恩来在中央民族歌舞团归国汇报演出时的讲话记录，1960 年 11 月 11 日。

④ 周恩来在周扬关于大型歌舞《东方红》问题的请示报告上的批语，1964 年 8 月 1 日。

在《东方红》的创作过程中，从总体构想到具体内容，从每一句歌词到每一段解说，都浸透着周恩来的心血。由于时间太紧，创作人员经常工作到深夜，周恩来也常常陪伴他们到深夜。当年歌舞文学组的组长乔羽回忆说："那时，几乎每晚周总理都来，常常搞到深夜。我们每拟好一段稿子都要送给他看。他都非常认真仔细地修改，并很快退回来，从不耽搁。周总理经常拿着修改好的稿子问我：这个问题查到没有？毛主席著作中是怎么谈的？有时，我说没查到。他就说：我已经查到了，你看这样改行不行？望着他那疲倦、但依然炯炯有神的眼睛，我真是感动极了。"①《东方红》通过歌舞的形式来真实地再现中国共产党在民主革命时期二十八年艰苦卓绝的奋斗历史，需要创作人员掌握大量的党史知识。周恩来常常说："我是跟着这段历史长大的，所以，我有感受，能帮助你们提些意见。"② 他不止一次给创作人员讲党的历史，谈自己的感受，告诉大家应该怎样正确认识和理解党的历史。他曾经讲到：中国革命取得成功"最重要的一点就是，要有执行铁的纪律的党，就要有坚持革命、团结对敌的精神。只要这个基本的立场不变，即使犯错误也还要团结，即使领导一时有错误，还要等待，逐步地改变。不能够因为有错误，造成党的分裂，使革命受损失，使对敌斗争瘫痪下来，那就对革命不利了"。③ 这是周恩来从几十年严酷的革命斗争经历中得出的深切体会。这段话，很可以帮助我们理解他处理党内复杂问题、包括领导犯错误时应该如何对待所遵循的基本原则。

他要求《东方红》要努力做到政治和艺术的统一、内容和形式的统一。他主张：要具有新鲜活泼的、为中国老百姓所喜闻乐

---

① 访问乔羽谈话记录，1986 年 5 月 13 日。

② 周恩来在《东方红》导演团座谈会上的讲话记录，1965 年 1 月 8 日。

③ 周恩来在音乐舞蹈史诗《东方红》演出人员大会上的报告记录，1964 年 10 月 23 日。

见的中国作风和中国气派。要采用史诗的写法，既是粗线条的，又要很深刻，能打动人。在创作上要敢于打破框框、标新立异。要注意艺术风格、艺术手法的多样化。平板、单调、贫乏的东西，不仅不能使人受到政治教育，也不能使人得到艺术享受。

当时，在确定演出人员和选用哪些作品时发生一些争论。这是因为一九六三年十二月和一九六四年六月，毛泽东先后写下有关文艺的两个批示，对建国十七年来的文艺工作作出错误的估计，导致一大批优秀文艺作品以及许多作家和演员受到错误的批判。在这样的气氛下，一些人主张受到批判的作家和他们的作品不能选用。周恩来了解情况后明确指示：在《东方红》中要选用大量民主革命时期的好作品，包括已经受到批判的著名音乐家贺绿汀的《游击队之歌》、著名戏剧家田汉作词的《义勇军进行曲》等。周恩来说：对民主革命时期的作品，包括对三十年代的作品要一分为二。有些是人民群众批准了的东西，我们为什么不能采用？不能以人废言，以过改功。艺术家有失误，难道我们就没有失误？他还坚持让正在受到错误批斗的著名舞蹈家崔美善登台演出。周巍峙回忆说："当时，文艺界的形势十分复杂。我是文化部党组成员、艺术局局长，也受到批判，正在做检查。总理还让我参与《东方红》的领导工作，说这些人是可以革命的，给我以及文艺界许多朋友一个亮相的机会。这里更深一层的意义是显而易见的。"①

辛勤的劳动终于换来丰硕的果实。十月二日，在灯火辉煌的人民大会堂，有三千多全国优秀的音乐家、舞蹈家、诗人参加的大型歌舞《东方红》拉开帷幕。周恩来和刘少奇、董必武、朱德、邓小平等观看了演出。此后，连续上演十四场，场场爆满，盛况空前。毛泽东也在十月六日看了演出。许多参与这件工作的

① 采访周巍峙谈话记录，1994 年 5 月 17 日。

文艺工作者说：在这样短的时间内创作出这样一台大型歌舞，“没有周总理的直接关心，是很难完成的”。① 难怪陈毅向外国朋友介绍《东方红》时总是说：这台革命的歌舞“是由周总理任总导演的”，“周总理领导过中国革命，现在又导演革命的歌舞”。②

十月五日，周恩来陪同日本芭蕾舞代表团的松山树子看演出，并到后台参观。当他回答松山树子提出的许多专业性很强的问题后，松山树子哭了。她对身边的中国朋友说：“你们是幸福的，只有你们中国有这样的总理。”后来，为满足国内广大群众和国外许多朋友的要求，周恩来又不顾江青的阻挠，坚持将《东方红》成功地搬上银幕。

在这个时期中，周恩来热情关怀的革命京剧现代戏的改革和芭蕾舞剧的改革，也取得丰硕的成果。在六月举行的京剧现代戏观摩演出中，出现一批优秀的剧目。随后推出的现代芭蕾舞剧也获得观众的好评。周恩来在大力提倡演现代戏的同时，不同意对历史留下的东西采取全盘否定的态度。他以京剧为例指出：老一代京剧艺术家，如梅兰芳、程砚秋等都不在了，“但是，他们在艺术上留下来的一些好东西，如唱腔等等，我们还在这个地方欣赏。还有他们为人的方面，有许多可以学，总得承认他们有很多可以学的嘛”。③

十月十六日下午，周恩来陪同毛泽东、刘少奇接见参加《东方红》创作和演出的全体人员时，激动地向大家宣布了刚刚传来的喜讯——中国首次核试验爆炸成功。同时，他还报告了另一件大事：苏共中央解除了赫鲁晓夫担任的苏共中央第一书记、苏共

① 陈播：《激励我前进的力量》，《周恩来与电影》，中央文献出版社，1995 年 12 月版，第 184 页。

② 陈毅会见缅甸政府代表团谈话记录，1964 年 10 月 5 日。

③ 周恩来在京剧现代戏观摩演出人员座谈会上的讲话，1964 年 6 月 23 日。

中央主席团委员和苏联部长会议主席的职务。

对苏联内部发生这样的变化，周恩来认为不是偶然的，“是好事”。但是，对苏联为什么会发生这样的变化，一时还搞不清楚。当天晚上，周恩来到毛泽东处商谈后，中共中央给苏共中央和苏联最高苏维埃主席团及苏联政府发出贺电，表示“庆贺和希望”。中国方面真诚希望苏联的变化能成为改善中苏关系的一个转折。十月二十九日，周恩来通知苏联驻华大使契尔沃年科，中共中央决定派周恩来为首的党政代表团访问苏联，参加十月革命四十七周年的庆祝活动。

十一月五日，周恩来和贺龙率领中国党政代表团到达莫斯科，这是他第十次来到这座城市。第二天，周恩来分别拜会了新当选的苏共中央第一书记勃列日涅夫、部长会议主席柯西金，还有最高苏维埃主席团主席米高扬。周恩来向他们表示：“我们希望，我们两党两国在马列主义、无产阶级国际主义的基础上团结起来，共同对敌，为我们的共同事业而斗争。正是根据这一目的，我们这次来除参加庆祝活动外，还希望进行接触，交换意见。我们希望，这会为今后打下一个好的开端。”①

但是，在庆祝活动的第一天，就发生了严重的事件。十一月七日晚上，在庆祝酒会上，苏联国防部长马利诺夫斯基故意挑起事端。他对周恩来说：“俄国人民要幸福，中国人民也要幸福，我们不要任何毛泽东，不要任何赫鲁晓夫来妨碍我们的关系”；“我们俄国人搞掉了赫鲁晓夫，你们也要搞掉毛泽东”。② 因为有美国记者在场，周恩来愤而转身走开。马利诺夫斯基又向贺龙继续侮辱中国共产党和毛泽东。第二天，周恩来同勃列日涅夫等苏共领导人会谈时，正式提出抗议。他指出：我们来表示友好祝

---

① 周恩来会见米高扬谈话记录，1964 年 11 月 6 日。

② 中苏两党会谈记录，1964 年 11 月 8 日。

贺，但是马利诺夫斯基却向我们挑衅侮辱。这不单单是对我们代表团的侮辱，也是对中国党、中国人民和毛泽东同志的侮辱，对我个人的侮辱。这种挑衅和侮辱，性质是极其严重的。柯西金代表苏共中央向中共中央表示道歉。

随后举行的中苏两党会谈中，在中国方面主要关心的两个问题上，双方又发生很大分歧：一个是对待赫鲁晓夫的评价。周恩来说："我们首先要知道一下赫鲁晓夫被解职的政治原因，因为这也包含着我们两党的以及许多兄弟党之间的原则性的意见分歧。"① 但是，苏联方面一直拖延不答，直到最后一次会见时，勃列日涅夫才简单地表示赫鲁晓夫被解职的原因只是由于他的"工作作风和方法"，而没有提其他问题。② 另一个是苏共是否坚持要在十二月召开各国共产党会议的筹备会议。中国方面认为十二月会议是赫鲁晓夫在职时决定召开的。会议文件起草委员会的组成、会议的日期、程序都没有同中国党协商过，是独断专行的，所以中国不同意召开这个会议，也不参加这次会议。周恩来事后对波兰党的代表解释说：应该"先进行双边的、多边的会谈，一步一步地求得接近，走向能开一个团结的全世界兄弟党会议。否则，原则分歧的对立这样大，而且一丝一毫不能改，这样开起会来怎么能起草出一个共同文件?"③ 但是，苏联方面则坚持要求双方先停止公开争论，召开各国党的会议，在新的气氛中，寻求途径，来一步一步地实现共同愿望。米高扬明确表示："我们党过去和现在都是有集体领导的。在同中共的思想分歧问题上，我们中央是一致的，完全没有分歧，甚至没有细致的差别。"④ 经过实际的接触和了解，周恩来得出结论："苏共领导还

① 中苏两党会谈记录，1964 年 11 月 9 日。

② 中苏两党会谈记录，1964 年 11 月 12 日。

③ 中波两党会谈记录，1964 年 11 月 9 日。

④ 米高扬在中苏两党会谈时的发言记录，1964 年 11 月 9 日。

要继续执行赫鲁晓夫路线不变。”①

在中苏两党第二次会谈中，周恩来明确表示中国的立场：一、中国继续坚持中共中央致苏共中央贺电的精神和周恩来在十一月七日庆祝大会书面祝词中表达的团结愿望。二、中国坚决不参加将在十二月召开的所谓“起草委员会筹备会议”。三、在苏共继续执行赫鲁晓夫路线不变，中苏两党、各兄弟党的原则性的分歧基本上解决以前，谈不到停止公开争论。②

对这次苏联之行，周恩来认为：“情况比原来预计的更坏。”十一月十三日，周恩来率代表团回国赴机场的途中，对送行的柯西金说：“这次会见是有益的，但我们并不满意，因为原希望情况会更好一些。”③ 十一月十四日，周恩来一行回到北京，在机场，受到毛泽东、刘少奇、朱德、董必武、邓小平等的热烈欢迎。

周恩来回到北京后，本想用半个月至一个月的时间到黄河三门峡大坝现场去看一看，研究大坝的改建。这是他一直挂念着的问题。但是，因为要准备召开第三届全国人民代表大会，而且日期已经迫近，所以不能成行。他只能抽空参加国务院正在北京召开的治理黄河会议。从十二月六日到十八日，他参加了六次会议。

周恩来这样惦记三门峡的事，因为这个工程修建五年以来，泥沙淤积问题一直没有得到解决，在五年内淤积泥沙五十亿吨。如果不改建，再过五年，水库淤满后遇到洪水会对关中平原造成很大威胁。本来，三门峡改建问题由国家计委批准就可以了，但是，周恩来感到“不征求大家的意见还不安心，因此挤出时间来

①② 中苏两党会谈记录，1964 年 11 月 11 日。

③ 周恩来同柯西金谈话记录，1964 年 11 月 13 日。

参加这次会”。① 会上对这个问题进行了热烈的讨论。多数人认为，应将三门峡彻底改建，但又顾虑改建的影响不好。周恩来教育大家要有彻底的唯物主义精神，有了错误就要彻底改正。他说：对三门峡水利枢纽工程改建问题，要下决心，要开始动工，不然泥沙问题更不好解决。他提出，改建规模不要太大，因为现在还没有考虑成熟。总的战略是要把黄河治理好，把水土结合起来解决，让黄河成为一条有利于生产的河。

究竟如何改建大坝，增加泄流排沙能力，减轻水库泥沙淤积？有关部门提出“二洞四管方案”，即在大坝左岸打两条泄流排沙隧洞，把八条发电引水钢管中的四条改成泄流排沙道。会议讨论中又发生了争论，有的人反对这个方案，主张在上游修三个拦泥库，只拦泥，不综合利用。周恩来仔细听取双方意见后，支持“二洞四管方案”。十二月十八日，他在会上说：“我看光靠上游建拦泥库来不及。而且拦泥库工程还要勘测试点，所以这个意见不能解决问题。即使说过去水土保持做得不好，上游勘察工作做得不好，黄河水利委员会、水利电力部工作上都有错误，但是眼前的这个病怎么治？要回答五年内怎么办这个问题。反对改建的同志为什么只看到下游河道发生冲刷的好现象，而不看中游发生了坏现象呢？如果影响西安工业基地，损失就绝不是几千万元的事。对西安和库区同志的担心又怎样回答呢？实施水土保持和拦泥库的方案还遥远得很，五年之内国家哪有那么多投资来搞水土保持和拦泥库，哪能完成那么多的工程。那样，上游动不了，下游又不动，还有什么出路！希望多从全局想一想。”“看问题要有全局观点，要看到变动的情况。三门峡工程二洞四管的改建方案可以批准，时机不能再等，必须下决心。”

经过这次会议，对三门峡改建问题的争论减少了，但周恩来

① 周恩来在国务院召开的治理黄河会议上的发言记录，1964 年 12 月 18 日。

仍不放心。他反复强调："不要把事情想得太满，还可能会遇到困难，还可能发生预料不到的新问题。设计方面要多研究，施工时要和工人多商量，要兢兢业业地做。如果发现问题，一定要提出来，随时给北京打电话，哪一点不行，赶快研究。不要因为中央决定了，国家计委批准了，就不管了。""决定二洞四管不是一件轻松的事。既然决定了，就要担负起责任。大家要时常多想想。因为，黄河的许多规律还没有被完全认识。这一点要承认。"① 在周恩来关怀下，一九六八年三门峡第一期改建任务胜利完成。从一九六九年开始，三门峡工程进行第二期改建，又经过四年的奋斗，到一九七三年完成，基本上解决了三门峡库区的泥沙淤积问题。

这时，离第三届人大第一次会议召开的日子已越来越近。为了准备在大会上所作的政府工作报告，周恩来花了很多时间和精力。他参加各种会议，征求各方面的意见，再集中几天在钓鱼台进行讨论和修改。周恩来特别重视这件事是因为，这次大会正处在国内社会经济发展的一个关键时刻：从一九五九年第二届人大第一次会议以来，中国的社会经济经历五年的曲折发展后，已经全面好转，开始进入一个新的发展时期。在政府工作报告中，不仅需要总结前几年的经验教训，而且要指明今后一个时期的发展方向，统一人们的思想，步伐一致地继续前进。正如刘少奇所说："这一次周总理这个报告这样重要，如果不充分地讨论，怎么把我们全国各方面的认识基本统一啊？"

十二月二十一日至一九六五年一月四日，第三届全国人民代表大会第一次会议在北京隆重开幕。二十一日和二十二日，周恩来连续两天在会上作政府工作报告。他向全体代表宣布：现在，

① 《周恩来选集》下卷，人民出版社 1984 年 11 月版，第 437、438 页。

调整国民经济的任务已经基本完成，工农业生产已经全面高涨，整个国民经济已经全面好转，并且将要进入一个新的发展时期。“现在可以说，我们已经开始取得了建设工作的主动权。”周恩来指出：一九六五年应当继续完成国民经济调整工作中尚未完成的任务，同时做好必要的准备，以便从一九六六年开始进入第三个五年计划。对今后国民经济的发展，周恩来提出了一个鼓舞人心的宏伟目标：

“总的说来，就是要在不太长的历史时期内，把我国建设成为一个具有现代农业、现代工业、现代国防和现代科学技术的社会主义强国，赶上和超过世界先进水平。为了实现这个伟大的历史任务，从第三个五年计划开始，我国的国民经济发展，可以按两步来考虑：第一步，建立一个独立的比较完整的工业体系和国民经济体系；第二步，全面实现农业、工业、国防和科学技术的现代化，使我国经济走在世界的前列。”“第三个五年计划时期，是实现上述第一步任务的一个关键时期。这个时期的工作做好了，再经过大约两个五年计划的时间，就可以有把握地使我国建立起一个独立的比较完整的工业体系和国民经济体系。”

这个报告为中国人民绘制出一幅未来发展的美好蓝图。报告中提出的实现农业、工业、国防和科学技术四个现代化的宏伟目标，在人民中留下强烈的印象，产生了深远的影响。

为了今后国民经济的顺利发展，周恩来在报告中强调一定要注意处理好以下几种关系：首先是农业、轻工业、重工业的关系。周恩来指出：“应该按照农、轻、重的次序来安排。”“必须更好地执行以农业为基础、以工业为主导的发展国民经济总方针。工业的发展规模，要同农业可能提供的商品粮食和工业原料相适应。各行各业都应该面向农村，为农业服务。重工业部门应该首先为农业提供越来越多的机械、化学肥料、农药、燃料、电力、水利灌溉设备。为了实现这个要求，进一步加快重工业首先是基础工业的发展，是完全必要的。”其次，还要正确处理自力更生同国际合作的关系，实行技术革命，实行集中领导同大搞群众运动相结合等。① 会议继续选举刘少奇为国家主席，宋庆龄、董必武为副主席，朱德为人大常委会委员长。决定周恩来继续担任国务院总理。

和这次大会几乎同时召开的还有两个会议，周恩来都需要参加。一个是十二月二十日至一九六五年一月五日召开的政协第四届全国委员会会议，周恩来在会上当选为全国政协主席，毛泽东当选为全国政协名誉主席。另一个是中共中央在十二月十五日至二十八日召开的全国工作会议，讨论正在农村开展的社会主义教育运动。在这次会上，毛泽东对运动中反映出来的一些重要问题作出错误的判断，认为运动的性质是社会主义和资本主义的矛盾。他引用唐代诗人杜甫的一首诗说：“挽弓当挽强，用箭当用长。射人先射马，擒贼先擒王。”② 会议形成一个“十七条”的文件（后来补充修改为“二十三条”，在一九六五年一月下发），错误地提出运动的重点是“整党内那些走资本主义道路的当权派”。这就严重混淆了两类不同性质的矛盾，为不久后发动的“文化大革命”提供了依据。会上有人提出，可以在必要时抽出一部分生产时间，甚至于停工一个时期集中搞运动。周恩来坚决反对这种意见。他说：“有些关键性的东西不好停的，就还要有一部分人生产。炉子一下冷却了，就不行了。各种生产里都有这个问题。”③

---

① 《周恩来选集》下卷，人民出版社 1984 年 11 月版，第 439—442 页。

② 毛泽东在中央工作会议上的发言记录，1964 年 12 月 20 日。

③ 周恩来在中央工作会议上的发言记录，1964 年 12 月 15 日。

在“四清”运动中，农村许多社队对干部开展了过火的斗争。被誉为农业战线一面红旗的山西昔阳县大寨大队党支部书记陈永贵也受到冲击。周恩来历来反对那种极端化的看法和做法。当全国开展“农业学大寨”时，他冷静地指出：我们这样一个大国，各地的经验能否全面推广，还需要实践。讲大寨，要有点物质。到底大寨的条件怎样？他们是用什么办法干的？“八字宪法”是怎样贯彻的？国家给过他们什么支援？要说清楚。他们的条件不是到处都有，没有条件的地区怎么学？各地学大寨的精神，但也要有一定的物质条件。各地要找出自己的旗帜，因地制宜地推广自己的“大寨”经验，不一定都到山西去学。① 而当陈永贵受到冲击时，他就站出来保护陈永贵。一九六五年元旦那天，他和刘少奇约见参加中央工作会议华北组的负责人时指出：“关于大寨大队，我说几句话。我看了新华社的这个报道（指有关陈永贵的一篇报道——编者注），这个报道是不大准确的。应该说，陈永贵这面旗帜是对的，可以说他是公而忘私的。”②

因为三个重要会议一起开，这段时间内，周恩来非常忙，常常是上午参加这一个会，下午又赶往另一个会。他说，这是他感到“所遇到的会议最紧张、最忙的一次”。③ 尽管如此，他还是挤出时间再一次会见在十月下旬来到中国访问的老朋友、美国记者斯诺。周恩来告诉斯诺，中国经济调整的任务已经基本完成，经济形势已经好转并要有新的发展。但是，中国人口多，从需要量讲，经济还很落后，要建成一个现代化国家，还需要相当长的时间。中国的情况复杂得很，“搞了十五年经济建设，老实说，我作为总理还没有学会呢！”他还对斯诺说：“现在，赶上英国已

① 周恩来在听取全国农业规划会议领导小组汇报时的讲话记录，1964 年 4 月 10 日。

② 周恩来会见参加中央工作会议华北组负责人时的讲话记录，1965 年 1 月 1 日。

③ 周恩来在全国政协主席团第 2 次扩大会议上的讲话记录，1964 年 12 月 31 日。

经不是我们的中心问题。当时，一九五七年，苏联提出在总产量上超过美国，我们作为一个目标，提出赶上英国的口号。经过这几年摸索，我们依靠自力更生摸出一套建设经验后，看来这不是一个主要方向。因为，单在几个工业产品上追求数量，不能解决我们工业现代化的问题。”① 这是周恩来的真切感受，也是中国共产党人在探索社会主义建设道路过程中付出极大代价后换来的。正如周恩来所说：“有一些事情，我们必须犯了错误以后，才能取得经验教训。不付这个代价，很难取得。”② 斯诺感谢周恩来给他一次“很有启发性的会见”。

第三届全国人大会议结束后，周恩来本来准备集中精力来领导制定第三个五年计划。毛泽东对计划工作一直不满意，要求改变计划方法。在一九六四年九十月间召开过全国计划工作会议来解决这个问题。一九六五年一月，根据毛泽东的意见，由石油部部长余秋里、建筑工程部部长李人俊、浙江省委书记林乎加等成立一个“计划参谋部”，又称“小计委”。“小计委”的主要任务是摆脱计委机关的日常工作，集中到国务院，专心拟定第三个五年计划的方针和任务，研究战略问题。毛泽东特别交代，“小计委”由周恩来直接领导，国务院各副总理不要干预他们的工作。

但是，春节刚刚过去，战争阴云又笼罩着印度支那和东南亚。从二月上旬起，连续两个月内，美国加紧对越南北方进行大规模轰炸。怎样制止美国扩大战争的危险，和平解决越南问题，维护亚洲和世界和平，成为一个极端紧迫的问题。从三月至七月将近四个月的时间里，周恩来不得不暂时放下国内的许多工作，着重处理国际事务，并为第二次亚非会议的召开进行准备。

---

① 周恩来接受斯诺电视采访时的讲话记录，1964 年 12 月 16 日。

② 周恩来在最高国务会议上的讲话记录，1964 年 12 月 18 日。

从三月下旬起，周恩来率领中国政府代表团先后到罗马尼亚、阿尔巴尼亚、阿尔及利亚、阿联、缅甸等国访问。在这以前，他还率领中国共产党代表团冒着美机轰炸的危险，来到越南会见胡志明等，表示对越南人民抗美斗争的支持。周恩来访问亚非国家时指出："越南问题、印度支那问题，一方面关系到民族解放运动能不能实现的问题，一方面关系到和平中立不结盟主张能不能实现的问题。这同所有亚非国家都有关系。每个国家对越南人民的支持根据本身的地位可以有深有浅，但是都有责任支持。我这次出访就是把这些意见同友好国家的领导人谈一谈。"①

那时，对如何解决越南问题，国际上存在着各种意见：苏联认为，越南应该坐下来同美国和谈，以免引起世界大战；一些不结盟国家也担心越南问题会引起世界大战，因此支持苏联的意见，表示愿为实现和谈而奔走；联合国秘书长吴丹还提出把越南问题交联合国解决。

出访期间，周恩来阐明了中国政府的立场。周恩来指出：解决越南问题首先必须尊重南越人民的主张和决心；其次，任何有关越南问题的行动，必须征求越南民主共和国政府和越南劳动党的意见。"这是我们的立场。"周恩来毫不含糊地表示：这次越南事件，我们事先便提出了警告，如果美国把战争扩大到北越以及整个印度支那，我们不能不管。我们是已经做好了准备，说话算话。如果美国要扩大战争，要同中国大打，我们将决心完全承担责任。② 周恩来代表中国政府作出的郑重表示，它所包含的分量和决心是谁都可以感觉到的。为什么对美国的侵略决不能屈服？周恩来说：如果妥协，就会使美国的侵略合法化，比战争中牺牲更大。如果它打，我们就进行回击。更深一层看，如果南越人民

① 周恩来会见奈温谈话记录，1965 年 4 月 3 日。

② 周恩来会见阿尔及利亚总统本·贝拉谈话记录，1965 年 3 月 31 日。

屈服，美国下一步就会对柬埔寨、老挝动手，这个问题关系到整个东南亚、整个亚洲，关系到亚非民族解放运动的全局。①

对苏联等国提出的和谈建议，周恩来表示：中国并不根本反对谈判。他说："任何问题最后总是要通过谈判才能解决的。但是，就南越问题进行谈判的条件和时机都不成熟。美国提出了谈判的条件，即越南停止'侵略'，南越民族解放阵线停止抵抗，给伪政权喘息的机会，让美国继续对南越进行压迫。美国把南越人民的任何行动都说成是北越指挥的。在这种情况下是无法谈判的，这样谈十年也不解决问题。"② 后来，周恩来又说过：根据中国的经验，"不把美国打到认输时，就不会有和平和和平谈判；达成协议，它也会撕毁，重新发动战争。美国现在说的谈判是欺骗，现在同美国没有谈判的可能"。③

美国如果不顾一切地发动对中国的战争，将会产生什么后果？世界上有两个元帅作过评论。一个是英国的蒙哥马利，他说，美国如果打中国，就会进得来出不去。前方开辟新战线，后方却无法对付。另一个是经历过朝鲜战争失败的美国五星上将麦克阿瑟，他在临终前也讲过同样的话。周恩来访问巴基斯坦时再一次向美国政府发出警告。他请即将访美的阿尤布·汗总统转告美国政府三句话：第一，中国不会主动挑起对美国的战争；第二，中国人说话是算数的；第三，中国已经做了准备。④ 后来，周恩来将这三句话补充为四句话。第四句是：美国如果轰炸中国，我们将用我们认为必要的方式进行还击。那时候，战争就没有界限了。⑤ 几天后，因为阿尤布·汗访美的行期推迟，他又请

① 周恩来会见奈温谈话记录，1965 年 4 月 4 日。

② 周恩来会见巴基斯坦总统阿尤布·汗谈话记录，1965 年 4 月 2 日。

③ 周恩来会见法国外长代表肖维尔谈话记录，1965 年 11 月 30 日。

④ 周恩来会见阿尤布·汗谈话记录，1965 年 4 月 2 日。

⑤ 周恩来会见索马里总统亚丁·阿卜杜勒·欧斯曼谈话记录，1965 年 7 月 27 日。

坦桑尼亚总统尼雷尔向美国政府转达这几句话。

对这些日子的出访活动，周恩来是满意的。他后来对苏联驻华大使契尔沃年科说："走了这些国家，把问题讲清，这些民族主义国家从本身的经验知道，要反侵略才能得解放。因此，我们这样一讲，自然就引起他们对越南的同情，他们的认识也就进了一步。"① 事实正像周恩来所说的那样。曾主张越南同美国进行和谈的阿联总统纳赛尔，在送访问阿联的周恩来去机场的路上向他表示，他们以前对越南问题的主张是不对的。②

四月六日，周恩来回到北京。十天后，他又飞往印度尼西亚首都雅加达，参加第一次亚非会议十周年庆祝活动，并同苏加诺、金日成、范文同、西哈努克、苏发努冯、比兰德拉等会见。在这期间，他又一次来到美丽的小城万隆。十年前，他代表中国政府出席在这里召开的第一次亚非会议，被誉为"带来和平的人物"。四月二十六日，周恩来飞离雅加达到缅甸访问。他向奈温说：我们不主张挑起战争，如果美国挑起战争，我们才回击。二十九日，周恩来经广州回到北京。

这时，离预定召开第二次亚非会议的日期只有两个月了。周恩来十分重视这次会议，他指出，十年前，在万隆举行的第一次亚非会议对于促进亚非各国人民团结反帝的事业，起了深远的影响。在当前的形势下，特别是当美国在越南走上战争挑衅的冒险道路的时候，亚非各国有必要发扬万隆精神，进一步团结起来，加强合作，为反对帝国主义的侵略政策，为维护和争取民族独立、发展民族经济、保卫世界和平而共同斗争。他说："因此，开好第二次亚非会议有着非常重大的意义。"中共中央决定，仍

---

① 周恩来会见契尔沃年科谈话记录，1965 年 4 月 13 日。

② 纳赛尔同周恩来谈话记录，1965 年 4 月 1 日。

由周恩来率领中国政府代表团出席这次会议。

第二次亚非会议是一九六四年四月开始筹备的。由十五国外长组成的常设委员会在印尼首都雅加达召开了第一次筹备会，确定会议的原则和方针，并决定一九六五年六月二十九日在阿尔及利亚首都阿尔及尔举行。周恩来认为，第二次亚非会议应该比第一次亚非会议成效更大，第一次会议有了十项原则，这次会议应该把它具体化。① 一九六五年三月间，周恩来访问阿尔及利亚时，再一次强调了这个原则。他说：第二次亚非会议一定要根据第一次会议的原则办，即求同存异、协商一致。会议的目的是反帝反殖、保卫世界和平，另外使万隆会议十项原则具体化。② 随着会期的临近，筹备工作出现十分复杂的局面，许多节外生枝的问题被提了出来。印度提出改变会议程序，不再采取协商一致的办法，而改用联合国的方式，对主要问题的表决只要三分之二同意就可以通过。还有人提出苏联、南非和南越政权等是否可以参加等问题。

为了在会前排除可能遇到的障碍，周恩来在六月二日至十日再次出国，乘坐第一次担负起国际远航任务的中国民航公司专机，到巴基斯坦、坦桑尼亚访问，同这两个国家以及途经的伊拉克、阿联、苏丹的领导人交换意见。关于会议的范围，周恩来强调只限于亚非国家，其他地区的国家一个也不邀请，即使作为观察员也不行；“不为亚非国家当地人民所承认的帝国主义傀儡政权不能参加”。关于会议的内容，周恩来提出：经济问题是一个主要问题。要发展亚非国家的经济，靠向帝国主义乞求的办法和改良的办法是行不通的。他说：“现在亚非国家的经济力量还不能解决自己的问题，但要相信，我们的双手能够创造财富，不过

① 周恩来会见印度尼西亚大使苏卡尼谈话记录，1964 年 3 月 19 日。

② 周恩来会见本·贝拉谈话记录，1965 年 3 月 31 日。

需要时间。”“亚非会议必须树立起反殖民主义的经济原则，不能同联合国联系起来，那就是勤俭建国、自力更生和平等互利的国际合作。”①

六月十八日，周恩来和陈毅率领中国政府代表团出访阿联，准备在访问结束后到阿尔及利亚首都阿尔及尔出席第二次亚非会议。十九日，代表团刚刚抵达阿联首都开罗，就得到消息，阿尔及利亚由于内部原因发生政变，胡阿里·布迈丁推翻本·贝拉政权，建立革命委员会。这个突如其来的情况，给第二次亚非会议带来新的问题，焦点是：会议究竟延期召开还是按期召开，是坚持在阿尔及利亚召开还是另选地点。六月二十日，常设委员会作出如期在阿尔及利亚开会的决定。周恩来认为，阿尔及利亚政局的变化完全是内部原因，其他国家无权干涉。因此，同意常设委员会的决定，并且派陈毅立即赶往阿尔及尔参加即将在二十四日举行的外长会议。他自己继续留在阿联。

六月二十二日，陈毅到达阿尔及尔后遇到了一些新的情况。那时，为了争取更多国家参加这次会议，常设委员会在二十四日决定外长会议推迟四十八小时举行。到六月二十五日，共有二十七个国家的外长或部长到达，但还有不少国家没有来，特别是非洲国家来得不多，影响了会议的代表性。有些国家要求会议延期召开。那些没有来或主张会议延期召开的国家中，绝大多数对第二次亚非会议的态度是积极的。他们主张延期开会，是希望能够开好这次会议。只有少数国家的报纸在宣传：“亚非团结概念本身已有些过时了。”作为东道国的阿尔及利亚感到很为难：一方面在国内发生事变后许多事情尚待处理，一时无力顾及这次会议；另一方面又担心如果会议延期，将来是否还能在这里召开。

① 周恩来会见坦桑尼亚总统尼雷尔谈话记录，1965年6月6日。

在这种情况下，按照原定计划举行会议显然已不适宜了。

六月二十五日，周恩来致电陈毅，请他建议阿尔及利亚外长约集中国、印尼、阿联外长商议，开诚布公地把困难指出来，以便互相配合，妥善处理面对的问题。六月二十六日，在阿尔及利亚外长处，有七个国家的外长不期而遇，除了周恩来提议的四个国家外，还有叙利亚、马里和巴基斯坦外长。巴基斯坦外长布托出了一个主意。他说：应请东道国向各国外长解释不能开会的原因，并由东道国做主召开有法律依据的十五国常设委员会会议。阿尔及利亚外长接受这个建议，当晚召开十五国常设委员会，发表了会议延期的公报，避免了亚非国家的分裂。

几个月后，在阿尔及利亚召开会议的条件成熟了，但是，亚非国家间的问题却多了起来。围绕非亚非国家能不能参加会议，会议应该不应该同联合国发生关系，会议有没有必要谴责新老殖民主义，特别是谴责美国对越南的侵略等，存在的严重分歧一时难以解决。周恩来说：我们不能拿原则做交易，“明知要分裂，为什么还要跳下陷阱去?”十月十九日，中国和柬埔寨王国的代表在阿尔及利亚召开的十五国常设委员会上提出第二次亚非会议继续延期召开的联合建议。十月二十二日，周恩来就会议继续延期问题致信亚非各国首脑。信中指出：

> “亚非会议本来应该有利于亚非人民的团结反帝，有利于亚非国家的友好合作。但是，现在开会，势必使亚非国家在外长筹备会议一开始，就陷于严重争论之中，这不仅无助于我们大家所抱有的这个共同目的，反而要损害亚非团结，损害亚非国家之间的友好关系，导致亚非国家的分裂。中国政府经过反复慎重的考虑，认为与其不顾协商一致的原则，强行开会，造成亚非国家的分裂，不如暂时不开，还能有利于亚非人民维护万隆

精神，坚持团结反帝的事业。”①

中国政府的意见得到亚非大多数国家的支持。周恩来还在开罗同印尼总统苏加诺、巴基斯坦总统阿尤布·汗、阿联总统纳赛尔举行会谈，对亚非团结等问题交换意见。六月三十日，他从开罗启程回国。七月三日，途经叙利亚、巴基斯坦回到新疆，在这里进行短暂休息和视察后，于七月七日返抵北京。

七月十八日，周恩来在上海虹桥机场迎接原国民党政府代总统李宗仁归国，在海内外引起巨大反响。李宗仁的归来，经过长达十年的酝酿和准备，浸透了周恩来的心血。周恩来在李宗仁归国前向李提出：可以回国定居，可以回国后再去美国，可以方便时再来，可以在欧洲暂住再定行止，“总之来去自由，不加拘束”。并且说：我们说话是算数的。李宗仁得到这些口信后，激动不已地说：“我只要选择一条路，回祖国定居，安度晚年。”李宗仁这次归国，下了很大决心，也克服了很多困难。他到达上海的前一天，周恩来为了等候他起飞后的消息，通宵未眠，直到获悉他乘坐的飞机安全进入中国境内后才休息。一九六九年，李宗仁临去世时，在病榻上口授了一封给毛泽东和周恩来的短信，其中说：“在我快要离开人世的最后一刻，我还深以留在台湾和海外的国民党人和一切爱国的知识分子的前途为念。他们目前只有一条路，同我一样回到祖国的怀抱。”② 周恩来称这封信是一个“历史文件”。

这时，修订和编制第三个五年计划的工作继续在国内紧张地进行着。六月十六日，周恩来准备出国参加第二次亚非会议的前夕，曾到杭州和毛泽东一起听取余秋里关于编制第三个五年计划

① 周恩来致亚非国家首脑的信，1965 年 10 月 22 日。

② 《人民日报》，1969 年 2 月 2 日。

和长远规划的一些问题的汇报。毛泽东根据时局的发展和备战的需要，对计划工作提出新的指导思想。他强调："必须立足于战争，从准备打仗出发，把加强国防放在第一位；加快三线建设，改变工业布局，发展农业，大体解决吃、穿、用，加强基础工业和交通运输，把屁股坐稳，发挥一、二线生产潜力，有目标有重点地积极发展新技术。"讨论中，有人提出这样做是不是违反了以农业为基础、以工业为主导的发展国民经济的总方针？毛泽东说："是要违反一下，不违反一下怎么行呢？是倒过来了。""总而言之，第一是老百姓，不能丧失民心；第二是打仗；第三是灾荒。计划要考虑这三个因素。脱离老百姓，毫无出路，搞那么多，就会脱离群众。"① 后来，周恩来将毛泽东的这个思想概括为"备战、备荒、为人民"。② 并且解释道：备战，备荒，落实到为人民。要依靠人民，首先要为人民。为人民是最基本的观念。任何事情要想到为人民，人民是力量的源泉。他说：这是计划工作的战略指导，也是计划工作经验的概括。

根据这个指导思想，周恩来在政治局会议上提出，制定第三个五年计划要做到"四保"：保备战，保援外，保三线，保重点。他说："这'四保'是战略布局。减什么？不急需的，不落实的，非生产的。在设计方面要打破老框框。"怎样做到"四保"？周恩来用毛泽东的军事思想来作解释：首先，"你打你的，我打我的"，用在建设上就是"你来也是这样，不来也是这样。你干你的，我干我的"。第二，"能打就打，不能打就不打"，用在建设上就是"能搞多少事就搞多少事，有多少钱办多少事"。第三，"集中力量打歼灭战"，用在建设上就是"一个一个行业排队"。周恩来还强调，要把计划搞落实，就要到前线，要组织工作组到

① 毛泽东在听取计划工作汇报时的讲话记录，1965 年 6 月 16 日。

② 周恩来在国务院全体会议上的讲话记录，1965 年 8 月 23 日。

主要的建设方面去，在那里看一看，还可以挖掘潜力搞节约。他希望今年投资控制在一百七十亿元，起个控制作用，好处是留有余地。周恩来说："控制权，我在家就经过我送书记处批，我不在家直接找小平同志批。"① 他还提出，计划制定后不要因为一时的风吹草动就天天变。他说："我们现在正在搞长期规划和第三个五年计划，如果天天变，还能办成事吗？"②

出国归来后，周恩来立刻组织审议余秋里在杭州会议后拟定的第三个五年计划的初步设想方案。七月二十二日至二十六日，他连续五个上午听取余秋里等的汇报。周恩来在讲话中强调："安排项目时，要从几个方面考虑，首先是要不要列这个项目？应不应该摆在这个地区？规模定得是否合适？速度如何，协作关系有无问题？要把这些问题摸清楚。无论是长期计划和年度计划，都要分析项目，要注意布局、规模、进度和协作关系等几个方面的问题。同时，要考虑计划的执行有两种可能，一种是打起来，完不成计划；另一种是打不起来，就可能完成。"周恩来详细阐述了毛泽东关于"备战、备荒、为人民"的思想。他说：毛主席为什么要强调这三个问题？主要是帝国主义反动派和修正主义把我们作为主要敌人，我们也把他们作为主要敌人。所以，"我们就要备战，备战是长期的，帝国主义一天不消灭，我们总是要备战的。有了这个思想，事情就好办了。不但搞计划是备战计划，同时还要有备战的体制、备战的财政、备战的国防和备战的建设。总之，要有备战的思想，要有战斗的气氛、革命的气氛，这样就可以动员全国人民，又有可能做到少花钱多办事。为什么要备荒？我们是农业大国，农业人口多，因此以农业为基础的方针是长期的。我们有五亿人口，又是农业大国，备荒是一个

① 周恩来在政治局会议上的发言记录，1965 年 5 月 11 日。

② 周恩来会见军委作战会议全体同志时的谈话记录，1965 年 5 月 19 日。

大问题。在科学技术没有完全克服天灾以前，灾荒可以克服，但不能避免，农业还是基础。农业是基础，从备战、备荒来看，都要把农业搞好。”周恩来强调：“这三个因素，不是暂时的，是长期的，安排计划要经常考虑这些问题。”

由于第三个五年计划的指导思想发生了很大变化，计划指标重新做了调整，需要向各地区讲清情况，统一思想。会后，根据周恩来的建议，国家计委的负责人分赴各大区听取意见。本来华东地区想请余秋里到上海去同各省、市委书记谈一谈，但是，余秋里因为到西南去调查，走不开，周恩来便决定自己到上海去，同华东地区的负责人交换意见。

八月三日，周恩来飞抵上海。他用了三天时间同华东各省、市委书记谈话，听取华东局书记处会议对计划问题的讨论，并且提出了很多意见。关于城镇劳动力的安排，周恩来说：“上海、山东、江苏、浙江成立了劳动工资委员会进行试点，要把劳动制度、工资制度、教育制度、计划生育、人员下乡五方面结合起来，才能搞好。”关于水利投资的安排，周恩来认为：“治水要排个队”，“水害变为水利是长期的任务”。他在谈话中还特别强调，计委、经委不要光管物的生产，也要管人的生产。在考虑长期规划时，要注意控制人口。他说：“我们国家那么大，人口多不利于健康，不利于后代。这个工作也要面向农村。城市人口总是占少数，农村青年男女是说得通的。这是件大事。”“我们搞十五年规划，人口控制在八亿以内，要为此而奋斗。计划生育应该提到很重要的位置。讲了十年，城市有些效果。请各省、市第一书记亲自抓一抓。”①

八月十五日，周恩来从上海回到北京。不久，余秋里等也陆续回到北京。八月三十日至九月八日，周恩来七次听取他们到各

① 周恩来听取华东局书记处会议讨论时的讲话记录，1965 年 8 月 13 日。

地调查研究的情况汇报，进行了认真的讨论。会上有人反映：下面不少同志提出，第三个五年计划，钱就这么多，既然准备打仗，还可以再狠一点，把大小三线、国防建设搞得更突出一些。如果按照这些意见去做，第一要挤重点项目，第二要增加基建投资。会议认为这两条都不能同意。九月二日，国家计委拟出第三个五年计划安排情况的汇报提纲。这份提纲提出，"三五"计划的指导思想是：必须积极备战，把国防建设放在第一位，加快内地建设，逐步改变工业布局，发展农业生产，相应地发展轻工业，逐步改善人民生活；加强基础工业和交通运输的建设；充分发挥沿海地区的生产能力，积极地、有目标有重点地发展新技术，努力赶上和超过世界先进技术水平。提纲强调在"三五"计划期间一定要把建设重点放在三线，否则就会犯方针性错误。提纲接受周恩来提出的意见，把"三五"计划期间基本建设的总投资额定为八百五十亿元。计划初步设想，第三个五年计划期间财政收支各三千零五十亿元。一九七〇年工农业总产值约为二千七百亿元至二千七百五十亿元，每年平均递增百分之七左右。其中农业总产值约七百亿元至七百五十亿元，每年平均递增百分之四至五；工业总产值约为二千亿元，每年平均递增百分之八左右。

九月十八日至十月十二日，中共中央在北京召开中央工作会议，国家计委将这个提纲提交会议讨论，得到通过。周恩来评价说："这个计划比较来说，搞得落实一些，更实际一些。同时，也把过去这十多年的建设初步总结了一下。所以，这个计划可以说是一个比较好的计划。"① 他还提出根据这一计划进行建设要有重点：第一是农业，第二是国防，第三是援外，第四是大小三线，第五是基础工业。

---

① 周恩来在国务院组织的几个专业会议上的讲话记录，1965 年 11 月 13 日。

不久，由于“文化大革命”发生，并没有形成正式的“三五”计划。但以后几个年度计划，都是根据这时确定的基本方针去做的。

六十三、北方抗旱和邢台地震

第三个五年计划的基本方针确定后，最使周恩来担心的是“忽视农业”。这因为，重视农业是他的一贯思想，前几年严重粮食危机造成的灾难性后果给他的印象太深了，尽管这时农业情况已有好转，但中国的粮食问题并没有过关。余秋里向毛泽东汇报一九六六年的计划时，毛泽东曾对他说：“我们进口粮食，难道见马克思时还带着修正主义尾巴？”周恩来说：“这话给我的印象很深。”① 在制定和贯彻第三个五年计划的过程中，他首先紧紧地抓住农业问题。

周恩来走到哪里，谈起第三个五年计划时总是把农业摆在最前面。有些干部在讨论他的讲话时提出，国防和农业哪一个放在第一位？有的干部还问：是否应该修改“三五计划”的指导方针，把以国防建设为中心改为“大力发展农业，突出国防”？周恩来解释说：“我的意思是，请大家千万不要忽视了农业。农业摆在前面主要是提醒大家注意。现在国防、备战和大小三线的建设项目定了，我担心忽视农业。国防、三线从七亿人口来说还是少数人来做的。农业就是备战。备战、农业、备荒分不开。”怎样解决粮食问题？周恩来说：“要靠大寨精神，自力更生；要以

① 周恩来在华北局会议上的发言记录，1966 年 3 月 15 日。

地方为主，中央为辅；小型为主，大型为辅；集体为主，全民为辅；自办为主，中央帮助；因地制宜，因势利导。”他强调：“要抓紧、抓快、抓狠，要全民办农业。县、公社都要抓农业，每一个季节都不能耽搁。”①

抓农业，抓粮食，是全国性的任务，但又需要有重点。周恩来提出：“在整个形势下，中央要抓重点，注意北方几个旱的省。”他在这里所指的是山西、河北、山东、河南、陕西、内蒙古、辽宁和北京地区。

为什么周恩来把北方农业问题放在如此重要的地位？他是从“备战、备荒、为人民”的全局需要来考虑的。北方八省（市、自治区）是一个极为重要的战略地区。它是首都所在地，是全国的交通中心，又是重工业最集中的地方。这个地区一九六五年的工业总产值占全国的百分之四十左右，重工业产值占全国的百分之四十二点四。可是，同它的战略地位极不相适应的是：“这几省无一例外都要进口粮食”。国家长期实行南粮北调，近五年来还进口大量粮食，主要是接济这个地区。这里每年约调进一百亿斤粮食，一九六五年度调进一百二十亿斤，和进口粮食的年度最高量相当，等于把全部进口粮食用在这个地区。尽管如此，这里的农民口粮和收入仍低于全国平均水平，更不及南方。

因此，周恩来说：“从毛主席提出的‘备战、备荒、为人民’的长期战略思想来看，这恰恰是一个薄弱地区。正因为这样，在这个地区不仅要抗旱防涝，而且要把它作为农业上的主攻方向，像搞大小三线、国防工业、基础工业那样重视，并且由中央、国务院协同各级党政领导一起来抓，一定要狠抓。”“要从战略上考虑，时不我待。一旦有事，这个地区是有弱点的。把弱点补上，

① 周恩来听取计委讨论计划工作时的讲话记录，1965 年 11 月 13 日。

不快不行。现在要狠抓、快抓，每年要抓几次，一直抓到合乎‘备战、备荒、为人民’的起码要求。”什么是起码要求呢？周恩来说：一、粮食要自给。不仅河北、河南要自给，天津、北京的城市用粮也要在这个地区解决。二、队有余粮。三、国有储备。四、农民的口粮和收入要达到全国的平均水平。周恩来强调，中央和国务院要集中主要力量抓农业战略地区，也是备战的战略地区，这是我们的主攻方向，要长期抓下去。①

北方八省（市、自治区）最大的问题是灾荒严重。东至辽宁，西至陕西，北至内蒙古，南至山东、河南，经常是非旱即涝。从历史上看，这个地区常常连续大旱数年。解放十六年来，国家对这个地区的农田水利拨款和救灾拨款占全国同类拨款总数的百分之四十四，而这个地区的人口只占全国人口的百分之三十四。即便这样，还没有能较大地减除这里的旱涝威胁。一九六五年，这个地区的旱情十分严重，而根据气象预报分析，一九六六年的旱象仍大部分集中在这里，而且有可能连续旱两三年。因此，一九六六年新年刚过，周恩来就开始抓北方的抗旱。他指示国务院召集北方八省（市、自治区）抗旱会议。他自己到河北去，因为在北方八省中，河北的旱情更加严重。周恩来指出：“中央支援的重点是在北方”，“北方的重点又是河北”，对河北的情况心中有了数，才能对北方八省的整个工作做出恰当的部署。

一月二十三日，周恩来到达天津。二十四日，他在听取河北省委汇报农业生产情况后指出：“抓生产首先要考虑抗旱。”他要求省委负责人要一个一个地方去谈，指导工作。周恩来指出：

“对作物要进行研究。可以进行调查，能高产的作物，要种到有水或有墒情的地方，集中人力，集中肥

① 周恩来在国务院召集的北方 8 省、市、自治区抗旱会议上的讲话记录，1966 年 2 月 1 日。

料，不要分散开。到处都旱，到处都搞，结果效果不大。能种的地方要力争种上，雨一来，马上抢种，做两手准备，和他们去商量。每个省委书记包一两个地委，跟他们亲自去谈。先下去布置，早点布置，早做准备。”“在天津要多打井，再就是地上水利用要搞好，不然顺海河都流掉了，要把它断住。”

“中央对你们的要求是低的，去年你们搞了一百八十亿，今年能搞二百亿就了不起。可是，你们要到下边去，把生产队发动起来，好的地方要丰收，差一些的地方要自保。每个公社、每个生产大队都有丰收的，都有自保的，这样就好了。”“要有两手准备，天旱有五千万亩丰收，五千万亩平收，涝了你们山区还有二千多万亩嘛，还有些地淹不了嘛。这样，全省动员起来，你们再下去抓，冬闲抓一次，到了春耕锄草再去抓一次，夏收时抓一次，然后再抓秋收秋种，一年抓四次。今年抓一年，一九六七年抓一年，一九六八年再抓一年，河北就有起色了。”

要搞好河北的农业，地区之间的协作非常重要。周恩来指出，除了把邯郸、邢台、石家庄、保定、天津、唐山搞起来以外，要专门帮助一下衡水和沧州。石家庄帮助衡水，保定帮助沧州，这样就好办了。

那时，农村的“四清”运动正以很大的声势在发展，各地负责人都以相当多的精力投入这个运动。针对这种状况，周恩来强调不要光搞“四清”而误了生产。他说，阶级调查搞上十天半月就行了。他批评一个负责干部蹲在一个地方搞阶级调查，半年没有搞完，结果把别的工作都耽误了。

他还强调工业一定要支援农业，说：“东北还向中南要粮食，那是端着金饭碗讨饭吃，那么大的工业不支援农业。天津也是这样，石家庄也有东西，保定也有东西，还有唐山，一定有很多金银财宝，不好好搞就会卖掉甚至很浪费。”① 他后来多次谈到这个问题，说：“农业还没有过关，工业也不算本事嘛。”“农业负担不解决，就是对农业本身、对备战、对现在的工业建设也不利。”“你支援农业，发展农业，也就支援了工业，供应它粮食，供应它经济作物，供应它各种三类物资、山货等等，很多好处。这样才能使工农业结合得更好，互通有无。这就是我们掌握计划、掌握生产的要抓这一个关，支援农业的关。”② 周恩来还提出在农村中“非搞副业不行，要搞多种经营。养猪多的，除了出口、外调，还要自己销一些”。③ 周恩来这样细致、具体地指导农业工作，使省委的负责干部很受感动，也很受教益。河北省省长刘子厚在自己的会议笔记上写道：“周总理这次来谈，方法很活泼。他给我们鼓劲，叫我们给下边鼓劲：天再旱，人总要活嘛，千方百计发动群众，把地种上。”④

一月二十六日，周恩来回到北京后，马上参加正在召开的北方八省（市、自治区）抗旱会议。从二十七日至三十一日，他七次听取各地关于农业情况的汇报。二十八日，周恩来听取天津市委汇报情况后，再次强调市委要拿出一半力量抓农业。市委书记、市长、副市长都要分工抓一个区，抓到公社和生产队。他表扬市委书记万晓塘带头到农村基层调查研究的做法。周恩来要求他们在抓粮食问题的同时还要关心林业生产，希望他们研究种一些能耐碱的树，把北京到山海关铁路线和京津公路两侧搞得像北

① 周恩来听取河北省委汇报农业工作时的讲话记录，1966 年 1 月 24 日。

② 周恩来在全国工交工作会议、全国工交政治工作会议上的讲话记录，1966 年 3 月 5 日。

③ 周恩来听取河北省委汇报农业工作时的讲话记录，1966 年 1 月 24 日。

④ 刘子厚做的会议记录，1966 年 1 月 24 日。

京市区到飞机场那条路那样，力争早些改变面貌。

不久，周恩来在另一次会上又着重谈了造林问题。他指出：“我看主要任务还是抓造林。”“工业犯了错误，一二年就能转过来，农、林、水犯了错误，多年也翻不过身来。治水治错了，树砍多了，下一代人也要说你。我这几年抓了一下水利，心里可是不安。现在证明，三门峡工程调查不够，经验不够，泥沙淤积比我们设想的多得多，背了个大包袱。林业也是个包袱。我最担心的一个是治水治错了，一个是林业砍多了。”“十六年砍了六千万亩，造了五千万亩，还是赔了。二十世纪还有三十几年，再赔下去不得了。林业部要面向全国，主要任务还是植林。植林是百年大计，要好好搞。”①

通过调查和了解，周恩来对北方八省如何“抗旱防涝、抗灾保畜、争取丰收、摆脱落后”形成了一套比较系统的想法。二月一日，他在北方八省、市、自治区抗旱会议上提出了十条方针和十二项任务。

十条方针是：

一、抗旱防涝要与备战相结合；

二、抗旱防涝要与备荒相结合；

三、抗旱防涝的紧急措施要与农业的长期规划相结合；

四、抗旱防涝要做全面动员；

五、抗旱防涝要以自力更生为主，国家支援为辅；

六、抗旱防涝现在以抗旱为主，但不要忘了防涝；

七、抗旱防涝要节约民力，不要浪费民力；

八、抗旱防涝要安排好群众生活，要注意防治疾

① 周恩来对出席全国林业工作会议的西北林业建设兵团和有关省、区林业厅负责同志的讲话记录，1966 年 2 月 23 日。

病；

九、抗旱防涝要保护好牲畜，特别要严防兽疫；

十、抗旱防涝要保护农具，不要损坏农具。

十二项任务是：

一、加紧积肥和沤肥；

二、多备种子，特别要多准备一些晚田种子，公社、生产队要准备，粮食部也要准备；

三、千方百计开辟水源，节约用水，控制用水，不要浪费一滴水；

四、要打井；

五、要清查机具；

六、要管好用好一切抗旱救灾物资；

七、归地方管的农田水利基本建设，要分省作全面考虑，进行排队，急其所急；

八、地方机动的财力、物力，要集中使用，用在刀刃上，并要留有余地；

九、要不误农时，抢季节，定先后，抓重点，更要早做准备工作；

十、高产田和基本田要并重，前者是重点保丰收，后者是全民保命粮，队队有，人人要，都放松不得；

十一、各省、市、自治区都按地形分了几大片，采取分别抓的办法，这样注意力集中；

十二、尽管是灾年，粮食减产了，副业和多种经营可以多搞一些，粮食少了，要使农民的其他收入有所增加。

周恩来特别强调各级领导要自己动手抓好这项工作，“要狠抓，快抓，年年抓，长期抓”。他提出：中央、国务院和中央局一年至少要抓三次，八个省、市、自治区分为七个组，组长以外，再配一两个副组长：周恩来抓河北和北京，李先念抓河南，谭震林抓山西，余秋里抓陕西，林乎加抓山东，王光伟抓内蒙古，李富春抓辽宁，如果李富春身体不好，由薄一波代。周恩来说：

“这次只是一个开端，今后一年至少要抓三次。要到下面去蹲点，要抓一个先进单位，一个落后单位，经验要从群众中来。还要和省、市、自治区一道开会，出点主意，把群众的经验集中起来，帮助推广。还要督促检查。也不要希望我们做得很多，至少可以起鼓舞、带头作用嘛！我们还要和有关的中央局打招呼，一道去抓。”①

会议结束后，周恩来立刻组织抗旱工作队奔赴河北各地帮助工作。工作队临行前，周恩来规定了三条纪律：“一看，二帮，三指挥”。具体是：“下去后，不能增加地方负担，不要去指手画脚。首先向当地干部、群众学习，帮助地方工作，听从领导指挥。”他强调：“工作组干部应该到生产队和群众共同劳动，通过劳动进行调查研究，取得生产知识，鼓励群众的干劲，不能因工作组的工作妨碍群众劳动生产。”周恩来说：“对河北组讲的这些办法，同样也适合其他组。”②

经过一个多月深入实际，下去的工作组发现不少问题，也发现不少工作做得好的典型。三月二日至五日，周恩来多次召集北方八省、市、自治区农业汇报会。五日，他在会上发表讲话，指出：北方农业要争取在三五年内改变面貌，必须坚持两条：一条是政治挂帅，另一条是深入实际。鉴于一九五八年以来的教训，

① 周恩来在国务院召集的北方 8 省、市、自治区抗旱会议上的报告记录，1966 年 2 月 1 日。

② 周恩来对河北组抗旱工作队的讲话记录，1966 年 2 月 15 日。

他强调："千万注意不要瞎指挥。瞎指挥往往是由上而下产生的，不是由下而上，因为下边搞瞎指挥没有饭吃他就不干了。下去蹲点，大批干部都下去了，我们不下去也不行，这叫形势逼人。"他还谈到一定要处理好城乡关系、工农关系、厂社关系（工业支援农业）、地方与中央的关系、地方之间的关系等。周恩来说："不进口，不南粮北调，这是个大问题。要从'备战、备荒、为人民'这个总要求来解决这个问题。"周恩来还说："我也想下去，不过有时有点身不由己，说来还是决心不大。我到附近跑一跑还是可以的。我们不比主席，要留他一些时间考虑大问题。"①讲到这里，李先念在一旁插话说："你下去我们不反对，但是，你一天工作十几个小时，对身体还要注意。"② 谭震林也说："你已经跑得不少了。"③ 最后，议论到农业规划问题，周恩来同意李人俊和陈正人的意见，指出眼前的、长远的规划都要搞，说："搞农业规划要从下到上地搞。我们只能提出粗线条，如提出国有储备、队有余粮，提出达到或超过纲要。但多少年达到，具体的指标还是由生产队由下而上地搞可靠，最重要的是大队。"④

三月七日上午，周恩来参加中央书记处会议，讨论研究北方八省、市、自治区农业汇报会上提出的问题。邓小平说："北煤南调可能比南粮北调解决得快。改变南粮北调，可要下功夫。"他要求十年改变北方农业落后的面貌，说："十年我们能活着就要为此而奋斗。"下午，周恩来继续参加北方八省、市、自治区汇报会议，传达了中央书记处会议的精神。周恩来指出，根据书

---

①④ 周恩来在北方 8 省、市、自治区农业小组汇报会上的讲话记录，1966 年 3 月 5 日。

② 李先念在北方 8 省、市、自治区农业小组汇报会上的讲话记录，1966 年 3 月 5 日。

③ 谭震林在北方 8 省、市、自治区农业小组汇报会上的讲话记录，1966 年 3 月 5 日。

记处的意见，要抓住抗旱一直搞下去，改变落后面貌。他说，小平同志给了我们十年期限，如“三五”期间不打仗，我们就可以实现初步要求。他希望各地能在一个半月时间内搞个规划，到五六月召开中央工作会议时拿出来讨论。①

当天，中共中央、国务院发出关于成立北方八省（市、区）农业小组的通知。通知指出：“中央和国务院确定把山西、河北、山东、河南、陕西、内蒙古、辽宁、北京八个省（市、区）的农业作为农业战线上的一个战略主攻方向。为了具体协助这个地区的农业发展，抓紧目前这个地区的抗旱防涝、抗灾保畜、争取丰收的群众动员和国家支援工作，以便深入基层，接触实际，协助各级领导由下而上地制定各省农业规划，逐步改变这个地区的农业面貌，中央和国务院决定成立中央北方八省（市、区）农业小组。”通知宣布：农业小组组长由周恩来担任，副组长是李富春、李先念、谭震林、李雪峰、薄一波、谢富治、余秋里。周恩来还兼河北、北京组组长。

三月七日，为了解决北方农业问题忙了整整一天的周恩来，一直到八日凌晨三点多才上床休息。五点二十九分，北方大地一阵颤动，周恩来从睡梦中惊醒。他知道是发生了地震，立即给值班秘书赵茂峰打电话，询问是哪里发生了震情。②

当天，河北地震初步情况的报告送到周恩来手中。报告中说：这次地震“面积大，烈度大，遍及邢台地区各县。其中隆尧、柏乡、巨鹿、宁晋等四县最重。一般倒房百分之七十至八十，严重的村子房子倒光了。人员死伤情况尚未查清，初步统

① 周恩来在北方8省、市、自治区农业汇报会议上的发言记录，1966年3月7日。

② 赵茂峰：《无限的关怀》，《周恩来与防震减灾》，中央文献出版社1995年12月版，第114页。

计，宁晋县十九个村子死伤三百多人，隆尧县七个村子死伤一百零八人，牲畜死伤也很多。”“中科院有现场调查组在宁晋一带工作，因带仪器不全，地震原因还肯定不下来，但已看出地震未结束，还会继续发生。”① 后来查明，邢台地震的震级是六点八级，这是解放以后第一次在人口稠密地区发生的强震。据不完全统计，这场浩劫造成八千多人死亡，近四万人伤残，倒塌房屋五百多间，使五百六十多万人受灾，损失极为严重。

周恩来接到报告后，立刻命令北京军区和当地驻军携带急用药品、担架、帐篷和抢险工具赶赴灾区现场。同时，周恩来还让军事秘书周家鼎通知空军准备两架直升飞机待命，供他随时赴灾区视察。当晚，周恩来主持国务院紧急会议，商量抗震救灾的紧急措施。会后，周恩来亲自给中央写报告，汇报会议的决定：

“一、由国家科委和科学院（武衡、裴丽生）为主，集合科学院、地质部、水电部、石油部、煤炭部、冶金部有关地质勘察和物探技术力量一部分，前往地震现场进行探测、观察和研究，以便进一步探明地震范围、性质和方向，并将有关资料送回北京进行科学探讨（由李四光主持）。

“二、由曾山同志为首代表中央、国务院率领有关人员前往视察慰问并进行救护。

“三、由有关部门（卫生、公安、内务、供销社、兽医、铁道、农业等）组织医疗供应，工程人员随队前往，协助当地进行救护工作。

“四、我拟于明（九日）下午飞石家庄视察这次地震灾情。”②

---

① 河北人委电话报告地震初步情况记录，1966 年 3 月 8 日。

② 周恩来致刘少奇、邓小平等的报告，1966 年 3 月 8 日，手稿。

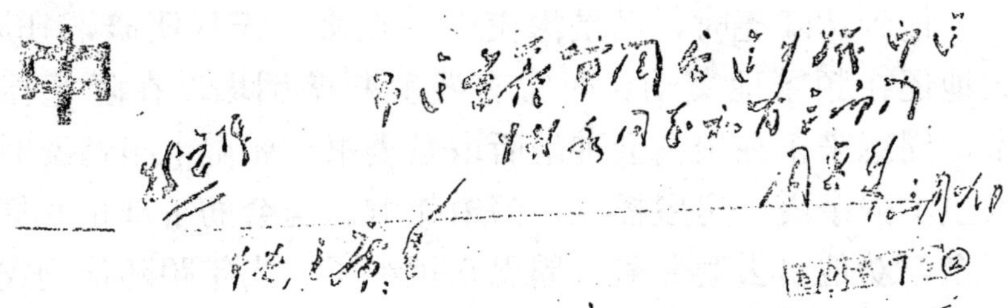

三月八日上午五时二十五分河北省邢台地区发生了历史上少见的大地震。这次地震波及邯郸、石家庄、衡水地区。邢台地区损失最重的是隆尧、宁晋、巨鹿三县的三十多个公社，三十二万人的地区，初步统计，死亡七千人以上，受伤两万多人，房屋倒塌百分之八十左右。牲畜损失情况，估计也很严重。

为了迅速抢救伤员，安定群众

1966 年 3 月 9 日，周恩来、周荣鑫关于河北地震抢救工作部署给中共中央和毛泽东的报告九日下午，周恩来乘专机到达石家庄市，听取河北省委和军区负责人汇报受灾情况。当晚，在河北省委书记处书记阎达开陪同下，周恩来在余震不断的情况下赶赴地震中心——隆尧县。

他到达隆尧时，已是深夜十一点多，天气阴暗，狂风呼啸，大地还在频繁地震动，时常有残垣断壁倒塌。在隆尧县委办公室，周恩来正在聚精会神地听取县委书记张彪汇报情况时，突然发生了强余震，房屋摇晃，门窗作响。与会的干部担心周恩来的安全，劝他出去避一避。周恩来拒绝了。当年跟随他到灾区视察的周家鼎回忆说："总理环视了一下房屋的结构，仍镇定地坐在那里，说这房子是新盖的，梁头都有立柱，塌不了，大家要沉住气。别人看他那安详的神态，紧张情绪很快安定下来，继续开会。"① 周恩来提出了五点要求：一、把领导核心组织起来，每个大队要有三至四名干部组成新的领导核心；二、要求干部以焦裕禄、王杰为榜样，由部队组织统一领导救灾斗争；三、县委组成流动组织，以便每天到各公社进行指挥；四、要有两手准备，一手是提高斗争觉悟，另一手向自然灾害作斗争；五、要关心群众的生活，锅达到三户一口，要在两天内落实。②

当晚，周恩来还听取了邢台地震救灾指挥部的负责人汇报情况。在充分听取意见后，周恩来对抗震救灾工作做了全面安排：

"在一星期内把秩序恢复起来，要帮助群众把死者掩埋好，安置好伤员，使伤病员得到治疗，再帮助群众搭好棚子，把简单的生活恢复起来，然后转入正常的生产救灾工作。

"加强对受灾社队的领导。受灾严重的社队基层干部死伤过多的，由周围轻灾区抽调一些干部去充实，代

① 访问周家鼎谈话记录，1996 年 11 月 7 日。

② 周恩来听取隆尧县委汇报工作时的讲话记录，1966 年 3 月 9 日。

理职务，帮助工作，轮流受教育。要发挥地方干部的积极性，提倡学习焦裕禄、王杰，要以毛泽东思想为武器，要宣传毛泽东思想，把工作做好。

“由军队和地方组织统一的救灾指挥部，凡是参加救灾的党政军、医疗卫生等部门，以某军政委蔡长元为主，由救灾部队统一指挥。组织后方支援机构，设在石家庄驻军机关，由军长挂帅，邢台、石家庄专区各有一名副专员，石家庄有一名副市长参加。前方指挥部设在隆尧。

“今晚到明天下午，把受灾情况、人员伤亡、房屋损坏、群众需要什么统计好。明天下午我还来，要给我汇报。”

周恩来还说：

“查了县志，在这里一千二百年以前，已有过大地震。我们的祖先只给我们留下了记录，没有留下经验。这次地震付出了很大代价，这些代价不能白费！我们还可以只留下记录吗？不能！必须从中取得经验。希望转告科学工作队伍，研究出地震发生的规律来。”

“总结出经验要为人民造福。我回北京后，要把搞地震救灾的部门都动员到现场来。到现场来的人和灾区群众要很好地配合，解决吃饭问题、防火问题，要解决好发展生产的问题。牲畜，县与县要调节好。把压在地下的东西要很好地挖出来。广泛宣传，要稳定人心。要搭棚，不要在房子里住，防止房屋再倒。要根据毛主席的指示、中央的关怀，去克服天灾。”①

周恩来考虑得非常周到，别人想不到的事他都想到了，该解

---

① 《周恩来与防震减灾》，中央文献出版社 1995 年 12 月版，第 7、8、9 页。

决的问题几乎都得到妥善处理。

第二天下午，周恩来又赶往受灾最严重的隆尧县白家寨慰问灾民。当群众听说“周总理来了”时，他们心情十分激动，暂时放下失去亲人和家园的悲痛，拥上街头，奔走相告，自动集中在一个空场上。周恩来乘坐的直升飞机就停在那里。周恩来登上一个大木箱子。他发现老百姓迎风站着，坚决让当地干部把群众调过头去，背风站，自己迎着风讲话。周恩来号召大家要“发展生产，重建家园”。他说：“这个困难一定能战胜。死了人当然难过，但是，不要低头。你们是毛泽东时代的农民，大家一定要团结起来，团结就是力量。”他还说：“我不能到每个庄子去了，请你们庄子做代表。你们要把党中央、毛主席的关怀和我讲的这些话，传给别的庄子。中国人民是有志气的。你们要学习毛主席著作，把劲头鼓起来，用七八天的时间把生活组织起来，过几天还要搞生产。隆尧和巨鹿、宁晋比嘛！恢复了生产，恢复了力量，就对得起死去的人。”① 周恩来的到来，使群众情绪很快安定下来，投入紧张的抗震救灾、重建家园的斗争中去。

三月十日傍晚，周恩来从河北回到北京。两天后，他又赶往天津参加华北局会议，讨论备战、粮食、农业等问题。会上，周恩来指出：“从全国说，我们一穷二白的落后状态未摆脱，工业、农业都比较落后，甚至不能不承认，我们社会主义国家比资本主义国家还落后。”“光学习毛主席著作，不联系这个（实际）不行。”他强调：南粮北调和进口粮食这两个情况非改了不可。我希望南粮北调和北煤南调同时解决，时间大体上是三年，即到一九六八年解决这个问题。华北地区的粮食问题解决了，鲁豫辽陕的问题就可以集中解决了。现在的问题主要是华北，大头是河北。“现在老区，尤其是山区连余粮都没有，对这一点，我很不

① 周恩来在隆尧县白家寨慰问灾区人民大会上的讲话记录，1966年3月10日。

安心。”他说：“我对华北有了感情。我过去是在华北受的资产阶级教育。现在，我还是在这里，在这儿要活一天干一天。因此，要不断学习，不断改造，把主要力量用在主要方面，把当前的抗旱救灾一直抓下去。小平同志说要抓它五年到十年，我抓主要是帮助。”①

本来，周恩来准备在会后到河北、北京各地调查一个月，集中研究这个地区的农业问题，但是，华北会议刚刚结束，他应毛泽东的要求到杭州参加中央政治局常委扩大会议。二十日，周恩来返回北京。二十二日，周恩来又接到邢台再次发生强烈地震的报告。这次地震的中心在宁晋县，灾情比上一次还严重。周恩来只能集中精力先来解决地震问题。

地震发生的最初几天，周恩来因为要同越南劳动党代表团会谈等，没有能立刻赶到灾区去。但他仍周到而及时地对救灾问题做出部署。除派出救援部队外，他特别指示两条：

> 一、对地震的发生，要提高警惕和保持镇静相结合。对自然界作斗争，首先要保持镇静。要有冷静的头脑，才能掌握情况，掌握动向，研究对策，采取措施。
>
> 二、加强震中现场观测。立即派飞机把地震仪送至尧山和耿庄桥，迅速沟通尧山、耿庄桥经石家庄至北京的有线和无线专向通讯，保障地震情况及时上报。

三月三十一日，周恩来第二次飞往地震灾区。四月一日那一天，周恩来走访了五个受灾严重的社队。当年救灾指挥部总指挥徐信回忆：“在灾区视察的日日夜夜，总理一工作就是十几个小时，不休息，直升飞机几次起落。余震一天发生好多次，周总理全然不顾。他跨越一条条一尺多宽的地面裂缝，穿过一道道随时都可能倒塌的断壁残垣。哪里有受灾的群众，哪里就有周总理那

① 周恩来在华北局第5次会议上的讲话记录，1966年3月16日。

伟大的身影，哪里就有他亲切的话语。”①

周恩来在各地讲话时强调：“救灾首先要靠自己。国家是大家的，国家要支援，但是，主要靠自己。恢复生产靠大家，新中国的人民要有志气。”他号召大家要“自力更生，奋发图强，发展生产，重建家园”。那时正值春耕时节，周恩来要求各地一边抗灾，一边抓生产。他说：“你们都是种地的，你们都知道农时不能误。麦子返青了，快到清明了，要抓生产。”②

周恩来在邯郸地区视察了几天，着重检查抗旱工作。四月二日，周恩来听取地区领导人关于打井抗旱的汇报后，对全区布置四月底打七千眼井的指标表示怀疑。他说：“心肠是好的”，但“当前首先是保麦收、保春播”，“已打的井不要泼冷水，群众愿意继续打的要完成。来不及完成的，群众有意见的要停下来”。“建设要一步一步走，欲速则不达。”③ 在大名县前桑圈大队，周恩来详细询问了群众的生活情况，大队支部书记如实地向周恩来反映：大队三年没有分配现金，每人每日口粮只有半斤多，吃盐和零花钱靠卖鸡蛋和自留地。当晚，周恩来同县委领导人座谈时沉重地说：“下午在前桑圈听了他们的生活情况，我很难过。支部书记当着那么多老乡不会说假话。”要求县委一定要把工作做好。在县委会上，周恩来了解到这个县为修海河抽调了九千多人、三千多辆排子车的情况后，十分气愤，说：“为什么调那么多排子车去？我是县委书记，我就顶。都是命令、平调撒蛮。我一直担心海河人多了，什么事太集中了不行。”④ 在临漳县，周恩来强调了打井要有计划性。他说：“农业落后几十年，一年是

---

① 徐信：《公仆风范长留天地》，《周恩来与防震减灾》，中央文献出版社 1995 年 12 月版，第 63 页。

② 周恩来视察宁晋县东汪镇时的讲话记录，1966 年 4 月 1 日。

③ 周恩来在邯郸听取省地负责人汇报工作时的谈话记录，1966 年 4 月 2 日。

④ 周恩来在大名县委座谈会上的讲话记录，1966 年 4 月 3 日。

翻不过来的。全县的打井计划也不是一年可以完成的”，“一年水利化，我有保留”。①

四月五日，周恩来到磁县，他和河北省委、地区以及中央有关部门的负责人一起总结几天来在视察中发现的问题。周恩来指出：“我们搞事情不能加重人民的负担。”他对农忙时节抽调大批劳力到海河工地提出批评。他说：“我一直对海河工地上那么多劳力有意见。这个事我允许的，我为这事来到天津，不要那么急嘛。”对抗旱打井问题，周恩来批评了一些人头脑发热，不顾实际可能安排任务。周恩来指出正确的方法是：“态度要积极，步子要稳，自愿原则，自力更生。”② 随后，周恩来视察岳城水库，提出：“水库要防洪、灌溉并重”，“在干旱年份灌溉比防洪重要，在丰水年份防洪比灌溉重要，这是辩证唯物的观点。”他批评过去修水库只管防洪、不提灌溉是不对的。他说：“修水库要全面规划，综合经营，综合利用。”周恩来的这些意见对河北地区的抗旱工作有重要的指导意义。

从地震发生后，周恩来就提出要加强地震的预报工作，由李四光负责。三月八日，周恩来召集国务院紧急会议时，请李四光来参加。他在会上几次问及地震预报问题。有的人认为解决这个问题比较难，因为国际上还没有解决。李四光说：国际上没有解决的问题，为什么我们就不能解决呢？周恩来十分欣赏他这种勇于探索的精神，称赞他是“独排众议”。③ 李四光不顾医生的阻拦，带病赴震区了解情况。他说：“你们不要再拦我了。总理都冒着生命危险去了灾区，我是做这个工作的，怎么能贪生怕死

① 周恩来在临漳县视察时的谈话记录，1966 年 4 月 4 日。

② 周恩来在河北磁县召开省委、地区和中央机关有关部门座谈会的讲话记录，1966 年 4 月 5 日。

③ 周恩来会见邢台地震科学讨论会代表的讲话记录，1966 年 5 月 28 日。

呢?”李四光的决心增强了周恩来对研究地震预报的信心。他多次谈到：“这次地震代价极大，必须找出规律，总结出经验。”他说：“虽然地震的规律是国际上都没有解决的问题，我们应当发扬独到精神，来努力突破科学难题。”三月八日的会议后，周恩来给中共中央的特急报告中写道：“按地震研究所资料，河北以宁晋、隆尧、巨鹿为中心地震地区，自公元七七七年始已有记载，直至一九六三年尚有小度地震。但地质科学家对何故发生地震、范围多大、方向如何，尚无定论。世界科学界对地震预测预报，也未解决。我们拟以这次损失推动地质人员进行各方探讨，求得一些结果。”① 在周恩来的关怀下，大批研究人员奔赴地震现场，开展大规模的地震考察和地震预报的研究工作。

四月六日，周恩来第二次从震区回到北京后，将地震研究工作列入自己的议事日程。四月七日和十日，周恩来两次约见地震科研人员，提出：“对地震工作要狠抓，抓到底，要孜孜不懈，才能抓到规律。”“有关研究地震自然现象的各种科学机关，必须加强研究，包括地球物理、地质、大地测量等学科。要求已经在灾区进行地震研究的科学人员，对地震的形成、发展趋势等问题，尽量找寻规律，总结经验。”他特别对年轻一代的科技人员寄以希望，说：“你们青年同志要大胆设想，才能有所发现，有所创造。但是，不要轻易下结论。地震规律不是几天就可以认识的、掌握的。”根据周恩来的指示，地震研究人员在邢台地震现场，相继开展测震、地倾斜、地应力等多方面的观测实验工作，积累了许多有价值的资料。

五月下旬，在北京召开邢台地震科学讨论会，到会代表四百多人。这是新中国成立以来内容最丰富的一次地震科学讨论会。五月二十八日，周恩来会见了与会代表，充分肯定地震工作取得

① 周恩来致刘少奇、邓小平等的报告，1966 年 3 月 8 日。

的成绩，同时指出决不能骄傲。他说：

“旧社会只有一个地震台，三个地震工作者。你们能看到这个发展，是个好事。说旧社会有了地震也不去实地考察，是否这样差？一九二〇年六盘山大地震总有人去看过。不要否定一切，历史也要一分为二，批判吸收嘛！说到苏联去学习有教条，总还学到一点东西，也是一分为二。苏联有些框框，自己做些比较，就突破了。没有低的，怎么来高的？现在全国有一百多个地震台了，比美国、日本还多，这也要一分为二。在某一点上超过，在全国说起来呢？就算美国、日本只有一百多个地震台，那么中国六七亿人口，他们只有一二亿，和日本比我们应该有七百多个台。所以，还差很远，不要满足于现象。现在地震技术人员有三百五十人，也是成百倍增长。但是，从国家的人口、面积上来比，从地区情况不同来看，我们的地震台和地震技术人员的数量还不够得很。希望以此为起点继续往前进。”“有了数量，还要有质量，不然数量可以增得很大，但未起质变。量变到质变要通过实践。这次抓住了这个现场去实践，是一个关键。事情总是要通过实践，才能有一个飞跃，有一个认识。”“这次的确是多兵种联合作战。参加的有科学院、地质部、石油部、水电部、农业部、建工部、测绘总局、海洋局、北京大学、科技大学等单位和地方的同志。只有这样，才能集中各方面力量，才能进行比较。抓住一个现实的关键问题，就要抓住不放，所以还要继续观测。这次地震，震动最多的一天是一千零七十次，现在一天还有一百多次。科学就要有数据。必须从多方面来研究，不能由一方面包了。任何事情不能一个人垄断，学术不能一个人垄断，专家也不能垄断。要同群众结合，吸收群众的经验和智慧。知识是从群众中来的，不过他们的分析方法不大完整。专家的作用就是把群众的智慧集中起来，加工、提高成为一门学问，再到群众中去进行考证，对的肯定，不对的修正，不断地从物质到精神，从精神到物质，反复不断地提高。”①

在周恩来关怀下，中国的地震科学事业发展很快。一九七五年，辽宁海城发生强地震前夕，有关部门成功地发布预报，使一百多万人提前撤离他们的住宅和工作场所。这在世界历史上还是第一次。后来许多国家的地震科学家和国际学术组织纷纷前来海城考察，将海城地震预报称为“科学的奇迹”。

经过一个多月的忙碌，邢台地震带来的问题基本上得到了妥善处理。周恩来原来希望按计划，继续到河北农村去抓农业工作，帮助他们制定出切实可行的长远规划，使他在“三五期间解决河北问题”② 的愿望得以实现。

但是，一场比自然灾害更严重的政治风暴很快席卷中国大地。它不仅完全打乱了周恩来的原定工作部署，而且打乱了全国人民的正常工作和生活。在毫无思想准备的情况下，周恩来被动地卷入“文化大革命”这场长达十年的政治灾难中。

① 周恩来在邢台地震科学讨论会上的讲话记录，1966 年 5 月 28 日。

② 周恩来在听取天津市有关负责人汇报时的讲话记录，1966 年 1 月 28 日。

六十四、“文化大革命”发动之际

一九六六年春，正当周恩来以很大的精力投入领导北方八省抗旱的时候，他没有想到，一场席卷全国的政治大风暴正在悄悄地袭来。这就是持续达十年之久的“无产阶级文化大革命”。

“文化大革命”的发生，不是偶然的。

前面说到，一九六二年初，中共中央召开七千人大会，总结“大跃进”以来的工作。随后，又开了西楼会议和五月会议，制定出比较切合实际的调整方针，采取一系列措施，克服“大跃进”造成的严重经济困难。毛泽东同意对经济实行调整，但并不同意处在“一线”地位的刘少奇等对形势的估计，认为他们把“大跃进”以来的问题看得过于严重了。用毛泽东后来的话说，正是在这个时候，在这些问题上，引起了他的“警惕”，并开始考虑防止在中央出修正主义的问题。①

这一年下半年起，经济形势开始有了好转。但由于国际国内一系列事件的发生，特别是中苏关系的进一步恶化和国际范围内“反对修正主义”斗争的发展，毛泽东把这些工作中的不同认识

---

① 毛泽东接见阿尔巴尼亚军事代表团卡博、巴卢库时的谈话记录，1967 年 2 月 3 日。毛说：1962 年 1 月召开七千人大会，“那个时候已经看出问题来了”。1966 年 8 月 5 日中共八届十一中全会期间，毛所写《炮打司令部——我的一张大字报》中，也提到“1962 年的右倾”。

看成阶级斗争在党内的反映。八九月间，在北戴河中央工作会议和党的八届十中全会上，他系统地提出阶级、形势、矛盾问题，严厉批评党内存在的所谓“黑暗风”、“单干风”和“翻案风”。毛泽东重提阶级斗争，是“文化大革命”发动的前奏。

一九六五年初，毛泽东对城乡“四清”运动提出：这次运动的重点，是整“党内走资本主义道路的当权派”。同年九月，毛泽东向地方一些领导人说：“中央出了修正主义，你们怎么办？很可能出，这是最危险的。”这是毛泽东准备发动“文化大革命”的重要信号。

周恩来和其他中央“一线”领导人一样，对毛泽东仍一如既往地敬重和服从。长期以来经历的风风雨雨，使他们对毛泽东重大决策的正确性深信不疑，认为他总是比自己看得更远些，更深刻些。即便在某些问题上有不同看法，最后还是照毛泽东的主张去做，并且努力去理解和跟上他。

一九六四年底和一九六五年初，当毛泽东同刘少奇的分歧在党内越来越明显时，不少迹象已给周恩来留下很深的印象。① 但他没有料到会由此引发一场长达十年的“史无前例”的政治大动乱。

一九六五年九月三十日，周恩来在人民大会堂宴会厅主持盛大招待会，隆重庆祝中华人民共和国成立十六周年。毛泽东、刘少奇、宋庆龄、董必武、朱德、邓小平等都出席了。招待会上，周恩来致词说：

“在过去的一年中，中国人民在社会主义革命和社会主义建设各个战线上取得了新的伟大成就。我国的工农业生产出现了新的全面高涨，我国国民经济进入了一个新的发展时期。”“现在，我国人民展望着无限美好的

① 周恩来在中共中央工作会议结束会上的讲话记录，1971 年 6 月 18 日。

未来，正在满怀信心地迎接将要在一九六六年开始的第三个五年计划。”①

显然，这时周恩来的注意力，依然集中在经过几年调整后已见成效的经济建设上。

然而，只隔一个月，“文化大革命”的导火索已点燃了：十一月十日，上海《文汇报》突然发表姚文元的《评新编历史剧〈海瑞罢官〉》，对北京市副市长、著名历史学家吴晗进行严重的政治批判。这件事震动了全国。

由江青等一手组织策划的这篇文章，发表前有意隐瞒了中央“一线”领导人。周恩来事先对这件事一无所知。江青后来说，他们为此“担了很大的风险”，“保密了七八个月”。②

文章发表后，在学术理论界引起普遍的反对。但由于它得到毛泽东的支持，十一月三十日，在拖延二十天后，《人民日报》奉命转载，把它登在“学术研究”栏内。同时发表经周恩来、彭真修改审定的“编者按”，其中多处强调党对科学和艺术工作一贯倡导的“百花齐放”、“百家争鸣”的方针。“编者按”中指出：“我们希望，通过这次辩论，能够进一步发展各种意见之间的相互争论和相互批评。我们的方针是：既容许批评的自由，也容许反批评的自由；对于错误的意见，我们也采取说理的方法，实事求是，以理服人。”对吴晗，周恩来是有长期了解的。他力图把问题放在学术讨论的范围内，避免导致一场政治批判。

但问题没有到此罢休。不久，又把《海瑞罢官》同一九五九年庐山会议“联系”起来，康生提出该剧的要害是“罢官”，是为彭德怀鸣不平。他的说法得到毛泽东的认可。吴晗和《海瑞罢

① 《人民日报》，1965年10月1日。

② 江青：《为人民立新功》，1967年4月12日。

官》的性质，变得越来越严重了。

一九六六年二月五日，周恩来和在北京主持中央日常工作的刘少奇、邓小平等，听取以彭真为首的文化革命五人小组关于当前学术讨论的汇报，并同意彭真的意见，即：吴晗问题是学术问题而不是政治问题，吴晗和彭德怀没有任何联系，在学术问题上要坚持“百花齐放”、“百家争鸣”的方针。二月八日，彭真等赶到武汉，向毛泽东汇报经中央政治局常委同意的《汇报提纲》。毛泽东对《汇报提纲》没有表示反对。二月十二日，中共中央正式批转了《文化革命五人小组关于当前学术讨论的汇报提纲》。

彭真对吴晗的保护，使毛泽东更加深了对彭真主持下的中共北京市委是“针插不进”、“水泼不进”的“独立王国”的印象。在打倒罗瑞卿、陆定一、杨尚昆时，毛泽东也已下定打倒彭真的决心。

周恩来没有立刻意识到问题的严重程度。几乎和毛泽东在武汉听取彭真汇报同时，周恩来在外交部召开的第四次驻外使节会议上讲话，充分肯定彭真提出的“要树立一个新的外交风格”的建议。① 在另外的场合他还表示：今年中央要好好抓农业，我也准备下去。②

三月十二日，即将离京赴河北一些地区进行为期一个月的调查的周恩来写信给刘少奇、彭真等，提出：在刘少奇、陈毅等出国访问期间，可将中央掌管的外交、国防工作交彭真负责。并说：“需要我回京时，请彭真同志给我打电话，随告随到。”周恩来还向一个外国党的领导人说过：我是得到中央的批准，常常想

① 周恩来在外交部召开的第 4 次驻外使节会议上的讲话记录，1966 年 2 月 8 日、9 日。

② 周巍峙整理的周总理 3 月间对文艺工作的几次谈话和批示要点，1966 年 3 月。

到农村、地方上去看看。但是，在北京的中央同志现在不多，所以，我跟彭真同志订了个协定，一旦有重要的事情，他打电话要我回来，我马上回来。在场的彭真插话说：“总理在家，我们比较享福一点。”①

周恩来到华北地区去的工作重点仍放在抗旱救灾上。但国内的政治局势却正在发生急转直下的变化。在杭州的毛泽东因为不满意彭真、陆定一对姚文元文章的态度，一次比一次更严厉地批评北京市委和中央宣传部。与此同时，他还亲自批改由江青主持召开的部队文艺工作座谈会《纪要》。这个《纪要》，全盘否定建国以来文艺工作在党领导下取得的成就，提出整个文艺界“被一条与毛主席思想相对立的反党反社会主义的黑线”专了政，号召“坚决进行一场文化战线上的社会主义大革命，彻底搞掉这条黑线”。长期以来一直关心文艺工作的周恩来，三月间连续作过几次指示，强调文艺工作者要多下去，接触实际，接触群众，改造思想，提高艺术水平。他没有对整个文艺工作加以否定，也没有使用“黑线”专政一类的提法。②

从三月中旬起，离京不久的周恩来不得不中断他正在抓的华北农业工作，开始频繁地出席中央会议，讨论被看得愈来愈严重的“阶级斗争”形势。

三月十七日至二十日，毛泽东在杭州召开中央政治局常委扩大会议，研究进一步开展学术界、教育界的政治批判。周恩来从天津回北京后，十八日赶到杭州出席会议。刘少奇、邓小平、彭真等也到会。会上，毛泽东提出全国都要开展广泛的阶级斗争，包括教育、出版、报纸、文艺、电影、戏剧等各个方面。同时，毛泽东还批评中宣部在当前学术批判中没有支持“左派”，是在

① 中越两党领导人会谈记录，1966 年 3 月 24 日。

② 周巍峙整理的周总理 3 月间对文艺工作的几次谈话和批示要点，1966 年 3 月。

压制“左派”。

风景秀丽的西子湖畔，正被越来越紧张的政治空气笼罩着。

杭州会议期间，毛泽东还因上海沪剧《芦荡火种》不能在北京演出，当面批评彭真是搞“独立王国”。毛泽东问在场的周恩来：“你的感觉怎么样？”周恩来回答：“我还没有什么感觉。”毛泽东又问邓小平，邓小平也作了同样的回答。事后，彭真向周恩来谈了《芦荡火种》演出这件事的来龙去脉，并告诉他原来已经委托副市长万里安排好了在京演出的场次。周恩来问彭真：“那会上你怎么不说话呢？”彭真说：“我不好当面顶撞主席。”①

三月三十一日，从上海回到北京的康生再向周恩来、彭真详细传达毛泽东二十八日至三十日的三次谈话。毛泽东在这几次谈话中更加激烈地点名批评彭真、陆定一等，甚至警告说：如果再包庇坏人，中宣部要解散，北京市委要解散，“五人小组”要解散。

毛泽东的谈话，表明从发表姚文元文章开始的一场政治风暴正在扩展，形势已是“山雨欲来风满楼”了。

即便到这个时候，周恩来对他正在抓的华北农业仍一直牢牢惦念着。就在康生作这番传达的当晚，他又启程前往河北的石家庄、宁晋、冀县、邯郸、魏县、大名、临漳、磁县等地，视察并部署抗旱和邢台地震后的救灾工作。

四月二日，他在邯郸写给毛泽东并报书记处的报告中说：

> “我三十一日晚到石家庄，四月一日到第二次地震重灾区五个地方看望群众和伤员，晚到邢台。”“二日至六日我在邯郸，视察各地打井抗旱春播生产工作。拟每

① 访问项淳一谈话记录，1984年1月6日。

隔十日回北京一次。如有急事，当由彭真同志告我赶回。”①

周恩来坚定不移地抓农业，是有长远考虑的。他这时说过：人生下来，第一件事是要吃饭，要穿衣服。吃饭、穿衣的材料、原料，都是农村来的。对六亿农民，要教育他们，支持他们，鼓舞他们。②

四月十日，他在回答巴基斯坦《黎明报》记者提问时再一次强调：

“中国是比过去强大了一些，但还不很强大。中国人民正在按照毛泽东主席的教导，奋发图强、自力更生地进行社会主义建设。不论遇到什么风浪，勤劳勇敢的中国人民经过二三十年的努力，一定能够把中国建设成为一个具有现代农业、现代工业、现代国防和现代科学技术的社会主义强国。”③

在中国实现包括农业在内的社会主义现代化，这是周恩来长期以来一直放在首要地位考虑的由衷愿望。

然而，他的这种愿望的实现一次又一次地被打乱。越来越紧张的学术批判形势已不允许周恩来继续集中精力抓华北农业工作，他原来计划的“每隔十日回北京一次”的日程安排也无法做到了。四月九日、十一日和十二日，他出席讨论学术批判的中央书记处会议。会上，康生再次传达毛泽东近来的一系列批评后，决定撤销经中央批准并转发的文化革命五人小组《汇报提纲》。彭真和周恩来等到会的中央领导人“对这次重大错误都作了初步

---

① 周恩来给毛泽东和中央书记处的报告，1966 年 4 月 2 日，手稿。

② 周恩来在第九次全国广播工作会议上的讲话记录，1966 年 4 月 9 日。

③ 周恩来接见巴基斯坦《黎明报》记者伊查兹·侯赛因谈话记录，1966 年 4 月 10 日。

检查”，并表示：“一致同意主席的批评和指示”。①

四月十六日，周恩来、邓小平、彭真、叶剑英和各中央局负责人到杭州，出席毛泽东召开的中央政治局常委扩大会议。二十二日，毛泽东在会上提出：我不相信只是吴晗的问题，吴晗问题之所以严重，是因为“朝里有人”，中央有，各区、各省、市都有，军队也有。出修正主义，不只文化出，党政军也要出，主要是党、军。二十四日，政治局常委扩大会初步通过经毛泽东多次修改审定的中共中央《通知》稿和以陈伯达为组长、江青等为副组长的中央文化革命小组成员名单。会议期间，周恩来找彭真谈了三次话。二十八、二十九日，毛泽东再次对彭真和中共北京市委提出严厉指责，并在党内一些文件上删去彭真的名字。

根据毛泽东的意见，五月四日至二十六日，在北京召开中共中央政治局扩大会议，集中揭发批判彭真、陆定一、罗瑞卿、杨尚昆的“问题”。这次会议和同年八月召开的八届十一中全会，是“文化大革命”全面发动的标志。在会议的前期，周恩来因为陪同来中国访问的阿尔巴尼亚党政代表团（这个代表团在四月二十八日来华，五月十一日双方签署联合声明。周恩来同他们举行多次会谈，并陪同他们访问华北、东北、华东等地），没有出席前期的会议。

五月五日，周恩来陪同毛泽东在杭州会见阿尔巴尼亚党政代表团。毛泽东在会见时说：要把两个可能放在心里，头一个可能是反革命专政，反革命复辟；第二个可能就是“剥笋”政策，（把坏的）一层层地剥掉。四十五年来，前后一共“剥掉”了几十个中央委员，但现在还有睡在我们身边没有发现的。

毛泽东的这个意思，在五月十六日中央政治局扩大会议正式

① 周恩来、邓小平、彭真就当前学术批判等问题给毛泽东的报告，1966 年 4 月 12 日。

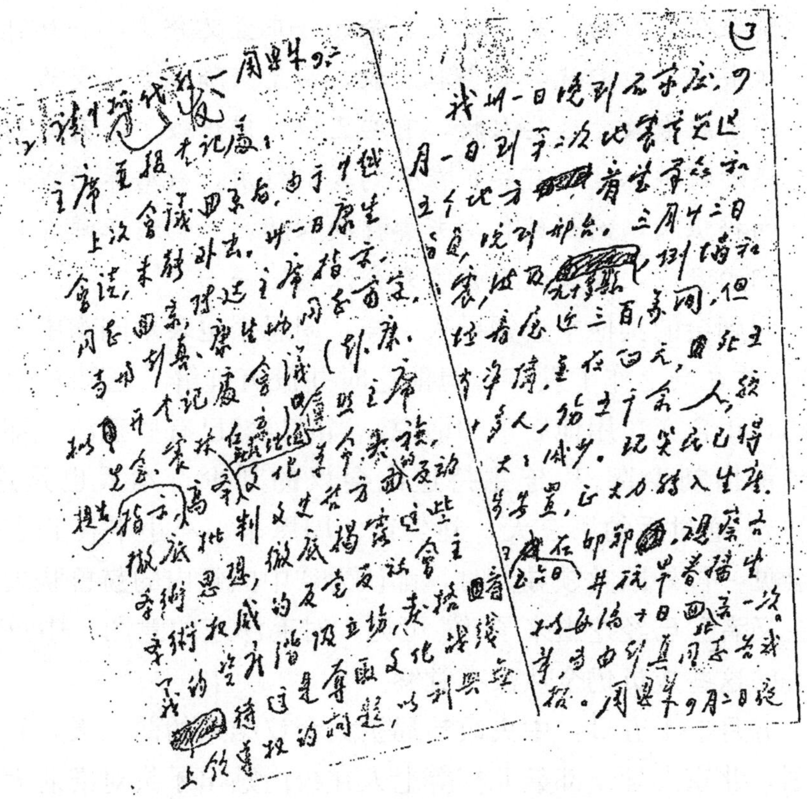

主席并报书记处：

上次会议回京后，由于小组会谈，未能外出。廿一日康生同志回京，转达主席指示，当即约彭真、康生两同志商定，由彭真召开书记处会议（彭、康、[illegible]……）遵照主席[illegible]……文化革命的[illegible]……彻底批判文史哲方面的反动学术思想，彻底揭露那些学术权威的反党反社会主义的资产阶级立场，[illegible]……夺取文化战线上的领导权的问题，[illegible]……

我卅一日晚到石家庄，四月一日到第二次地震区[illegible]……三月廿二日[illegible]……但[illegible]……三百余间，[illegible]……

[illegible]……周恩来四月二日晚

1966 年 4 月 2 日，在河北邯郸视察的周恩来

写给毛泽东并中央书记处的报告手迹

通过的中共中央《通知》中表达得更为明确，其中最令人震惊的是毛泽东写下的一段话：

“混进党里、政府里、军队里和各种文化界的资产阶级代表人物，是一批反革命的修正主义分子，一旦时机成熟，他们就会要夺取政权，由无产阶级专政变为资产阶级专政。这些人物，有些已被我们识破了，有些则还没有被识破，有些正在受到我们信用，被培养为我们的接班人，例如赫鲁晓夫那样的人物，他们现正睡在我们的身旁，各级党委必须充分注意这一点。”

同到会的其他中央领导人一样，周恩来也表示同意中央《通知》，并在会上作了发言。但他这时并没有理解《通知》中这段话的真正含义。用他后来的话说，当时虽然已有些猜测，却未曾想到是指刘少奇。[①] 连主持这次会议的刘少奇本人也是这样。《通知》通过后的第三天，刘少奇、周恩来、邓小平在北京玉泉山会见一位外国党领导人时，都认为“中国党内的赫鲁晓夫、修正主义者”已经挖出来了。[②] 可见，对毛泽东的意图，中央领导核心的这些成员仍全然没有觉察。

五月二十五日，中央政治局扩大会议结束的前一天，经康生策划，北京大学干部聂元梓等七人在校内贴出矛头对准北大党委和北京市委有关部门的大字报：《陆平、宋硕、彭珮云在文化革命中究竟干了些什么?》。北大校园立刻沸腾了，许多师生员工站出来批驳聂元梓等的观点。当天夜里，周恩来派人前往北大了解情况，严肃批评聂元梓等人的做法不符合中央“内外有别”的规

---

① 周恩来接见解放军三军文工团部分文艺工作者的讲话记录，1967 年 5 月 21 日。

② 刘少奇、周恩来、邓小平与胡志明谈话记录，1966 年 5 月 18 日。

定，是破坏纪律的行为。①

康生却背着在北京的刘少奇、周恩来、邓小平，私下将聂元梓等人的大字报底稿，送给远在杭州的毛泽东。六月一日晚，根据毛泽东的指示，大字报向全国广播。第二天，《人民日报》转载这篇大字报，同时发表评论员文章《欢呼北大的一张大字报》。这件事立刻引起极大的轰动。各大中学校学生纷纷起来，贴大字报，开批斗会，"造修正主义的反"。"文化革命"运动在北京和全国迅猛地展开。和当初《文汇报》发表姚文元的文章一样，在北京主持中央日常工作的刘少奇、周恩来、邓小平等对这件事都毫无思想准备。陈毅曾就发表聂元梓等人大字报一事当面问周恩来：这么大的事情，为什么连招呼都不打一个？周恩来回答道：我也是在临近广播前才接到康生的电话，说要发表这篇大字报。后来，毛泽东对《人民日报》评论员文章写下批注："危害革命的错误领导，不应当无条件接受，而应当坚决抵制。"显然，这里是有所指的。

为了坚持党的领导，使运动有领导、有秩序地进行，防止在运动中出现严重违反党的政策的混乱现象，六月初，周恩来连续出席刘少奇召集的中共中央政治局常委扩大会议，会上决定向北京市大中学校派出工作组，统一领导各校的"文化革命"。为此，中共中央拟定了"八条指示"，再三强调各单位运动要"内外有别"、"注意保密"、"大字报不要上街"、"不要示威游行"、"不搞大规模声讨会"、"不要包围黑帮住宅"，等等。

六月九日，刘少奇、周恩来、邓小平一起飞赴杭州向毛泽东汇报。毛泽东提出：派工作组太快了并不好，没有准备，不如让

---

① 林浩基：《北大第一张大字报是怎样出笼的——揭露康生的反革命罪行》（本文根据林访问前北大党委书记、校长陆平后所写），《北京日报》，1981 年 1 月 9 日。

它乱一下，混战一场，情况清楚了才派。当刘少奇等请毛泽东回京主持工作时，毛泽东要刘少奇等相机处理运动中的问题。①

六月十五日，根据原先决定却一再推迟的计划，周恩来出访罗马尼亚、阿尔巴尼亚。这时的首都北京，已处于令人难以捉摸、无法预料的政治气氛中。各党政机关、大中学校的大字报铺天盖地而来，各种批判会、声讨会、斗争会的调子不断升级，到处人心惶惶。行前，周恩来仍向国务院所属各部、委和北京市交代要支援京郊农村的“三夏”劳动。鉴于各单位因搞文化革命抽人困难，周恩来明确指示：“每部、委都应参加一部分人，这也是一种考验。”②

在为时半个月的出访中，周恩来的心情一直处于一种异乎寻常的紧张状态中。在回国途经巴基斯坦时，巴基斯坦总统阿尤布·汗发现：周总理同以往有些不一样，缺乏通常的那种爽快的情绪——是否因为太忙和太疲倦，还是其他原因？③ 其实，最使他放心不下的还是国内变幻莫测的政治局势。

七月一日，周恩来回到北京。这时，一些大中学校中已出现乱批乱斗、对批斗对象（主要是党政负责人和教师）进行毒打和人身侮辱等严重问题。中共中央领导层中对工作组废存去留的两种不同意见正在激烈交锋：刘少奇、邓小平等坚持运动要有党的领导，要较有秩序地进行，认为在许多学校的党委已不能正常工作的情况下，派工作组是必要的；而陈伯达等却几次反对派工作

---

① 刘平平、刘源、刘亭亭：《胜利的鲜花献给您——怀念我们的爸爸刘少奇》，《缅怀刘少奇》，中央文献出版社 1988 年 8 月版，第 434 页。

② 周恩来关于支援北京市郊区麦收问题的批注，1966 年 6 月 12 日。

③ 周恩来接见巴基斯坦驻华大使苏尔坦·穆罕默德·汗谈话记录，1966 年 7 月 17 日。

组，认为这样做不利于放手地让群众起来“革命”。[①] 第二天，已担任中央文革小组组长的陈伯达，把一封反映对外文委机关运动、“揭发”以张彦为首的工作组的来信转给刘少奇、周恩来、邓小平等。对这件事，周恩来提出，应该广泛听取各方面意见后，再报主持中央工作的同志决定工作组撤与否的问题。[②]

然而，毛泽东这时的想法却同在北京主持日常工作的领导人大相径庭。

七月八日，在武汉的毛泽东写了一封当时没有发表的信，提出：“现在的任务是要在全党全国基本上（不可能全部）打倒右派，而且在七八年以后还要有一次横扫牛鬼蛇神的运动，尔后还要有多次扫除”，“这次文化大革命，就是一次认真的演习”。信中提出一个重要的设想：“天下大乱，达到天下大治。”周恩来见到了这封信。根据毛泽东的意见，周恩来还就信中提出的一些问题找在大连的林彪商量，劝说林彪对毛泽东的称颂应该注意实事求是，用语“应当力求科学、准确、恰当”。[③] 但毛泽东在信中提出的“天下大乱，达到天下大治”这种指导思想，自然同周恩来和其他主持中央日常工作的领导人的原有想法有很大距离。

十天后，毛泽东从外地回到北京。他一回来，就以尖锐的语言提出：回到北京后感到很难过，冷冷清清，甚至有人镇压学生运动。

不久，刘少奇、周恩来、邓小平等在京的中央领导人都分别选择一所联系院校，到基层去调查研究，以取得对运动的“感性

① 刘少奇在中共八届十一中全会开幕会上的发言记录，1966 年 8 月 1 日。另据陈伯达致毛泽东的信，1966 年 8 月 11 日。

② 周恩来就对外文委机关运动中的问题致康生、陶铸并报刘少奇、邓小平等的信，1966 年 7 月 4 日，手稿。

③ 谷牧：《回忆敬爱的周总理》，《我们的周总理》，中央文献出版社 1990 年 1 月版，第 17 页。

认识”。周恩来选的是地处北京东郊的北京第二外国语学院，这里距市中心有十几公里，比较僻静。从七月二十四日起，周恩来用几天时间赶去看大字报，同师生们谈话，在礼堂坐在马扎上听学生们发言，到职工食堂吃饭，自己付钱和粮票。① 他向师生们解释说：我为什么要选择你们这个地方呢？因为你们学院在东郊，没有旁的学校。我要是去八大学院，消息就保不住，两个小时都保证不了。② 这时，他仍表示：“在北京，工作组的派出，有它的普遍性和必要性，但各个工作组在本单位所发生的情况又有其特殊性，这需要进行现场调查，作具体分析。”③

就在这个期间，毛泽东听了陈伯达、江青等的汇报后，已经认定派工作组是压制群众、阻碍运动，下决心撤销工作组，“要由革命师生自己闹革命”。他严厉地指责说：阻碍革命势必帮助反革命、帮助“黑帮”。④ 这无疑使周恩来感到困惑。七月二十八日，他第三次来到北京第二外国语学院时对师生们说：在这场运动中，主观上革命的，不一定不犯错误；百分之百的对是没有的，我就不保险。

第二天，根据毛泽东的指示，在人民大会堂召开北京市大中学校师生文化革命积极分子代表大会，宣布撤销工作组。刘少奇、周恩来、邓小平等都出席大会。周恩来在讲话中说：

> “第一点，我们做领导工作的同志（不论在中央、在地方，还是在政府里），对形势的估计有错误，有时对人民群众的革命积极性、主动性、创造性还估计不足；第二点，是因为对解决问题的认识上的错误，最直

① 李越然：《日月千秋　松柏长青》，《我们的周总理》，中央文献出版社 1990 年 1 月版，第 344 页。

② 周恩来在北京第二外国语学院的讲话记录，1966 年 7 月 25 日。

③ 《周恩来书信选集》，中央文献出版社 1988 年 1 月版，第 593 页。

④ 毛泽东接见中央文革小组成员时的谈话记录，1966 年 7 月 25 日。

接的例子就是北京。”“就是怕乱”，“因为青年人批评起来，辩论和斗争的界线就很难定”。“总之，这是一个新的事物，新的运动，我们过去都不熟悉，特别是我们年老的人更不熟悉，是‘老革命遇到新问题’。”①

八月一日，毛泽东主持召开中共八届十一中全会。这次全会，原定开五天，主要是要通过《关于无产阶级文化大革命的决定》（即“十六条”）。这个文件，是六月下旬开始由陈伯达、康生主持起草，中间几易其稿，主要内容是阐述“文化大革命”的任务和若干政策。它规定：“在当前，我们的目的是斗垮走资本主义道路的当权派，批判资产阶级的反动学术‘权威’，批判资产阶级和一切剥削阶级的意识形态，改革教育，改革文艺，改革一切不适应社会主义经济基础的上层建筑，以利于巩固和发展社会主义制度。”“无产阶级文化大革命，只能是群众自己解放自己，不能用任何包办代替的办法。”“要去掉‘怕’字，不要怕出乱子。”在讨论修改过程中，根据周恩来的意见，陶铸、王任重等主张删去原稿中有关“黑帮”、“黑线”的提法，在稿中加入对党的干部队伍状况要进行具体分析的内容，肯定大多数干部是好的和比较好的。修改后的文件，送毛泽东审阅时得到他的同意。

全会开幕当天，毛泽东在会上激烈指责派工作组的做法，认为工作组“起了一个镇压群众、阻碍群众的作用”，“百分之九十以上的工作组都是干尽了坏事”。同一天，他写信给反对工作组的北京清华附中红卫兵，对他们的革命造反精神“表示热烈的支持”。这时，全国各学校已普遍出现揪斗工作组的现象，并开始冲击派出工作组的各党政机关。这封信对他们是很大的鼓励和支

① 周恩来在北京市大中学校师生文化革命积极分子代表大会上的讲话记录，1966 年 7 月 29 日。

持。

第二天的会上，周恩来在发言中说：

> “对工作组的问题，留在北京中央工作的我们几个人都要负责，要替北京市负起更多责任来。主席一号说百分之九十的工作组都犯了方向性的错误，而我们直到主席回来，汇报的时候，还主张工作组不撤。投身到战斗中免不了犯大错误，我就犯过大错误，现在过问这个事情一定也要犯错误。要做这个精神准备，犯错误就改。要能够听不同的意见，多方面的意见来比较，如果自己想得不对，请教于群众，请教于主席，请教于中央。大家来想，总会做得好些。”①

根据毛泽东的建议，中央常委委托周恩来在撤销工作组后“过问”清华大学的文化革命运动问题。这对周恩来又是一个不小的难题。用他自己的话来说：“这件事对我既光荣又艰巨，因为我对清华大学可以说毫不熟悉，没接触，仓促上阵。搞不好，也要像工作组一样，也要‘撤’走的。”②

八月三日、四日，毛泽东对工作组的指责更加尖锐。他在中央常委扩大会议上说：“讲客气一点是方向性错误，实际上是站在资产阶级立场，反对无产阶级革命！”“牛鬼蛇神，在座的就有。”会议气氛骤然紧张起来。按照毛泽东的意见，全会改变原定议程，延长了会期。周恩来似乎预感到将要发生什么变故，他再次叮嘱值班秘书：如果主席处通知开会或谈事情，即使我已经休息了，也要把我叫醒。③

果然，在八月五日，毛泽东写出了使全体与会者震惊的《炮

---

① 周恩来在中共八届十一中全会上的发言记录，1966 年 8 月 2 日。

② 周恩来在清华大学全校师生员工大会上的讲话记录，1966 年 8 月 4 日。

③ 周恩来总理值班室《工作日志》，1966 年 8 月 5 日。

打司令部——我的一张大字报》。他用极其严厉的词句批评以刘少奇为首的所谓“资产阶级司令部”，指责他们“在五十多天里”，“站在反动的资产阶级立场上，实行资产阶级专政，将无产阶级轰轰烈烈的文化大革命运动打下去，颠倒是非，混淆黑白，围剿革命派，压制不同意见，实行白色恐怖，自以为得意，长资产阶级的威风，灭无产阶级的志气，又何其毒也!”他还写到：“联系到一九六二年的右倾和一九六四年形‘左’而实右的错误倾向，岂不是可以发人深醒的吗?”

毛泽东这篇极不寻常的“大字报”，第一次在党内高层中公开了他长期以来对中央“一线”工作的不满，并且把派工作组这件事提到了“实行资产阶级专政”那样的高度。这些，周恩来都摆脱不掉“干系”。但毛泽东并没有把周恩来列入“资产阶级司令部”之内。

据当年参加八届十一中全会的廖汉生回忆：“一天晚上十二点，周总理在人民大会堂东大厅旁边的一个厅里召集军队各总部负责人，海、空军负责人开会，北京军区杨勇和我也出席了。我当时是八届候补中央委员，这次会是打招呼会。周总理说：毛主席下了决心，写了《我的一张大字报》，晚上把我叫去，交给我，让我向大会传达，后又收回去了。第二天晚上又把我找去，再把《我的一张大字报》交给我。现在毛主席已下了决心，要改组政治局常委。”“打招呼会散了，周总理又向各省、市第一把手打招呼。”①

和刘少奇、邓小平一样，周恩来也是到这时才明白毛泽东在《五一六通知》中所称“资产阶级代表人物”指的是谁。毛泽东的“大字报”在全会上印发后，陈伯达立刻写下一份响应的“大字报”。会议也由此改变原定日程，开始转入对刘少奇、邓小平

① 访问廖汉生谈话记录，1984年2月18日。

等的批判。在这期间，周恩来变得更加沉默寡言了。他对廖汉生等两次说到“现在毛主席已下了决心”，说明他已明白这种发展趋势是难以改变的。在毛泽东“大字报”印发的当天，周恩来叮嘱国务院秘书长周荣鑫，要他抓紧做好群众来访接待人员的教育工作，让大家端正对“文化大革命”的态度，解决头脑中怕“乱”的思想。①

八月八日晚，林彪接见中央文革小组成员，以富有煽动性的语言对他们说：“要弄得翻天覆地，轰轰烈烈，大风大浪，大搅大闹，这半年就要闹得资产阶级睡不着觉，无产阶级也睡不着觉。”这些话使全会的气氛更趋紧张。

八月十二日，中共八届十一中全会重新选举了中央政治局常委，毛泽东、林彪、周恩来、陶铸、陈伯达、邓小平、康生、刘少奇、朱德、李富春、陈云十一人当选。但新当选常委的排列次序有了重大变化：林彪紧接毛泽东之后，一下子成为“第二号人物”；而刘少奇由原来的第二位退居第八位。在后来公开宣布党中央领导人职务时，除林彪以外，刘少奇、周恩来、朱德、陈云四人原来担任的中共中央副主席和邓小平原来担任的总书记职务都不再提起。毛泽东在全会闭幕式上说：这回组织上有些改变，是为了保证中央关于无产阶级文化大革命决定及全会公报的实行。“如果不开这次全会，再搞几个月，我看事情就要坏得多。”

对于六十八岁的周恩来来说，一场空前的政治大风暴，已经不可避免地摆在面前了！他已处在十分困难的境地。

---

① 周恩来总理值班室《工作日志》，1966 年 8 月 7 日、10 日；周恩来办公室台历，1966 年 8 月 10 日。

六十五、“红卫兵运动”中（上）

中共八届十一中全会后，党中央领导机构出现了一系列重大变化：在全会上受到批判的刘少奇、邓小平都已“靠边站”，原来处理中央日常事务的中央书记处在全会后已基本停止活动，周恩来实际上开始主持中央的日常工作。根据中央《五一六通知》规定，名义上“隶属中央政治局常委之下”、领导全国“文化大革命”运动的中央文化革命小组开始行使职权，而在实际上享有更大更多的特权。这样，在中央最高决策层内，便存在着并行的两套机构。八月下旬起，经毛泽东同意，组成中央政治局常委（扩大）碰头会，吸收中央文革小组全体成员参加，讨论党政业务和文化大革命运动。碰头会一般仍由周恩来主持。

这时全国的政治形势是怎样的呢？

八届十一中全会公报一发表，整个北京、全国各地立刻被一种热烈的气氛所淹没：到处敲锣打鼓、送喜报、开庆祝会、下决心书。出于对毛泽东的爱戴和信任，亿万群众以极大的热情投入到“文化大革命”的政治洪流之中。

“文化大革命”首先在各级党政机关和文教系统里成为压倒一切的政治任务。由于许多党政机关曾向大中学校派出过工作组，由于党政领导干部对运动普遍存在着“很不理解，很不认真，很不得力”的情况，他们便首当其冲地成为被攻击的目标。被揪斗的工作组成员，通常要戴高帽、挂牌子，遭到“喷气式”的残酷斗争。在这期间，许多学校（包括周恩来先后过问的对外文委和北京第二外国语学院、清华大学等单位）内部，因为对工作组等问题的看法不一致，群众间形成相互对立的不同派别：反工作组的是少数，称为造反派；保工作组的是多数，被攻击为“保守派”。他们对各种问题的大小辩论会越开越多，相互间的对立情绪也越来越严重。

面对这场由毛泽东亲自“点火”，广大群众真诚拥护、热情参加的“大革命”，周恩来虽然缺乏足够的思想准备，但他在这时并没有怀疑这场运动的出发点和积极作用，也根本没有想到运动会发展到后来那样的地步。出于长期以来对毛泽东的尊敬和信赖，他对毛泽东作出的决策仍努力从积极方面去理解，希望通过这种自下而上的群众大发动，真能有力地冲刷并消除党和国家肌体上存在的种种阴暗面，使社会主义制度得到巩固和发展。因此，在对内对外的一些场合，他都一再肯定开展“文化大革命”的必要性和必然性，并且检查自己理解不深，跟不上形势的发展。

八月四日，还在八届十一中全会期间，周恩来在清华大学全校师生员工大会上发表讲话说：无产阶级文化大革命是史无前例的，是意识形态方面无产阶级与资产阶级的你死我活的阶级斗争，是触及人们灵魂的大革命。我们每一个决心要革命的、要继续革命的同志，包括我自己在内，都要高举毛泽东思想伟大红旗，积极参加这场伟大的文化大革命，在这场火热的阶级斗争中考验自己，检查自己。①

八月十四日，周恩来在回答波兰驻华大使提问时又谈到：这

---

① 周恩来在清华大学全校师生员工大会上的讲话记录，1966 年 8 月 4 日。

次文化大革命是社会主义革命和社会主义教育运动发展的必然结果。把旧社会遗留下来的旧思想、旧文化、旧风俗、旧习惯破除掉，改革掉，建立新思想、新文化、新风俗、新习惯，这是个长期的工作。它不是突然出现的。过去我们在农村进行社会主义教育运动，现在由农村发展到城市。①

与此同时，周恩来并没有否认他本人思想上同这场革命之间的“差距”。在和学校师生们的谈话中他一再表示：自己虽然干了几十年革命工作，但就文化大革命这个新事物来说，在许多地方还不如年轻人那样思想解放，那样敢说敢闯、没有条条框框，因此，还需要老老实实地向革命师生和人民群众学习。他这样说明：“新的革命运动，我们这些老革命就不熟悉了，变成‘保守派’。我们跟主席一道工作，有时毛泽东思想举得不高，错误是经常要犯的，当然不是站在对立的立场上。我们要保持晚节，就要紧跟毛主席不掉队，在文化大革命中经受住考验。”②

尽管如此，他看到运动中出现的许多严重违反党的政策的现象难以控制，因而无法排解自己内心的苦闷和矛盾。这种情况，正如当时担任国家建委主任的谷牧所回忆的：“对于‘文化大革命’，在运动初期，党内绝大多数高级领导干部都处于一种‘很不理解’、‘很不得力’的状态，我们这些人都是如此。我体会，包括周总理和少奇同志等几位中央主要领导同志，他们也是在一种很不自觉的情况下被卷入这场政治风暴中去的，他们也是在凭着自己的认识看问题，凭着自己的经验干事情，凭着自己的责任感做工作。”“周总理作为当时中央的主要领导人之一，对于毛主席为首的党中央作出的决定，是必须贯彻执行的。所以，无论是同我们这些人谈话，或者公开对群众讲话，他总是讲要‘加深理

① 周恩来接见波兰驻华大使克诺泰谈话记录，1966 年 8 月 14 日。

② 周恩来与范文同第 2 次会谈记录，1966 年 8 月 18 日。

解’、‘跟上形势’。但是，‘文革’究竟要干什么？怎么搞法？将来的发展是个什么结局？他也搞不太清楚。”①

的确，尽管党中央已经通过关于文化大革命的《决定》，“文化大革命”已以排山倒海之势迅猛展开，周恩来对运动下一步如何发展仍可以说是“心中无数”。

八月二十二日，周恩来冒雨在清华大学发表讲演。他说：“派工作组的责任应该归新市委和在北京工作的中央同志”，“这是中央全会解决的问题，因此不能仅仅责备工作组，也不能仅仅责备北京市委”。他所说的“在北京工作的中央同志”，是把自己包括在内的。当谈到党中央《关于无产阶级文化大革命的决定》时，他说：“八月八日的《决定》现在公布十四天了，你们正在学习。为什么还有隔阂呢？就是因为有许多问题不清楚。有许多问题我们也不清楚。拿我来说，就很不清楚。”②

周恩来没有说明他“很不清楚”的是哪些问题。但在他讲这些话的四天前（八月十八日），首都北京发生了一件震动全国的大事：毛泽东在天安门接见北京大中学校的几万名“红卫兵”，并同首都百万群众共庆“文化大革命”。

毛泽东在天安门接见红卫兵，是他写信给清华附中红卫兵表示支持后，更进一步表明他对红卫兵的全力支持。八月十八日这一天，成为全国规模的“红卫兵运动”的开端。

周恩来后来讲到过毛泽东第一次接见红卫兵前的一些情况。他说：八月十六日晚上在工人体育场开大会，外地来的学生很多，大家都想见中央首长，当天晚上就研究十八日开百万人大

---

① 谷牧：《回忆敬爱的周总理》，《我们的周总理》，中央文献出版社 1990 年 1 月版，第 16—17 页。

② 周恩来在清华大学全校师生员工大会上的讲话记录，1966 年 8 月 22 日。

会。把这个结果汇报给毛主席后，毛主席一定要参加大会，并且要求穿军装。后来给毛主席赶制了一套军衣。① 又说：今天的群众大会情况完全出乎我们的预料。早晨五点钟，毛主席就来到天安门，到了观礼台，事先谁也没告诉，只有我一个人赶到，因为只通知我一个人。这就打破了旧的规矩。②

“红卫兵运动”的兴起，突破了中共中央不久前通过的关于“文化大革命”的“十六条”。在这个文件里，没有就大中学校里的学生组织作出规定，也没有提到“红卫兵”的名称。这次大会前周恩来曾建议：“红卫兵”是外国的名字，“赤卫队”是本国的名字，我看叫“赤卫队”这个名字好。③ 在“八一八”接见大会上，周恩来发表的讲话里号召人们学习、熟悉、掌握、运用“十六条”，搞好本单位的斗批改，也没有一处提到“红卫兵”。

“八一八”大会给了红卫兵的“造反”活动极大的鼓励。会后，全国各地纷纷响应，成千上万的红卫兵组织几乎在一夜之间就遍布了城镇乡村。《人民日报》八月二十九日的社论中写道：“红卫兵充当了文化革命这个群众运动冲锋陷阵的急先锋。”这些以“红五类”出身为主体的青少年们，抱着“保卫毛主席、保卫中国共产党、保卫红色政权”的神圣使命感和真诚愿望，冲出校园，走上街头，把“文化大革命”的烈火进一步引入社会，推向全国。

从八月下旬起，北京、上海、天津以及全国大大小小的城市街巷里，到处出现一队队“破旧立新”的红卫兵。他们先对人们的衣着穿戴和“陈规陋习”实行“革命”，随即开始扫荡所谓“封、资、修”的各种名称字号。在北京，红卫兵倡议把天安门

---

① 周恩来接见北京三十一中学生时的谈话记录，1966 年 8 月 18 日。

② 周恩来与范文同第 2 次会谈记录，1966 年 8 月 18 日。

③ 周恩来接见北京三十一中学生时的谈话记录，1966 年 8 月 18 日。

前的长安街改名“东方红大道”，并砸烂“全聚德”招牌，捣毁“荣宝斋”“黑店”；在上海，红卫兵冲上南京路，冲击“大世界”；在天津，红卫兵把“劝业场”更名为“人民商场”。由于舆论宣传的大力鼓动，短短几天内，“破四旧”的风潮便席卷中国大地。①

青年人是充满革命热情的，但无政府主义泛滥的骇人恶果却同红卫兵的“破四旧”行动相伴而来：多处名胜古迹被捣毁或破坏，许多祖国文化遗产被洗劫或废弃；肆意冲抄民主党派和宗教界人士住宅，没收和毁坏私人财物的情况，比比皆是；对著名作家和艺术家，乃至基层领导干部、普通教师进行人格侮辱、任意打骂或绑架关押的行为随处可见。更严重的是，一批高级知识分子因不堪受辱而选择了绝路，许多被称为“黑五类”的人员或被打致死，或被强迫遣送回乡。

周恩来极为关注北京和各地“红卫兵运动”的发展情况。对红卫兵“破旧立新”的一些举动和倡议，他并不以为然。一次，当他得知北京市海淀区的中关村被改名“革命村”时说：“还是先叫中关村好，不然会有很多人搞不清楚地方。我就不知道‘革命村’是哪里嘛!”② 尽管在某些事情上周恩来也不能不作一些表示，包括把他工作、生活了十几年的西花厅改名为“向阳厅”。但对于举世闻名的国家重点文物古迹，他尽力设法保护。“八一八”接见大会的当晚，他立刻在一次会议上宣布关闭故宫的决定，并部署北京卫戍部队前往守护，使这座有着数百年历史的皇家宫殿在“红卫兵运动”中得以完整地保存。③ 类似的情况，还有杭州灵隐寺等处。后来，周恩来告诉红卫兵：“破四旧”是个

① 《人民日报》，1966年8月23日、25日。

② 周恩来接见中国科学院双方代表时的谈话记录，1966年8月30日。

③ 童小鹏：《风雨四十年》第二部，中央文献出版社1996年1月版，第403页。

长期任务，中国的封建统治时间那么长，封建传统那么浓厚，习惯势力那么大，要一下子解决问题是不行的。①

这一时期，几乎天天都发生使周恩来料想不到的事情，尤其是“破四旧”当中接连发生的那些影响面大、严重违反党和国家政策、法律、制度方面的问题。对这些严酷的现实，他无法熟视无睹。他深感有必要就这些问题向红卫兵进行正确的引导。

八月下旬，周恩来曾两次主持审定关于“文化大革命”中一些具体政策的规定，但由于受到种种限制，这些规定都没有能够下发。他又力图对红卫兵直接进行劝说。鉴于红卫兵的活动有着很大的自发性、分散性和随意性，周恩来考虑需要先把各种红卫兵组织起来，才便于对他们进行教育和引导的工作。

根据周恩来的提议，北京新市委在八月二十四日决定成立首都红卫兵联络总站，地点设在北京市劳动人民文化宫内，由市委书记雍文涛主持总站工作；党中央、国务院在联络总站设有办公室，周恩来派国务院秘书长周荣鑫负总责。

二十六日，周恩来出席北京市大中学校红卫兵联络总站成立大会。他对来自五百多所大中学校的一千多名红卫兵代表发表讲话说：毛主席和党中央关心你们，党和国家有责任帮助你们，应该为你们创造条件，让你们组织起来，有事好和你们商量。比如给马路改名字，这很容易，但要调查，要商量个好办法。还有些事牵扯到国家制度，比如取消定息问题，就要经过人民代表大会审批。通过联络站，可以把你们的意见收集起来，哪些是马上能办的，哪些是以后办的，商量好了再送党中央、毛主席批准。总之，成立这个联络总站，一是要支持、帮助你们，二是要爱护、保护你们，三是有事情好找你们商量。

两天后，周恩来通过联络渠道得知，北京一所中学的红卫兵

① 周恩来接见全国大中学校红卫兵代表时的讲话记录，1966年10月3日。

倡议，要把苏联大使馆前的扬威路改名为“反修路”，并准备在二十九日举行二十万人的命名大会和大规模庆祝游行。为了避免发生涉外纠纷，周恩来在二十九日凌晨二时召集紧急会议，向红卫兵说明：我们进行反修斗争，是靠文斗不是武斗。如果按你们的精神，把反修的大字报贴到大使馆去，就要闯进大使馆，就有可能把文斗变成武斗。我们今天和苏联还有国家的关系、外交的关系，我们应该遵守这个关系，就如同他们在莫斯科要尊重我们的大使馆一样。因此，你们可以在他们的门口搞示威，但要有个界限，不能闯入大使馆。经过反复说服，大会组织者终于同意按照周恩来提出的意见办。会后，周恩来仍不放心，吩咐北京卫戍区司令员傅崇碧派出七百名徒手解放军战士到大会现场值勤，以应付可能出现的意外情况。清晨六时许，忙碌了一整夜的周恩来，在离开办公室前又嘱咐值班秘书，一有紧急情况（如游行群众冲砸使馆等），务必随时将他叫醒，一般情况也要及时收集记录，准备事后报告。① 从二十九日起，群众游行持续了两天，共达四十万人次，没有发生意外事件。

由于国外许多人对红卫兵运动中出现的种种现象不理解，以为是代表了中共中央和中国政府的态度，九月十六日，周恩来在会见澳大利亚客人时说：大字报里的意见，并不完全是我们的意见，里面许多只是某一个学校、某一个红卫兵小队或一小群人的意见。

名目繁多的改名活动直到国庆节前还在不断出现。九月下旬，周恩来接到北京市委办公厅报告：北京三十四所中学红卫兵和外地学生组织了一个“东方红筹委会”，准备把北京市改名为“东方红市”，准备在九月二十七日召开命名大会；还要把天安门前的华表和石狮子搬走，另外树立毛泽东铜像和英雄人物塑像

① 周恩来总理值班室《工作日志》，1966 年 8 月 29 日。

等。周恩来二十六日在报告上批示：“请以电话告市委办公厅和周（荣鑫）秘书长，通过联络总站，告以这是国家大事，国际观瞻所系，他们可以关心，可以倡议，但不能由他们决定、命名。否则命名无效，岂不损失信誉?”① 十月十九日，周恩来接见藏族学生代表时，得知他们当中有人打算更改自己的名字，理由是原来用的藏语名字中带有迷信色彩。周恩来当即表示，还是不改为好。他说：也有人写大字报要我改名字。我过去在战争年代没改名字，做地下工作时没改名字，今天在毛泽东时代更不用改名字了。如果大家都改名，那以后人名恐怕要排号了，如“东方红”一号、二号、三号……要说迷信，汉族的名字也有迷信，这都是过去留下的嘛!②

最使周恩来感到焦虑不安的，是“破四旧”中发生的对爱国民主人士和高级知识分子进行的侮辱、打骂、抄家等行为。对党内的同志，周恩来多以“一定要经受住考验”这样的话来鼓励他们，要他们正确对待群众运动，严于责己，多作检讨。而对于受到冲击的党外人士，就不能那样来要求了。他想方设法来劝阻和约束青少年们种种无知的、粗暴的言行。他多次向红卫兵强调要学好用好《十六条》，希望他们严格遵守“要文斗，不要武斗”这条起码的规定。但是，在中央文革小组以“革命”词句不断煽动下，涉世不深、缺乏政策法律观念的大多数青少年已被狂热的激情所支配，把“造反有理”、“无法无天”作为自己可以任意地为所欲为的借口，根本没有把周恩来那些语重心长的反复开导听进去。不幸的事件仍相继发生。

八月二十四日，视周恩来为知己的人民艺术家老舍在备受凌

---

① 周恩来对中共北京市委办公厅报告的批示，1966 年 9 月 26 日。

② 米玛昌决：《永远铭记周总理的亲切教诲》，《西藏日报》，1977 年 1 月 16 日。

辱之后，投北京城北的太平湖自尽。当周恩来得到老舍失踪的消息时，他已经来不及阻止悲剧的发生了。① 这件事给了周恩来极大的震动。他满腔悲愤地联想到其他人，特别是那些对“文化大革命”难于理解而且性情刚直的党外老朋友，立刻采取措施，尽力对他们实行保护。

据张治中的秘书余湛邦回忆：

> “文化大革命”开始时，张老正在北戴河。周总理考虑到张老个性刚强，回北京后恐怕会出事，便通知统战部派专人赶往北戴河向张老打招呼，解释毛主席为什么发动“文化大革命”，实际上是让张老他们这些人做好思想准备。我们八月底回到北京，刚到家红卫兵就来了。幸好周总理早已采取了措施，卫戍区派了一个连和一个营部驻扎在张老家附近（东城区西总布胡同）担任警卫任务。当时住在这一带的还有李宗仁、马寅初、刘文辉、章士钊等高级民主人士。这些警卫战士身穿便服，佩戴红卫兵袖章，遇到外面来的红卫兵，就主动跟他们交涉，不让他们在张老家里胡作非为。“破四旧”期间，共有五批红卫兵找到张老家，由于事先有了准备，外来的红卫兵始终没能动张老一下。②

周恩来能够在这时采取有力措施保护张治中等人，和章士钊的一封信也有关系。

八月二十九日夜，北京大学经济系的一群红卫兵闯入了全国人大常委和政协常委章士钊的住宅，肆意进行查抄。事后，章士钊写信给毛泽东，反映红卫兵的无理行径，要求在“可能范围内

---

① 舒乙：《父亲最后的两天》，《非正常死亡》，北京师范学院出版社 1986 年 4 月版，第 10 页。

② 访问余湛邦谈话记录，1982 年 4 月 7 日。

稍稍转圜一下，当有解铃之望”。次日，毛泽东在来信上批：“送总理酌处，应当予以保护。”

周恩来接到批件，马上采取措施，对章宅实行保护。就在这一天，周恩来亲自写下一份应予保护的干部名单，包括宋庆龄、郭沫若、章士钊、程潜、何香凝、傅作义、张治中、邵力子、蒋光鼐、蔡廷锴、沙千里、张奚若、李宗仁等十几位高级民主人士，还有人大常委会、国务院及所属各部委、全国政协、各民主党派中央、最高人民检察院、最高人民法院的负责人。① 这份名单虽然只有几十个字，却包含了几百名保护对象。第二天，他下令三〇一医院准备接受章士钊、程潜、傅作义、蔡廷锴、李宗仁等入院，对他们加以保护。对名单上的每个人，周恩来几乎都费了一番心思，寻求稳妥的保护方法。

拿宋庆龄来说，她是国内外享有盛誉的爱国民主人士，是几十年来同中国共产党患难与共的挚友。建国后，宋庆龄大部分时间居住在上海。“文化大革命”一开始，周恩来担心她长住上海不安全，劝说她来京定居，指定中央警卫局负责人杨德中主管宋宅的安全工作，由公安部、北京市公安局和当地派出所协同警卫。“破四旧”中，宋庆龄在上海的寓所受到冲击，万安公墓内她的父母的墓地也遭到红卫兵的破坏。此外，在南京，有人提出要推倒孙中山的铜像；在北京街头，出现了攻击宋庆龄的大字报，还有人扬言要冲入宋庆龄在北京后海的住地。为了阻止事态的继续发展，周恩来亲自出面对红卫兵进行教育。他说：

> “宋庆龄是孙中山的夫人。孙中山的功绩，毛主席在北京解放后写的一篇重要文章《论人民民主专政》中就肯定了的。他的功绩也记在人民英雄纪念碑上。南京的同学一定要毁掉孙中山的铜像，我们决不赞成。每年

① 《周恩来选集》下卷，人民出版社 1984 年 11 月版，第 450 页。

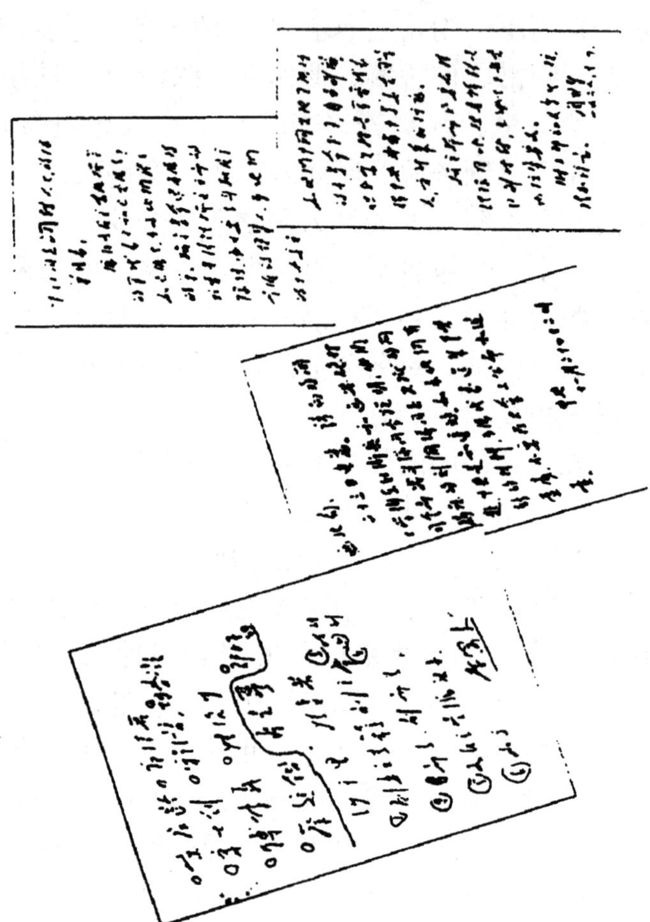

1966年8月30日，周恩来起草的关于保护干部的名单手迹

‘五一’、‘十一’在天安门对面放孙中山的像是毛主席决定的。孙中山是资产阶级革命家，他有功绩，也有缺点。他的夫人自从与我们合作以后，从来没有向蒋介石低过头。大革命失败后她到了国外，营救过我党地下工作的同志，抗日战争时期与我们合作，解放战争时期也同情我们，她和共产党的长期合作是始终如一的。我们应当尊重她。”“到她家里贴大字报不合适。她兄弟三人姐妹三人就出了她一个革命的，不能因为她妹妹是蒋介石的妻子就要打倒她。”①

在周恩来的竭力保护下，宋庆龄和她的住宅没有受到冲击，她父母在上海的墓地也得到修复。十一月十二日，周恩来冲破江青等人的阻挠，在北京主持大会，隆重纪念孙中山诞辰一百周年。同时，他还批准人民出版社重印出版由宋庆龄题写书名的《孙中山选集》和新编辑的由周恩来题写书名的《宋庆龄选集》。

这一时期，受到周恩来保护的还有班禅额尔德尼·确吉坚赞、阿沛·阿旺晋美等民族宗教界人士和一些著名学者、艺术家、知名人士及其家属。

为了教育年轻而缺乏知识的红卫兵，周恩来有时还要耐心地给红卫兵讲一些自然科学、社会科学的基本常识，来劝说他们不要做违反科学常识的事情。例如，有些红卫兵坚持要把交通信号改作“绿灯停、红灯行”，周恩来先从光线的透射力谈起，进而说到国际间的通行惯例，向他们说清楚不能这样做的道理。再如，为了纠正某些学生组织提出的“消灭伊斯兰教”这种极端错误的口号，周恩来以全中国有几千万、全世界有几亿伊斯兰教徒这个基本事实为出发点，耐心向红卫兵讲述宗教的起源、发展及其社会影响等等，说明党的民族和宗教政策的必要性、长期性。

① 《周恩来选集》下卷，人民出版社1984年11月版，第451页。

有一次，周恩来打电话紧急处理发生在北部边境城市海拉尔的一起涉外事件时，不得不亲自向冲到国际列车上去“革命”的红卫兵解释“为什么中国人给外国人开车”的理由。①

周恩来对祖国的后代始终抱着发自内心的关心、爱护和极端负责的态度。他利用和红卫兵谈话的机会，多次向他们介绍自己的家庭、个人经历、工作经验教训等，以切身体会来告诉青少年们：革命的道路并非一帆风顺，年轻人犯错误是难免的，粉饰和掩盖错误是不对的，要勇于正视它、改正它。他在各种场合讲得最多的一句话是：“我要做到老，学到老，改造到老。”②

就这样，身为几亿人口国家的总理，周恩来几乎每天都要和来自四面八方的红卫兵打交道，做工作。正如他自己所说，从这时起，他的基本工作已放在了红卫兵方面。③

然而，“破四旧”仅仅是“红卫兵运动”的开始。

从八月下旬起，红卫兵又开始一项重大举动：实行全国性的“大串连”。北京一些大中学校的红卫兵离京“南下”、“北上”、“东进”、“西征”，向全国播撒“文化大革命”的火种。各地的红卫兵也纷纷涌入北京，接受毛泽东的检阅，向首都红卫兵取“造反”之“经”。八月二十八日，外地来京学生已达十四万人。三十一日，毛泽东第二次接见红卫兵，更使他们受到极大的激励，出入北京的学生人数逐日递增。

由于参加“大串连”的学生一律免费乘坐火车，他们的伙食和住宿由当地政府安排，费用由国家财政开支，“大串连”更加

---

① 此处所引内容据：周恩来在首都大中学校红卫兵代表座谈会上的讲话记录（1966 年 9 月 10 日）；周恩来与北京 18 所大专院校红卫兵代表座谈纪要（1966 年 10 月 22 日）；周恩来在中国科学院群众辩论大会上的讲话记录（1966 年 9 月 7 日）。

② 周恩来在中国科学院群众辩论大会上的讲话记录，1966 年 9 月 7 日。

③ 周恩来在首都大中学校红卫兵代表座谈会上的讲话记录，1966 年 9 月 10 日。

如火如荼地发展起来。九月七日，周恩来致信江青、中央文革小组并报毛泽东、林彪和中央政治局常委说：

“上次天安门大会（八月三十一日）后，从九月一日到五日止，经过铁路运输，离京学生（包括北京外出学生在内）共约四十二万人；来京学生（包括回京学生在内）共约三十九万多人，其中当天未得安置，留在车站等待安排的五天总数约八万八千人，以九月五日最多，达到四万多人。”①

这以后，每天来往北京的红卫兵成倍增加，已难以数计。怎样安排好来京红卫兵的吃住这副重担，又落到了周恩来的肩上。他想方设法，费尽心思，后来连中南海国务院办公的地方也住进了几千名红卫兵。

十月中旬，根据中央关于进出北京的红卫兵可能达到一百五十万到一百七十万人的要求，周恩来向调来国务院协助工作的谷牧提出，可以制定出上、中、下三套方案，以应付可能出现的各种情况。② 到这一年十一月下旬止，毛泽东共计八次接见来京串连的全国一千一百多万红卫兵。

以首都北京为中心的全国红卫兵大串连，一步步把“红卫兵运动”推向新的高潮。

鉴于北京红卫兵“破四旧”中已经发生的种种情况，周恩来不难想象在全国各地到处“造反”中将要发生的严重问题。他以焦急的心情，考虑由中共中央下达一份文件，对全国红卫兵的行动加以指导和约束。在八月三十一日接见大会上，周恩来号召红卫兵要向解放军学习，遵守“三大纪律八项注意”，保护群众利

---

① 周恩来给江青和中央文革小组并报毛泽东、林彪等的信，1966 年 9 月 7 日。此件刊《文化革命简报》第 124 期。

② 谷牧：《回忆敬爱的周总理》，《我们的周总理》，中央文献出版社 1990 年 1 月版，第 19 页。

益，保卫国家财产，造成良好的社会主义的新风气。第二天，他又在首都大中学校红卫兵代表座谈会上提出：当前红卫兵面临的两大问题，一是组织起来，二是学习政策，为此，有必要搞一个红卫兵的章程。①

八月底九月初，周恩来亲自起草《有关红卫兵的几点意见（未定稿）》，包括十条内容。《意见》强调："目前最急迫的任务是组织起来，学习和掌握政策"，"不能各自为我，违反纪律"。针对已在全国掀起的红卫兵大串连，周恩来写道："我们提醒你们，实行革命串连，要保障党和国家的首脑部门、要害部门和宣传工具……工作不受影响，安全不遭危害，机密不致外泄，档案不致遗失，财产不受损失。要保证国家的专政工具正常行使职能。要保证交通运输机构照常运行，不受阻挠。要保证党和国家的对外关系和活动不受影响。""我们还要提醒你们，同厂矿、科研机关和服务性行业实行革命串连，要保障厂矿的生产和基本建设不受影响，科研机关的科学实验和中间性生产不致停顿，尖端技术的厂区不被闯入，尖端技术资料不受损失，服务医疗事业不致中断。"②《意见》还就红卫兵的组织形式、工作方法等作出一些具体规定。

九月三日，周恩来主持中央政治局常委（扩大）碰头会，讨论《有关红卫兵的几点意见（未定稿）》。会上，陶铸、陈毅、王任重等明确表示赞同。康生却表示反对，说："十个问题，需不需要讲？我看有代替的危险。"姚文元也话中有话地提出："应该用阶级分析讲政策。"③ 由于中央文革小组成员的反对，这个《意见》稿最终还是夭折了。

① 周恩来接见北京市大中学校红卫兵代表时的讲话记录，1966 年 9 月 1 日。

② 周恩来：《有关红卫兵的几点意见（未定稿）》，1966 年 9 月 3 日脱稿。

③ 中共中央政治局常委（扩大）碰头会记录，1966 年 9 月 3 日。

周恩来所以要亲自起草这十条《意见》稿，表明他对今后难以预料的形势的忧虑。这种忧虑随着“红卫兵运动”的扩展而日益加深。周恩来后来回顾这一段情况时说：文化大革命发展的“速度、广度和深度都不是我们原来所能预料的。我们大家（包含我自己在内）都没有足够的思想准备，就是说，没有能够完全预料到。”“就是在十一中全会以后，我们对这个运动的发展也常常估计不足，对于这样波澜壮阔的局面的来到，精神准备不够，总是要想方法，把它分步骤，或者分期分批，加以约束、限制。”①

尽管这个《意见》稿被否定了，周恩来仍不放弃自己对广大青少年进行教育、劝导的责任。他连续地出席离京、在京和来京这三种红卫兵会议，针对实际情况和问题，耐心地宣传解释党的各项政策和国家法律。

九月十日，他向离京奔赴各地的首都红卫兵提出：红卫兵应是一支战斗队、学习队、宣传队。“战斗”指的是进行文斗而不是武斗；“学习”就是要做调查研究，要进行科学分析，要有冷静的头脑；“宣传”就是讲政策、讲实际、讲界限，不盲目行动，不强加于人。他说：

> “因为你们还很年轻，你们的知识毕竟有限，你们知道的各方面的情况和党的政策是很不完全的。”“你们会遇到许多不熟悉的事情，因此要坚持‘没有调查，就没有发言权’的原则。”“（对毛主席著作）单单学语录是不够的，还要看全文才能懂得毛主席如何根据当时中国的情况创造性地发展了马列主义，才能看到文章的时代背景和伟大的前途，否则决不是真正学懂了。”“当前

① 周恩来接见外地来京串连的革命师生的讲话记录，1966年12月19日，有提纲手稿。

无产阶级文化大革命的重点是文教机关，而工厂、农村、服务性的行业应由那里的干部群众自己进行文化大革命，你们可以去进行必要的革命串连，但不能像在学校里一样，冲进去，要到哪里就到哪里。我们是无产阶级专政的国家，要有革命的秩序、建设的秩序。”“边疆的省份，靠边境的城市、集镇和边防点你们不要去。这些地方的每一个行动都关系到很多政策，如对外的政策、民族的政策等。那里宗教信仰常常和民族问题结合在一起，人们有自己的风俗习惯，即使改变也需要时间。”“总之，你们要团结一切可以团结的人们，包括爱国的剥削阶级知识分子、剥削阶级家庭出身的其他人士，甚至剥削阶级分子本身。”①

同一天，周恩来出席北京市大中学校红卫兵代表座谈会，发表长篇讲话。在谈到党的干部问题时，他指出：

“不能说全国的大学、中学里所有的领导都是‘走资本主义道路的当权派’。领导中有正确的、积极的因素，不能说一切都是坏的。也不能说所有党政机关的当权派都是‘走资本主义道路’，如果都是，那我们的无产阶级专政，毛主席的英明领导，不是在这些地方落空了吗?”“某些领导机关的某些领导同志犯了错误，而这个错误即使是某一个时期的路线错误、方向错误，也不能画等号就是‘黑帮’。”“所以，不是一切领导机关都要‘炮打’，也不是一切领导人都是路线错误、方向错误，更不是一切领导人都是‘黑帮’。”“即使不看作一切，而看作是绝大多数，也不合适，因为不合乎事实

① 周恩来在首都大专院校红卫兵司令部（一司）全体出征人员大会上的讲话记录，1966年9月10日。

嘛。”“黑帮、黑线这些词早就不用了，你们翻开十六条看看。”“你们传了一个口号，叫‘炮打司令部’。我在这里申明，对毛主席的话，一定要经过毛主席本人批准，由新华社、《人民日报》、《解放军报》、人民出版社发表，或由各级党委正式传达的为准，不能以社会上流传的作根据。”“‘炮打司令部’是有所指的，不能乱打一通，不能对一切司令部都炮击，不能把一切领导都打成‘黑帮’、‘黑线’。”①

九月十三日，他又提出：“黑帮”这个名称不能乱用。“犯路线错误的是否就是不革命、反党反社会主义？不能这么说，没有这个定义。”“去上海的同学问我，是否给上海市委去过电话，说‘上海市委是革命的’。我确实这样讲过。因为今天我们没有充分的材料，证明上海市委是黑帮、是不革命的。”②

二十一日，周恩来接见来京的哈尔滨军事工程学院的三个红卫兵组织代表时，再次批驳了“黑帮”、“黑线”的说法，指出：这不是毛泽东思想，不是马列主义的科学语言。③

仅在九月份里，周恩来接见北京和各地的红卫兵就达二十多次，所谈内容涉及党的干部、民主党派、知名人士、民族资产阶级、知识分子、民族、宗教、华侨、外事等各个方面的政策性问题。

尽管许多青少年无知狂热的行动，使周恩来日夜操劳，他仍丝毫不减对后代的真诚爱护的情感。九月九日，他直接同在西安的西北工业大学绝食学生代表通电话：

---

① 周恩来在首都大中学校红卫兵代表座谈会上的讲话记录，1966 年 9 月 10 日。

② 周恩来在“首都大专院校红卫兵总部”（二司）全体人员大会上的讲话记录，1966 年 9 月 13 日。

③ 周恩来接见哈尔滨军事工程学院 3 个学生组织代表的谈话记录，1966 年 9 月 21 日。

> “我一直在等待你们！你们没吃饭、没治病，我怎么能睡觉啊？你们提出的问题都好商量，你们有权提出要求。有些是马上可以办的，有些要经过中央讨论，我不能马上回答。你们不吃饭，我们心里不安。在毛主席的新中国，怎么能绝食呢？我们不责怪你们，而是劝导你们。光凭这个热情，会得到你们所不希望的后果。你们要求把问题提到毛主席面前，要他考虑。你们从一方面看，他要从全局看；你们是从一个时候看的，毛主席、党中央是从整个历史看的。很多问题不像你们想的那样简单。你们的要求，我接过来，但不能马上回答。这二十四位同学有意见，完全可以派代表来京面谈，我可以派飞机把你们送来。你们赶快治病。再不吃饭，我们心里就不安。”①

从第二天起的半个月内，周恩来一连四次接见西安绝食学生代表，耐心地对他们做劝导工作。

周恩来对红卫兵的耐心说服解释，在全国引起巨大反响，“一致认为解决了很多思想问题和政策问题”。② 北京和各地的红卫兵组织大量传抄、翻印的中央领导人讲话中，周恩来的讲话占了很大比重。由于周恩来的地位、声望，尤其是他入情入理、循循善诱、平等待人的讲话风格和广博的知识、宽阔的胸怀，使许多青少年深受教育。以北京西城区红卫兵纠察队（后来同东城区、海淀区红卫兵纠察队组成“首都红卫兵联合行动委员会”）为代表的一些学生组织，就是在这种影响和事实的教训下，开始怀疑或抵制一些无政府主义言行，逐渐对中央文革小组产生不

① 周恩来与西安工业学院绝食学生代表通话记录，1966 年 9 月 9 日。

② 中共中央华东局关于整理印发周恩来在首都大中学校红卫兵代表座谈会上的讲话（1966 年 9 月 10 日）的建议，1966 年 9 月 27 日。

满。

周恩来不仅自己做青少年的教育工作，还要求各级党政主要领导干部丢掉“怕”字，放下包袱，到群众里面去，宣传解释党的政策，劝阻违背政策和法律的极端行动，体现党对运动的领导。同时，周恩来主持的中央政治局常委碰头会还商定，要抓紧研究有关社会政策问题，先由各方面负责人收集材料，进行研究，提出初步处理意见，再报毛泽东和中共中央。①

对于各地频繁发生的各种涉及政策法律的事情，周恩来也常要亲自处理。九月十九日，他对中央给中共吉林省委《关于被批判、斗争对象工资处理问题的请示报告》的批复稿作了修改，并将报告中“凡属定性的，暂时只发给其本人及需要由他供养的家属生活费”一句，改作：“即使已定性的，也暂不改变；如本人少领工资，或捐献一部分工资作党费，听其自愿，但不强求，也不许其由减少用费而致病。”将报告中“凡未定性的，工资可暂发给”一句，改为：“凡未定性的，工资仍照旧。”②

九月下旬，周恩来和陶铸多次联名写信给毛泽东、林彪，反映连续在一些地区发生的红卫兵违反政策的情况。二十四日的信中谈到上海的情况：“最严重和急迫的就是他们要在明（二十五）日举行带一二百资本家游街示众，市委劝阻无效”。为此，中央决定给上海市委和北京赴沪红卫兵发出紧急指示加以制止。这个电报经毛泽东同意后，在当夜发出。二十六日的信中又提出：“鉴于各地医院领导不少瘫痪，院中红卫兵对专家医生打击面过大，大家一致主张支持华东局的意见，并且认为医院红卫兵要做到自动取消为好。”③ 为了阻止红卫兵的一些过激行为，并避免

① 周恩来修改审定的中共中央办公厅《关于抓紧研究文化大革命中社会政策问题的通知》，1966 年 9 月 26 日。

② 《周恩来选集》下卷，人民出版社 1984 年 11 月版，第 452 页。

③ 周恩来、陶铸致毛泽东、林彪的信，1966 年 9 月 26 日。

由此引起连锁反应，周恩来还以中共中央名义起草电文，指示华东局和上海市委，要他们转告“首都红卫兵南下兵团”及在沪的北京其他红卫兵组织，立即结束在沪活动，返回北京。①

但是，随着愈来愈猛的大串连风潮，形势变得更加难以预测了。中共中央原定分期分批进行全国大中学校师生串连的计划，实际上已完全失去控制。同样，周恩来做出的种种努力，自然也难以完全奏效。运动的发展已不再像他原先所预期的那样。在这种情况下，周恩来曾在内部宣布过、并经毛泽东认可的文化大革命运动将在这一年十月或年底结束的时间表②，根本无法实现了。

---

① 陈丕显：《滚滚浦江水　难诉思念情》，《我们的周总理》，中央文献出版社1990年1月版，第89—90页。

② 1966年8月，周恩来经请示毛泽东批准，中央国家机关的运动到这一年10月中旬告一段落（谷牧：《回忆敬爱的周总理》，《我们的周总理》，中央文献出版社1990年1月版，第16页）。之后，周恩来又在一次有国务院各部委负责人参加的会议上宣布，文化大革命将在年底结束，要求大家好好抓业务、抓工作（访问王光伟谈话记录，1982年2月2日）。

六十六、“红卫兵运动”中（下）

一九六六年十月一日，是“文化大革命”中的第一个国庆节。这时周恩来的心情并不轻松。面对着“红卫兵运动”造成的混乱局面，他首先要考虑的问题是：怎样正确地对待正受到严重冲击的干部。

这时，中央和地方的许多领导干部因为派遣或参加工作组而被造反派指责为犯了“路线错误”，不断遭到揪斗。还在八月间，周恩来在谈到工作组问题时，就多次提出：即便是犯了方针、路线的错误，也还要本着毛主席说的“惩前毖后，治病救人”的精神，指出他的错误，帮助他改正。并且说：在这个问题上，我自己和在中央工作的同志的心情一样，我代表他们，也代表我自己，向你们（指工作组派往的单位的群众——编者注）道歉。同时，我应该向你们说清楚，这个问题已经在中央全会（即八届十一中全会——编者注）上解决了。[①]

他反对造反派在工作组及其他问题上对领导干部揪住不放、无限上纲，以至采取群众“罢官”的做法。九月初，他主持中央政治局常委碰头会商议《关于党政军高级干部任免审批手续的暂行规定（草案）》的文件稿，设法对中央和地方的大批领导干部

① 周恩来在清华大学全校师生员工大会上的讲话记录，1966 年 8 月 22 日。

进行保护。这以后，他始终坚持各级领导干部不能由群众组织来定性、“罢官”。

九月下旬，针对红卫兵和其他一些人的提问，周恩来强调：“不能说犯了路线错误就是反革命，路线错误还是人民内部矛盾。我就犯过路线错误，但愿意改正错误，跟毛主席学习。”① “如果一个人在一个时候犯了一些修正主义观点和倾向的错误，只要他认识了，而又坚决改正，对这种人，党还是采取治病救人的方针的。这样的人，在各级领导机构中都有。”② “现中央、国务院各部正副部长三十六人停职反省，将来也要一分为二，不是一棍子打死。即使是反党性质的，也还有走得很远的、有愿意革命的。犯了路线错误，主观上还认为自己是革命的，只要愿意改正错误，就不能算敌我问题。”③

十月一日凌晨，周恩来审看《人民日报》社论《用毛泽东思想武装七亿人民》的清样。他在稿中论述“无产阶级的敌人，继续在用各种方式同以毛泽东同志为代表的无产阶级革命路线相对抗”的段落旁批道：“这是两类矛盾，既要区别，又要指明如果坚持不改，就有转化的危险。原文这两段没写清楚，我和陶铸同志的看法相同，所以试改了一下，但文字较长。”随即，周恩来将改稿送毛泽东审阅，并附信说：“这篇社论写得很好。只是在第三页有两段对两类矛盾没写清楚，这对当前运动的领导会发生影响。”④

---

① 周恩来同哈尔滨军事工程学院 3 个学生组织代表谈话要点，1966 年 9 月 21 日。

② 周恩来同澳大利亚共产党（马列）主席希尔第 2 次谈话记录，1966 年 9 月 29 日。

③ 周恩来在中央国家机关各部委党委、党组全体成员会议上的讲话记录，1966 年 9 月 22 日。

④ 周恩来就审改《人民日报》“十一”社论稿事给毛泽东的信，1966 年 10 月 1 日，手稿。

根据周恩来的修改，这篇社论在发表时增加了这样的话：“另有一些人，他们对于以毛泽东同志为代表的无产阶级革命路线至今还很不理解，对群众运动仍然是‘怕’字当头。”① 从周恩来所作批改看，他显然是不同意原稿中“无产阶级的敌人”的提法，不赞成把被认为犯有“路线错误”的人等同于“敌人”。

但在这个问题上，斗争还在继续发展。

十月一日，林彪在中华人民共和国成立十七周年庆祝大会上发表讲话，宣称“以毛主席为代表的无产阶级革命路线，同资产阶级反对革命路线的斗争还在继续”。②

同一天，《红旗》杂志第十三期发表题为《在毛泽东思想的大路上前进》的社论，首次提出：“对资产阶级反动路线，必须彻底批判。”它断言：“要不要批判资产阶级反动路线，是能不能贯彻执行文化革命的十六条，能不能正确进行广泛的斗批改的关键。在这里，不能采取折衷主义。”这篇牵动全局的重要社论，根本没有经过主持中央政治局常委碰头会的周恩来审查。这样大的事，周恩来事前却一无所知。

据当时周恩来派往中国科学院的联络员刘西尧回忆：总理起初不赞成“资产阶级反动路线”的提法，他曾对刘西尧说，批资产阶级反动路线我开始思想是不通的，康老是赞成的，陈伯达没有经过讨论就抛出了这篇社论。③

为此，周恩来向毛泽东当面陈述了自己的看法，提出：历来党内路线问题，都说“左”倾、右倾，没有“资产阶级反动路线”这种提法。毛泽东当即用英文作了解释，说：原来用的是“Counterrevolutionary Line（反革命路线）”，后来改成“Anti-revolutionary Line（反对革命路线）”，最后还是用“Reactionary

①② 《人民日报》，1966年10月1日。

③ 访问刘西尧谈话记录，1981年12月16日。

Line（反动路线）”好。[①] 无疑，“资产阶级反动路线”的提法，是经过毛泽东认可的。这以后，全国各省、市普遍在“批判资产阶级反动路线”的旗号下，出现各种名目的“战斗队”，借口运动初期被工作组整了、要求“平反”和追查有关的“黑材料”，包围并冲击当地党政机关，砸保险柜，抢夺档案材料，进行打砸抢活动，掀起了“踢开党委闹革命”的浪潮。

在这篇社论里，还引人注目地提出要反对“折衷主义”。这是怎么回事？据参与起草这篇社论的中央文革小组的一个成员回忆：这一年九月间，江青就已打算“整”总理了。突出的例子是中央文革小组在《红旗》杂志社召开的北京大专院校红卫兵负责人座谈会，蒯大富、谭厚兰、王大宾等七八个人出席，张春桥主持会议。会上，学生代表除了攻击刘少奇、邓小平外，还把矛头对准周恩来，说周总理是“和稀泥”、“折衷主义”。会后，张春桥报告江青，江青肯定说：“总理就是和稀泥、折衷主义。”根据江青的意见，《红旗》十三期社论里加进了批评“折衷主义”的内容。[②]

正当在全国展开对“资产阶级反动路线”的批判时，十月九日至二十八日，毛泽东在北京主持召开中共中央工作会议。由于党内干部对“文化大革命”的认识很不一致，会议开了近二十天。会上，林彪、陈伯达作主要发言，点名批判刘少奇和邓小平，指责他们是“资产阶级反动路线”的提出者和代表人，并鼓吹群众运动“天然是合理的”，强调要“让群众自己教育自己，自己解放自己”。他们还无中生有地指责：“工作组虽然撤走了，但是，那些不赞成毛主席路线的人，仍然可以利用职权，用其他

① 访问王力谈话记录，1983 年 7 月 18 日—8 月 19 日。

② 访问王力谈话记录，1983 年 7 月 18 日—8 月 19 日。

形式来代替。”刘少奇、邓小平在会上被迫作了检讨。这次会议,把已在八届十一中全会上“解决”了的问题,又在更大范围内重新提出来,并且断言:“两条路线的斗争还在继续,而且还会经过多次的反复。”①

中央工作会议期间,周恩来在发言中也作了自我检查。他说:“这次文化大革命,我们都是没有充分思想准备的,也没有经验,但是毛主席对运动的前景是看得清楚的。我们看不清不要紧,要紧跟主席,不要掉队。”② 又说:“我个人在这五个月中,前五十天中虽两次外出,但在京时也没有做好助手的作用,对工作组只提过改良主义的办法,没有及时向伯达同志请教和深入到群众中学习,这是我的主要错误。在十一中全会后,我努力紧跟主席和林彪同志,向文革小组密切联系,有时仍有掉队之虞。”③他还劝告与会的地方和中央部门的领导干部:必须从现在起,采取主动,亲临前线,解决问题,考验自己。做到:一、挺身而出,承认错误;二、支持左派,帮助中间、保守;三、处理档案,解放多数;四、先做学生,后做先生;五、站稳立场,坚持政策。看来运动还要有个新的高潮,你们要做好迎接高潮的准备。④

就在中央工作会议开会前夕,清华大学的红卫兵已开始把斗争目标对准刘少奇夫人、原驻清华工作组成员王光美,要求王光美立即回清华检查错误。这实际上是把矛头直接指向刘少奇。据

① 陈伯达:在中共中央工作会议上的讲话,1966年10月16日。

② 周恩来在中共中央工作会议小组会上的发言(插话)记录,1966年10月13日。

③ 周恩来在中共中央工作会议华东组发言提纲,1966年10月26日,手稿。

④ 周恩来在有国务院副总理、各口负责人、各部委党组书记,中央直属机关、中央军委机关负责人和部分中央文革小组成员参加的会议上的讲话记录,1966年10月23日。

清华红卫兵自己讲，他们是看了《红旗》杂志十三期社论后，认为“路线问题”必须要批判解决，而解决清华问题必须联系到王光美。

十月九日晚，周恩来和张春桥一起接见清华红卫兵代表。他们有这样一段对话：

> 周恩来：你们四日交的信，五日收到，九日就检查（指要王光美回清华检查——编者注），太快了。彼此要有个信任嘛！王光美同志就在中南海，我们对她负责。王准备检查，但要有个准备，同时党中央也要讨论……我把我能说的话都说了，不能多说了。张春桥他是（中央文革小组）副组长，他也不能多讲。
>
> 红卫兵：群众要求王光美回校作检查。
>
> 张春桥：你们这个要求是合理的，她应该检查。
>
> 红卫兵：不能压制我们的革命精神。
>
> 张春桥：什么时候也不能压。
>
> 周恩来：还要有个时间讨论，中央常委讨论。王光美同志不是普通工作人员，中央必须讨论。她不去检讨，不能当场检查，一检查，肯定下不了台，势必闹起来。一闹就涉及党中央，毛主席领导的党中央，这样就使中央为难了。这事应由毛主席领导的党中央做主，而不是由你们来做主。你们总是党中央、毛主席领导的……等王光美同志写了书面检查，我们转给你们，你们可以表态，可以提出意见。但大字报上的那些问题，她不能全部回答，我们也不能全部回答。八月二十二日（在清华的大会上）我说问题在中央全会解决了，主席说也只能这样讲……中国共产党过去犯过错误，但不能说是不革命。总之，中央文革小组不赞成王光美同志去检查，中央其他人也是这个意见，主席也不同意王光美

同志去。①

事情很明显,《红旗》杂志十三期社论发表后,在中央文革小组的暗中策动下,批判刘少奇的问题正日趋公开化。在十月九日的接见中,尽管双方都没有提到刘少奇的名字,但其中的“潜台词”却是不言而喻的。为此,周恩来的态度很明确,即王光美(事实上不能不涉及刘少奇)不宜到群众中去作检查。

在以后的几天里,周恩来一直密切关注着事态的发展。十月十一日,他嘱咐国务院副秘书长许明和公安部负责人,要他们分别派人察看北京几条主要街道上有关王光美的大字报,并将标题和简要内容抄回。十二日,他又在清华红卫兵当日发出的“彻底批判王光美的右倾机会主义路线”大会“请帖”上写了给陈伯达、康生、江青、张春桥等的批语:“我准备派人去录音,带回给王光美同志,而不要她去参加会议。”

对刘少奇本人,周恩来这段时间内十分注意安排他在适当的公开场合露面。在周恩来担任总指挥的毛泽东八次接见红卫兵的活动中,刘少奇、邓小平每次都以党和国家主要领导人的身份参加了。国庆节那天,经过周恩来精心安排,刘少奇以国家元首身分出现在天安门城楼上,排名紧随毛泽东、林彪之后,周恩来自己却排在刘少奇、宋庆龄、董必武的后面。② 而对十一月间召开的孙中山一百周年纪念大会,因为事先估计参加大会的一千多红卫兵可能要冲主席台,周恩来便决定“刘、邓可请假不出席”。③

但是,随着正在进行的中央工作会议对批判“资产阶级反动路线”的不断升温,对刘少奇的攻击终于被捅到社会上去了。

---

① 周恩来、张春桥在接见清华大学红卫兵代表时的谈话记录,1966年10月9日。

② 《人民日报》,1966年10月2日。

③ 周恩来在廖承志、李金德电话请示(记录)上的批注,1966年10月9日。

十月十八日，一些外地红卫兵在天安门前观礼台上贴出“打倒刘少奇”的大标语。当天下午，清华大学也出现“打倒修正主义分子刘少奇”的大字报。周恩来得知后，立刻派国务院秘书长周荣鑫、中央办公厅副主任童小鹏前往天安门东侧的劳动人民文化宫，向红卫兵做劝说工作，要求他们撤下这些标语口号。①

第二天，周恩来亲自接见在天安门张贴标语的哈尔滨工业大学红卫兵代表，回答他们有关刘少奇的提问。关于八大党章中没有提“毛泽东思想”一事，周恩来说：“八大党章中没提毛泽东思想，这是毛主席的提议。针对当时的国际局势，主席说不一定每次开代表大会都提。”当问及毛主席在党内是否是“少数”和“炮打司令部”问题时，周恩来答道：“毛主席的地位在遵义会议时就确立了。现在毛主席的威信是蒸蒸日上，谁也不敢公开出来反对。”“即使少奇同志有错误，我现在也没有权利回答你们。你们把少奇同志的大字报贴到天安门，你们要考虑考虑。少奇同志是政治局常委，是国家元首，你们把标语贴到天安门，外国人就会怀疑我们是发动群众，制造舆论。少奇同志不是普通党员，也不是普通的领导，就是要撤换也不需要去发动群众。主席的思想一直是采取‘惩前毖后，治病救人’的思想教育方针。”“你们做事，要慎重些。凡是中央未提倡的，十六条里又没有的，你们就要多考虑后果。你们不能使中央处于被动地位。”“劝你们不要到天安门去贴少奇同志的大字报了，学校也最好避开这个问题。”②

与此同时，周恩来还帮助刘少奇修改《检讨提纲》。他在《提纲》的十几处地方，写了一千多字的批注，订正了若干史实，提出了自己的看法，有些地方还加重了批判的分量和语气。但

① 童小鹏：《风雨四十年》第二部，中央文献出版社 1996 年 1 月版，第 402 页。

② 周恩来在接见哈尔滨工业大学红卫兵代表时的谈话记录，1966 年 10 月 19 日。

是，批注中没有使用“资产阶级反动路线”的提法。

十月二十二日，周恩来把修改后的《提纲》退还给刘少奇，并且写了一封信：“少奇同志：粗粗地看了一遍，注了几点意见，并没经过深思熟虑，因而不能说是成熟意见，送上只供参考。”还注明：“方才将我注的意见，同陶铸、富春两同志谈了，他们表示同意我的意见。”

二十三日，刘少奇在中央工作会议上作检讨发言，其中对周恩来的修改意见大多采纳了。二十五日，毛泽东表示：前一段时间里的问题，“也不能完全怪刘少奇同志、邓小平同志，他们两个同志犯错误也有原因。”“把刘、邓的大字报贴到大街上去不好，要允许犯错误，允许改。”①

中央工作会议以后，周恩来在一些场合重申党的干部政策，强调要区分两类不同性质的矛盾。同时，要求各地红卫兵不要派代表参加和冲击传达中央工作会议精神的各省、地、县三级干部会，指出：“因为这是党的会议，有些问题需要先经过党内酝酿、讨论、认识，能够得出比较一致的结论，能够使全盘工作更好地进行。”② 周恩来还阻止红卫兵私自传抄、翻印陈伯达在中央工作会议上的讲话。

十一月初，《红旗》杂志第十四期又发表社论：《以毛主席为代表的无产阶级革命路线的胜利》，着重宣传了陈伯达在中央工作会议上的讲话内容。社论发表当天，周恩来生气地对联络员刘西尧说：陈伯达没有经过中央讨论，就发表这篇社论，大家都没有思想准备，又有一大批领导干部不好办了。③

---

① 毛泽东在中共中央工作会议上的讲话，1966 年 11 月 25 日。

② 周恩来在接见全国各地红卫兵和革命师生时的讲话记录，1966 年 11 月 27 日；周恩来对中共陕西省委书记李瑞山报告的批示，1966 年 11 月 30 日。

③ 刘西尧：《我当总理联络员前后》，《不尽的思念》，中央文献出版社 1987 年 12 月版，第 337 页。

周恩来在中央工作会议前后的言行，尤其是他对刘少奇和王光美的保护，使中央文革小组中一些人十分不满。十月三十一日，姚文元在首都文艺界纪念鲁迅逝世三十周年大会上的讲话中，再次批判“折衷主义”，指责“那些貌似‘公正’而实际上站在旧势力一边的‘正人君子’们”。① 十一月初，一个外地来京学生将抄自清华大字报中“周总理有折衷主义”等语用电报发往当地，被邮电部门扣下。江青等人却认为电报不好扣，可以发，但不张扬。对这件事周恩来坦然地批示：“张扬出去也没有什么，这是大民主题中应有的文章。”②

十一月九日，周恩来在同一位外国兄弟党领导人谈到最近中共党内出现的“路线错误”问题时说：这一时期我也参加了，不能说没有责任。现在有些学校就说我是“折衷主义”。那时中央决定我去清华解决问题，我去了不提刘少奇同志，也不提王光美同志。当时应该这样做，这是党的决定，在这方面我们要守纪律，任何时候我们不向群众解释，让群众责备我好了。③

这一年秋冬，“彻底批判资产阶级反动路线”的狂潮铺天盖地，冲及从中央到地方的各级党政机关和军事部门。造反派在全国到处包围或冲进重要机关，抢走机要档案，任意批斗或绑架党政领导干部，进行打砸抢活动，局势极其严峻。周恩来尽力保护受到冲击的各级党、政、军领导干部和重要单位。两个月里，他亲自批办并处理了大量事件：

> 十月下旬，他提出几个要害部门不能让红卫兵去，如国防部（包含国防科委）、公安部、外交部等，要求这些单位的领导必须坚决“顶住”，解释政策，坚守岗

① 《人民日报》，1966年11月1日。

② 周恩来对许明电话请示（记录）批语，1966年11月8日。

③ 中越两党会谈记录（9），1966年11月9日。

位。以后，在他代中央起草的一文件中又规定，“凡属国家专政工具部门，机密、要害部门，新闻、广播部门和中央、中央局首脑部门，一律不进行革命群众的内外串连。”①

十月底，得到关于国家经委副主任陶鲁笳办公室被砸、部分文件被抢的消息，立刻指示将经委文件档案集中封存，非经国务院批准，任何人不得擅动。②

十一月初，中共山东省委书记谭启龙被当地红卫兵押到北京，并准备在京进行批斗、游街。周恩来明确表示反对，并委托陶铸、谭震林出面保护。③

十一月十四日，批示制止安徽造反派批斗省委领导人李葆华、李任之。④

十一月二十四日、三十日，先后起草答复西北局和吉林师范大学红卫兵的电报，劝阻两地红卫兵公布和追查刘澜涛、赵林等人的出狱问题。⑤

十二月二日，致信毛泽东，建议慎重发表新华社新闻报道稿《首都举行文艺界无产阶级文化大革命大会》(稿中点名批判原中共北京市委和文化部门的许多领导人，已由中央文革小组通过，并经林彪同意)。毛泽东

① 周恩来起草的中共中央《关于处理无产阶级文化大革命中档案材料和其他有关问题的规定（草案)》，1966年11月4日。

② 谷牧：《回忆敬爱的周总理》，《我们的周总理》，中央文献出版社1990年1月版，第24页。

③ 谭启龙：《周总理在“文化大革命”中对我的关怀与保护》，《我们的周总理》，中央文献出版社1990年1月版，第474页。

④ 《周恩来选集》下卷，人民出版社1984年11月版，第452页。

⑤ 《周恩来选集》下卷，人民出版社1984年11月版，第453页。周恩来起草的关于赵林出狱问题给吉林师范大学“红色造反团”、“毛泽东主义红卫兵”的电报稿，1966年11月30日。

接信后删去原稿中所有被点人名。①

十二月初，彭真及北京市、中宣部、文化部的几位领导人被一群红卫兵绑架。江青听到消息后，得意地说："小将们干得真漂亮！群众起来了，你们想保也是保不住的。"周恩来立刻向北京卫戍区司令员傅崇碧严肃地指出："不能开这个先例，不能随便把人抓走。"并且指示卫戍区立刻派人寻找彭真等人下落，严肃批评绑架者的行为。②

十二月十九日，阅改康生送来的中央关于撤销林枫中央党校校长的通知（撤职事已经林彪主持会议通过、毛泽东批准）稿，不同意给林枫扣上"反革命修正主义分子"的帽子。③

十二月二十四日，以"万急"件批告汪东兴、童小鹏：不能让清华红卫兵冲入中南海揪王光美，因为揪斗王光美势必联系到刘少奇，无论如何要劝阻。两天之后，中共北京市委就首都大专院校红卫兵召开批判刘少奇、邓小平大会一事请示：市委对此应采取什么态度？周恩来批："可不去。"④

十二月下旬，接到关于北京航空学院学生到成都"押解"彭德怀来京的报告，急告西南局要彭德怀乘火车来京，"并派护卫武装，防止途中事故"。⑤

---

① 毛泽东删去的人名有：彭真、刘仁、郑天翔、万里、邓拓、陈克寒、李琪、赵鼎新、陆定一、周扬、齐燕铭、夏衍、林默涵、田汉、阳翰笙等。

② 傅崇碧：《大树参天护英华》，《人民日报》，1979 年 1 月 7 日。

③ 周恩来在写有"反革命修正主义分子"林枫的中共中央通知稿上批："此件不用。"

④ 周恩来在《情况汇报》（1966 年 12 月 26 日）上的批语。

⑤ 周恩来对中共中央办公厅转报西南局三线建委关于北京航空学院学生持彭德怀来京事的批示，1966 年 12 月 24 日。

十二月三十日，得知国家经委造反派赴广州揪薄一波，立刻电告广州军区对薄“如彭德怀一样，乘火车护送来京”。①

十二月三十一日，针对军事院校学生批判陈毅、叶剑英一事，起草讲话提纲，指出：将陈、叶二人“作为全军资产阶级反动路线的代表，是不符合实际的”。②

十二月底，批示同意屡遭造反派批斗的东北局第二书记欧阳钦留京住院治病。③

根据周恩来的工作台历统计，自红卫兵运动以来，他接见的北京和全国各地来北京的红卫兵及群众组织代表达一百六十多批。

作为有着几亿人口的国家的政府总理，周恩来有多少内政外交事务需要处理。但这时他却不得不把大部分精力放在本来不应该发生的事情上。他放心不下这些受冲击、被批斗的干部，同样，这些干部也把希望寄托在周恩来身上。当时担任第一机械工业部部长的段君毅曾这样描述自己的心情：上帝保佑总理可别倒，总理倒了，我们这些人就成了没娘的孩子啦！④

但是，周恩来难以预料、他所不愿发生的事情，却继续无情地接踵而来。

“文化大革命”带来的大混乱，给整个国民经济造成了越来

① 周恩来对国家经委“红色造反兵团”关于赴穗揪薄一波报告的批示，1966年12月30日。

② 周恩来关于“军事院校批判陈毅、叶剑英讲话错误”的讲话提纲，1966年12月31日，手稿。

③ 宋任穷：《春蚕到死丝方尽》，《我们的周总理》，中央文献出版社1990年1月版，第72页。

④ 访问周家鼎谈话记录，1981年11月7日。

越严重的大破坏。

随着全国上下掀起“批判资产阶级反动路线”的浪潮，原来中央关于“文化大革命”运动的重点是党政机关、文教系统的规定，在实际上被打破了。在“踢开党委闹革命”口号的鼓动下，不仅在机关、学校里，就是许多工矿企业、农村社队、商业部门和科研院所也纷纷建立群众组织，互相串连，起来“造反”，把矛头对准本单位、本系统、本地区的党政领导，各方面的工作陷入瘫痪或半瘫痪状态。这样一来，对国民经济的影响就更大了，工农业生产各部门尤其是工业交通系统内部，开始出现越来越难以控制的干扰和破坏，整个社会经济秩序陷入一片混乱。在这种情况下，“抓革命、促生产”① 的愿望是根本无法实现的。这不能不使周恩来忧心如焚。

本来，中共八届十一中全会上通过的“十六条”中提出：“无产阶级文化大革命，就是为的要使人的思想革命化，应当使各项工作做得更多、更快、更好、更省。只要充分发动群众，妥善安排，就能够保证文化革命和生产两不误，保证各项工作的高质量。”这段话，也反映了包括周恩来在内的广大干部群众的愿望。

八月中旬由北京发起的“红卫兵运动”，把“革命”迅速推向社会，开始冲击工农业生产。以千万人计的“大串连”造成全国铁路运输紧张，生产秩序被严重打乱。

九月七日，《人民日报》发表根据周恩来的意图、由陶铸主持起草的题为《抓革命，促生产》的社论，号召各生产单位和业务部门应适当分工，搞两个班子，一个班子抓革命，一个班子抓

① “抓革命、促生产”的提法见诸于中共中央《关于无产阶级文化大革命的决定》。1966 年 10 月 24 日，毛泽东就印发陈伯达在中共中央工作会议上的讲话事批示，要求加上“抓革命、促生产”这句话。1967 年 1 月上海“一月夺权”后，毛泽东再次强调要“抓革命、促生产”。

生产。当天晚上，周恩来到中国科学院辩论会场，亲自宣讲社论中的观点，提出：我们不能看着科学院的尖端科学研究和许多重点实验像现在这样放在一边。凭我自己的责任来说，我不能够看着这样的情况继续下去，即在这样一场革命的进行当中，使我们最紧急、最重要的业务工作受到影响。①

出于这种认识，周恩来在九月八日制定了《关于抓革命、促生产的通知》（工业六条）和《关于县以下农村文化大革命的规定》（农村五条）。这两个文件要求各个生产地区和业务部门，应立即加强或组成各级生产指挥机构，坚守岗位，保证本单位革命和生产的正常进行；学生、红卫兵不要进入县以下各级机关和社队、工矿企业、科研单位去串连。文件起草后，周恩来曾请示毛泽东，建议在政治局讨论一次，议定政策。由于事情很急，毛泽东批示：“可照发，不要讨论了。”② 于是，这两个文件在九月十四日以中共中央名义下发，受到生产第一线的广大干部群众的普遍欢迎。但后来却成为中央文革小组攻击周恩来、陶铸等的重要口实。

与此同时，周恩来还利用各种场合向青少年做说服解释工作。九月十五日，毛泽东第三次接见红卫兵。周恩来在天安门城楼上的讲话中提出：“搞好工农业生产，关系很大。”“为了有利于工农业生产的正常进行，大中学校的红卫兵和革命学生，现在不要到工厂、企业单位和县以下的机关、农村人民公社去进行革命串连。那里的革命，要按照原来的‘四清’部署，有计划有步骤地进行；工厂、农村不能像学校那样放假，停止生产来闹革命。”③ 这个讲话引起不小的反响。

---

① 周恩来在中国科学院群众辩论大会上的讲话记录，1966 年 9 月 7 日。

② 毛泽东在周恩来请示信上的批示，1966 年 9 月 14 日。

③ 《人民日报》，1966 年 9 月 16 日。

二十五日，周恩来接见首都大专院校红卫兵革命造反司令部主要负责人时说：有人说我九月十五日的讲话是大毒草，这是不对的。这个讲话是经过中央研究的，毛主席看过的。抓革命、促生产，有人说提得太早了，我说不早。尖端项目，不抓怎么能行？农村“三秋”到了，不抓怎么能行？工人不能放假不搞生产。到外地串连要停止。资本家是不能拉出来游行的，还有他们的头面人物，你们也不要去抄他们的家。针对一些地方发生的红卫兵与工农群众的矛盾纠纷，周恩来还说过，我们既要革命，还要生产，否则吃什么？用什么？所以，凡是生产的地方都不要影响，生产减少了于国于民都不利。①

作为共和国总理的周恩来，在红卫兵“大串连”高峰的日子里，几乎每天都要仔细审看工交部门的生产报表，哪个铁路局的货运量减少了，哪个煤矿的产量降低了，哪种产品的原料供应不上了。对这些，他都要亲自过问、查询，找有关领导研究解决问题的措施。② 他还在一些场合对工农业生产和科研业务工作提出明确的具体的意见。针对农业生产，他指出：一定要抓季节，要不误农时，讲“关心国家大事”，搞好秋收秋种也是“大事”之一，从季节上说，是目前最大的事情。针对工业生产的状况，他提醒说：现在，工业方面已经出现不好的苗头，如果继续下去，不但今年年度计划难以完成，还要影响明年计划，影响整个第三个五年计划的实现。他还针对国防科研中的问题强调：目前更严重的问题是尖端，今年已经耽误了一个月，搞不好将打乱整个尖端工业的五年设想，那就不是几个月，而是要推迟一两年时间

---

① 周恩来在首都大中学校红卫兵代表座谈会上的讲话记录，1966 年 9 月 1 日。

② 谷牧：《回忆敬爱的周总理》，《我们的周总理》，中央文献出版社 1990 年 1 月版，第 19 页。

了!①

他心里最牵挂的事情仍是整个国民经济的正常秩序怎样才不致被打乱，人民群众的吃、穿、用等生活必需品怎样得到基本保障，国防尖端事业怎样才能照常进行。他曾向在国务院协助他抓工业的余秋里、谷牧谈到自己心中的忧虑：“你们可得帮我把住经济工作这个关啊！经济基础不乱，局面还能维持。经济基础一乱，局面就没法收拾了。所以，经济工作一定要紧紧抓住，生产决不能停。生产停了，国家怎么办？不种田了，没有粮食吃，人民怎么能活下去？还能闹什么革命?”②

十月中央工作会议前后，全国混乱加剧，许多工交企业的领导班子也陷于瘫痪、半瘫痪状态，造成生产指挥失灵、经济建设停滞的局面。周恩来极为焦虑。他认为工厂和学校不同，生产决不能中断。他一再向国务院有关人员讲：工交企业要业余闹革命，要坚持八小时工作制，要保证生产活动的正常进行!③

十一月九日晚，周恩来主持会议，讨论《人民日报》社论稿《再论抓革命、促生产》。会上，周恩来重申生产建设决不能停滞和中断，驳斥那些只讲抓革命不讲抓生产的论调。第二天，《人民日报》发表这篇经过周恩来审定的社论，强调指出：“抓革命、促生产”的方针“不论在城市工矿企业、事业单位里面，在一切科学研究和设计部门里面，在农村里面，都是完全适用的，没有例外的，必须坚决遵守、时刻遵守的”。“工农业生产稍有间断，就会影响到人民的经济生活。国民经济是一个整体，工业生产是一个整体，一个环节扣一个环节；只要某一部门脱节，就可能影

① 周恩来接见哈尔滨军事工程学院3个学生组织代表的谈话记录，1966年9月21日。

②③ 余秋里：《中流砥柱，力挽狂澜》,《我们的周总理》，中央文献出版社1990年1月版，第43、44页。

响全局。这是常识范围的事情，谁都会懂得的。”① 在“文化大革命”即将全面涉及工农业生产领域的紧要关头，这篇社论警告某些人不要做超出“常识范围”的事情，其针对性是不言而喻的。

正是这篇社论发表的同一天，在中国最大的工业城市上海却发生了震动全国的“安亭事件”。

十一月初，以王洪文等为首的上海市一些工厂的造反派串连筹建“上海工人革命造反总司令部”（简称“工总司”）。上海市委根据中央关于工矿企业不要成立跨行业组织的规定，对“工总司”没有给予支持和承认。上海市委的这种态度，被王洪文等人诬为“压制革命造反”、“资产阶级反动路线对工人的迫害”。十一月十日凌晨，王洪文带领两千多人在上海北站强行登车，赴京“请愿”。列车行至安亭站被阻留。王洪文便煽动工人卧轨断路，造成沪宁铁路全线客货运输中断三十多个小时。周恩来要陈伯达加以制止。而前去处理“安亭事件”的中央文革小组副组长张春桥却公然置中共中央以及华东局、中共上海市委于不顾，擅自签字承认以王洪文等为首的“工总司”是合法组织，承认他们的活动是“革命行动”。这就在全国开始了由产业工人组织“造反”和“串连”，工矿企业“停产闹革命”，使“文化大革命”造成的大混乱进一步升级。

“安亭事件”明显地违背周恩来在这以前有关“抓革命、促生产”的一系列主张和努力。事件发生后，周恩来更是多次批评类似的行动，竭力维护铁路运输的正常秩序。十一月十六日，周恩来亲自同江苏省委负责人通话，要求省委出面做好拦车群众的工作，放行被拦车辆。指出：“这关系到国家的信誉，关系到交

① 《人民日报》，1966 年 11 月 10 日。

通运输，关系到劳动人民。”① 二十八日，周恩来亲自修改以国务院名义发给滞留在四川广汉（宝成铁路所经的一个车站）的“成都工人造反团”的一份电报，提出：“请你们认真考虑：成千的工人同志来北京请愿，既不便于接待和会谈，也会影响你们工厂的生产。如果另一方面工人同志也照样来京，那将更影响生产。”②

“安亭事件”发生一个月后，周恩来向参加工交座谈会的成员及一些省、市负责人提出：必要的“条条”中央还要发几个，并且一定要保证有效，如保障交通运输、城镇水电供应。因为这是广大人民群众的利益，关系到国计民生。你把火车停了，这不能叫“革命行动”。出现这样的事，首先我们作自我批评，抓迟了；然后要指出这种做法是错误的。否则，就没有原则了。③

隔了几天，周恩来就经他修改的中共中央、国务院关于保证铁路运输正常秩序的通告致信陈伯达、江青：“碰头会上根据一个月来各地拦车情况，起草了这一通告，现送上请中央文革小组加以讨论，并提出小组的意见，以便确定报请主席、林彪同志审批。附上一个月的工人拦车情况，请参阅。”④ 周恩来以“安亭事件”作为全国铁路运输混乱的起点，清楚地表明了他对这个事件的态度。

直到这年年底，周恩来还在亲自过问上海铁路局的工作。当时正在病中的中共上海市委第一书记陈丕显回忆：

十二月三十一日下午，北京传来消息，中央决定要

---

① 周恩来和许家屯通话记录，1966年11月16日。

② 《周恩来选集》下卷，人民出版社1984年11月版，第458页。

③ 周恩来在有工交座谈会成员及被揪来京的各省、市负责人出席的会议上的讲话记录，1966年12月10日。

④ 周恩来就中共中央、国务院通告事给陈伯达、江青的信，1966年12月13日，手稿。

我出来工作，首先整顿铁路秩序，总理将直接给我打电话。我立即抱病赶到上海北站解决交通问题。一九六七年一月一日凌晨三时，我在北站铁路公安分局听到周总理的声音：“丕显同志，你好吗？中央决定要你出来工作。上海一定不能乱，南北铁路交通一定不能断！”我问候了总理，并告我现已在铁路局，正在做工作，力争明天通车。周总理在电话中告诉我说：“我就是睡觉太少了！”在周总理的关怀下，上海铁路终于在第二天通车了。①

在“革命”和生产问题上积累起来的尖锐分歧，还导致党内上层爆发了一场激烈争论。

“安亭事件”发生后不久，周恩来找余秋里、谷牧谈话，要他们一人抓计划会议（安排一九六七年国民经济计划）；一人抓工交座谈会，研究工交系统“抓革命、促生产”问题。

这时，早就对周恩来、陶铸等心存不满的中央文革小组也开始动作。十一月十三日，陈伯达拿出一份由中央文革小组拟定的关于工交系统开展“文化大革命”的征求意见稿，其中明白写有“允许工厂成立派系组织”、“允许学生到工厂串连”等条款。这等于规定工交企业也要像学校一样闹“革命”，大大小小的“安亭事件”势将层出不穷，全国工交系统乃至整个国民经济的正常秩序将被打乱。这是同周恩来的主张针锋相对的。

陈伯达提出的文件稿一提到工交座谈会上讨论，立刻遭到与会各地、各部门负责人的激烈反对。大家赞同周恩来的主张：工矿企业必须和文教部门有所区别，不能停产闹革命，运动只能在业余时间进行，必须在党委统一领导下进行，工厂中不要再建立

① 陈丕显：《滚滚浦江水，难诉思念情》，《我们的周总理》，中央文献出版社1990年1月版，第89—90页。

群众组织，学生不能到工厂串连。根据会议讨论的情况，主持座谈会的谷牧整理出一份《工交企业进行文化大革命的若干规定》。

这个文件刚定稿，陈伯达就打电话给谷牧、余秋里，提出严厉的指责。谷、余二人向周恩来作了汇报。周恩来说："没有这么严重吧！明天午间，我和陶铸同志再听一次你们汇报。"①

第二天（十一月二十二日）中午，在周恩来、陶铸、李富春参加的碰头会上，谷牧等汇报了几天来座谈会的情况和陈伯达的态度。当晚，周恩来向毛泽东作了汇报。毛泽东表示文件可以在听取工人意见后继续修改，争取在十二月份发出。②

二十四日，周恩来来到京西宾馆工交座谈会讨论会场，听取与会领导干部们的意见。在周恩来面前，这些积压了几个月不满情绪的领导干部将久憋在心里的话一股脑地发泄出来，"刘澜波、吕正操、吕东这些部长们哄堂而起，说到最后都站起来"。大家的话题已不仅仅是工交座谈会所讨论的文件，而是讲到国家动荡不安的形势，讲到广大干部群众的担忧。在这种情况下，周恩来向他们讲了一段语重心长的话：现在，工交战线的文化大革命正处在方兴未艾、大势所趋、势不可挡的形势下。作为领导干部，就要在怕革命、怕群众、怕生产搞坏这方面来认真考虑问题，检查认识自己。工厂的文化大革命首先要从内因来找，而找内因尤其要从积极因素来想，要善于因势利导。我们当年跟敌人打仗，大家深入虎穴，不怕牺牲；今天更应该有"我不入虎穴，谁入虎穴"的革命精神，敢于赴汤蹈火，敢于站到潮流里面去。只有这样，才不致被潮流所淹没，才能处于主动的地位。③

周恩来这番话，中心是谈对"文化大革命"的认识和态度。

---

①② 谷牧：《回忆敬爱的周总理》，《我们的周总理》，中央文献出版社 1990 年 1 月版，第 27 页。

③ 李逊在中共中央政治局扩大会议上的发言（回忆周恩来 11 月 24 日在工交座谈会上的讲话），中央政治局扩大会议记录（3），1966 年 12 月 6 日。

他常常冷静地从比较长远的眼光来看待面前的问题。他觉得不能听任老同志们的情绪发展下去，否则，不但于事无补，反而会造成严重的后果。他历来主张，当看清事情已势不可挡的情况，那就只有敢于赴汤蹈火，因势利导。在这前后，他曾多次用“我不入地狱，谁入地狱”、“我不下苦海，谁下苦海”这类震撼人心的话来劝解并说服下属和身边的同志，要他们客观地认识形势，无私无畏，为了国家和人民的利益，赴汤蹈火，坚守岗位，即便个人被冲垮了也毫无抱怨。

周恩来坚持全国工农业生产不能被破坏的努力，是林彪、江青等所不能容忍的。时过一周，事态果然发生逆转。

十二月四日至六日，林彪主持召开政治局扩大会议，听取工交座谈会情况的汇报。会上，中央文革小组的康生、陈伯达、张春桥、王力等人针对工交座谈会的讨论情况和会议形成的文件，公然指责说：工交系统的问题，比文教系统还要严重；如果工交财贸系统的文化大革命不好好地闹一闹，变修了，文教系统搞得再好也没有用，国家非出修正主义不可！会上，张春桥还指着汇报人谷牧训斥道：“你的发言，代表了一小撮走资派的情绪！”王力、陈伯达的发言更是露骨地把矛头指向周恩来和陶铸，声称：对文化大革命，“我们中央有的同志就是主张要压”。从九月上旬起就压，用“抓革命、促生产”这么一个口号，后来又产生了《再论抓革命、促生产》，主要的就是讲生产，骂得很厉害；这次工交座谈会又采取了这样的一套办法，不同文革小组商量，搞突然袭击。[①] 他们发言中所举事例，全都是周恩来说过的或直接过问和支持的。这一点，大家心里都十分明白。

会上，谷牧和与会的李先念、陶铸、徐向前等作了检讨，承担了“堵”、“压”群众运动的责任。周恩来在发言中说：这个提

---

① 中共中央政治局扩大会议记录（3），1966年12月6日。

纲是我要他们写的。我所接触的那些部长们、省委来的人没有几个“通”的，大多数很不理解。现在的实际情况就是势不可挡，我们要学习因势利导。有很多事情我们现在还在摸索经验，不要诚惶诚恐。对生产问题，既不要担心，也不能掉以轻心，还是要兢兢业业，不能松懈一点，松懈一点也不许可。①

最后一天，林彪给工交座谈会作了结论：这次会议开得不好，是错误的，思想很不对头。现在，需要来一个一百八十度的大转弯。不能把文化革命的成果单是落在生产上，如果我们完全以生产收获的多少来论文化革命的成败，那是大错特错的。林彪还针对周恩来所说的“势不可挡”，指责道：我们应该不是被动地而是主动地把这个革命席卷全国，这不是挡不挡的问题，而是迎接的问题；不是刹车的问题，而是要扩大的问题。就是要让它席卷每一个领域，渗透每一个领域。②

在林彪和中央文革小组联合施加压力下，周恩来、陶铸等试图通过限制“革命”来保障生产的努力，最终还是落空了。工交座谈会后，中共中央先后下发了陈伯达等起草的在工矿和农村开展“文化大革命”的两个文件。从此，“文化大革命”开始合法地进入工交、财贸、农业、科研等领域，“停产闹革命”风行全国。只是由于周恩来、陶铸、聂荣臻等的竭力保护，参加工交座谈会的一批领导干部才没有在会后受到更多责难。十二月十日，周恩来召集参加工交座谈会的一些省、市负责人开座谈会。他在会上又一次谈了自己的心情，仍说：要准备迎接汹涌的浪潮。大势所趋，万马奔腾来了，“你根本挡不住，要因势利导，否则，就会被冲垮”。他还要求：组织生产班子，把懂得生产的人都吸收过来，把生产搞好。

两天后，他对中国科学院的群众组织代表说：“谁也没有想

①② 中共中央政治局扩大会议记录（3），1966年12月6日。

到大民主会发展到这样一个局面，我做梦都没梦到运动来得这样猛。”可是，令人难熬的一九六六年初冬，其实不过是以后事态进一步发展的开端。

六十七、一九六七：大动荡的一年

一九六七年一月，隆冬的北京，天寒地冻。

《人民日报》和《红旗》杂志在元旦联合发表社论，以不寻常的语调宣布："一九六七年，将是全国全面展开阶级斗争的一年"；是向党内走资本主义道路的当权派和社会上的牛鬼蛇神"展开总攻击"的一年；是"继续开展对资产阶级反动路线的群众性的批判"，以取得"斗、批、改"的"决定性的胜利"的一年。

这些充满浓重火药味的词句，预示着一场更大的政治风暴将要在全国范围内到来。

就在元旦社论发表后的一周内，首都北京发生一连串严重事件：

一月四日，中央文革小组的陈伯达、康生、江青在接见外地一个群众组织时，突然发表猛烈攻击陶铸的言论，说陶铸来到中央后，没有执行以毛主席为代表的革命路线，实际上是刘邓路线的忠实执行者。① 于是，一夜之间，"打倒中国最大的保皇派陶铸"的标语便贴满京城。

---

① 陈伯达接见"武汉赴广州专揪王任重革命造反团"成员时的讲话，1967 年 1 月 4 日。

一月六日，在江青等人怂恿下，清华大学红卫兵不顾周恩来多次劝阻，以极不正当的手段（谎称刘少奇、王光美的女儿刘平平因车祸轧断了腿，须由家长前往医院签字做截肢手术）将刘少奇夫妇骗出中南海，并把王光美带到清华大学批斗。这出在光天化日下演出的闹剧，竟被当事人美其名为“智擒王光美”的自我吹嘘，[①] 引起社会上人心震动。

更严重的是，由江青、张春桥等暗中策划，从一月初开始，在中南海周围开始密集大批红卫兵和造反派。他们发表演说，呼喊口号，散发传单，涂写标语，强烈要求“揪出”刘少奇、邓小平、陶铸，批斗国务院几位领导人陈毅、李富春、李先念、谭震林、余秋里等。一只只高音喇叭对着中南海昼夜不停地播放，真有“黑云压城城欲摧”之势。

周恩来办公和居住的西花厅在中南海的西部，同人来车往的府右街只有一墙之隔。墙外无休止的喧嚣声，已使他连续几天无法正常休息和工作了。有人劝他暂时离开中南海，找一处安静的地方办公。周恩来回答：“中南海是我的工作岗位，是毛主席、党中央和国务院所在地。无论发生什么情况，我决不离开中南海。如果有人来冲，我将挺身而出，保卫中南海！”一个月前，周恩来曾对负责保卫首都要害部门的公安人员提出：能否坚守住自己的工作岗位，也就是对我们每个人是否经得起这种大风大浪的考验。[②] 此刻，周恩来正用行动来履行自己的诺言。

一月五日清晨，刚同陶铸谈过话（要他近日不要离开中南海）的周恩来来到国务院西门，劝说为“揪”陶铸在这里“蹲

---

① 清华大学“井冈山兵团”主办的《井冈山》报，第 9、10 期合刊，1967 年 1 月 11 日，第 5 版。

② 周恩来接见北京市和外地来京的公安系统代表时的讲话记录，1966 年 12 月 8 日。

守”了一夜的学生们。他说：“天气这么冷，你们不走，我也没法睡觉。你们的大喇叭不要再喊了，连毛主席都没法睡觉了！”“关于陶铸的问题，我必须向主席请示，并且要经过党中央讨论。”①

七日凌晨一时，周恩来中断正在进行的同南京学生的谈话，匆匆赶去接见“批判陶铸联络委员会”的代表，再次阐明对陶铸问题的态度。指出：陶铸同志不能马上见你们，因为他还是中央常委；你们举行批判陶铸同志的大会不合适，现中央常委对这个问题还没有讨论。有关陶铸同志的材料，你们应该实事求是地把它们整理好，上交中央。② 二十三日，他又当着江青、陈伯达的面，对首都大中学生代表说：陶铸是中共八届十一中全会选出来的，我没有根据不信任他。

鉴于在北京发生的越来越严重的局势，周恩来在十二月底就召见过清华大学“井冈山兵团”的十一名代表，再次明确反对张贴“打倒刘少奇”的标语，指出：“这样提法，矛盾的性质就变了。”学生们问：“难道刘少奇不属于敌我矛盾？”周恩来回答：“那是你们这样认为，但我不是这样看的。你们不能把看法强加于我。”周恩来还表示：我曾经两次请示主席，主席还是不同意让王光美回清华（检查）。你们可以让她书面回答问题，这个事情我可以办。但不能涉及刘少奇的问题。对刘的问题，我不能回答。③

周恩来一贯主张应该光明磊落、实事求是，不能在背后搞鬼或做侮辱人格的举动。一月六日夜，周恩来得知清华红卫兵“骗揪”王光美后，连夜打电话给蒯大富，下令立即放人，并派秘书

① 周恩来接见揪陶铸的师生和工人代表时的谈话记录，1967年1月5日。
② 周恩来接见“批判陶铸联络站”代表时的谈话记录，1967年1月7日。
③ 周恩来与清华大学“井冈山兵团”代表座谈纪要，1966年12月31日。

到清华催促放回王光美。第二天，周恩来严厉地批评了清华红卫兵，说：这个动作确实不光明磊落——把王光美骗出中南海，揪到清华批斗。这是一场什么戏呀，是恶作剧嘛！这是不正常的，共产党不这样。我是不赞成这种作风的。这种坏作风不能提倡，这是背后搞鬼，不是堂堂正正的政治斗争。现在，必须肃清这个坏作风。又指出：斗争王光美，这不是她一个人的问题，不要再扩大这个问题。这也是毛主席、政治局的意见。① 在周恩来的直接干预下，清华红卫兵被迫放回王光美。

然而，一波未平，一波又起。"文化大革命"初期刘少奇蹲过点的北京建筑工业学院"八一战斗团"又向刘少奇发出"勒令"，要他前往该院作检查。刘少奇接到"勒令"后，写信给毛泽东请示。毛泽东批告周恩来："我看还是不宜去讲。请你向学生方面做些工作。"七日凌晨三时许，周恩来向北京建工学院学生传达了毛泽东的意见，事态才平息下来。

这以后不久，周恩来又在一个几万人的场合传达了毛泽东反对揪斗刘少奇、邓小平的意见。当会场上有人呼喊"打倒"刘、邓两人的口号时，周恩来当众把身体转过去，背向群众，表示不赞成这种口号。他说：根据党的八届十一中全会决定，刘、邓二人还是中央常委。今天，我代表党中央讲话，你们在这里呼喊这种口号，是有意使我处于为难的地位。②

一月七日、八日，中南海周围聚集的人数继续增加：西门和西北门各有三四千人，北门有一千多人，南门（新华门）也有二百多人。学生们时常翻墙入院，突破警卫防线，造成中南海四个门频频告急。③

---

① 周恩来与七机部两派代表座谈纪要，1967年1月7—8日。

② 周恩来在"全国石油系统批判资产阶级反动路线大会"上的讲话记录，1967年1月8日。

③ 周恩来总理值班室电话记录，1967年1月7日。

江青却偏在这时又把攻击的目标对准正帮助周恩来处理大量繁重事情的国务院秘书长周荣鑫和总理办公室主任童小鹏。她在给周恩来的信中称：对周荣鑫，“群众要斗争他，随传随到”；对童小鹏，“群众要检讨就检讨”。周恩来答复江青：周、童二人应深刻检讨，但不能说“随传随到”，“因如‘随传随到’，我要找他们问事办事，将无法找到人了”。①

童小鹏回忆，当时周恩来交他办的一件重要事情，就是要他同住在中南海“休息”的部长们进行联络：

“中南海内国务院的宿舍楼，便是部长们的‘避难所’。周恩来让一些被批斗得厉害的部长、副部长们到里面来‘写检讨’，实际上是让他们来休息一下，同时冷静地写必要的检讨材料。我见过的有钱之光（纺织部）、钱正英（水电部）、王诤（四机部）、黄树则（卫生部）、萧望东（文化部）、陈正人（农机部）等。因为楼内还住有国务院内的‘造反派’，所以我只能利用晚上去看他们，说完后，都要约定一致的‘口供’，来谈了什么，准备‘造反派’追问时好交代。”②

中南海，成了老干部们在动乱年代里的一块稍可喘息的地方。

一月八日，中南海外面的学生们一次次冲进门内，试图强行揪人。已经无法正常工作的周恩来放下手头的事情，再次出面劝说学生们退出。当年担任周恩来卫士的高振普，目睹了这一幕：

“一天深夜十二点多了（即一月八日零时许——编者注），总理正在国务院会议厅开会，忽然有人来报告说，农大的一批造反的学生已经冲进了中南海西门，要

① 周恩来就江青来信事写给王力的批语，1967年1月9日，手稿。

② 童小鹏：《风雨四十年》第二部，中央文献出版社1996年1月版，第423页。

抓谭震林。”“谭震林同志住在中南海西门内几十米的地方，学生们是知情的，如果把谭震林同志揪走，后果是难以想象的。我调来了汽车，总理中止了会议，乘车来到中南海西门，看到学生们正被挡在西门内二十米左右的地方。总理跳下汽车，先是让学生们退出中南海，但学生们乱吵乱闹，根本不听，只是拼命喊着打倒谭震林的口号。当时天气冷极了，我们几个年轻人已冻得直流鼻涕，我拿了件大衣，给总理穿，可他不穿，硬是在院子里站了半个多小时，才说服学生，由他们选出代表到屋子里谈判。又过了半个多小时，才达成协议，学生们撤出中南海，去人民大会堂开大会，请谭震林到会。就这样，把学生们（包括在中南海其他几个门外的学生）都引到了大会堂。大会堂门一开，学生们呼啦啦地拥进去了，谭震林也去了。总理和谭震林同志坐在一起，开了两个多小时的大会，实际上是陪着谭震林挨了两个多小时的批斗，才给中南海解了围，保住了谭震林同志。”①

戎马一生的贺龙元帅，也是在这个时候被周恩来接到西花厅暂住，避开了一直对他穷追不舍的造反派。

正当首都北京发生包围中南海、掀起揪斗党和国家领导人的风潮的同时，一场更大的政治风暴在全国范围内掀起了。作为这场风暴开端的是在中国最大的工业城市上海首先爆发了一系列震撼全国的大事：一月初，《文汇报》、《解放日报》中的造反派相继“夺权”，宣布“接管”报社。随即，“工总司”等上海市造反

① 高振普：《在总理和大姐身边成长》，《周恩来和他的秘书们》，中国广播电视出版社 1992 年 3 月版，第 472 页。

派组织联合召开“彻底打倒”中共上海市委大会，强行夺取原上海市的所有党政大权。

对“一月夺权”的首要目标中共上海市委，周恩来一直是信任和肯定的。“红卫兵运动”中，他曾几次明确表示上海市委“是革命的”。“安亭事件”后，他仍设法维护上海市党政领导的权威。

但是，由于上海“一月夺权”符合毛泽东“一个阶级推翻一个阶级”的主张，得到了毛泽东的肯定和支持。接着，各地纷纷仿效，山西、山东、贵州、黑龙江等省市的造反派也相继“夺权”。《人民日报》先后发表《山西省无产阶级文化大革命的伟大胜利》、《西南的春雷》、《东北的新曙光》等社论。夺权狂潮迅速蔓延全国。各省、市主要领导人纷纷被作为“走资本主义道路的当权派”打倒，被剥夺全部权力，原有的党政机构陷于瘫痪。

周恩来从来不赞成把各地区、各部门的党政领导都视为“走资本主义道路的当权派”而打倒。他在许多场合一再强调建国十七年来党领导下各个地区、各条战线所取得的成绩，认为这是主流，反对一概怀疑、一概否定。他说：对犯错误的干部要一分为二，不要扩大打击面。“怀疑一切，打倒一切”是无政府主义思想，不是毛泽东思想。他始终主张各地区、各部门所“夺”的只能是“领导文化大革命运动”之权，而不是党、政、财、文等业务之权。他明确反对夺中央要害部门的领导权，强调国防、外交、公安、财政的大权属于中央，群众组织不能夺。他还宣布：我们不赞成建立全国性的组织，“全国转业、复员、荣誉、残废军人联合会”这样的组织我们不承认。尽管如此，周恩来这一时期并没有也不可能发表反对上海“一月夺权”或否定“一个阶级推翻一个阶级”的指导思想的言论，甚至在口头上还表示过支持，说这是大势所趋，势不可挡。①

随着全面“夺权”的迅速蔓延，它的灾难性后果很快就显露出来：大批党政领导干部被造反派定性为本地区、本部门的“资产阶级代表人物”而停职、“罢官”；各路造反派为了争权夺利，纷纷拉帮结派，自立山头，乃至发生大规模武斗造成大量流血事件；无政府主义浪潮恶性泛滥，社会陷入一片混乱；由于各级党政机构陷于瘫痪、半瘫痪状态，业务指挥系统失灵，国民经济首先是工业交通损失加剧，面临停顿的危险。

在这种情况下，为了稳定局势，人民解放军奉命“支左”，正式介入地方“文化大革命”。

如果说，五个月前开始的“红卫兵运动”，难以为大多数领导干部所理解和接受；那么，这时从上海开始的全面“夺权”，更不能不遇到各种抗争。

在“文化大革命”这种特殊的历史氛围下，不赞成“左”的一套做法的抵抗方式不少是悲剧性的。一九六六年底，长期在周恩来身边工作的国务院副秘书长许明，因为抗议江青一伙的迫害而付出了生命的代价。一九六七年一月，在“造反”、“夺权”的狂涛中，竟连续发生党、政、军高层领导人的“非正常死亡”，他们中包括：中共云南省委第一书记、昆明军区第一政委阎红彦（八日），海军东海舰队司令员陶勇（二十一日），煤炭工业部部长、党组书记张霖之（二十二日），中共山西省委第一书记、省长卫恒（二十九日）等。

当周恩来得知张霖之惨死于造反派凌辱和毒打之下时，陷于极度悲愤之中。他异常激动地质问造反派：“这么一位出生入死的老同志，就这么不明不白地死了，我怎么交代啊！如果连一个部长的生命安全都没有保障，国家还有什么希望？那不真是无法

① 据周恩来 1967 年 1 月中旬在几次群众场合的讲话。

无天了?”在场的谷牧等人清楚地看到:周总理是“眼含泪水,手持张霖之遍体伤痕的照片”讲这番话的;“看着他那悲戚的面容,听着他那激愤的声音,我们无不为之动容”。①

一月下旬,周恩来在许多场合严厉地批评造反派“打倒一切”的行径,指出:不能认为带“长”字的一概不要。那么多部长、副部长都统统不要了吗?不能,局长也不能。你们这样下去会走到反面。又说:上海一月夺权消息公布后,我们估计十天左右会出现连锁反应。夺权不能看成到处都是“走资本主义道路的当权派”和“执行资产阶级反动路线的顽固分子”。如果统统都是,哪还有“一小撮”?还有什么“区别对待”?毛泽东思想的出发点就是从实际出发,在毛主席领导下,在党中央领导下,“长”字号都是铁板一块的“黑帮”?不会这样嘛!② 月底,在中共中央华北局机关面临“夺权”威胁时,周恩来明确宣布:华北局是党中央的派出机关,你们夺权就等于夺中央的权。他当场质问造反派:“你们谁想当华北局第一书记?”③ 他还批评铁道部的造反派说:为什么就联合不起来,再这样下去,我要对铁道部实行军事管理。对老干部不要笼而统之一概打倒。现在你们是大民主与个人独断结合在一起,这样脱离群众会走向反面的。

在全面“夺权”中发生的一个新情况是,由于军队介入地方运动,使各级军事机关也受到了自开展“文化大革命”以来的最严重的冲击。尽管中央明令规定人民解放军必须“坚决支持左派广大群众”,但由于种种原因,军队中被认为偏向“保守派”的居多,引起地方上造反派的不满。在军队内部,也开始产生派

① 谷牧:《回忆敬爱的周总理》,《我们的周总理》,中央文献出版社 1990 年 1 月版,第 32—33 页。

② 周恩来接见工交口造反派代表时的讲话记录,1967 年 1 月 26 日。

③ 周恩来接见华北局机关“革命造反联络总部”代表时的讲话记录,1967 年 1 月 31 日。

性，并出现分化。一月十九日、二十日，中央军委召开扩大的碰头会，讨论军内开展“四大”的问题。会上，叶剑英、徐向前、聂荣臻坚持军队必须保持稳定，不能像地方那样搞运动。他们义愤填膺，拍案而起，被称为“大闹京西宾馆”。会后，叶剑英向周恩来汇报了有关情况。在他们的努力下，产生了经毛泽东批准的中央军委《八条命令》① 等旨在稳定军队的文件。二十八日，中央军委颁发了《八条命令》。三十一日，周恩来向军队院校、军事工厂等单位的代表阐述“军委八条”，指出：军队和地方不同，不能像学校那样放假闹革命，不能擅离职守；对军事机关和战备系统不能冲击；军队要保持坚定的稳定性。

“大闹京西宾馆”，成为“一月夺权”以来在党内高层所发生的一系列重要抗争的序幕。

二月二日，周恩来致信陈伯达、江青并中央文革小组：

> “一、提议今后每星期一、三、五晚十时起在钓鱼台开碰头会，以文革（小组）为主，我参加，讨论形势和政策及有关文件草案，其他有关同志按问题性质临时通知参加。”“二、提议今后每星期二、四、六下午三时半在怀仁堂或国务院会议室开碰头会，以常委四同志（周、陈、康、李）为主，副总理（陈、李、谭、聂、谢）和剑英参加，务请文革江青同志或指定的同志参加，分别讨论党政一些业务问题。”②

周恩来所以要提出第二项提议（即召开怀仁堂碰头会），是因为在一月中旬起刘少奇、邓小平、陶铸、陈云、贺龙等被取消

① 中央军委《八条命令》是经叶剑英、徐向前、聂荣臻等与周恩来商讨、修改后，由毛泽东批准下达的。其中最主要内容是：军队一切指战员必须坚守岗位，不得擅离职守；军内开展文化大革命的单位应严格区别两类矛盾，不得随意抓人、抄家、搞武斗；一切外出串连人员应迅速返回本单位；一律不许冲击军事领导机关；等等。

② 周恩来致陈伯达、江青并转中央文革小组成员的信，1967年2月2日，手稿。

出席中央政治局会议资格，① 他力图在这种非常状态下继续保持一种相当于中央政治局会议的形式，以便决定党和国家经常工作中的大事。而中央文革小组的钓鱼台碰头会，主要是商讨“文化大革命”中的一些问题。周恩来这时仍然想把“文化大革命”和党政的经常工作分开，以免各项业务工作受到干扰。

然而，在全面“夺权”的形势下，各项业务工作已不可能再正常地进行下去。许多被“夺权”的地区和部门出现的空前混乱的局面，清楚地证明了这一点。在这种情况下，怀仁堂碰头会上发生的对立双方的直接冲突已不可避免。

从二月七日（星期二）起，由周恩来主持的怀仁堂碰头会按计划隔日举行一次。在会议上，几位副总理和军委副主席强烈地抨击“文化大革命”中出现的种种错误做法，向中央文革小组几个主要成员提出责问。十一日会上，叶剑英站起来斥责康生、陈伯达和张春桥：你们把党搞乱了，把政府搞乱了，把工厂、农村搞乱了，你们还嫌不够，还一定要把军队搞乱！这样搞，你们想干什么？革命，能没有党的领导吗？能不要军队吗？徐向前激愤地拍着桌子说：军队是无产阶级专政的支柱，这样把军队乱下去，还要不要支柱啦？聂荣臻还针对江青一伙的做法提出抗议：你们不能为了要打倒老子，就揪斗孩子，株连家属；残酷迫害老干部，搞落井下石，这就是不安好心！②

怀仁堂会上的这些责问，实际上提出了三个重大原则问题：还要不要党的领导？要不要广大老干部？要不要稳定军队？

这时，李富春、陈毅、谭震林、李先念等两次致信周恩来，建议把各省、市、自治区党政主要领导人接来北京，“一方面打

---

① 中共中央政治局会议记录，1967年1月11日。

② 范硕、丁家琪：《叶剑英传》，当代中国出版社1995年3月版，第586—587页；刘志、张麟等：《徐向前传》，当代中国出版社1991年11月版，第532页。

通思想，一方面使之休息一下”。实际上是设法保护这些在造反派“夺权”活动中受到严重冲击的老同志。周恩来立刻表示赞同，并报毛泽东批准。①

二月十六日，怀仁堂会议上的斗争达到高潮。

这一天碰头会的原定议程是：一、国务院各口“抓革命、促生产”问题（周恩来、李富春提）；二、讨论文件（包括运动中的政策性规定等共六件）。② 到会的有：周恩来、陈伯达、康生、李富春、陈毅、谭震林、李先念、叶剑英、谢富治、余秋里、谷牧、张春桥、姚文元、王力等。

会议还没有开始正式讨论，正为陈丕显不能如期来京“休息”而怒气未消的谭震林便向张春桥等人质问：不要党的领导，一天到晚老是群众自己解放自己，自己教育自己，自己搞革命，这是什么东西？这是形而上学！你们的目的，就是要整掉老干部，把老干部一个一个打光。这一次是党的历史上斗争最残酷的一次，超过历史上任何一次！他声明：我不是为我自己，我是为整个的老干部，是为整个党！③

接着，陈毅、李先念、余秋里等也先后发言，对“文化大革命”中任意批斗、迫害老干部的极端行为表示强烈愤慨。

作为会议主持人，周恩来没有制止他们言词激烈的发言。历时三个多小时的会上，他几乎一直保持沉默。只是当盛怒的谭震林准备中途离开会场时，周恩来才大声将他叫回。当李先念提到打倒大批老干部是从《红旗》杂志一九六六年第十三期社论开始时，周恩来当场责问康生、陈伯达：“这么大的事情，为什么不叫我们看看？”

---

① 周恩来就2月7日怀仁堂碰头会讨论各地运动情况事给毛泽东的信，1967年2月7日，手稿。

② 周恩来起草的2月16日怀仁堂碰头会主要议程，1967年2月16日，手稿。

③ 《二月十六日怀仁堂会议》，张春桥、王力、姚文元整理核对稿。

当然，从周恩来所处地位来说，这时他不宜直接去批评“文化大革命”，但作为会议主持人，他没有责备那些奋起抗争的老同志，也没有阻止会议的继续进行。在与会的那些老同志看来，周恩来这样做就够了，等于表明了他的态度。

事实上，就在“大闹怀仁堂”前后那些日子里，周恩来在许多别的场合也接连发表了和他们的看法完全一致的言论，虽然在表达的方式上有所区别。

关于党的领导，他一再强调：中央的权、党的领导权不能夺。他提出：不能叫党委“靠边站”，各部党组、党委要恢复，还要行使职权，负责的还是部长、司长，政治部工作也要恢复起来。①

关于对待干部，他强调：老干部是党的财富，对他们不能搞无休止的斗争，揪住不放，甚至戴高帽、“喷气式”、照相、登报；这不是毛主席的作风，是“左”倾路线的恶劣作风，是对严肃的政治斗争的丑化。他愤怒地说：把老干部一概打倒行吗？难道能得出领导干部都是走资本主义道路当权派的结论吗？我想到这里就很难过，很痛心。现在到了关键时刻，我不能不说话，否则，我就要犯罪。②

关于稳定军队，他指出：现在到处都在发生冲击军事机关、揪斗军队干部的事件，全国形成了冲击解放军的一股风；这不是从国家整体利益着想，是对解放军的不信任、不爱惜，是给解放军脸上抹黑。③

“大闹怀仁堂”的当夜，在江青策划下，张春桥、姚文元、王力三人去向毛泽东汇报会上的情况。十九日凌晨，毛泽东召集

---

①② 周恩来接见财贸口造反派代表时的讲话记录，1967 年 2 月 17 日。

③ 周恩来接见内蒙古自治区党政军负责人及造反派代表时的讲话记录，1967 年 2 月 16 日。

会议，严厉批评谭震林等，指责他们是“翻案”、是“复辟”。并且说，如果文化大革命失败了，他就和林彪一起上井冈山打游击。毛泽东这次确实是动了肝火。按照康生的说法，“我跟主席这么多年，从来没见到他发这么大的脾气。”①

在这种情况下，周恩来作了检讨，就怀仁堂碰头会承担了责任。会议决定陈毅、谭震林、徐向前三人“请假检讨”，由周恩来出面主持政治局生活会批评陈、谭、徐等。

周恩来又一次面临困境：一边是在指导思想上坚持“文化大革命”并在盛怒中的毛泽东，另一边是在思想感情上同“文化大革命”格格不入的老同志。周恩来已没有回旋余地。他深深了解毛泽东的性格。为了维护“文化大革命”，毛泽东已经把话说绝了。“顾全大局，相忍为党”——周恩来只剩下这一种选择，并且，他还必须说服其他人作出同样的选择。

尽管如此，周恩来仍继续以其他方式表明他对“文化大革命”中那些问题的原则立场。二月二十日下午，就在老同志受到严厉指责的第二天，周恩来在介绍山西“夺权”情况的会议上，继续阐述他对“夺权”问题的一贯看法，指出：自一月号召夺权以来，不管有没有走资本主义道路的当权派，都起来“夺权”，这样，全党全国还成什么样子？怎么解释毛主席的伟大红旗占统治地位？这不等于把我们党十七年的伟大革命和建设成就都抹煞了吗？不能这样，逻辑上也站不住嘛！当谈到中央国家机关夺权时，他说：不是所有的部长、副部长都是走资本主义道路的当权派，也还有好的；造反派有的权掌多了，要加以限制。现在有人要夺中央的大权，外交大权也要夺，财政大权也要夺，还要夺军事大权。这些部门的权力属中央，谁也不能夺！不仅各部委党委、党组领导要抓日常工作，就是司局一级干部也不能统统“靠

① 访问王力谈话记录，1983年7月18日—8月19日。

边站”，整个业务系统还是要由这两层领导来抓。当谈到冲击军事机关问题时，他说：前一时期各地冲击军事机关这股风是错误的，要赶快扭转过来；军队内部搞“造反”、“夺权”，完全是大方向的错误，不是一般的错误。会上，周恩来还表示不赞成“坚持资产阶级反动路线的顽固分子”这个提法，说：“如果这一条存在的话，任何人只要检讨不够，就可以说是顽固分子。”①

与此同时，周恩来连续约几位老同志谈话，做他们的思想工作，要他们准备检讨错误，接受批评。二月下旬至三月中旬，根据毛泽东的意见，周恩来主持召开七次“政治生活批评会”。会上，他自己先作检讨，为其他人承担责任。而康生、谢富治等对谭震林等横加指责，无限上纲，把他们的正义抗争诬为“二月逆流”。

“政治生活批评会”后，成立了“中央文革小组碰头会”，取代原来周恩来主持的怀仁堂碰头会，“大闹怀仁堂”的几位老同志被剥夺出席会议的资格。周恩来的处境愈加困难了。

三四月间，在中央文革小组煽动下，北京及全国各地掀起所谓反击“自上而下的反革命复辟逆流”。不久，鉴于毛泽东对全国性“反革命复辟逆流”的提法表示怀疑，停止了这类宣传。毛泽东还特别提醒注意“不要伤害总理”。②

为了把“一月夺权”以来的大混乱局面尽量稳定下来，三月十三日，周恩来在军以上干部会议上讲话，要求：无论如何要在三月份解决省、市、自治区的领导机构问题，以便抓革命、促生产。各级领导机构成员要以解放军为主，光靠革命群众组织不行。如果没有领导机构，可以先成立生产指挥部。现在就抓，不能再晚了。陷于瘫痪、半瘫痪状态的单位，被坏人篡夺了领导权

① 周恩来在“山西介绍夺权斗争经验会议”上的讲话记录，1967年2月20日。

② 访问王力谈话记录，1983年7月18日—8月19日。

的单位，边防、沿海、交通要道、专政机构、机密要害部门、国防企事业单位，都应实行军管。他还就此作出一系列具体部署。在广东、江苏、广西、福建、安徽、西藏、河北等省、自治区和铁道等重要部门，先后成立了军管会，实行军事管制。

这段时间里，周恩来在党内外一些讲话中也提到“二月逆流”，认为这件事是“错在对群众的关系上”，同时又说：对这几位老同志我保得“最多”、“最早”，所以，在批判“二月逆流”时“也联系到我”。①

就在这种政治气氛下，五一劳动节到了。按照由周恩来拟定并经毛泽东批准的名单，参加“大闹怀仁堂”的所有老同志都登上天安门城楼，出席庆祝活动，被称作“五一团结会”②。从当时来说，同毛泽东一起登上天安门，姓名见报，就说明他们不是打倒的对象。几天后，周恩来又写信给陈毅等，提醒他们：“五一团结，不要又造成你们五位同志错觉，否认二月逆流，再压造反派，支持保守派，实行打击报复，那就又要来一个新的反复。”“为着预防你们五位同志走入绝路，专此警告，勿谓言之不预。”③ 周恩来这封信的语气是严厉的。事实证明，他这时的担心和警告确实用心良苦。

江青等人十分清楚：对他们最大的障碍正来自周恩来。自五月中旬起，北京又出现了直接攻击周恩来的大字报和大标语，提出：周恩来是“资产阶级反动路线的制定者和执行者之一”，“炮打周恩来是当前运动的大方向”，等等。一些造反派还提出“炮打”周恩来的理由：总理是“老保”，保这个，保那个，结果保

---

① 周恩来在中央军委扩大会议的讲话提纲，1967 年 4 月 24 日，手稿；周恩来接见国防工业各部军管人员和群众代表时的讲话记录，1967 年 9 月 10 日。

② 访问谷牧谈话记录，1992 年 10 月 4 日。

③ 周恩来致陈毅、谭震林、李先念、余秋里、谷牧并告李富春信，1967 年 5 月 5 日，手稿。

的都是坏人；国务院许多副总理都垮了，他们的错误不会和总理没有关系；总理的多次讲话与中央文革小组成员的讲话调子相差很远；周恩来是“二月逆流”的总根子；等等。①

周恩来坦然处之。五月十五日，他对外事口造反派说：拿我个人来说，你们搞全面材料也行，向我提抗议也行，贴大字报也行。我不怕打倒！干了几十年革命还怕这个？除非我自己摔跤，走到反面。② 他十分清楚自己的处境和责任，相信只要自己仍站在岗位上，就有可能争取时机，实现自己的目标。在最困难的时刻，周恩来给自己定下了在“文化大革命”中所持的基本态度：“鞠躬尽瘁，死而后已”！③

这时，江青使出了更狠毒的一手。五月十七日，她写信给林彪、周恩来和康生，声称：红卫兵“查到一个反共启事，为首的是伍豪（周××），要求同我面谈。”随信附上红卫兵交来的材料。这个“材料”，其实就是一九三二年国民党特务在周恩来早已到中央革命根据地后伪造的在上海报纸上刊登的《伍豪等脱离共党启事》。送来这个材料的红卫兵对事实的真相可能并不知情，而江青在此时要这样做，用心的险恶是十分清楚的。两天后，周恩来在江青的信上批道：“伍豪等脱离共党启事，纯属敌人伪造。只举出二百四十三人，无另一姓名一事，便知为伪造无疑。我当时已在中央苏区，在上海的康生、陈云同志均知为敌人所为，故采取了措施。”④ 同一天，周恩来放下其他事情，查阅了上海的旧报纸，亲笔写信给毛泽东，说明这件事。毛泽东批示将信及材

① 唐闻生、王海容就外事口出现攻击周恩来大字报一事给毛泽东的信及所附《情况简报》，1967年5月27日。

② 周恩来接见北京两所外国语学院红卫兵代表时的讲话记录，1967年5月15日。

③ 周恩来同一位烈士子女的谈话，转引自1986年1月5日《人民日报》。

④ 周恩来在江青5月17日信上的批语，1967年5月19日，手稿。

料送林彪和中央文革小组阅存。

二十九日，毛泽东又针对正在掀起的“炮打”周恩来的浪潮，在一份材料上批示：“极左派的观点是错误的，请文革同志向他们做说服工作。”第二天，周恩来将毛泽东批件送中央文革小组成员“传阅”。直到这时，对所谓“伍豪事件”真相十分清楚的康生才写信给陈伯达、江青，建议由中央文革小组召集有关造反派开会，批评“极左派”的观点。这场闹剧终于被迫悄悄收场。

这年入夏，在全国陷于“天下大乱”的同时，人民共和国的外交工作也受到严重干扰和破坏。五月到八月，在短短几个月的时间里，中国先后同已经建立外交关系的亚洲、非洲和欧洲的十几个国家发生纠纷，其中包括一些同中国长期友好的周边国家。当时担任外交部副部长的罗贵波回忆说：

> 一九六七年一月，外交部成立了“革命造反联络站”，在部里搞“夺权”。周总理委派陈老总在人民大会堂召集部党组成员和造反派头头开会，宣布：一、“联络站”所夺的是领导运动之权；二、外交业务之权不能夺，造反派对此只能实行“业务监督”。之后，外交部成立了大约十人左右的“业务监督小组”，每个业务司都有代表参加。在那段时间里，周总理对抓外交业务作了许多指示，其中有两条很明确，一是要坚守岗位，二是外交工作不能中断。这是他当着我们部党组成员和造反派的面一起讲的。“文化大革命”中外交工作一般地说没有中断，但是干扰很大，谈不上开展，甚至就是维持也很困难。周总理早有指示，驻外使领馆不许搞夺权、贴大字报等。开始还能控制住，后来就控制不住了。一些驻外使领馆也搞起“造反”、“夺权”，大字报

铺天盖地，大喇叭成天广播，把使馆搞得一塌糊涂。这时候，我们几个（即总理指定抓业务的我、韩念龙、曾涌泉和徐以新）的日子也不好过，造反派对我们批斗得更厉害了。我经常是在办公室里被抓去批斗，回来还要办公。有时实在不行了，我就打电话给总理，报告无法工作了。周总理就找来造反派，批评他们的做法。再不行，总理就把我们接到西花厅右边的平房里，呆上一天半天，等那股风过去了再回来。①

作为外交部长的陈毅，在这种情况下已无法正常地进行工作。为了保护陈毅，周恩来一次次地同外事口造反派谈话，阻止他们召开批斗陈毅大会。六月底，周恩来向造反派宣布：陈毅同志现在外事工作忙，不能下去检查。你们坚持要批判他的错误，我也同意。对陈毅同志的问题，我早就说过，你们可以提你们的意见，我也可以来听你们的意见，但中央对此还没有作结论，你们不能强加于我。即使批判错误，也必须摆事实，讲道理，不能动不动就宣布“打倒”。②

到七月中旬，整个局势更加混乱。外事口造反派趁周恩来离开北京去处理武汉事件的时候，组成千人“揪陈”大军，涌到外交部门前“安营扎寨”，好几个大喇叭日夜广播，声称不把“三反分子”陈毅揪出，决不收兵。造反派还扎制陈毅的模拟像，进行人格侮辱。

八月七日晚，在武汉事件中受伤回京的中央文革小组成员王力，召见外交部“革命造反联络站”代表，公然表示支持在外交部夺权，赞同“打倒陈毅”的口号。这个讲话，当时被称为“王八七”讲话。从这一天起，周恩来开始连续出席外事口召开的大

① 访问罗贵波谈话记录，1985 年 6 月 7 日。

② 周恩来接见外交部“革命造反联络站”代表谈话纪要，1967 年 6 月 28 日。

小“批陈”会议，以这种方式保护陈毅。十一日大会上，因为造反派背弃事先的约定，在会场挂出“打倒陈毅”的大标语，周恩来极为愤慨，当众陪同陈毅退场，表示抗议。

在王力“八七”讲话的鼓动下，外交部造反派不顾周恩来的一次次批评和警告，在八月十九日冲砸了外交部政治部，宣布“夺取”部党委大权。接着，造反派又强行封闭所有副部长办公室，姬鹏飞、乔冠华等副部长白天被关入地下室写“检讨”，晚上放出来向造反派“汇报”。在造反派夺权后，外交部发往驻各国领使馆的电报中竟出现“打倒刘（少奇）、邓（小平）、陈（毅）”的口号。整个外交业务陷于混乱，大权一时落入造反派手中。

二十二日夜，被极左思潮支配的外事口造反派以及北京的一些红卫兵组织，在他们举行的“首都无产阶级革命派愤怒声讨英帝反华罪行”群众示威活动中，置基本国际关系准则于不顾，冲击并焚烧英国驻华代办处，制造了一起建国以来最严重的涉外事件。在这以前，还发生了群众冲砸印度、缅甸、印度尼西亚三国驻华机构的行动。这“三砸一烧”，使人民共和国的国际声誉受到巨大损害。

二十三日凌晨，英国驻华代办处的大火刚被扑灭，周恩来就紧急召见外事口各造反派组织负责人，代表党中央、国务院向他们宣布：外交部“夺权”是非法的，不算数；“打倒刘、邓、陈”的口号是错误的；封闭副部长们的办公室、造成外交工作失控，是目无中央；火烧英国代办处表明已不能控制局面，是典型的无政府主义。周恩来表示，对这件事，还要做进一步调查处理，同时向毛泽东报告。①

这一系列重大事件的发生并不是孤立的。正是在这个时候，

① 周恩来接见外事口造反派代表时的讲话记录，1967年8月23日。

中央文革小组的一些成员散布着“现在是新文革与旧政府的斗争，要打倒以国务院为首的第三个司令部”① 等论调。在北京，再度发生围困中南海，冲击国务院。外交方面的各种事件，不过是他们为最终打倒“旧政府”所采取的步骤之一，所有这些行动的背后都有着中央文革小组的支持。

周恩来凭着丰富的政治经验，已经觉察出这种极不正常的情况。正如他后来所说：“文化大革命运动的发展，如果仅仅是在青年中产生极左思潮，那是可以得到说服和纠正的。问题是有些坏人利用这个机会来操纵群众运动，分裂群众运动，破坏我们的对外关系。这种人只有在事情充分暴露以后才能发现。”②

在外交工作中制造严重混乱，是毛泽东决不允许的。周恩来抓住“事情充分暴露”的机会，果断地进行反击。

八月二十五日凌晨一时，刚开完中央文革小组碰头会的周恩来，单独约见才从上海毛泽东处回京的代理总参谋长杨成武，向他谈了对近来一系列事件的看法。周恩来特别提到王力的“八七”讲话，指出：这个讲话煽动造反派夺外交部的权，并连锁反应到外贸部和国务院其他部，还有火烧英国代办处以及借口揪刘少奇把中南海围得水泄不通，宣传上又提出“揪军内一小撮”（指《红旗》杂志在八月一日发表由关锋主持起草的社论，提出“要把军内一小撮走资本主义道路当权派揭露出来，从政治上和思想上把他们斗臭”，并说“这是斗争的大方向”。接着，各地出现冲击军事机关、抢夺武器弹药、派性武斗激化等严重状况。——编者注）。周恩来说：“这样下去怎么得了？我担心的是连锁反应。现在，一个是中央的领导不能动摇，一个是解放军的

---

① 穆欣：《同“中央文革小组”的几次斗争》，《周恩来的最后岁月》，中央文献出版社 1995 年 12 月版，第 29 页。

② 《周恩来外交文选》，中央文献出版社 1990 年 5 月版，第 483 页。

威信不能动摇!”谈完后，周恩来把一份王力“八七”讲话交给杨成武，要他转送毛泽东看。

当日上午，杨成武按照周恩来的指示直飞上海，向毛泽东转达周恩来的意见。经过一天考虑，毛泽东下了决心。他对杨成武讲：“王、关、戚是破坏文化大革命的，不是好人。你只向总理一人报告，把他们抓起来，要总理负责处理。可以先解决王、关，戚暂时不动，以观后效。”

二十六日中午，杨成武赶回北京，单独向周恩来汇报了毛泽东的决定。周恩来表示，事不宜迟，马上开会。晚上，周恩来在钓鱼台主持召开中央小碰头会，陈伯达、康生、江青等出席。周恩来宣布：“今天的会议，是传达毛主席的一个重要决策。”随即，他逐字逐句地宣读了杨成武记录下来的毛泽东的指示。随后，王力、关锋被隔离审查。第二年一月，根据毛泽东的指示，对戚本禹也作了同样处理。①

对王力、关锋、戚本禹这三名中央文革小组重要成员实行果断处置，对江青、陈伯达、康生等人来说，不啻晴天霹雳，成为“文化大革命”以来这几个不可一世的人物所受到的第一次重大打击；对“文化大革命”以来不断升级的大混乱和大破坏，也产生了一定的遏制作用。九月初，暂时留在台上“观后效”的戚本禹写信给毛泽东，“检讨”自己的错误，同时，反映了处理王、关这件事在中央文革小组内部引起的剧烈震动：“最近以来，大家心情都很沉重。”“小组里出了事，江青同志心里难过。她叫春桥同志和我去看了关锋、王力，开导他们。”②

无疑，江青等人对在这件事上起了关键性作用的周恩来更加

---

① 张子申：《杨成武将军访谈录》，中国文联出版公司 1995 年 2 月版，第 43—45 页。

② 戚本禹致毛泽东的信，1967 年 9 月 4 日。

怀恨在心。

因全面“夺权”而导致的“天下大乱”，不仅严重地破坏了人民共和国的各项事业，同时，也日益损害着周恩来的身体健康。

建国后，周恩来尽管日理万机，由于他身体素质好，一直很少生病。据一九六五年下半年来到周恩来身边担任保健医生的张佐良回忆：这一年十一月，周总理去罗马尼亚参加乔治乌—德治的葬礼，在初冬凛冽的风雪中，他没有穿大衣，没戴帽子，甚至连毛衣毛裤都没有穿，竟然步行和站立了五个小时！这一情形，引起在场许多外宾的惊奇。而在一九六七年，发现了总理的心脏病，心电图显示冠状动脉供血不足。我们报告了中央，并及时采取了一些措施。①

“文化大革命”中周恩来长时期超负荷的工作状态和内心的极度焦虑，使他本来并不严重的心脏病频频发作。他的体质一天不如一天，已在勉强支撑着工作。这一点，他周围的人都看得很清楚。一九六七年二月三日，周恩来身边工作人员不得不联名写出一张向周恩来“造反”的大字报，“强烈请求”他“改变现在的工作方式和生活习惯”，以便“为党工作得长久一些、更多一些”。他们将这张大字报贴在周恩来办公室的门上。大字报贴出后，陈毅、聂荣臻、叶剑英等和中南海许多工作人员、医务人员在上面签了名。邓颖超还特意注明了几条补充意见。

第二天，看到大字报的周恩来在上面批了八个字：“诚恳接受，要看实践。”对于工作人员及战友们的心意，周恩来是领受了。但面对着如此混乱的形势、每天如雪片般飞来的告急电文、

① 张佐良：《周恩来的最后岁月》，《周恩来和他的秘书们》，中国广播电视出版社1992年3月版，第540—541页。

周恩来同志：

我们要送你一点礼，就是请求你改变现在的工作方式和生活习惯，才能适应你的身体变化情况，从而你才能够为党工作得长久一些、更多一些。这是我们从党和革命的最高的长远的利益出发，所以强烈请求你接受我们的请求。

赵炜、霍爱梅、李进才、张作文、郑淑云、彭岳峰、桂焕云、张佐良、高云秀、纪东林、张树迎、杨金明、高振普

诚恳接受，要看实践。

周恩来

二月四日

1967 年 2 月 3 日，周恩来身边工作人员贴在周恩来办公室门上的大字报，左侧为 2 月 4 日周恩来所写批语

一场接一场的会议和接见活动，周恩来实在是无法放下心来。对国家和民族的高度责任感使得他不能不以时分来计算一天的日程。因此，他对身边的工作人员说：“我不能休息。你们看，这么多的文件都等着我批，这么多的事要等着我办，我能休息吗?”①

四月中旬，广州春季出口商品交易会召开前夕，因为听说广州“情况较紧，而军管会又难于控制”，周恩来决定立即飞赴广州，“亲往解决此事”。② 在广州期间，周恩来轮番找各派红卫兵组织代表谈话，就开好广交会对国民经济和中外交往的重要意义以及有关交易会的大量具体问题进行耐心细致的解释工作。一连三十多个小时没有睡觉，又连续几天不能正常休息，这样过度的劳累，终于使周恩来心脏病严重发作，出现胸闷、心绞痛，早跳频繁。随行医生决定，立即给周恩来用药并吸氧。从这时起，周恩来每天在睡觉前都需要吸氧。③ 在健康情况已如此严重恶化的情况下，他的工作量却一点也没有减轻。

这一年八月，就在周恩来严厉批评外交部“夺权”和火烧英国代办处的事件后，外事口的造反派继续在陈毅问题上做文章，并且一再阻挠周恩来出席“批陈”大会。二十七日凌晨，周恩来面对反复劝说无效的造反派，以少有的激动，大声说道：你们采取轮流战术，从昨天下午到现在，整整十八个钟头了，我一分钟都没有休息，我的身体不能再忍受了！你们这完全是在向我施加压力，是在整我了！

这次接见前，周恩来的心脏已隐隐作痛，他连服了两次药仍

① 赵茂峰:《平凡中见精神》,《周恩来和他的秘书们》,中国广播电视出版社1992年3月版，第341页。

② 《周恩来书信选集》,中央文献出版社1988年1月版，第595页。

③ 张佐良:《周恩来的最后岁月》,《周恩来和他的秘书们》,中国广播电视出版社1992年3月版，第542页。

不见好转。因此，周恩来的保健医生将总理病情写在纸条上，当面交给被接见的造反派负责人，却被置之不理。这时，医生见周恩来实在难以支持了，便忍无可忍地冲到那个造反派头目面前，愤怒地警告他："如果总理今天发生意外，你必须承担一切责任！"说罢，搀扶周恩来离开会场。造反派仍在叫嚷："我们就是要拦陈毅的汽车！""还要再冲会场！"周恩来已走到门口，又转过身来怒斥："你们谁要拦截陈毅同志的汽车，我马上挺身而出！你们谁要冲击会场，我就站在人民大会堂门口，让你们从我的身上踏过去！"在汽车里，医生含着眼泪给周恩来紧急吸氧。

由于心脏病发作，周恩来这次从二十七日早晨到二十八日下午，持续三十多个小时无法工作。①

两天后，为周恩来身体状况寝食难安的邓颖超留下这样的字条：

恩来：

我看你的面容精神是疲乏不堪了，应该休息一下才是！勉强挣扎不是办法。

小超即刻

二十九日下午，正在外地的毛泽东得知周恩来操劳过度、引起心脏病发作的情况后，不安地提出建议：告诉总理，要多睡觉，不要开长会，不要多说话。

但是，正在紧急处理各地武斗事件、努力恢复铁路运输的周恩来，依然经常通宵达旦地工作。九月二十四日，他对邓颖超说：我一到早晨八时左右，精神就不行了，手发抖。二十七日，他准备为国庆节题写"热烈庆祝伟大的中华人民共和国国庆十八周年"几个字，试写了两次，都因手发抖而无法写成，只得嘱咐秘书告诉有关方面用仿宋体字来代替。

---

① 周恩来办公室台历，1967 年 8 月。

已经抱定“鞠躬尽瘁，死而后已”决心的周恩来，始终没有作放松一下的打算。身体稍有恢复，他又像以往一样，义无反顾地全力投入到工作中去。这正如他自己所讲：“今天，我的工作岗位和所负责的工作总还要我本人去做，一刻也不能休息，不能袖手旁观。所以，我还是要干下去。”①

就这样，在国家和民族最离不开他的时候，周恩来步入了自己的古稀之年。

① 周恩来在北京市革命委员会扩大会议上的讲话记录，1967年9月1日。

六十八、九大前后

从一九六七年初的大“夺权”起，一年的结果，全国的形势极端混乱，“天下大乱”并没有达到预期的“天下大治”，整个国民经济尤其是工交生产每况愈下，发出了全面告急的信号。五月底，因为派性武斗升级，甚至冲击军管会，抢夺枪支，使一度有所好转的铁路运输状况又严重恶化，京广、津浦、陇海、浙赣四条铁路干线处于半瘫痪状态，单单徐州一处，就停开货车六十九列，使包括国际列车在内的客货运输无法正常运行。[①] 七月二十二日，江青在接见河南群众组织代表时肯定了“文攻武卫”的口号，并说：“你们自卫的武器不能放下。”第二天，“文攻武卫”的口号在《文汇报》上发表。各地的武斗流血事件恶性发展。有些地方甚至使用大炮等重武器来打派仗，出现了“全面内战”的严重局面。九月初，除东北外全国铁路交通中断，东北的铁路也多处堵塞。由于煤炭运输发生困难，工业用电甚至城镇居民用电的供应时常中断，造成巨大损失。与此同时，大批中外船只无法按期装卸货物，使沿海沿江许多港口、码头的货物堆积如山。国内工业生产的停滞和破坏，造成不少援外项目被迫停产，国家的

---

① 国务院联络员办公室《简报》（1967 年第 10 期）转载铁道部业务监督小组报告和中共第 68 军委员会特急电，1967 年 5 月 31 日。

信誉遭到严重损害。①

一九六七年十月下旬，摆在周恩来面前的是这样一份全国工交生产情况报告：

> 自五月份开始，工业生产和铁路运输陆续出现较大幅度的下降。到九月份，钢和生铁的平均日产量都降到一点二万吨，只为全年计划平均日产量的百分之二十六左右；原煤（部直属矿）的平均日产量下降到二十六点八万吨，为全年计划日产量的百分之五十；每日平均发电量下降一点六亿度，为全年计划日发电量的百分之六十；原油的平均日产量下降到一点九万吨，为全年计划日产量的百分之四十；铁路平均日装车数下降到一点九万车，为计划日装车数的百分之四十六。第三季度全国工业生产平均水平大约只有原计划的百分之五十左右。估计一九六七年的全部工业总产值，大约只能完成原计划（草案）的百分之七十左右。②

怎样改变国民经济如此严重的状况，这副沉重的担子只能落到本来已心力交瘁的周恩来的肩上。但要解决这些问题，他又受到种种因素的严重制约。

一直为国计民生操劳的周恩来，这时真是忧心如焚。作为还远远没有摆脱贫困落后状态的大国的“当家”人，他无论如何不能容忍那些破坏国家正常经济秩序和人民生活的行为，不能不对那些打着“最最革命”的旗号、实际上却处处为自己和小团体争权夺利的“造反”行为感到厌恶。他这时的言论，已很少讲“文化大革命”的“成绩”，更多的是指出一年多的“革命”给予国

---

① 周恩来接见辽宁省群众组织代表时的讲话记录，1967 年 9 月 9 日。

② 国务院业务小组：《1967 年前三季度的主要经济情况和四季度要抓紧的几项主要工作》，1967 年 10 月 24 日。

家建设和人民生活造成的实实在在的损失和破坏，以及他对这些严重后果的极大愤慨和不安。

这年九月五日，中共中央、国务院、中央军委、中央文革小组联合发出周恩来主持起草、并经毛泽东批准的《关于不准抢夺人民解放军武器、装备和各种军用物资的命令》。六日，周恩来接见联络员和中央文革驻各地记者时，针对有些地方提出现在正是“反动资本主义复辟逆流在全国反扑的前夕”、要“武装夺取政权，战争解决问题”的提法，指出：这种对形势的估计完全是错误的，是极左倾向。当前任何一个省都首先要停止武斗和夺枪，建立革命秩序。八日，他在接见一个国防尖端会议的代表时说：我看派性现在已经登峰造极了，不能再往下发展了；再不回头，不管哪一方面，就要犯罪了！并指出，两派打架，不知影响了多少生产，特别是损害国家资财，完全是小资产阶级的破坏性。十六日、十七日，他分别接见北京市大专院校红代会“天派”和“地派”的代表，当着陈伯达、江青的面，批评北京大专院校各派的许多做法是“法西斯行为”，批评他们还在四处串连，“包打天下”，并把自己的派性观点带下去影响各地的做法，是“一种小资产阶级的狂热性”。说：不要唯我独尊，唯我独“左”，要联合。北京两派的派性观点应该批判。对还在外面串连的学生，给一个月的限期，不回来就开除学籍。哪有这样闹革命的？

十月七日，中共中央转发毛泽东视察华北、中南和华东地区时的指示。毛泽东虽然还说“有些地方前一段好像很乱，其实那是乱了敌人，锻炼了群众”，但指示的重点是想把局势稳定下来。他说：“在工人阶级内部，没有根本的利害冲突。在无产阶级专政下的工人阶级内部，更没有理由一定要分裂成为势不两立的两大派组织。”“要允许干部犯错误，允许干部改正错误。不要一犯错误就打倒。犯了错误有什么要紧？改了就好。要解放一批干部，让干部站出来。”他还说：“要告诉革命造反派的头头和红卫兵小将们，现在正是他们有可能犯错误的时候。”但已难控制的社会秩序并没有就此稳定下来。

十月下旬，针对日益混乱的铁路运输状况，周恩来向出席全国铁路系统工作会议的代表指出：如何把铁路运输搞上去，这个问题太大了。粮食生产、工业生产，回过头来还是铁路运输问题。“抓革命、促生产”，铁路处于关键性的地位。现在，铁路运输量还没有回到水平线上。今年运输指标再上不去，就会影响明年的发展。空喊“革命”，不抓业务，“革命”就是空的。动不动就把机务段冻结起来，这无论如何不是革命的，这是破坏革命。①

十一月间，周恩来批评黑龙江两派造反组织代表：你们东北是最冷的地方，但现在最好的煤矿日产量还不到一半。东北离开煤怎么行？闹革命闹了一年半，去年还有库存，今年都用上了，搞不好就都得停产。所以，你们不能再打了！② 一天，当周恩来得知连接京广、陇海南北两大铁路干线的枢纽——郑州站交通中断、滞留车皮三千多节的消息，当即派飞机将郑州两派代表接到北京，要求他们搞好大联合，保证铁路运输畅通。他说：郑州停放这么多车辆，我心里非常难过！如果我有时间，就亲自去解决这个问题，但我的时间不够，实在抽不出身来，恨不能一天二十四小时变成四十八小时。全国铁路革命“革”了一年半，造成这个样子，你们心里难道就舒服？当在场造反派代表仍在提出写大字报没有纸和笔时，周恩来愤激地说：现在不是要纸要笔的问题，现在是要火车畅通的问题！③

在这段时间里，周恩来多次使用“内战”这两个字来概括他

① 周恩来接见出席全国铁路运输工作会议全体代表时的讲话记录，1967 年 10 月 29 日。

② 周恩来接见黑龙江省“炮轰派”代表时的谈话记录，1967 年 11 月 24 日。

③ 周恩来接见铁路系统群众组织代表时的讲话记录，1967 年 11 月 25 日。

对各地区、各部门因派性争斗所造成的混乱局面的看法。他一针见血地批评“炮轰”聂荣臻的七机部某造反派：你们现在完全是派别之争、意气之争，是不顾大局的极左倾向和极左错误，这不是个小错误，其表现就是整天忙于打“内战”![①] 他批评只热衷打派仗、全然不顾国家利益和声誉的广州地区造反派：你们连国际主义、爱国主义都忘了！现在黄埔港无法卸货，国家为每条外轮每天赔款五百英镑。我要是在广州，我就大声疾呼：“反对内战!”[②] 他还严词责问广西两派代表：你们看一看，现在“内战”打成什么样子！一段一段的铁路比过去军阀混战时搞得还厉害！我们的工人阶级兄弟、人民群众就在打这个“内战”![③]

周恩来的崇高威信和苦口婆心的劝导，确使某些造反派组织的极端行为有所收敛，一些地区和部门的生产业务状况也有所恢复。但是，由于整个“文化大革命”的错误理论没有从根本上改变，问题仍在恶性发展，乃至愈演愈烈，欲罢不能。周恩来所能做到的，只是在某些方面、在某些重要问题上控制局势或减少损失。

一九六七年冬季到一九六八年春季，各地“内战”达到了空前激烈的程度，许多地方的派性斗争已不仅仅是在客观上带来某种严重后果，而常常是有目的地、人为地制造一系列大规模的破坏行动。一九六八年二月四日，铁道部军管会生产指挥部报告：二月二日晚，津浦铁路上两列客车遭武装抢劫，乘务员数人被绑架，枪支等被劫走；这条干线的几处路段被毁，通讯调度中断；几座铁路、公路桥被炸。同日，周恩来就此事致信毛泽东，告诉

---

① 周恩来接见国防工业系统群众组织代表和军管会负责人时的讲话记录，1967年6月3日。

② 周恩来接见广州地区赴京汇报的群众组织代表时的讲话记录，1967年9月1日。

③ 周恩来接见广西赴京两派群众组织代表谈话记录，1967年8月24日。

他：这类破坏铁路的情况，“在徐州、蚌埠、郑州、连云港十字线上为最甚。次之，为衡阳、柳州、广州三角线上。再次，为西南昆明、成都一线”。“这一破坏铁路、炸毁桥梁的行动完全是反革命行为，必须实行专政措施。”① 此后，经周恩来修改、由中共中央发出的《关于确保援越抗美物资运输畅通的紧急命令》明确提出：对一切破坏运输、装卸的反革命行为，必须采取有力措施。

尽管有周恩来的种种努力和中共中央决定采取的强硬措施，整个形势仍不容乐观。铁路运输方面的问题，一直没有能从根本上解决。一九六八年二月，周恩来在接见邻国客人时回顾说：一年来，我都在管铁路运输工作，每星期都过问。运输上发生问题，这是文化大革命的副作用，两派争吵不休嘛！同年八月，他又对另一批外宾讲：由于运输上的关系，动力上的关系，直接影响到生产；在去年下半年、今年上半年有很多指标不是上升的趋势，原来设想今年生产会逐步好转，结果相反。②

严酷的现实一次次证明，所谓“全面夺权”，不管打着多么“革命”的旗号，它的结果势必导致无政府主义泛滥，造成不顾国家和人民利益的派性发作，一些野心家和坏人乘机煽动操纵，使得武斗迭起，派仗不息，人民的苦难日益深重，局面难以收拾。周恩来等老一辈革命家要求“革命”和生产双轨并行，实际上无法实现。面对这种现实，周恩来力图尽早结束眼前这种全国范围的混乱状况，正确对待干部，实现大联合，以便恢复正常的社会秩序和经济秩序，保障人民群众基本的稳定生活。

---

① 周恩来等就铁道部军管会生产指挥部《关于徐州地区铁路运输中断情况反映》给毛泽东的报告，1968 年 2 月 4 日，周恩来手稿。

② 周恩来接见越南驻华大使吴明鸾、越南外贸部副部长李班谈话记录，1968 年 2 月 17 日；周恩来接见阿尔巴尼亚驻华使馆临时代办巴巴尼、武官哈卡尼谈话记录，1968 年 8 月 20 日。

一九六七年九月初，周恩来这样说过：无产阶级文化大革命三年算一次吧，已经是相当长了，就够我们锻炼的了。要是“内战”这么打下去，不但你们（指造反派）自己厌战，群众也会厌战了！[①] 以后，周恩来又几次提出：这次文化大革命是一年发动，两年胜利，三年扫尾。[②] 这实际上也是毛泽东原来预定的“文化大革命”的时间表，也就是说这场运动到一九六九年可以结束。毛泽东说：有些事情，我们事先也没有想到，每个机关、每个地方都分成了两派，搞大规模武斗，没有想到过。[③] 这一方面表明毛泽东本来希望快些结束“文化大革命”；同时又清楚地证明，一旦造成了“天下大乱”这种局面，让无政府主义泛滥起来，事情的发展就不依决策者的主观意志为转移了。

因此，只要坚持“文化大革命”的错误理论与实践，“天下大乱”的局面就难以从根本上得以控制，不可能经过它达到“天下大治”；而野心家、阴谋家也必然会利用这种情况进一步从中作乱，以图混水摸鱼，给人民造成深重的灾难。这是极为惨痛的教训。

使人震惊的事情仍不断发生。一九六八年春天又发生了所谓“杨（成武）、余（立金）、傅（崇碧）事件”。

一九六七年八月处理王力、关锋、戚本禹的决定，给了江青集团沉重的打击，也不可避免地引发出许多干部群众发泄出长期以来潜藏在内心的对江青一伙的不满。

一九六七年底至一九六八年初，上海一些群众组织发表了怀

---

① 周恩来接见财贸口群众组织代表时的讲话记录，1967 年 9 月 2 日。

② 周恩来接见东北 3 省群众组织代表时的讲话记录，1967 年 9 月 28 日；周恩来接见全国铁路运输会议全体代表时的讲话记录，1967 年 10 月 29 日。

③ 毛泽东接见谢·佩奇为首的阿中友协代表团时的谈话记录，1967 年 12 月 18 日。

疑和批判江青、张春桥的言论。一九六八年二月，在中央宣布将戚本禹隔离审查后不久，外交部的九十一名司局长联名贴出大字报，要求揭露并批判煽动打倒陈毅的极左人物。这一年三月间，北京一些高校的学生组织当着江青一伙的面，公开质问谢富治和戚本禹的不正常关系，认为不应该把攻击矛头指向谭震林、余秋里等。在全国许多地方，出现认为“一月夺权是地、富、反、坏、右牛鬼蛇神的大翻个儿”，出现为所谓“二月逆流”声辩的言论等等。

这些情况，使以江青为首的中央文革小组感到很大惊慌。一九六八年三月中旬，江青、康生等在多种场合宣称：目前全国“有一股右倾翻案风”，“有一小撮人替二月逆流翻案”。[①] 林彪这时也正急于要排除担任代总参谋长的杨成武，把军权进一步直接控制在自己手里。正是在这样的背景下，林彪、江青一伙联合制造了打倒杨成武、余立金、傅崇碧这样一起突发事件。

事情的借口是：一九六八年三月五日夜，周恩来根据毛泽东的指示，向杨成武等布置查找鲁迅手稿的任务。经多方查询后，证实“遗失”的手稿就在钓鱼台中央文革小组驻地。三月八日，协助查找手稿的北京卫戍区司令员傅崇碧带人驱车前往钓鱼台向江青报告此事，反被恼羞成怒的江青诬称傅等人“武装冲击中央文革”。杨成武觉得不平，当面顶撞了江青，并拒绝批评傅崇碧等。杨成武回忆说：就在这时，在场的周恩来劝住我，要我务必走一趟，去“批评批评”卫戍区的同志。“我从周恩来用力握着的手上，领会到他的暗示”，便主持了卫戍区师以上干部的“批评”会。[②] 很明显，周恩来的用意是避免把事情搞大，才“暗

① 江青、康生等在接见浙江省赴京代表团、江苏省革命委员会赴京汇报团和中央毛泽东思想学习班江苏班全体学员时的讲话，1968 年 3 月 18 日、21 日。

② 张子申：《杨成武将军访谈录》，中国文联出版公司 1994 年 10 月版，第 149—156 页。

示”杨成武如此做的。杨这时不仅是代总参谋长，还是周恩来提议任职的军委办事组组长。由于他常随毛泽东外出，在这以前处置王、关、戚的过程中，杨成武曾起过重要作用。傅崇碧得罪江青，也是因为“文化大革命”以来他根据周恩来的意图，不顾江青一伙的压力，保护了中央和地方的许多领导干部。

虽然周恩来尽了很大努力，仍没能阻止这个事件的发生。通过这一事件，林彪集团由于黄永胜担任总参谋长并组建新的军委办事组而加强了自身的势力；江青集团因除去杨成武、傅崇碧而报了过去的“一箭之仇”。处境困难的周恩来，在奉命宣布并说明“杨、余、傅事件”时，违心地讲了一些错话。

傅崇碧曾回忆“事件”发生当天，周恩来与他告别的令人难忘的一幕：

> “一九六八年三月二十二日夜，我遭受政治迫害离开北京的那天，总理的处境虽然已十分困难，仍然同我一起在人民大会堂吃了饭。分别时，总理紧握着我的手说：‘要把身体搞好，要经得住考验，以后有的是工作做！’他还嘱咐有关的领导同志照顾好我的生活。”①

这时，全国各省、市、自治区虽然都已宣布“夺权”，由于造反派内部山头林立，矛盾尖锐，派性和武斗不断升级，秩序无法稳定。到一九六七年年底，正式成立了统一领导机构——革命委员会的只有九个，还有二十个没有成立。因此，从一九六八年四月份起，周恩来投入不少精力，一个省一个省地帮助他们制止武斗，推进联合，建立革命委员会，使一些经历了长时间“内战”苦难的地方的社会秩序能相对稳定一些，并使一部分老干部重新站出来参加领导工作。八月二十五日，中共中央、国务院、中央军委、中央文革小组发出《关于派工人宣传队进学校的通

---

① 傅崇碧：《大树参天护英华》，《人民日报》，1979 年 1 月 7 日。

知》。到九月五日，全国各省、市、自治区（除台湾外），都建立了革命委员会。

年已七旬并且一直在苦撑危局的周恩来（九月间，国务院总理值班室被撤销，只留下两个秘书），十分清楚自己的责任。尽管他无法从根本上阻止“打倒一切”的事件接连发生，但事实上只要他在职一天，这些被打倒或“靠边站”的老同志的安全保障就多一些，并且有可能在将来哪一天重新出来工作。因此，周恩来仍煞费苦心，利用自己有限的权力，保护一批又一批的干部。

周恩来采取的方法是多种多样的。除了前面提到的开列保护干部名单、将北京和外省的一些领导人安排到中南海“休息”，以及让受到冲击的老干部出席各类庆祝活动和纪念活动（以便登报“亮相”）外，在林彪、江青两个集团权势正炙手可热、一些群众组织随心所欲地对所谓“走资派”任意批斗和擅自“定性”、许多老同志的人身安全得不到起码保证的一九六八年前后，周恩来采用了更为特殊的方式，来保护那些正遭受摧残的老干部。据周恩来的秘书周家鼎回忆：

> 周总理为了保护已被打倒或已“定性”的一批老同志，便将他们分派到由中央警卫部队参加试点（驻厂军宣队）的几个工厂，名义上叫“下放劳动”、“接受再教育”，实际上是责成驻厂军宣队将这些老同志保护起来。因为这些工厂是毛主席抓的“点”，军宣队是毛主席派去的，可以“通天”，造反派不敢轻举妄动。我所在的工厂，就“下放”有元帅、将军、部长、省委第一书记、省长和“三名”“三高”的几十位领导同志。每“下放”一批，总理就把军宣队的负责人找去，嘱咐他们要很好照顾这些老同志，保证他们的安全和健康。遵照总理的指示，军宣队拿出厂里最好的房子（如专家招待所），为老同志们单独开伙；同时，根据来厂老同志

> 的身体状况，安排他们做些轻微的、力所能及的劳动。住厂的老同志们还订有书报杂志，晚上有军宣队值班警卫，节假日可以探亲访友。尽管老同志们在生活待遇上比过去降低了许多，但在那个动荡年月里总算有了个安身之处，可以不受揪斗的惊扰了。①

此外，对身处逆境、而“解放”时机尚不成熟的老干部，周恩来不急于让他们马上出来工作，因为操之过急对他们不但无助，而且有害。周恩来的这种做法虽然有时不易被人理解，但事实最终证明，他是沉着冷静的，有远见的，他的确是用心良苦。

一九六八年二月中旬，外交部九十一名司局长在部机关贴出题为《揭露敌人，战而胜之——彻底批判“打倒陈毅”的反动口号》的大字报。大字报列举大量事实，说明陈毅是中国共产党忠诚坚定的战士；一小撮阶级敌人在陈毅问题上制造的混乱，应当予以澄清，被颠倒的是非，应当颠倒过来。并且提出：我们热烈欢迎陈毅同志尽快回来主持部务，我们将在以陈毅同志为首的部党委领导下，把外事工作搞得更好。这张著名的“九十一人大字报”，反映了处理王、关、戚后，广大老干部及其他有识之士对“文化大革命”以来种种现象的怀疑和思考。但是，大字报在这个时候主张澄清陈毅问题上的是非，要求恢复陈毅的工作，势必引出对“文化大革命”如何估价等一系列敏感问题，包括对所谓“二月逆流”的再认识。当时解决这个问题的时机还不成熟。在这种情况下，周恩来出于更深的考虑，决定此事应该避免扩大。二月二十四日，周恩来批评了“九十一人大字报”。以后，十分理解周恩来心情的陈毅也写信给周恩来，表示完全同意周恩来的批评。经周恩来批准，陈毅的信于三月一日在外交部机关公布。

---

① 周家鼎：《总理风格如是说》，《周恩来和他的秘书们》，中国广播电视出版社1992年3月版，第145页。

这年十月，陈毅在八届十二中全会期间仍再次受到攻击和责难，证实所谓“二月逆流”这件事并没有结束，澄清陈毅问题上的是非的时机尚未成熟。

原中国国际贸易促进委员会副主席张化东，讲到他有一段因提前“解放”而受磨难的经历：

> 一九六七年初，我被机关造反派打成“走资派”，宣布停职反省，“靠边站”了。后来，由于业务工作需要，我于一九六八年二月经有关领导批示同意，重新出来主持贸促会的工作。三月六日下午，周总理在人民大会堂福建厅接见一日本代表团，我也陪该团前往。接见后我刚回办公室，便接到总理打来的电话，他以非常关切的口气问：谁叫你恢复工作的？为什么我不知道？我把原委汇报后，总理对我说：你不知道，现在情况很复杂，你有可能再被拉下马“靠边站”，到那时情况可能更加残酷！放下电话，我的心很久无法平静。想到总理工作那么繁重，日理万机，竟然还关心我个人的处境，使我激动万分，热泪夺眶而出。形势的发展果然不出总理所料，我的处境很快就恶化了。同年七月，我被造反派监禁，后又以“特嫌”罪名遭逮捕，关进秦城监狱。直至一九七二年十月，在周总理的干预下，我才获释，结束了长达四年半的牢狱生活。①

这个时期，周恩来有时采用的另一种特殊办法，就是批准对某些干部实行“监护”。在当时情况下，这常常是不得已而采取的非常措施。

伍修权回忆说：

---

① 张化东：《崇高形象，永照汗青》，《我们的周总理》，中央文献出版社 1990 年 1 月版，第 142—143 页。

> 我在一九六八年五月由北京卫戍区实行“监护”。“监护”起来后，我也体会到一点被“保护”的好处。在外头时，每天不是批斗，就是围攻，一会儿来“勒令”，一会儿听“声讨”，加之没完没了的逼供交代，还要从事各种劳动，把人折腾得昼夜不得安宁，每天都疲惫不堪。关到卫戍区以后，除了专案组来找我，其他人都不来抓我了，相对地安全和安静了。①

廖志高也回忆：

> 一九六八年，总理把我从四川要来北京，归卫戍区司令部管。这样我就不用天天挨斗，可以少受皮肉之苦。五月一日，我被关在北京西郊半壁店的一个军营里，这里还关了西南局的几个同志：李井泉、任白戈、阎秀峰、黄新庭、郭林祥等。我们一人一间小屋，彼此不能见面，但有时可听见说话的声音。在这里，我们的生活待遇和战士一样，每月伙食十三元七角五分。一九七一年林彪事件后，我们转到中央政法干校，各方面条件有了很大改善。一九七三年二月，经周恩来批示同意，我被解除“监护”获释。②

原北京市副市长万里曾感慨地说：“文化大革命”中，幸亏总理把我“监护”起来，否则，早就被斗死了！③

对在外地不能来京的有些领导干部，当他们的人身安全难以保障时，周恩来也多次指示由当地军队对他们实行“监护”。

周恩来还关心着几年前刚受到“特赦”的原国民党高级将领杜聿明、宋希濂、王耀武等。他们那时担任全国政协的文史专

---

① 伍修权：《回忆与怀念》，中共中央党校出版社 1991 年 5 月版，第 427 页。

② 访问廖志高谈话记录，1983 年 12 月 5 日、1984 年 2 月 9 日。

③ 访问周家鼎谈话记录，1981 年 11 月 7 日。

员。杨伯涛回忆道："后来周总理知道了我们的艰难处境，当即指示政协领导，要把文史专员作为保护对象，并把少发的那部分工资补发下来。为了避免造反派的迫害，总理还批示我们搬到离政协机关较远的地方居住。"①

"文化大革命"期间，林彪、江青一伙置大批老干部于"死地"的惯用手法之一，就是挖空心思地搜寻、夸大、甚至捏造他们的所谓政治历史"问题"。出于这一卑劣目的，从"文化大革命"一开始，林彪、江青等人就通过授意写"检举"信、整"揭发"材料、张贴"批判"大字报，以及支持和怂恿群众组织查找敌伪时期报刊、档案等各种方式，大抓"叛徒"、"特务"、"里通外国分子"、"变节分子"，等等。他们还直接操纵中央专案审查大权，非法审讯和迫害他们认为有"严重问题"的党政军领导干部，扣上种种"罪名"将这些审查对象"定性"、罢官。在处境艰难的情况下，周恩来竭尽所能，指示保护好干部人事档案，限制传播范围，宣讲党的政策，反对采取"逼、供、信"等违法方式。

早在一九六六年八月，中央文革小组顾问康生就指令"彭真专案小组"对薄一波、刘澜涛等六十一人出狱问题②进行调查。以后，康生又写信给毛泽东，说他"长期怀疑"薄一波等人出狱一事，认为这是"一个反共的决定"。在康生一伙策划下，同年

---

① 《杨伯涛回忆录》，中国文史出版社1996年4月版，第265、266页。

② 1936年，在全国抗日救亡运动高涨的形势下，中共中央北方局为了开展工作，解决缺乏干部的问题，报请中共中央批准，指示薄一波等61人可以履行一定手续后出狱。对此，中共中央早已有过结论，没有当作问题。但是，在"文化大革命"中，林彪、康生、江青等人为了篡党夺权的需要，将薄一波等61人定为"叛徒集团"。这是一起重大错案。1978年12月16日，中共中央批准中央组织部《关于"六十一人案件"的调查报告》，为这一错案彻底平反。

十一月，一些红卫兵把这一问题重新翻出，揪住不放。为此，周恩来写信给毛泽东，提出：这批同志出狱，“当时确为少奇同志代表中央所决定，七大、八大又均已审查过，故中央必须承认知道此事”。与此同时，周恩来还亲自起草中央电报，要求有关方面向红卫兵宣布：此事“中央是知道的”，“不要在大会上公布和追查”，“也不要散发传单，涂写标语”。①

到一九六七年，由于林彪、江青一伙的大肆煽惑，“揪叛徒”风潮席卷全国，各种历史“案件”层出不穷，涉及大批党内干部和党外人士。在诸多“案件”中，所谓“新疆叛徒集团案”也是在康生的诬陷下制造出的一起假案。康生提出，新疆回来的那批人是叛徒集团，他们是和张治中勾结起来隐瞒历史回延安的。关于这件事，张治中的秘书余湛邦回忆说：

> “当时我怎么跟红卫兵解释都没用，只好给总理值班室打电话，并请张老给总理写了信。总理立即派一名联络员给红卫兵做工作，先把我保下来。然后，他又亲自向红卫兵讲述这段历史，说：新疆那批同志出狱是党中央提出来的，是我向张治中要求、由张治中先生的部下送回延安的。这批同志没有问题，党中央是作了结论的。总理还提到，为这件事，朱总司令曾亲笔写信感谢张治中先生，并赠送了延安的羊皮筒子和毛线。这样，这件事才平息下去。总理不仅保护了革命干部，也保护了张老、保护了我。”②

对档案问题，周恩来一贯持慎重态度。尤其是涉及领导干部的历史档案，关系着某个人甚至一批人的政治生命，属于党和国

① 童小鹏：《风雨四十年》第二部，中央文献出版社 1996 年 1 月版，第 434 页。

② 余湛邦：《大树荫深荫弱苗——记“文化大革命”中周总理对张治中的保护》，《怀念周恩来》，人民出版社 1986 年 1 月版，第 187—188 页。

家的机密。“文化大革命”初期作为周恩来“救火队”成员之一的童小鹏回忆说：

“所谓的‘救火’，主要是救干部、救档案。而这当中贯穿的主要工作则是苦口婆心、不厌其烦地与红卫兵讲道理，劝阻并制止他们的一些过火行为。”“陈云同志是老一辈无产阶级革命家，是中央政治局常委，住在中南海外的北长街。为保护陈云的健康和安全，经周恩来安排到西郊安全地方休息。江青和中央文革小组一些人竟唆使红卫兵，冲进陈云家里要‘破四旧’……而实际目的是要抢机密档案。我接到周恩来的指示后，火速赶到现场交涉。我对红卫兵们说：周总理有指示，陈云同志是中央常委，他的档案不是一般的档案，而是党和国家的机要档案，任何人不准动。”“但是因为他们有后台，是受文革小组指挥的，几个小时过去了，硬是不撤。我只得打电话给文革小组的戚本禹，郑重地把周恩来的指示告诉他，让他通知红卫兵头头火速撤离。这样陈云的档案才得以安全地保护下来，此后迅速转移到别处。”①

原在中共中央东北局工作的顾卓新也回忆说：

“一九六六年十二月，我和沈阳的一批红卫兵来京，解决他们要查阅东北局的全部档案问题。开始时，我代表东北局说服他们，绝不能砸档案库，看档案也得经过中央批准。他们听不进去。到京后，周恩来同志接见了他们，反复地耐心地进行了解释工作，既表示支持他们的‘造反’行动，又要求他们不要越格，更不要采取暴力手段。最后决定：回沈阳后，由我负责挑出一部分有

---

① 童小鹏：《风雨四十年》第二部，中央文献出版社 1996 年 1 月版，第 404 页。

关的档案，允许他们派代表去查阅，但不许带出库外，不许乱翻乱抄。”①

直至一九六八年四月，周恩来还交代身边工作人员：凡有报告发生抄家、抄文件、绑架、武斗之事，可要我的联络员立即前往制止，不必等报告我后再处理。②

一九六七年春，随着对刘少奇批判的陡然升级，由江青、康生、谢富治等人直接控制的专案审查机构，开始对“立案”的从中央到地方的大批党政军领导干部，以及所涉及的“历史案件”进行大规模的“审查定案”工作。以后，各地、各单位又陆续开展了“清理阶级队伍”的工作。在这期间，周恩来由于他所处的地位，有时候还要“挂名”负责中央一级的专案。他尽可能地利用一些场合，说明党的一贯的干部政策，批评审案工作中的种种错误倾向和做法。他多次指出“逼、供、信是错误的”，强调“不要轻信口供，要重证据、重旁证”，对群众的揭发材料和档案材料，应该“识别真伪、时代、历史情况和党的当时政策”。③他批评那种撇开国法和专政机关，由群众组织来“私捕私讯，打人致死，专政机关置之不问”的所谓“群众专政”的做法“决非善策”。④ 一九六八年五月，公安部部长谢富治将北京大学文化革命委员会要求召开大会批斗彭真、刘仁、万里等五名前北京市领导人的报告转送周恩来。周恩来以“专案组所管五人，不能到场”为由，制止了这种借“群众批判”来进一步迫害被关押的领

① 顾卓新：《坚持原则和解决困难的高超领导艺术》，《我们的周总理》，中央文献出版社 1990 年 1 月版，第 191 页。

② 周恩来总理值班室《工作日志》，1968 年 4 月 9 日。

③ 周恩来在中央专案审查小组会议上的讲话提纲，1968 年 5 月 17 日，手稿。

④ 周恩来对北京市公安局军管会关于人民大学教授何思敬死亡情况报告的批示，1968 年 7 月 10 日。

导干部的行为。①

但是，周恩来的努力所能收到的效果毕竟是有限的。

一九六八年二月，在谈到国务院系统领导干部的现状时，周恩来几乎难以掩饰心中的忧伤。他说："去年'一月风暴'以后，差不多执行反动路线严重到走资派程度的这些人，都已'靠边站'了。现在四十二个单位，部长级干部站出来工作的只有九十人，占总数二百八十人中的百分之三十二。其中第一把手（部长、主任）只有三人，其他统统'靠边站'了。"为此，他再次强调，"我们不能说所有的第一把手都是走资派，这还没定性。""要实现三结合，就非要解放干部不可"，"我们必须真正地解放大批干部"。② 同年四月，周恩来更明确地提出，"不是所有执行了资产阶级反动路线的人都是走资派，即使是死不改悔的、已经点名的，也应有所保留，要给他机会允许改过。""要解放一些有能力、有经验的，虽然犯了错误但能够改正错误的老干部。"③在某些外事场合，周恩来也表达过相同的看法，他说："我们要清理阶级队伍，但不能扩大化。犯了错误的人，改正了错误，还要让他们继续工作，不能都打倒。"④

无疑，周恩来是想让更多的领导干部站出来工作。他提出的"真正地解放大批干部"的含义，一方面说明被打倒或"靠边站"的干部已不在少数，另一方面也流露出他对那些尚未排除"危险因素"、不能完全放手工作的被"解放"干部的担心。

这时的客观现实，同周恩来的主观愿望实在相差得太远了。

---

① 周恩来对谢富治转来的北京大学文化革命委员会要求批斗彭真、刘仁、万里等人的报告的批示，1968 年 5 月 14 日。

② 周恩来接见工交、财贸、农林口各部委及国务院直属单位群众代表时的讲话记录，1968 年 2 月 2 日。

③ 周恩来接见陕西省赴京代表团的讲话记录，1968 年 4 月 30 日。

④ 周恩来总理同尼雷尔总统会谈纪要，1968 年 6 月 22 日。

除了他所讲到的国务院的情况外，到一九六八年九月，经过二十个月的“夺权”斗争，在全国二十九个省、市、自治区的原党政主要负责人当中，已有六十多人被中央文件或报刊定性为“敌我矛盾”，成为“中国的赫鲁晓夫”、“党内最大的走资本主义道路的当权派”安插在各地的“代理人”。原中共八届中央委员会的一百九十余名成员中，共有八十八人被诬陷为“叛徒”、“特务”、“里通外国分子”、“反党分子”、“反革命修正主义分子”。至于由此而受到牵连的下属各级、各部门的领导干部，更是难以数计。

就是在这样一种背景下，一九六八年十月，中共八届扩大的十二中全会在北京召开了。

八届十二中全会是在毛泽东主持下进行的。到会的中央委员只有四十人，不到原中央委员八十七人（不含去世的十人）的一半；候补中央委员十九人，不足原九十八名候补中央委员的五分之一。为了达到法定人数，在全会开幕式上递补十名候补中央委员为中央委员。

这次全会的一项重要议题，就是批准通过中央专案审查小组提出的《关于叛徒、内奸、工贼刘少奇罪行的审查报告》。这个“审查报告”，是在江青、康生、谢富治等严密控制下，采用各种非法手段，制造大量伪证捏造、拼凑出来的。而对调查过程中得到的一些证明刘少奇没有历史问题的材料都被严密封锁，只字不提。有些在逼供下写了伪证的人，以后声明这些材料并不符合事实，他们的声明也全被扣压。江青一伙正是以这种极端卑劣的手段，来蒙骗毛泽东和中央委员会。

本来，毛泽东并没有“彻底打倒”刘少奇的意图。一九六六年八届十一中全会之后，他不仅肯定过刘少奇的检讨，还提出过开九大时要选刘少奇、邓小平当中央委员。但是，后来毛泽东的认识起了变化，这里，江青等人不断提供有关刘少奇“历史问题”的假材料，是一个重要因素。

周恩来没有具体参与刘少奇的专案审查工作。他对江青一伙有意制造伪证，大搞“逼、供、信”等非法审讯方式，是不清楚的。他一向坚决反对这类做法。审案过程中，毛泽东、周恩来对专案组提供的刘少奇“投靠敌人”的某些史料，都曾在会议上表示过怀疑。① 但由于并不掌握真实情况，他们最终都相信了专案组的报告。这样，就使得那个强加给刘少奇种种“罪名”的专案审查报告，首先在党内高层得到认可。

一九六八年十月三十一日，中共八届十二中全会在党内生活极不正常、与会者根本无法进行核实和认真讨论的情况下，批准中央专案审查小组《关于叛徒、内奸、工贼刘少奇罪行的审查报告》，并通过决议，宣布“把刘少奇永远开除出党、撤销其党内外一切职务”。由此造成中国共产党历史上一起最大的冤案。在全会表决时，周恩来也举手赞成关于刘少奇问题的决议，并在大会发言中批判了刘少奇。②

这次全会的另一项重要内容，就是集中批判一九六七年的“二月逆流”。林彪、康生、江青、谢富治等人借毛泽东在开幕式讲话中提出要讨论“文化大革命”的必要性，组织与会者对陈毅、叶剑英、徐向前、聂荣臻等大肆围攻，横加批判，污蔑他们“反毛主席”、“为叛徒、特务、走资派翻案”、是八届十一中全会以后“一次最严重的反党事件”。还指责朱德、陈云、邓子恢、王稼祥等人是“一贯右倾”。可是，在全会闭幕式上，毛泽东又强调对党内老同志要“一批、二保、三看”，提出党的九大应有“二月逆流”的人参加，并阻止了林彪、江青等主张开除邓小平

① 毛泽东、周恩来等在中央文革小组碰头会上的讲话记录，1968 年 5 月 8 日，周恩来修改稿。

② 据周恩来在中共八届扩大的十二中全会开幕式上的讲话记录，1968 年 10 月 13 日。

党籍的图谋。

在“左”的错误指导思想下，中共八届十二中全会认可了“无产阶级专政下继续革命”的错误理论和实践，从而在思想上、政治上和组织上为召开党的第九次全国代表大会做了准备。

中共八届扩大的十二中全会后，经毛泽东批准，中共中央连续发出文件，强调应注意政策，打击面要小，教育面要宽，要及时解放犯过错误的人。周恩来不失时机地提出：要把犯有敌我矛盾错误的人，争取到革命行列里来。对犯错误的好人更应该教育他，只要承认错误就解放他们。又说：“二月逆流”是有范围的，老同志们有许多话是根据中央的政策讲的，不能把他们每句话都看作是“二月逆流”，不能认为“二月逆流”的人所作所为都要否定。①

虽然如此，随着八届十二中全会精神的传达，对“二月逆流”批判的势头仍毫不减弱。

一九六八年十二月，黄永胜主持的中央军委办事组将一份反映徐向前最近思想状况的材料报给毛泽东、林彪、周恩来，主张进一步批判徐向前和他的家人。二十九日，周恩来批示：建议军委办事组派人找有关同志谈谈，“不要搞得过于紧张，防止意外”。几天后，毛泽东批道：“所有与二月逆流有关的老同志及其家属，都不要批判，要把关系搞好。”②

鉴于陈毅、聂荣臻、李富春、余秋里等所在单位和系统，都发生要求批判“二月逆流”的情况，周恩来批准将毛泽东对徐向前的批示内容迅速下达，制止了对“二月逆流”批判的再度扩大

---

① 周恩来在国务院各单位军管会、毛泽东思想宣传队和大联委负责人会议上的讲话记录，1968 年 12 月 5 日。

② 周恩来、毛泽东在徐向前办公室党支部关于《徐向前最近表现情况》的报告上的批语，1968 年 12 月 29 日、1969 年 1 月 3 日。

和升级。[①]

根据毛泽东在八届十二中全会上的讲话精神，周恩来还起草了一份原中共八届中央委员、候补中央委员中准备提作九大代表的名单，其中包括：朱德、陈云、董必武、邓子恢、李富春、李先念、刘伯承、陈毅、徐向前、聂荣臻、叶剑英、张鼎丞、王震、胡耀邦、谭启龙、杨勇、方毅、赛福鼎、范文澜等。[②] 在他们中，有的人不久前还被剥夺出席全会的资格。

随着九大的临近，周恩来再做努力，尽可能增加九大代表中老干部的名额。一九六九年一月十二日，周恩来分别起草中共中央致新疆维吾尔自治区革命委员会和云南省革命委员会的电报，提出应说服两地的干部群众，将王恩茂（新疆）和陈康（云南）补选为九大代表。他把电稿送毛泽东阅，并注明：王、陈二人如不当代表，"恐对全局不利"。[③] 三月十六日，周恩来在九大准备工作会议上强调：文化大革命快三年了，我们对于总结经验、落实政策这点做得总还是差，更重要的是要解放一批干部，按主席所说，就是对走资派也要一分为二，不能个个都是死不改悔的，总要给他改正的机会。[④] 当得知外交部所报九大代表候选人中没有耿飙时，经过征求有关方面意见，他表示，一定要向中央建议，让耿飙出席九大。[⑤] 三月底，根据毛泽东的意见，周恩来又就徐海东作九大代表和进入九大主席团一事在有关会议上作出说

---

① 周恩来对国务院值班室请示报告的批示，1969 年 1 月 8 日。

② 周恩来起草的《中央参加九大作代表的名单和预拟名单》，1968 年 12 月，手稿。

③ 周恩来等就补选王恩茂、陈康为九大代表事给毛泽东、林彪的报告，1969 年 1 月 12 日，周恩来手稿。

④ 周恩来在九大准备工作会议第 2 次全体会议上的讲话记录，1969 年 3 月 16 日。

⑤ 张作文：《樽俎沙场百战身》，《周恩来和他的秘书们》，中国广播电视出版社 1992 年 3 月版，第 164 页。

明，并介绍了徐海东的历史功绩。①

在筹备九大期间，周恩来的健康状况越来越差，心情也更易烦躁。三月十二日，邓颖超给他写了一张条子，叮嘱他："力戒急躁和激动，力争保持你的身体情况能坚持工作，因昨日蒲老（指中医研究院副院长蒲辅周——编者注）告我，望你力戒着急和激动，以免影响心脏波动。"

一九六九年四月一日下午，中国共产党第九次全国代表大会在北京人民大会堂开幕。出席大会的有来自全国的一千五百多名代表。毛泽东、林彪分别当选为大会主席团主席和副主席，周恩来当选为大会秘书长。

按照八大党章规定，党的全国代表大会应该每五年举行一次。而从八大到九大，却拖延了十余年之久。由于林彪、江青两个宗派集团拉帮结派，扩充势力，造成九大代表成分严重不纯，不少造反派头头、卖身投靠分子混入其中。

九大开幕式上，有一个现象十分引人注目，就是主席台前在毛泽东左右两侧就座的二十几名大会执行主席成员。在毛泽东左侧的是：林彪、陈伯达、康生、江青、张春桥、姚文元、谢富治、黄永胜、吴法宪、叶群等；在毛泽东右侧的是：周恩来、董必武、刘伯承、朱德、陈云、李富春、陈毅、李先念、徐向前、聂荣臻、叶剑英等。这个座位的排列方案，是周恩来在四月一日上午拟好、同毛泽东在当天下午谈定的。

九大共有三项议程。

第一项是林彪代表中共中央作政治报告。这个报告稿先由陈伯达起草，后来因为毛泽东不满意，改由张春桥、姚文元执笔，并经中央文革碰头会讨论、毛泽东多次审改后定稿。九大政治报

---

① 《周恩来选集》下卷，人民出版社 1984 年 11 月版，第 453 页。

告系统阐述了“无产阶级专政下继续革命”的理论和实践，实际上是要对三年“文化大革命”做一次全面总结，把它在党的全国代表大会上肯定下来。这个报告的通过，奠定了九大政治路线的理论基础，标志着“左”倾错误理论进一步在全党取得统治地位。

第二项是审议通过《中国共产党章程修改草案》。九大党章以党的大法的形式确定了“无产阶级专政下继续革命”的理论和实践，并且破天荒地在其中规定林彪为毛泽东的“亲密战友和接班人”。在四月十四日全体大会上，周恩来发表讲话，表示拥护新的党章，并对林彪成为毛泽东接班人的历史情况作出说明。他后来说：我在九大称赞林彪的那一段话，在当时说是应该的，因为他是党的副主席、毛主席的接班人。当时还不知道林彪搞阴谋，要是知道，我的那些话就不会说。①

第三项是选举新的中央委员会。在大会通过的由一百七十名中央委员和一百零九名候补中央委员组成的第九届中央委员会当中，原八届中央委员和候补中央委员只有五十三人（是原八届中央委员会总人数的百分之二十九），占第九届中央委员会总人数的百分之十九。新、旧两届中央委员会成员如此大换班，是党的历史上所罕见的。在这次选举当中，林彪、江青两个集团之间的矛盾开始暴露，“文化大革命”以来不可一世的江青等人不寻常地“丢票”，预示着这两个集团日后更加激烈的争斗。

四月二十四日的选举中，周恩来继续当选为中央委员。在二十八日举行的九届一中全会上，周恩来被选为中央政治局委员、常委。党中央主席是毛泽东，副主席是林彪。周恩来原来的党中央副主席的名义，被正式取消了。林彪、江青集团的骨干成员，

---

① 周恩来接见回国述职大使和外事单位负责同志谈话纪要，1972年8月1日、2日。

几乎都进入中央领导机构。而原来同周恩来工作关系密切的几位副总理和元帅，却大多被排挤出政治局。这样，九大以后的周恩来，仍不可能摆脱原来那种相当孤单的困难处境。

九大前后这段时间里，周恩来作为政府总理，仍无时无刻不在牵挂着国家和人民的需要，牵挂着正同世界经济发展水平拉大差距的国内各项建设事业。

中共八届十二中全会后，周恩来在筹备九大的同时，毅然指示编制一九六九年国民经济计划。这是扭转国民经济连续两年滑坡所做的一次重大而有效的努力。据这时协助周恩来抓经济工作的余秋里回忆：

“进入一九六八年，经济形势更加严峻，工业生产继续全面下降。由于根本无法召开计划会议，这一年始终没能订出一个计划，是‘一五’计划以来唯一没有国民经济年度计划的一年。快到年底时，周总理下了决心。十二月二十六日那天，我回家时已是凌晨两点多了，刚进家门总理就亲自打电话叫我去。我到总理处已是凌晨三点。总理疲惫至极，面带忧虑地对我说：‘今年只有五天了，明年计划还没有搞出来，一些重要的生产资料和人民生活必需品安排哪里生产，往哪里调运，没有个计划怎么行呢！’我说，我找几个人先搞一个明年第一季度的计划，以便使工作有所安排。总理说：‘好！你赶快回去搞吧。’我回来后顾不得休息，就找了几位同志商量，搞出了一个第一季度计划安排方案，只提出了几个关系国计民生的重要指标，立即报给了总理。总理审查同意后即报请毛主席审批。毛主席很快就批准了这个计划。这样，一九六九年一开头，总算有了一个可供遵循的计划。”①

九大召开前夕，周恩来认真修改了计划编制小组草拟的《一九六九年国民经济计划纲要（草稿）》。三月二十四日，他在国务院召开的历时一个多月的全国计划座谈会上作总结讲话，系统阐述一九六九年国民经济计划的各项任务，强调：作计划要实事求是，把困难摆出来；生产指标要实事求是，计划有不够确切或实在完不成的，还可以修改；要注意提高生产和基本建设质量。他提出：每个县要由下而上提出自己的农业规划，把一九七〇年农业计划落实；要增加粮食储备，藏粮于民；最重要的是工业支援农业要落实。他批评那种滥制毛主席像章、滥印毛主席语录的做法是搞形式主义，是铺张浪费之风，是不尊重毛主席和违背毛泽东思想的。他说，在这些方面如能减少一些数量，就可以把所用原料转产别的东西，如节约纸张就能节约烧碱，就可以多生产一些肥皂，现在不是肥皂不够吗？周恩来还特别强调，年度计划和长远规划的立足点，都应放在“备战、备荒、为人民”和“抓革命、促生产、促工作、促战备”这样两条方针上，重点是“以农业为基础，以工业为主导”。②

一九六九年的国民经济，由于政治局势相对稳定，由于计划和管理工作有所加强，生产状况、主要是工业生产情况有所好转，因而改变了一九六七、一九六八两年生产连续下降的局面。全年工农业生产总值比上年增长百分之二十三点八，其中工业增长百分之三十四点三。铁路货运量比上年增长百分之二十六点二。这种增长，在很大程度上仍带有恢复的性质。

周恩来对国防科技事业的关心，从未因政治局势的严重动荡

① 余秋里：《中流砥柱，力挽狂澜》，《我们的周总理》，中央文献出版社 1990 年 1 月版，第 49—50 页。

② 周恩来在全国计划座谈会上的讲话记录，1969 年 3 月 24 日、25 日。

有所放松。

一九六九年一月，周恩来听取有关部门汇报，当得知华东、中南许多地方受冰凌影响，有线通讯阻断，需要采用地下电缆才可望解决这一难题时，他激动地连声问道："我们国家有多少公里电缆？为什么这么少？为什么这么落后？"当有关部门列举通讯方面的情况后，他说道："落后！落后！最重要的是改变这种落后现状，使有线、无线，包括电缆、微波都赶上去。"他又说："应该搞我们自己的气象卫星，气象火箭也要搞。""我们研究气象，就是为了使一切有生命的力量都能够很好地生存，让植物、动物很好地生长；就是为了保护人民，首先是保护劳动人民。"①

同年二月，周恩来连日召开国防科研和军工生产部门负责人会议，对海军新型舰艇的研制，空军歼击机、轰炸机的生产，以及高射炮、雷达、地空导弹等防御性武器的性能、规划、布局等，一一作出具体指示。九大期间，周恩来还听取有关部门军管会和生产指挥负责人关于飞机生产质量的汇报，严厉批评他们不敢抓产品质量、取消检验制度，以致飞机生产屡次出现质量事故。他愤怒地说：你们都是从空军来的，怎么能对同志的性命这样不负责任呢？你们为什么不敢抓？为什么不下命令恢复？你们就是怕事、怕群众。我是早上看到报告的，看后非常难过，军事工厂哪能搞成这样！你们现在还说检验制度正在逐步恢复，什么逐步恢复？不是逐步恢复，而是应当马上恢复！你们应当下命令嘛！改革不合理的规章制度，合理的还是要保留。他指出："一概取消是不符合毛泽东思想的，是不尊重科学的。不能违背科学。""有些人要把一切制度砸烂，这是极左思潮。"②

---

① 周恩来在听取邮电部、铁道部、中央气象局军代表、领导干部和群众代表汇报时的讲话记录，1969年1月29日、2月7日。

② 《周恩来选集》下卷，人民出版社1984年11月版，第462页。

在对生产状况的了解上，周恩来甚至不愿放过一些细节。出席九大的前志愿军特等功臣杨育才回忆：

> 九大中的一天下午，周总理来到我们小组参加讨论。一见面他就问我，“你现在不是在淮北煤矿支左吗？淮北煤矿有一部坏了的发电机修好没有？”由于对这个情况不了解，我只好如实告诉总理我不知道。总理听了和蔼地批评说，你应该知道啊，你是老侦察员了。过去在战场上能把敌情摸得很清楚，掌握得很全面，现在也要和过去打仗一样，了解、摸清各种情况，做到胸有全局，真正掌握工作的主动权。这时，我心里又是激动，又是惭愧，眼含热泪地把总理的指示记在本子上，暗自下了决心：决不辜负总理的殷切希望，一定把各项工作做好！①

党的八届十二中全会和九大期间，虽然周恩来也说过一些错误的或违心的话，但他仍时时在关心着那些被打倒的领导人。九大开幕后不久，周恩来从中央警卫局的一份报告中获知陶铸病情较重，立刻进行追问，很快得到医务人员的详细报告，他马上批示同意送陶铸住院治疗。② 在这前后，他还指示自己的保健医生对在京患重病的刘少奇进行抢救。一九六九年五月，周恩来批告公安部：对在押的人“应增加营养食品，防其自行消瘦致死”；“伙食应加至十五元以上，并须检查伙食管理”；“如有生命危险，应送医院进行治疗”。③

周恩来不仅关心党的高级干部，也关心着普通的群众。一九六八年十一月初，北京礼花厂青年女工王世芬在一次意外的爆炸

---

① 杨育才：《怀念周总理》，北京师范大学编《敬爱的周总理永远活在我们心中》(4)，第41—43页。

② 《周恩来选集》下卷，人民出版社1984年11月版，第454页。

③ 周恩来对公安部关于特殊关押犯情况报告的批示，1969年5月4日、31日。

此件阅后送入301医院，进行检查治疗。另呈

关于陶鋳的病情报告

陶鋳於三月二十一日起有腹脹，食慾減退，中上腹持续隐痛，乏力，三月二十三日发現眼球发黄，后即抽血化验，轉氨酶高，为535单位，（正常在130单位以下）胆红質亦升高，为2.7毫克%（正常在1毫克%以下）随即出現全身黄疸，但肝脾未肿大，当時考慮以急性黄疸型传染性肝炎的可能性最大，即予积极治疗，（包括保肝药物、中药、注射麻疹疫苗、增加营養等。）並密切观察引起黄疸的其他原因。后於三月二十八日、四月四日复查血，轉氨酶为1200—1025单位，胆红質继续升高为4.5—5毫克%於三月二十八日摸到右肋下有一块物，九天来

1969年4月5日，周恩来对中南海门诊部关于陶铸病情报告的批语手迹

事故中受重伤，烧伤面积达百分之九十八。周恩来闻讯后，当即指示要全力抢救，并多次派联络员前去了解王的病情及治疗情况，鼓励她树立信心，战胜伤痛，配合治疗。数年后，已经康复的王世芬回忆往事时，仍抑制不住激动的心情，她说：周总理那么忙，还惦记着我这样一个普通的女工。没有周总理的关心，我怎么能活到今天？[①]

能够让动乱岁月里的周恩来常感慰藉的事情，莫过于这个时期他一直紧抓不放的尖端科技事业所取得的成就了。一九六六年底，在周恩来直接部署下，有关部门的科技人员排除干扰，团结奋战，取得第一次氢弹原理性实验的成功。正在西花厅听汇报的周恩来十分兴奋，设了家宴，向参与研制部门负责人庆贺胜利。这时，中南海墙外造反派叫喊的“打倒”声隐约可闻。周恩来边吟诵毛泽东诗句“不管风吹浪打，胜似闲庭信步”，边举起酒杯说道：“今夜得宽余。喝酒吧！”快慰之情，溢于言表。[②] 在原理性实验成功的基础上，研制人员再接再厉，在第二年六月取得中国第一颗氢弹试爆成功的重大胜利，提前实现了毛泽东、周恩来预计的一九六八年取得氢弹试验成功的目标。这时，正值“停产闹革命”的高潮中。周恩来多次直接打电话、发电报给核工业生产科研单位所在地区，要求“保证工厂绝对安全，保证工厂稳定生产”。同时，他还亲自派出调查人员了解情况，制止武斗，维护正常的生产秩序。[③] 九大以后，周恩来连续十余次接见七机部两派群众代表，严肃地批评他们置国家尖端科研项目不顾，热衷于打派仗的行为。为了保证国家尖端科技项目的研制和生产，他

---

① 邵泉：《周总理对一个女工的关怀》，《瞭望》，1984 年第 1 期。

② 刘西尧：《我当周总理联络员前后》，《不尽的思念》，中央文献出版社 1987 年 12 月版，第 335 页。

③ 刘杰：《我国原子能事业的决策者和组织者》，《不尽的思念》，中央文献出版社 1987 年 12 月版，第 327 页。

还批准了一份需要重点保护的几百名工程技术人员名单，要求他们在政治上不被侵犯，业务上不受干扰。[①] 一九六九年九月，周恩来亲自指导进行的中国首次地下核试验再获成功。

在这段时间里，周恩来直接关注并给予指示的重点建设工程和基建项目还有：南京长江大桥、成昆铁路、湘黔铁路、十堰第二汽车制造厂、葛洲坝水利枢纽工程、三门峡改建工程、秦山“七二八”核电站、攀枝花钢铁基地，以及华北农用机井布局等等。

一九七〇年三月，在武汉的毛泽东提出关于召开第四届全国人民代表大会和修改宪法的意见，同时提出改变国家体制、不设国家主席的建议。

毛泽东的意图是，“文化大革命”已近收尾，各级党组织也已陆续恢复或建立，下一步应该是重新组建政府机构，使它正常运转，发挥各种职能，实现社会的稳定发展。这正是几年来不堪重负的周恩来所期盼的。

然而，“树欲静而风不止”。九大后，林彪集团的势力迅速增强：不仅林彪作为毛泽东“接班人”的地位写入党章，黄永胜、吴法宪、叶群、李作鹏、邱会作进入政治局，陈伯达向他们靠拢，黄永胜和吴法宪还分别担任军委办事组的正、副组长。随着力量的膨胀，他们夺取最高权力的野心更大了。与此同时，江青集团的势力也在迅速膨胀，使林彪感到威胁，担心会取代他的接班人地位。这两个集团在“文化大革命”初期，总的说来是密切配合和呼应的，而到这时，双方的裂痕和磨擦便日益明显了。一场新的政治波澜正从此而来。

---

① 杨国宇：《为了东方“巨龙”早日腾空——回忆周总理和几位老帅关心运载火箭的研制》，《怀念周恩来》，人民出版社 1986 年 1 月版，第 127 页。

六十九、庐山会议与林彪事件

一九七〇年春，正是第三届全国人民代表大会召开后的第五个年头。

根据汪东兴回京转达的毛泽东的意见，三月八日晚，周恩来主持中央政治局会议，传达讨论毛泽东提出的关于召开四届人大和修改宪法的建议。政治局一致拥护毛泽东的建议，决定立即着手进行筹备工作，主要有：成立由周恩来、张春桥、黄永胜、谢富治、汪东兴组成的工作小组，负责四届人大代表名额和选举事宜；成立由康生、张春桥、吴法宪、李作鹏、纪登奎组成的工作小组，负责修改宪法；由周恩来、姚文元主持起草政府工作报告稿，集中讲当前政策和计划问题。①

几天后，中央政治局继续开会，讨论通过周恩来草拟的《中华人民共和国第四届全国人民代表大会代表名额和选举的决定》，以及《关于修改宪法问题的请示》等文件。政治局还商定在近期内召开中央工作会议，进一步讨论四届人大的筹备工作。周恩来向毛泽东写了报告。毛泽东批准以上部署，林彪也表示赞同。②

① 周恩来就中央政治局会议讨论情况给毛泽东、林彪的报告，1970 年 3 月 14 日，手稿。

② 周恩来就中央政治局会议讨论情况给毛泽东、林彪的报告，1970 年 3 月 14 日，手稿。

三月中旬，中央工作会议如期召开，有关四届人大的各项准备方案全部顺利通过。

四月五日至七日，应金日成的邀请，周恩来安排好国内事务，准备赴朝鲜民主主义共和国访问。这是自一九六六年夏天赴欧洲后周恩来第一次正式出访。行前，邓颖超曾给他留下一个条子："没有机会和你面谈，只好用书面提出"；"为了能够完成访问的任务，你务必争取在你行前和访问期间，掌握你的身体不要出现波动和变化"；"无论如何要下决心在繁忙工作中，要有稍事喘息的安排，要做最低标准的一点精力储备"。周恩来阅后回复："同意你的好建议，我当照办。"①

或许是为了安慰妻子，周恩来才写下这几句话。实际上，不论行前还是出访期间，周恩来仍一如既往地奔波忙碌，甚至顾不上仔细修整一下他一向注重的仪表。一位当年目送周恩来离京赴朝的记者，记录下这难忘的瞬间："那天（四月五日）早晨在飞机场上，我发现总理面色灰白，连头发也没来得及理就匆匆登机而去。有位同志告诉我说，总理召集人开会，安排工作，忙了一整夜。"②

出访朝鲜回国后，周恩来又部署了中国第一颗人造卫星的发射工作。四月十四日，他主持召开中央专委会会议，听取从发射场回京的钱学森的汇报，批准"东方红一号"卫星和"长征一号"火箭进入发射位置。二十日，他向国防科工委提出：这次卫星发射要做到"安全可靠，万无一失，准确入轨，及时预报"；并要求有关工程技术人员"认真地、仔细地、一丝不苟、一个螺

① 周恩来对邓颖超留言的批语，1970年4月1日。

② 陈寰：《一个新闻工作者的怀念》，《我们的周总理》，中央文献出版社1990年1月版，第438页。

丝钉都不放过地”进行发射前的准备工作。[①] 在检测中发现的问题都得到解决后，他向毛泽东写了报告。经毛泽东批准，四月二十四日晚，中国成功地发射了第一颗人造卫星，准确地进入轨道。

在周恩来访朝前夕，毛泽东审阅了“两报一刊”编辑部文章《列宁主义，还是社会帝国主义？——纪念伟大列宁诞生一百周年》，在四月三日写下一段意味深长的批语：“关于我的话，删掉了几段，都是些无用的，引起别人反感的东西。我曾讲过一百次，可是没有人听，不知是何道理？请中央各同志研究一下。”

毛泽东删去的“无用”和“引起别人反感”的话有：“当代最伟大的马克思列宁主义者……毛主席”，“毛泽东同志……继承、捍卫和发展了马克思列宁主义，把马克思列宁主义提高到一个崭新的阶段”，“毛泽东同志就是当代的列宁”，等等。[②] 这些语言，几乎全是林彪用来“颂扬”毛泽东的原话。随着“文化大革命”已进入“扫尾”阶段，毛泽东认为对他的个人崇拜应该“降温”了。

周恩来批示将毛泽东的批件先在中央政治局范围内传阅。林彪无疑也很快就见到了。但正在苏州休养的林彪，对毛泽东的这个批示没有作一个字的“表态”。

过了一星期，林彪突然做出一个出人意料的举动。他用电话向在长沙的毛泽东提出：关于国家主席，“仍然建议由毛主席兼任”，“否则，不合人民的心理状态”；至于国家副主席，则可以不设。林彪还特别表示，他自己“不宜担任副主席的职务”。这

① 国防科工委某部：《周总理的英名和我们的伟大事业永存》，《解放军报》，1978 年 2 月 25 日。

② 毛泽东对“两报一刊”编辑部文章《列宁主义，还是社会帝国主义？——纪念伟大列宁诞生一百周年》送审稿的批改，1970 年 4 月 3 日，手稿。

个电话记录，同时也传给了中央政治局。林彪“建议”的真正的目的其实是很清楚的。这就是：还应设国家主席，并由他来担任。

四月十二日，林彪传来电话记录的第二天，已访朝回京的周恩来主持中央政治局会议，讨论林彪的“建议”。会上，多数政治局成员同意仍由毛泽东担任国家主席，周恩来对此也没有提出异议。对包括周恩来在内的中央政治局多数成员来说，设不设国家主席，只是个形式问题；因为无论毛泽东是否担任国家主席，他的最高权威地位都是无可置疑、不可动摇的。当然，这件事最后还要报毛泽东决定。

当中央政治局讨论情况的报告送到毛泽东那里后，毛泽东当天批道：“我不能再作此事，此议不妥。”随后，他又多次明确表示，他不当国家主席，也不设国家主席。但林彪仍继续坚持原来的主张。这是“文化大革命”以来，毛泽东和林彪第一次在重要问题上各执己见。

同年五六月间，周恩来一直陷于繁重的内政外交事务之中，包括处理因美军入侵柬埔寨和恢复对越南民主共和国轰炸而引起的印度支那紧张局势的有关事宜、开展增产节约运动、在国务院各部门建立党的核心小组等。直到七月份，四届人大的筹备问题才重新提上日程。

七月十日，周恩来召集中央政治局会议，传达毛泽东关于修改宪法、召开中共九届二中全会和第四届全国人民代表大会的指示，并确定中共中央为此进行工作的计划。按照这个计划，到八月二十日，将基本完成四届人大有关文件的起草和其他各项准备工作；八月二十一日至二十八日，召开中共九届二中全会；九月十五日至二十四日，举行四届人大一次会议。

七月十八日，周恩来在中共中央修改宪法起草委员会全体会议小组会上发言，谈修改宪法中应该注意的问题，提出：修改后的宪法要“突出毛主席是中华人民共和国的缔造者，党是全国的核心力量”；“毛主席是全国武装部队的统帅，林副主席是副统帅”；“可以考虑不设国家主席、副主席”。① 在周恩来的通盘筹划下，四届人大的各项准备工作都在按计划进行。这时，离原定召开九届二中全会的日期只有一个月时间了。

七月下旬，中央政治局会议上的一场小小风波，打破了几个月来的相对平静。事情是由一篇文章引起的。

为了纪念“八一”建军节，中央“两报一刊”准备发表题为《提高警惕，保卫祖国》的社论。在二十七日讨论修改社论稿的政治局会议上，当时越来越接近林彪的陈伯达同张春桥为稿子中一处提法发生争执：陈伯达主张将“伟大领袖毛主席亲自缔造和领导的、毛主席和林副主席直接指挥的中国人民解放军”一句中“毛主席和”四个字去掉，张春桥坚持不改。主持会议的周恩来最后表示，这件事“要请示主席”。②

两天后，周恩来陪毛泽东在上海会见外宾，乘机就这件事当面请示毛泽东。毛泽东表示：这类应景文章，既然已经政治局讨论，我就不看了；至于提法问题，这无关紧要。他还让汪东兴代他圈去社论稿中“毛主席和”四个字。第二天，周恩来将毛泽东的意见批告在京的中央政治局成员。③

然而，一波刚平，一波又起。

八月十三日，在康生主持下，中央修改宪法工作小组召开会议，讨论宪法草案稿。会上，张春桥和吴法宪再就宪法草案稿中

---

① 周恩来在中央修改宪法起草委员会全体会议东北、西南小组会上的发言记录，1970 年 7 月 18 日。

② 周恩来就中央政治局会议讨论“八一”社论稿事给毛泽东的报告，1970 年 7 月 28 日，手稿。

③ 周恩来给康生、江青、黄永胜、张春桥等在京中央政治局成员的信，1970 年 7 月 30 日，手稿。

有些提法发生争论。张春桥以毛泽东在一次会见外宾时谈到“天才地、创造性地发展马列主义是讽刺”为依据，提议删去原草案稿中“毛泽东思想是全国一切工作的指导方针”以及“天才地、创造性地、全面地”等词句。吴法宪反驳说：“要防止有人利用毛主席的伟大谦虚贬低毛泽东思想。”会后，吴法宪到陈伯达处详细谈了争吵情况，并且通过黄永胜报告了林彪。接着，他又向周恩来报告了这件事。①

十七日，周恩来主持中央政治局会议，对宪法修改草案最后定稿。会前，在北戴河的叶群打电话给陈伯达、黄永胜，要他们准备“天才”方面的语录，以便在政治局会上同张春桥等作“斗争”。周恩来也对会议将发生“激烈争论”有所准备。出乎意料的是，张春桥等人在会上一言不发，宪法草案稿被顺利通过。②

林彪暗中嘱咐黄永胜、吴法宪：要多小心，这件事没有完，到庐山会有大的斗争。③

在不到一个月的时间里，连续发生这两起“文字”之争。在“文字”争论背后的事实是：林彪、江青这两个宗派势力之间长期掩盖着的对权力争夺的矛盾，到这时终于由暗斗转入明争。

一九七〇年秋，江西庐山。群峦叠翠，雾海苍茫。

八月二十日前后，位于庐山北面十几公里的九江机场格外繁忙，马达昼夜轰鸣，一架架飞机在这里频繁起落。

中共九届二中全会将于八月下旬在庐山开幕。这是建国后召开的第三次“庐山会议”，到会的共二百五十三人。

八月二十日下午，在接待完两批外宾之后，周恩来登上飞机，直飞九江机场。傍晚时分，抵达庐山。周恩来是最后一个上

① 访问吴法宪谈话记录，1983年11月18日—25日。

②③ 访问吴法宪谈话记录，1983年11月18日—25日。

庐山的中央领导人，他住在当年马歇尔曾下榻的一幢小楼里。

第二天，周恩来就全会议程向毛泽东和林彪写了书面报告。随后，分别前往林彪、康生、陈伯达、江青住处同他们谈话。

二十二日下午三时，毛泽东在他住地召开中央政治局常委会，商定全会会期、日程、分组等事。谈到设国家主席问题时，会上除毛泽东外，几名常委都表示，根据群众的愿望和要求，应该实现党的主席和国家主席一元化，即在形式上有一个国家元首、国家主席。周恩来提出，如果设国家主席，今后接见外国使节等外交礼仪活动时，可由国家主席授权别人代行。康生、陈伯达、林彪也先后表示应设国家主席，并主张由毛泽东重新担任国家主席。毛泽东很不以为然。他说：设国家主席，那是个形式。我提议修改宪法，就是考虑到不要国家主席。如果你们愿意要国家主席，你们要好了，反正我不做这个主席。这是毛泽东自一九七〇年春以来第四次表明他对这件事的看法。毛泽东还似乎有所指地告诫说：要把这次全会开成一个团结的胜利的会，而不要开分裂的失败的会。①

毛泽东再次在政治局常委会上表明态度，不能不引起周恩来的重视。然而，对毛泽东已经多次表明态度的“国家主席”问题，在常委会上仍没有取得一致看法。这在很大程度上同宪法修改草案的讨论情况有关。对中央党政军机关和全国二十九个省、市、自治区反映上来的讨论结果，康生作过这样的说明：“根据广大群众的热切愿望，希望毛主席当国家主席，林副主席当国家副主席；如果是毛主席、林副主席都不当，那就不要。最后到底怎么样，请毛主席定。”“因为这是全党、全国人民的希望，我们起草的时候也这么希望，但又不敢违反主席的意见。所以，一直

① 毛泽东在庐山召开的中央政治局常委会议上的讲话，1970 年 8 月 22 日，传达记录稿。

处在这样一种矛盾当中。”①

几个月来始终固执己见的林彪的态度也产生着影响。事情很明显，既然毛泽东坚决表示不当国家主席，如果决定设国家主席，极有可能由林彪来担任。从这个意义上讲，毛泽东不同意设国家主席，便暗含着不赞成林彪当国家主席的意思。而林彪在坚持设国家主席时，又打着主张由毛泽东担任这个职务的旗号，有意回避自己同这一职务的关系。这就使本来简单的问题变得复杂化了。实际上，在庐山会议前，如果不设国家主席“林彪不好摆”的说法已开始在林彪周围的人中间暗中传递，而且似有“来头”。② 但他们在背地里所搞的许多活动，周恩来并不知道。③ 因此，庐山会议上即将出现的这场风波，对他是突然袭来的。

八月二十三日下午四时，中共九届二中全会在庐山开幕。毛泽东主持开幕式。周恩来宣布全会议程：一、讨论修改宪法；二、讨论国民经济计划；三、讨论战备问题。

接着，林彪作了长篇讲话。他说：“这次宪法修改草案，表现出这样的特点：就是突出毛主席和毛泽东思想在全国的领导地位。肯定毛主席的伟大领袖、无产阶级专政元首、最高统帅的这种地位；肯定毛泽东思想作为全国人民的指导思想，是全国一切工作的指导方针。这一点非常重要，非常重要。用宪法的形式把这些固定下来非常好，非常好！”“我最感兴趣的认为最重要的就是这一点。”又说：“我们说毛主席是天才，我还是坚持这个观点。”在长达一个半小时的发言中，林彪还重复了许多他过去称颂毛泽东的那些话。而这些话，正是毛泽东审改文章时多次删去的。

---

① 康生在庐山召开的中央修改宪法起草委员会全体会议上的讲话记录，1970 年 8 月 22 日。

②③ 访问吴法宪谈话记录，1983 年 11 月 18 日—25 日。

为了准备开幕式上这个讲话，林彪事前写好了讲稿。但发言的事，他到临开会前才突然提出来。在林彪讲话时，坐在台上的毛泽东显得有些不耐烦，周恩来也露出焦急的神态。陈伯达却听得很“认真”。①

对多数与会者来说，这时并没有觉得有什么“异常”。一个出席全会的人回忆：“林彪是党中央的副主席、副统帅，是毛主席的接班人。我当时认为林彪是代表中央讲话的，没有感觉出林彪的讲话有什么特别的意思。”②

林彪讲完后，康生发言，表示对林的讲话“完全同意，完全拥护”。他提出：在要毛泽东当国家主席、林彪当国家副主席的问题上，“所有意见都是一致的”。“如果是主席不当（国家）主席，那么请林副主席当（国家）主席。如果是主席、林副主席都不当的时候，那么（国家）主席这一章就不设了。”③

原定作国民经济计划报告的周恩来，没有在开幕式上发言。

当晚，周恩来主持中央政治局扩大会议，研究分组讨论宪法草案和计划问题。这时，吴法宪提出：全会各小组应该学习林彪在开幕式上的讲话，可以再听一遍林彪的讲话录音。江青、张春桥等没有表态。周恩来表示同意，并报告了毛泽东。

这天夜里，根据林彪在会前的布置，陈伯达、吴法宪搞出一份恩格斯、列宁、毛泽东以及林彪关于“天才”的语录材料，第二天送交会议秘书处打印。这件事，毛泽东、周恩来都不知道。④

从八月二十四日下午起，全会各组开始讨论林彪的讲话。在统一布置下，陈伯达（华北组）、吴法宪（西南组）、叶群（中南

① 汪东兴：《忆庐山九届二中全会》，《当代中国史研究》，1994年第3期。

② 吴德：《庐山会议和林彪事件》，《当代中国史研究》，1995年第2期。

③ 中共九届二中全会第1次全体会议记录，1970年8月23日。

④ 汪东兴：《忆庐山九届二中全会》，《当代中国史研究》，1994年第3期。

组）、李作鹏（中南组）、邱会作（西北组）等人按照事前商量好的口径，同时发难，带头宣讲“天才”问题，吹捧林彪的讲话，坚持要设国家主席；同时，暗示有人在“反对”毛主席。六个组中，华北组最为激烈，陈伯达在会上说：“现在竟然有人胡说‘毛泽东同志天才地全面地继承、捍卫和发展了马克思列宁主义，把马克思列宁主义提高到一个崭新的阶段’这些话是一种讽刺。”“有的反革命分子听说毛主席不当国家主席，欢喜得跳起来了。”这些富有煽动性的发言，蒙蔽了许多不明真相的人。

周恩来参加了东北组的讨论。他在发言中也肯定了林彪的讲话，提出：要勿忘过去，警惕现在，教育后代；要夹着尾巴做人，知错就改，做毛主席的好学生。① 但周恩来没有提到设立国家主席的问题，更没有暗示“揪人”。这天晚上，当他得知陈伯达整理的“语录”后，感到情况已很不正常，立刻命令将“语录”稿及印件全部封存。。②

二十五日，华北组的第二号简报在全会上印发。简报中写道：大家听了陈伯达等的发言，知道了党内竟有人否认毛主席是当代最伟大的天才，表示了最大、最强烈的愤恨。这种人就是野心家、阴谋家，是极端的反动分子，“应该揪出来示众，应该开除党籍，应该斗倒批臭，应该千刀万剐，全党共诛之，全国共讨之”。整个会议的气氛立刻变得紧张起来，各组中都谈到要“揪出”反对毛主席的坏人。中午，已十分惊慌的张春桥、姚文元由江青带着，到毛泽东处反映情况。在全会上竟出现这种背着毛泽东而显然有统一布置的“揪人”行动，使毛泽东感到事态已十分严重。

下午三时，毛泽东主持召开有各组组长参加的中央政治局常

---

① 周恩来在中共九届二中全会东北组会议上的发言记录，1970 年 8 月 24 日。

② 汪东兴：《忆庐山九届二中全会》，《当代中国史研究》，1994 年第 3 期。

委扩大会议。会前，毛泽东先同林彪、周恩来、陈伯达、康生逐一谈话。随后，他向到会的人宣布：刚才，我和几位常委商量，认为现在各组讨论的问题不符合全会原定的三项议程。关于国家主席的问题不要再提了。如果再继续这样搞下去，我就下山，让你们闹；再不然，就辞去党中央主席职务。毛泽东严厉批评陈伯达等人在小组会上的发言违背了九大方针，提出应该按九大精神团结起来，不要搞分裂，不要“揪人”。根据毛泽东的意见，会议决定全会分组会立即休会，停止讨论林彪的讲话，收回华北组第二号简报。① 各小组组长回去后，马上向全体人员传达了政治局常委扩大会的决定。

毛泽东的指示，给了正在得意的林彪一伙当头一棒。林彪立刻私下传话：告诉他们，不要再坚持设国家主席了，也不要再提“天才”了。但当周恩来提出要吴法宪等检讨时，林彪却在暗中向吴法宪打气：“你没有错，不要作检讨!”叶群更直截了当地说：“你不要紧张，还有林彪、黄永胜嘛！只要不牵扯到他们就好办。大锅里有饭，小锅里好办。”②

在小组会休会的几天里，周恩来连日出席毛泽东召集的会议，频繁地找人谈话（包括林彪在内），敦促陈伯达、吴法宪等检讨。

二十九日，林彪被迫主持中央政治局扩大会议，听取陈伯达、吴法宪等的检讨。周恩来在会上说：从全会一开始的分组讨论中，陈伯达、吴法宪等作了有代表性的错误发言，把修改宪法的讨论引导到一个错误的方向去，以华北组最为突出。毛主席扭

---

① 李德生：《从庐山会议到“九一三”事件的若干回忆》，《缅怀毛泽东》（下），中央文献出版社 1993 年 12 月版，第 124—125 页。

② 汪东兴：《忆庐山九届二中全会》，《当代中国史研究》，1994 年第 3 期。

转了这一错误偏向。我们这几天的工作就是要说服一些犯错误的同志作初步的检讨。周恩来强调：毛主席对犯错误同志的态度是一贯的，这就是允许犯错误、允许改正错误；要给犯错误的同志认识、改正错误的时间，对他们还要看，不能着急。全会还有两项议程，不能耽搁久了。因此，大家要下决心按照毛主席的指示不折不扣地去做，一定要把这次会议开好。[①] 会上，陈伯达、吴法宪等先后作了检讨，但他们的检讨“很不像样子”。[②] 当晚，周恩来仍约国家计委的几个人开会，听取他们关于国民经济第四个五年计划纲要草案起草情况的汇报。据当年参加汇报的陈先回忆：

> 一九七〇年庐山会议期间，按照周总理的指示，顾明、金熙英和我带着“四五”计划纲要的文件乘飞机到达庐山。此时，正值陈伯达事发，周总理夜以继日地找人谈话，每天只睡几小时，甚至通宵达旦地工作。一天晚上，总理开完政治局会议，已是午夜十二点了，他满面倦容，仍坚持听了我们关于“四五”计划文件的汇报，并作了指示。[③]

这种非常的超负荷的工作状态，终于把已经七十二岁、带病工作的周恩来累倒了。

一天早饭后，已经连续三十多个小时没有合眼的周恩来，在去参加一次重要会议的路上突然感到不适，只好临时在途中休息。过了一个小时左右，才逐渐恢复过来。他又蓦然站起，坚持赶赴会场，参加会议。为了防止再发生意外，有关部门不得不派医护

---

① 周恩来在中央政治局扩大会议上的讲话记录，1970 年 8 月 29 日。

② 吴德：《庐山会议和林彪事件》，《当代中国史研究》，1995 年第 2 期。

③ 陈先：《周总理组织和审议“二五”至“四五”计划》，《我们的周总理》，中央文献出版社 1990 年 1 月版，第 170、171 页。

人员携带氧气瓶守候在周恩来工作地点旁边，随时准备抢救。[①]

八月三十一日，毛泽东在陈伯达所编《恩格斯、列宁、毛主席关于称天才的几段语录》的材料上，写下《我的一点意见》，点名批判陈伯达，指出：这份称“天才”的材料，“欺骗了不少同志”。“我跟陈伯达这位天才理论家之间，共事三十多年，在一些重大问题上就从来没有配合过，更不去说很好的配合。”“这一次，他可配合得很好了，采取突然袭击，煽风点火，唯恐天下不乱，大有炸平庐山，停止地球转动之势。”关于“天才”问题，毛泽东提出：“我们只能站在马列主义的立场上，而决不能跟陈伯达的谣言和诡辩混在一起。”“希望同志们同我们一道采取这种态度，团结起来，争取更大的胜利，不要上号称懂得马克思，而实际上根本不懂马克思那样一些人的当。”毛泽东对陈伯达的揭露和批判，也是对林彪一伙宗派活动的沉重打击和严厉警告。在批陈时，毛泽东并没有涉及林彪，对林彪仍采取某些保护措施。[②]

《我的一点意见》印发全会后，各组开始转入对陈伯达的揭发批判。几天里，周恩来先后参加了东北、华北、华东、中南、西南小组的讨论。他在发言中说：《我的一点意见》，是毛主席考虑了三天之后才写出来的；陈伯达在中央核心内部长期不合作，他的问题迟早要暴露的。[③]

这时，全会已难以再按原定计划进行讨论了。九月四日晚，中央政治局常委召集各组组长会议，商量全会的会期问题。周恩

---

① 与顾明等座谈记录，1987年1月9日。

② 毛泽东在《我的一点意见》中，曾用“我同林彪同志交换过意见，我们两人一致认为”，“我们两人还认为”等语。此件印发全会前，毛泽东还将原稿中涉及林彪讲“天才”的内容删去。

③ 周恩来在中共九届二中全会东北组、华北组和华东组会议上的发言记录，1970年9月3日。

来提出，明天闭会太仓促了，以后天（六日）结束为宜。

四日、五日两天，周恩来继续不分昼夜地工作，找人谈话，修改全国计划会议和一九七〇年国民经济计划的报告以及全会公报等文件。因为劳累过度，导致心脏出现异常，从五日凌晨开始吸氧。

九月六日下午，中共九届二中全会闭幕。全会基本通过《中华人民共和国宪法修改草案》和全会公报，批准国务院关于全国计划会议和一九七〇年国民经济计划的报告和中央军委关于加强战备工作的报告。周恩来在闭幕式上发言，提出：要好好学习毛主席《我的一点意见》，首先在中央委员会内部加强团结，要严于律己，宽于责人，但在大的原则问题上不能妥协，不能让步。又说，革命、生产、战备都不能松懈，要认真抓到底，为明年开始的“四五”计划打下好的基础。① 闭幕会上，中共中央宣布对陈伯达进行审查。

九月十日，中共九届二中全会公报发表。公报中写道：

> “中国共产党第九届中央委员会第二次全体会议于一九七〇年八月二十三日开幕，于九月六日胜利闭幕。”“毛主席和他的亲密战友林彪副主席在会上讲了话。到会的中央委员和候补中央委员，根据会议的议程，进行了热烈讨论。”“全会认为，在当前国内外大好形势下，召开第四届全国人民代表大会，是全国人民的迫切愿望。全会向全国人民代表大会常务委员会建议，进行必要的筹备工作，以便在适当的时候召开四届人大。”②

尽管公报引人注目地公布了要召开四届人大，但是，由于庐

---

① 中共九届二中全会闭幕会记录，1970 年 9 月 6 日。

② 《中国共产党第九届中央委员会第二次全体会议公报》（1970 年 9 月 6 日），《人民日报》，1970 年 9 月 10 日。

山会议上暴露出来的问题还远没有解决，因此，四届人大的准备工作实际上已被搁置起来了。

出席庐山会议的吴德回忆九月十九日毛泽东从庐山回到北京时一次谈话的情景：

“我被通知同纪登奎、陈先瑞、吴忠到丰台车站去，等候毛主席与我们谈话。我们到丰台时，毛主席的专列已经到达。毛主席在火车上与我们谈了话，汪东兴也参加了。整个谈话内容，总的意思基本上是《我的一点意见》上的内容。我记得最清楚的有两点：一点是说共产党要搞唯物论，不能搞唯心论；另一点是说陈伯达是船上的老鼠，看见这条船要沉了，就跑到那条船上去了。毛主席这么说，使我意识到了陈伯达后边还有人，不仅是吴法宪、李作鹏、邱会作这些军委办事组的人，而是地位更高的人。我想到了林彪。”①

庐山会议结束后，周恩来开始采取措施，纠正文化宣传领域包括对外工作中某些“左”的倾向。

会议一结束，周恩来还没有下山，便指示邮政部门：今后在邮票上不许再印毛主席像、语录和诗词了。② 他对外交部党的核心小组成员和有关负责人说：在外事部门，还要继续批判极左思潮。对驻外使馆内部还热衷搞极左的人，要调回国内学习。今后，可以派一些在五七干校劳动过、精神面貌好的干部在外任职。这一年秋天召开的全国外贸计划会议期间，周恩来专门询问：出口商品包装上是否还有毛主席语录？这样到处印毛主席的

---

① 吴德：《庐山会议和林彪事件》，《当代中国史研究》，1995 年第 2 期。

② 吴庆彤转告交通部周总理关于邮票发行问题的指示，1970 年 9 月 8 日。

话是不严肃的，是对毛主席不尊重。前几年讲这种话是泼冷水，现在应该讲了。什么事情搞极端了，总是走向反面。①

在这段时间里，周恩来对庐山会议期间发生的事情作了初步调查，批评了军委办事组黄永胜、吴法宪等人。九月下旬，周恩来建议黄永胜、吴法宪、李作鹏、邱会作四人在想通后，应该向毛主席、林副主席写出书面检讨，"揭露事实真相，与陈（伯达）完全决裂"。并说，这样做"对党对己都极有利"。②

在空军举行的一次会议上，主持人把作"讲用报告"的年仅二十五岁的林立果（林彪的儿子，这时已担任空军司令部办公室副主任兼作战部副部长）吹捧为"超天才"。周恩来得知后，派杨德中找吴法宪，批评道：为什么要把林立果说成是"超天才"？这种说法不对，不能这样搞。周恩来也向黄永胜谈了自己的看法。③

十月初，金日成来华作内部访问。六日，邓颖超给周恩来留下条子："后天八号东邻的贵宾就要到京了。在今明两日内你要储备一点精力以迎接新的任务。因此，希望你的节目不要安排得太紧了为宜！如何，请你善自掌握。"十多天后，周恩来同他的美国老朋友斯诺谈道："在身体方面，文化大革命把我打败了，所以要打球蛋白了。""因为睡得少，所以使我健康减弱了，近四年心脏有毛病，年纪已近七十三了。"④

十月中旬，对庐山一事抓住不放的毛泽东先后就吴法宪、叶群二人的检讨作出批示，严厉批评他们和军委办事组其他成员在庐山会议上"缺乏正大光明的气概"，"由几个人发难，企图欺骗

---

① 周总理在全国外贸计划会议期间的指示，1970 年 9 月，上海市外贸局档案。

② 周恩来关于黄永胜、吴法宪、李作鹏、邱会作 4 人检讨事写的一封信，1970 年 9 月 22 日。

③ 访问吴法宪谈话记录，1983 年 11 月 18 日—25 日。

④ 周恩来同斯诺和夫人的谈话记录，1970 年 10 月 19 日。

二百多个中央委员”，“又找什么天才问题，不过是一个借口”。毛泽东还指出：“思想上政治上的路线正确与否是决定一切的。”①

但林彪在这种情况下仍始终不作自我批评，黄永胜等在检讨中也一字不提林彪。这年五月间由林立果、周宇驰秘密组建并得到林彪接见的空军司令部“调研小组”，在这时改名为“联合舰队”，叶群还亲自为它的骨干成员周宇驰、王飞等人规定了称呼代号。这一切表明：庐山出现的那场斗争，正在悄悄地朝着更复杂、更严峻的局面发展。

十一月十六日，中共中央下发《关于传达陈伯达反党问题的指示》和毛泽东《我的一点意见》，全党开展“批陈整风”运动。一个月后，毛泽东对北京军区所辖第三十八军党委关于揭发批判陈伯达的报告作出批示，建议北京军区党委开会讨论“为何听任陈伯达乱跑乱说”，“是何原因陈伯达成了北京军区及华北地区的太上皇?”当日，周恩来主持中央政治局会议，讨论这个批示。同一天，他又主持讨论葛洲坝工程的设计，认为在第四个五年计划期间兴建这个工程是可行的。这个计划经毛泽东批准后，在同月三十日正式开工。

十二月十八日，周恩来主持中共中央政治局扩大会议，向列席会议的北京军区和北京卫戍区负责人传达毛泽东对三十八军批示的内容。在对周恩来书面报告的批示中，毛泽东点名要黄永胜、李作鹏参加北京军区批陈会议（通常称为华北会议），实际上是要借此敦促他们作出检讨。

华北会议从十二月二十二日开始，到第二年（一九七一年）一月二十四日结束，历时一个多月。出席会议的有北京军区所属各单位及北京、天津、河北党政军领导干部共计四百三十余人。

① 毛泽东对吴法宪、叶群检讨的批示，1970 年 10 月 14 日、15 日，手稿。

一月九日起，出席中央军委召开的批陈整风座谈会的一百四十多名高级将领也参加华北会议。会议进行当中，对北京军区的主要负责人李雪峰和郑维山作了不适当的、过火的批判。周恩来曾试图纠正这种偏向，提出：对北京军区仍应一分为二，在经过“认真的批评”之后，“从批评达到团结的目的”；“否则，定性在先，非打成‘三反’不可，那就不会实事求是”。[①] 他还针对江青在会上牵强附会、随意点名的情况，批评说：“这样点名，未经讨论，恐不恰当。”[②] 他经过毛泽东同意，阻止会议印发和播放江青的讲话。而参加会议的黄永胜、吴法宪、叶群、李作鹏、邱会作五人既不批陈，也不作检讨。华北会议并没有达到毛泽东预期的结果。

华北会议召开前夕，毛泽东同他的美国老朋友斯诺又作了一次长谈。当斯诺问到中国共产党的现状时，毛泽东表示，党目前“不怎么样”，并且感慨地说：“多灾多难啊，我们这个党。”毛泽东还对“文化大革命”以来风靡全国的“四个伟大”的提法（即“伟大的导师、伟大的领袖、伟大的统帅、伟大的舵手”）表示“讨嫌”。[③] 人所共知，这“四个伟大”，是林彪提出并作过题词的。

一九七一年一月二十六日，华北会议结束后的第三天，周恩来找出“文化大革命”初期中共中央所发的两份文件，内容都是有关毛泽东批评、制止宣扬个人崇拜的，并在其中陶铸签发的一件报告上批道：“此件不因人废言，因为是主席的指示，中央批准的，必须严格执行。”又在原报告中所写“主席指示：今后不

---

① 周恩来就华北会议情况给毛泽东、林彪的报告，1971 年 1 月 4 日，手稿。

② 周恩来就江青在华北会议上的两次讲话事致江青的信，1971 年 1 月 9 日，手稿。

③ 毛主席会见美国友好人士斯诺谈话纪要，1970 年 12 月 18 日。

用这类语言（即‘最高最活’、‘顶峰’、‘最高指示’等）。大家认为这是伟大领袖的谦逊态度。我们应当照主席的指示办”一处批注：“照毛主席思想，主要不是谦逊，而是不科学。因为马克思主义、列宁主义、毛泽东思想是要发展的，无止境的，永远不能说‘顶峰’，说‘最高最活’。”① 周恩来在这时提出这样的问题，显然是有针对性的。

对党的历史，林彪、江青等在“文化大革命”以来也一直在恣意歪曲。一九六七年十月，经江青提议，中央文革碰头会决定起草一个“党内两条路线斗争提纲”，企图以此来取代中共党史。几个月后，经林彪、江青双方认可的“提纲”里，只突出毛泽东、林彪、江青三个人。对南昌起义，只提到并不是起义领导人的林彪，而不提周恩来、朱德等。提纲把江青吹嘘为文艺革命的“旗手”。叶群说：这样写，是为了树立“三个正确路线的代表”。② 对这样一个“提纲”，周恩来始终没有作任何表示。毛泽东看了之后，认为根本不能用，并且批评了江青。最后，“提纲”只得不了了之。

据一九六七年随毛泽东南巡的杨成武回忆，当毛泽东得知有人不赞成以八月一日作建军节，而提出应该改为九月九日也就是毛泽东领导秋收起义的日子，造反派还要砸掉北京军事博物馆楼顶上的军徽时，毛泽东生气地说：这是错误的。南昌起义在前，是全国性的；秋收暴动在后，是地区性的。“八一”建军节是一九三三年中央苏维埃政府作的决定。我们是历史唯物主义者。这件事不能变。③

和毛泽东一样，周恩来认为，讲历史首先要真实。他从对外

---

① 周恩来就中共中央1966年394号和1967年394号两份文件写的批语，1971年1月26日，手稿。

② 访问吴法宪谈话记录，1983年11月18日—25日。

③ 张子申：《杨成武将军访谈录》，中国文联出版公司1994年10月版，第41页。

宣传入手，纠正“文化大革命”以来出现的大量不实事求是、不尊重历史、强加于人的偏向。

一九七一年二月，周恩来从外交部《外事活动简报》上看到：古巴驻华临时代办加西亚在江西井冈山参观时，对那里的讲解员不提南昌起义和朱德率部上井冈山这两段史实提出意见，认为这样讲外国人难以理解。周恩来立刻把《简报》送给毛泽东看。毛泽东阅后批道：“第四条（即加西亚反映意见）提得对，应对南昌起义和两军会合作正确解说。”①

以后，周恩来在全国外事工作会议上，又批评对外宣传特别是对党的历史和领导人宣传中存在的偏向。指出：对这些不正视历史、不实事求是的宣传，要当场给予纠正，并承认错误，应该有这个勇气。在这次会议上，有人提议：现在韶山已经开放接待外宾，是不是也应该把林副主席家乡湖北黄冈的林家大湾作为参观点进行宣传？周恩来回答得十分巧妙。他说：“我看这件事不忙决定。不请示林副主席就办，林副主席知道了要批评。但是，湖北的同志应该把黄冈那个地方的抓革命、促生产搞好，把林家大湾各方面的工作做好。”“总之，现在不必马上布置展览，没有中央批准，还不能做这件事。”②

这段时间内，周恩来还花了不少精力来抓国民经济的发展。一九七〇年十二月七日，中央政治局讨论通过周恩来为中共中央草拟的批准国务院关于北方地区农业会议报告的批示。十二月十六日至一九七一年二月十九日，国务院在北京召开全国计划会议，讨论一九七一年国民经济计划草案和第四个五年计划设想。周恩来对《会议纪要》作了多次修改，加写道：“一切领导机关，

---

① 毛泽东对外交部编《外事活动简报》“古巴驻华临时代办加西亚访问外地的几点反映”的批语，1971 年 2 月 18 日。

② 周恩来在全国外事工作会议上的讲话记录，1971 年 5 月 30 日。

切不可对下面提一些脱离实际的口号和要求。对于那些爱讲假话的人，要敢于批评抵制，不能把反对说假话、顶歪风，看成是‘泼冷水’。”二月十五日，他接见来京参加全国计划会议的各大军区和各省、市、自治区负责人，在讲话中指出：一九七〇年最后完成的指标，大多数超过原来计划，也有一部分没有完成。农业除粮、棉外，其他经济作物完成不够好；粮食虽然增产，但还赶不上一九五七年按人口平均的数字。工业也是如此。他强调：大中型基建项目不能上得太多，今后每年上的项目最多不要超过一千一百项，否则，搞很多反不如搞少点更快。所以，订计划、定指标，要实事求是，看是否合乎实际，是否能做到。他还郑重地提出：最近统计人口全国已达九点七亿。要控制人口，必须提倡晚婚和节育。还要搞好综合利用，解决“三废”污染，发展轻工产品，抓好产品质量。会议纪要和主要计划指标，在三月下旬正式下发。

极端繁重的工作，使周恩来依然置自己的病体于不顾，通宵达旦地工作。他的工作量是惊人的。三月三日晚，邓颖超给他留的条子写道：“你从昨天下午六时起床，到今天晚上十二时睡的话，就达三十小时”，“万望你不可大意才是！！这是出于全局，为了大局的忠言，虽知逆耳，迫于责任，不得不写数行给你。你应善自为之”。

在批评林彪等人错误的同时，毛泽东、周恩来仍本着团结、教育的方针，要求林彪及军委办事组的几个人能够“采取步骤，变被动为主动”。周恩来还几次在政治局会议上联系自己历史上所犯错误的教训，以严于责己的态度来引导黄永胜等人认真检讨。

然而，林彪从九届二中全会后却一直称“病”不出，既不批陈，更不作检讨，反而一步步走上同党和人民敌对的绝路。一九七一年三月初，他在苏州用南唐后主李煜词中“几曾识干戈”、“垂泪对宫娥”的句子来警告林立果等不能“束手待毙”。

于是，林立果等在上海秘密制定出一份反革命政变计划《“五七一工程”纪要》。“五七一”是“武装起义”的谐音。他们已准备像赌徒那样孤注一掷，使用暴力手段来夺取党和国家的最高权力。三月底，林立果等初步确定出实施的指挥系统和人员分工。

三月二十九日，周恩来偕黄永胜等军委办事组成员前往北戴河，向林彪汇报毛泽东有关揭批陈伯达的一系列指示，以及中央将在最近召开批陈整风汇报会等问题。随周恩来前去的李德生回忆说：“此行的目的，是毛主席要林彪出来参加一下即将召开的批陈整风汇报会，讲几句话，给他个台阶下。”①

毛泽东、周恩来都全然不知林彪一伙正在紧锣密鼓地暗中进行的阴谋活动。

三月三十日和三十一日，周恩来等在北戴河的林彪住处连续两天同林彪谈话。林彪在口头上表示：完全拥护毛泽东自庐山会议以来的一系列指示，对黄永胜、李作鹏、邱会作三人的检讨很高兴，要求吴法宪、叶群重写一次书面检讨。他还表示“完全同意”中央召开批陈整风汇报会，把批陈引向深入。谈话中，林彪对自己避而不谈，毫无认错悔改之意，也没有表示要出席中央批陈整风汇报会。②

回到北京，周恩来带着黄永胜等六人一起向毛泽东作了汇报。毛泽东听完后，对林彪的态度十分不满，当场指着黄永胜等严厉批评道：“你们已经到了悬崖的边沿了！现在是跳下去、推

---

①③ 李德生：《从庐山会议到“九一三”事件的若干回忆》，《缅怀毛泽东》（下），中央文献出版社 1993 年 12 月版，第 126—127 页。

② 周恩来等 7 人在北戴河林彪处谈话记录，1971 年 3 月 30、31 日。

下去、还是拉回来的问题。能不能拉回来，全看你们自己了！”③

四月十一日，毛泽东把吴法宪、叶群两人重写的检讨批转周恩来，告诉他：“我已看过，可以了。”由于两人的检讨这时仍只字不提林彪的问题，毛泽东实际上已不再对他们抱有什么希望。

四月十五日至二十九日，中央批陈整风汇报会在北京举行，中央和地方党政军负责人九十九人到会。这次会议，主要是批评军委办事组黄永胜、吴法宪、叶群、李作鹏、邱会作五人批陈不力，也听了他们的检讨。四月二十九日，周恩来受中央政治局委托，在会议结束时作总结发言，指出：在庐山会议及其前后，军委办事组五位同志在政治上犯了方向路线的错误，在组织上犯了宗派主义的错误，但错误的性质还是人民内部问题。他们之所以犯这样严重的错误，最根本的原因就是不听毛主席的话，站错了立场，走错了路线。对犯错误的同志，只要真正愿意改正，我们就要采取欢迎帮助的态度。①

林彪对开了半个月的中央批陈整风汇报会极为恼怒。这年“五一”节晚上，勉强来到天安门城楼观看焰火的林彪满脸沮丧，始终不同毛泽东讲话，连招呼也不打。他在城楼上只坐了几分钟，便不辞而别，以致新闻纪录片上也来不及留下他的影子！②

中央批陈整风会议结束后，过了两个多月相对“平静”的日子。

七月初，林彪、叶群离开北京回北戴河。前往送行的吴法宪也觉得：“林彪很沉闷，一句话也不讲，和以往完全不同，很反常。”③

---

① 周恩来在中央批陈整风汇报会上的讲话提纲，1971年4月29日，手稿。

② 杜修贤：《林彪对毛泽东的“不辞而别”》，《林彪反革命集团覆灭纪实》，中央文献出版社1995年6月版，第57—76页。

③ 访问吴法宪谈话记录，1983年11月18日—25日。

几乎就在林彪离京的同时，七月九日中午，美国总统国家安全事务助理基辛格秘密抵达北京。当晚，毛泽东在他的书房里听取周恩来和才到总参谋部工作不久的熊向晖关于基辛格访华一事的汇报。正式汇报前，毛泽东先向熊向晖了解总参谋部批陈整风的情况。当他得知黄永胜等在总参谋部严密封锁庐山会议真相，并扣压了中央下发的他们几个人在中央批陈整风汇报会上的检讨后，立刻断定："他们的检讨是假的。庐山的事情还没有完，还根本没有解决。这个当中有'鬼'。他们还有后台。"在回去的路上，周恩来叮嘱熊向晖："今晚主席讲的话，绝对不能外传。"①

周恩来已预感到一场暴风雨将要来临。十天前，他对来访的日本客人讲了一句话："疾风知劲草。"② 过了一个月，他陪同缅甸政府总理奈温前往广州访问，需要离开北京四天。行前，他致信毛泽东："主席如有急事，可经吴旭君同志以保密电话告我，或告（王）海容转告。"③

八月十二日，从广州回到北京的周恩来去见毛泽东，请示第四届全国人民代表大会召开的时间。毛泽东提出可以在国庆节后。当天晚上，周恩来立刻主持中央政治局会议，商议四届人大的各项筹备工作。

两天后，毛泽东离开北京到南方各地巡视。经过庐山会议以来的批陈整风运动，他已从大量揭发材料中觉察出林彪等的所作所为十分可疑。他决定去南方一些省，边调查、边"吹风"，为

---

① 熊蕾：《历史的注脚》，《新观察》，1986 年第 18 期。

② 孙平化、王效贤：《樱花烂漫忆园丁》，《不尽的思念》，中央文献出版社 1987 年 12 月版，第 411 页。

③ 周恩来就陪同奈温赴广州期间中央工作安排事给毛泽东的报告，1971 年 8 月 9 日，手稿。

即将召开的中共九届三中全会做准备。①

在半个多月里，毛泽东先后到达武汉、长沙、南昌等地，同沿途各地的党政军负责人谈话，讲述党内路线斗争历史，揭露和批评黄永胜、吴法宪、叶群、李作鹏、邱会作在庐山会议上搞突然袭击、企图分裂党的一系列活动。谈话中也涉及到林彪。陪同毛泽东南巡的汪东兴回忆说："当时，我意识到毛主席的这些谈话，是要帮助一些地方的党、政、军负责同志，提高对一九七〇年发生在庐山九届二中全会上斗争的认识，争取团结和尽力挽救在庐山会议上犯了错误的人，其中也想挽救林彪和黄永胜等人。"②

八月十六日，周恩来偕黄永胜、张春桥等再次前往北戴河林彪处汇报工作。周恩来告诉林彪：根据毛主席的提议，党中央决定在国庆节前后召开九届三中全会，然后召开四届人大；各项准备工作现正逐步就绪。

九月三日，在南方陪同毛泽东巡视的汪东兴，把经毛泽东亲自阅改过的由他和华国锋追记的毛泽东沿途谈话专送周恩来。③四日，在北京的周恩来收到这些谈话记录。

两天后，陪同外宾来到武汉的李作鹏从武汉军区政委刘丰口中得知毛泽东在这里的谈话内容，他立刻形成三点"印象"：庐山会议的事情还没有完，上纲比过去更高了，矛头似乎指向林彪。一直把自己的命运同林彪联系在一起的李作鹏、黄永胜，连忙把这些情况密报给在北戴河的林彪和叶群。

九月五日、六日，林彪、叶群先后得到周宇驰、黄永胜的密

① 李德生：《从庐山会议到"九一三"事件的若干回忆》，《缅怀毛泽东》（下），中央文献出版社 1993 年 12 月版，第 126—127 页。

② 汪东兴：《毛主席在粉碎林彪反革命政变阴谋的日子里》，《中共党史资料》，第 49 辑。

③ 汪东兴就送毛泽东南巡谈话追记稿事给周恩来的信，1971 年 9 月 3 日。

报，决心铤而走险，作出一个丧心病狂的决定：把毛泽东杀害在巡视途中，发动反革命武装政变。八日，林彪亲笔写下手令："盼照立果、宇驰同志传达的命令办。"林立果、周宇驰二人分别向"联合舰队"成员下达谋害毛泽东的具体方案，并指派江腾蛟（南京军区空军政委）为"第一线指挥"。

林立果等准备用来谋害毛泽东的手段有：用火焰喷射器或"四〇"火箭筒击毁毛泽东乘坐的专列；用炸药炸毁毛泽东专列必经的苏州硕放铁路桥；派飞机轰炸专列，或炸毁专列停车处旁的油库；派王维国（在上海的空四军政治委员）乘毛泽东接见时直接下手等。① 这个行动方案，林立果曾报告给林彪和叶群。② 在布置"南线"行动的同时，林立果等还研究了"北线"计划，攻击目标是中南海和钓鱼台，准备消灭的对象包括周恩来、朱德、叶剑英、聂荣臻、徐向前、刘伯承等，也还有江青、张春桥、姚文元等人。

这时的周恩来，仍在北京有条不紊地领导着四届人大的筹备工作。从九月六日起，他每天都在人民大会堂里主持讨论《政府工作报告》的草稿。十日，在对报告稿又作了一次修改后，周恩来致信毛泽东，告诉他：已写出初稿，拟从十一日起，由政治局确定几名成员以十天时间改好送审。信中还就国庆节前召开九届三中全会、补选几名中央委员等事作了请示。毛泽东阅后批道："都同意。还要补选常委。"显然，毛泽东对中央的人事调整已有所考虑。

十日中午，对林彪一伙已有警觉的毛泽东下令专列从杭州开往上海，随即离沪北上，一路不停，直驶北京。十二日午后，专

---

① 《中华人民共和国最高人民检察院特别检察厅起诉书》（1980 年 11 月 2 日），《历史的审判》，群众出版社 1981 年 3 月版，第 40—42 页。

② 汪东兴：《毛泽东在粉碎林彪反革命政变阴谋的日子里》，《中共党史资料》，第 49 辑。

列抵达北京。当汪东兴将毛泽东回京的消息报告周恩来时，因为事情变化得很突然，周恩来问汪东兴："你们怎么不声不响地就回来了，连我都不知道？路上怎么没有停？原来的计划不是这样的呀！"①

毛泽东安全返回北京，使林立果等策划的谋害计划无法实现，完全打乱了林彪一伙的部署。在北戴河的林彪、叶群、林立果紧急策划南逃广州，企图另立中央，分裂国家。他们安排了几架飞往广州的飞机，其中一架"三叉戟"是林彪的专机，在十二日傍晚秘密调到山海关机场，供林彪一家使用。

这天晚上，周恩来照常在人民大会堂主持讨论《政府工作报告》稿。灯火通明的人民大会堂福建厅内，四周的玻璃窗都紧闭着，拉上深色帷幕。朝东靠广场方向的窗户旁边，放着一排长方形会议桌，上面铺着白色桌布。周恩来背朝着广场方向，全神贯注地主持讨论。这时，天安门广场上为国庆游行进行队列操练的红卫兵仍未散去，高音喇叭播放的乐曲隐约可闻。② 二十二时许，工作人员请周恩来接电话。大约半小时后，周恩来回到会场，讨论继续进行。过了一会儿，周恩来又出去接电话，这次，他很久没有回来。

周恩来所接的第一个电话是张耀祠打来的。他报告：驻北戴河的中央警卫部队获悉林彪等人打算离北戴河出走，准备去哪里还不知道。这是林彪的女儿林立衡报告的。周恩来立刻指示警卫部队继续观察，随时报告。从第二个电话里，周恩来了解到有一架专机正停候在山海关机场。他马上把正参加《政府工作报告》稿讨论的吴法宪找来，要他立即查明这架飞机的情况。

---

① 汪东兴：《毛主席在粉碎林彪反革命政变阴谋的日子里》，《中共党史资料》，第 49 辑。

② 陈先：《周总理组织和审议"二五"至"四五"计划》，《我们的周总理》，中央文献出版社 1990 年 1 月版，第 171 页。

周恩来是在人民大会堂东大厅的一个房间里，处理来自北戴河方面的问题的。这时，福建厅的会议实际上已经中止。从周恩来急匆匆的步履和异常严峻的表情上，参加讨论的人都隐隐感觉到发生了一件“紧急的重大事件”。①

在证实山海关机场确有一架专机后，周恩来亲自打电话向叶群询问，并且提出打算到北戴河来见林彪。这时已是深夜二十三时三十分。

因为周恩来紧紧地追查停留山海关的飞机的情况，林彪等感觉阴谋已经败露，南逃广州的计划恐难以实现，便决计向北叛逃国外。二十三时四十分，林彪、叶群、林立果、刘沛丰等在慌乱中钻入一辆“红旗”高级防弹轿车，冲过警卫部队的阻拦，高速驶往山海关机场。到机场后，他们匆忙登机，在副驾驶员、领航员、报务员都没有上机的情况下，下令飞机在一片漆黑中强行起飞。此时已是九月十三日零时三十二分。

周恩来在“三叉戟”起飞后不久便接到了报告。在这以前，他作过这架飞机须有周恩来、黄永胜、吴法宪、李作鹏“四个人一起下命令才能飞行”的指令。但李作鹏却有意篡改了这个命令。②

对林彪等突然乘机逃走的意图，当时还不清楚。对他们的全部阴谋计划，一时也并不了解。周恩来命令李德生坐镇空军司令部，监视飞机动向；派杨德中随吴法宪去西郊机场，派纪登奎去北京空军司令部，以便从各方面掌握情况。同时，他向全国发布禁空令：关闭所有机场，停飞所有飞机，开动全部雷达监视天空。周恩来还请调度员用无线电向这架飞机呼叫，要林彪等飞回

① 陈先：《周总理组织和审议“二五”至“四五”计划》，《我们的周总理》，中央文献出版社 1990 年 1 月版，第 171 页。

② 《中华人民共和国最高人民检察院特别检察厅起诉书》（1980 年 11 月 2 日），《历史的审判》，群众出版社 1981 年 3 月版，第 40—42 页。

来，告诉他们：不论飞机在何处降落，我周恩来都到机场去接。但飞机上一直没有回答。

在空军司令部的李德生通过专线电话，不断将林彪所乘飞机的位置、高度、方向等情况向周恩来报告。当飞机飞临中蒙边境时，李德生向周恩来请示处置办法。周恩来回答他：已请示了毛主席，主席说，“天要下雨，娘要嫁人，由他去吧！”① 一个月后，周恩来在广州回答为什么不把林彪座机击落时说：他是副统帅，打下来我怎么向人民交待？只好打开雷达监视飞机的行动，直到飞机飞出国境，才算是真相大白。

凌晨一时五十分，林彪座机飞越中蒙边界上空。周恩来接到报告后，用力按下手中的话筒，气愤地说出两个字：“叛徒！”

面对如此惊心动魄的重大变故，根据毛泽东的指示，周恩来在人民大会堂召开在京中央政治局成员紧急会议，宣布林彪叛逃事件，研究部署各种应变措施。

从十三日清晨到当天下午，周恩来亲自打电话给十一个大军区和二十九个省、市、自治区的主要负责人，通报林彪外逃情况。他使用的是经过斟酌的语言：“庐山会议第一次全会上第一个讲话的那个人，带着老婆、儿子，坐飞机逃往蒙古人民共和国方向去了！你们要听从党中央、毛主席的指挥。从现在起，立即进入紧急备战。”

周恩来还将李先念、华国锋等分别派到京西宾馆、海军司令部和总后勤部主持工作，以便随时掌握并报告情况。

他指示外交部，要密切注意外电报道，抓紧研究和提出因林彪事件可能引起的对外交涉所需的应对方案。

周恩来还同其他领导人一起，拟定向全军发出的紧急战备指

---

① 李德生：《从庐山会议到“九一三”事件的若干回忆》，《缅怀毛泽东》（下），中央文献出版社 1993 年 12 月版，第 132 页。

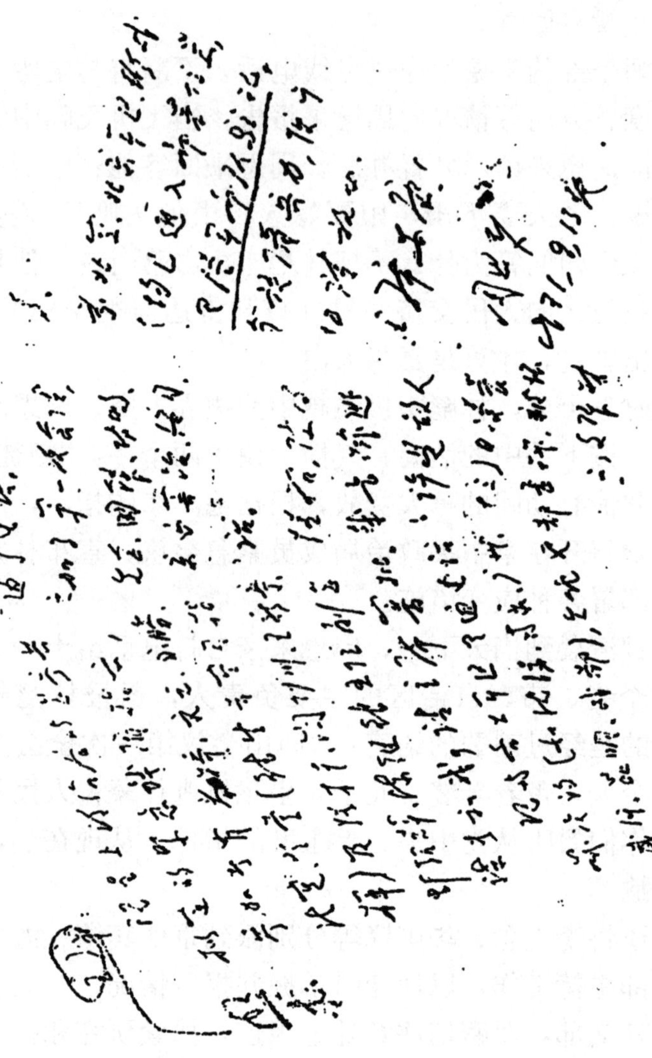

1971年9月13日，周恩来写给毛泽东关于中央、总参所拟紧急战备部署的报告

示，并对北京地区的军队部署、京郊各机场的军管以及机动兵力的安排等作了布置。①

十三日上午，在周恩来直接指挥下，北京地区空军将林彪党羽周宇驰、于新野等劫持的一架直升飞机迫降在京郊怀柔县境内，从飞机上缴获了林彪一伙阴谋政变的大量罪证。

为了应付各种可能发生的严重情况，周恩来的考虑和部署是十分周密的。到九月十四日下午，各项必要的工作才部署完毕，七十三岁的周恩来在人民大会堂里已连续工作达五十多小时。疲惫已极的周恩来刚休息一会儿，便接到来自中国驻蒙古人民共和国大使馆的特急报告，得到林彪一伙机毁人亡的确切消息。异常的兴奋，立刻驱走了周恩来的困乏。他连声说道："摔死了！摔死了！"随即亲自到毛泽东处报告这一消息。

飞机坠毁的经过是这样的：当林彪、叶群、林立果等乘坐的飞机飞临蒙古境内温都尔汗时，因油料将要用完，飞机上又没有领航员和报务员，不得不强行迫降，机身因擦地而爆炸起火，机上人员全部摔出，焚烧致死。②

九月二十四日，经毛泽东批准，周恩来在人民大会堂福建厅主持会议，宣布将十天来一直拒不交待问题、反而加紧烧毁材料的黄永胜、吴法宪、李作鹏、邱会作四人实行隔离审查。林立果"联合舰队"在各地的骨干分子也先后被捕归案。中共中央随即决定撤销军委办事组，成立由叶剑英主持的军委办公会议。

不久，中共中央《关于林彪叛国出逃的通知》逐级传达到全党全国，正式宣布："林彪于一九七一年九月十三日仓皇出逃，狼狈投敌，叛党叛国，自取灭亡。"

---

① 周恩来就紧急战备部署问题给毛泽东的报告，1971 年 9 月 13 日，手稿。

② 周恩来就 256 号三叉戟飞机坠毁现场勘察情况给毛泽东及部分在京中央政治局成员的信，1971 年 9 月 22 日，手稿；孙一先、沈庆沂、王中远：《视察林彪叛逃飞机坠毁现场纪实》，《新中国外交风云》第 1 辑，世界知识出版社 1990 年 5 月版。

七十、批判极左思潮

在处理“九一三”事件的整个过程中，周恩来沉着果断，思虑周密，指挥若定，充分显示出这位久经风霜的杰出政治家、军事家的智慧和才能。在毛泽东和他的领导下，迅速而平稳地粉碎了一场经过精心策划的反革命武装政变。几个月后，周恩来回顾说：“事后说来惊险得很，但当时处理并不紧张；因为我们相信绝大多数群众，相信绝大多数干部。”① 在中共中央统一部署下，同林彪一伙有关的人和事，在最短时间、最小范围内得到解决。在这期间，国内并没有发生政治动荡。

林彪事件后，中共中央下达了一系列揭批林彪一伙反革命阴谋活动的文件，随即开展“批林整风”运动。

这时，原有的五名中央政治局常委只剩下毛泽东、周恩来、康生三人。一件件关系党和国家命运的大事，就像一副副重担，更多地落到主持中央日常工作的周恩来的肩上。

对林彪事件的发生，周恩来在事后说过：它既在预料之外，

① 周恩来在中共中央召开的在京上层爱国人士座谈会上的讲话记录，1971 年 12 月 29 日—31 日。

也在预料之中。[①] 说“预料之外”，是指他和毛泽东都没有想到林彪会突然乘飞机叛国出逃。他们事前也没有察觉林彪一伙策划反革命政变的罪恶勾当。毛泽东多次说：林彪他们搞反革命活动，谁个晓得？我就不知道嘛！[②] 周恩来也讲过：我们怎么也不会想到他会跑；因查问他私调飞机一事，他心惊胆战，逃跑了。[③]

说“预料之中”，是指林彪一伙自九届二中全会以来，一直阳奉阴违，抗拒毛泽东和党中央对他们的批评帮助。对他们的这些表现，毛泽东、周恩来是心中有数的。周恩来曾指出：对林彪，毛主席一直是保他的，事实也证明对他是仁至义尽了。又说，毛主席同斯诺的谈话林彪最反感了，他这个人一辈子不能批评，一批就消极。林彪摔死了是偶然性，但他失败是必然性。[④]

在说明“九一三”事件缘由的同时，周恩来对林彪本人的历史和变化过程作了客观而冷静的分析。他说：不能讲毛主席从文化大革命初期就已看出林彪反党、只是当时为了打倒刘少奇而没有提林的问题，这不是我们党看问题的方法和主席的作风。我们要历史地、辩证地、发展地看问题。因为一个人的思想是发展的，不能说林彪早先的思想和他以后的思想是一样的，会有变化的。同样，我们对林彪的认识也有一个发展的过程。怎么会一下子就识破他呢？九大时还不可能识破他，否则，怎么会让他当副主席？林彪的欺骗性也就在这里。因此，对林彪要作具体分析，他也有一个从量变到质变的过程。不要以为说他坏，就从头到尾都是坏的。林彪取得接班人的地位是有历史原因的，是当时党内

---

① 周恩来接见部分驻外使节时的谈话记录，1971 年 9 月 14 日。

② 毛泽东接见中央召开的成都地区座谈会成员时的讲话记录，1971 年 11 月 14 日。

③④ 周恩来接见回国述职大使和外事单位负责同志谈话纪要，1972 年 8 月 1、2 日。

形势发展的结果。总之，对我们党来说，林彪事件的教训是深刻的。①

为了处理“九一三”事件的遗留问题，继续清查同林彪集团有牵连的人和事，中共中央成立了由周恩来负责的审查林彪、陈伯达反党集团专案组，具体领导这项工作。

一九七一年九月十八日，在中共中央发出的第一份通报林彪事件的文件里，有一段经过周恩来亲自修改、补充的文字，明确规定了清查工作的方针和政策：“在毛主席的领导下，按照正确路线和政策，惩前毖后，治病救人，经过批评和自我批评，犯了路线错误的好人，绝大多数是可以回到正确路线方面来的”，“跟着林彪走绝路的只能是极个别的”。“中央号召全党同志首先是高级干部同林彪划清界限。中央对于坚决同林彪划清界限的同志，不论他过去是否受过林彪的影响，是否犯过错误，都是同样爱护而不会轻易怀疑的。”②

即便对直接受命于林彪一伙的重点清查单位和对象，周恩来也强调要严格执行党的政策，防止清查工作扩大化，并“不许搞逼、供、信”。③ 他说：死心塌地跟着林彪走的，只是少数人、个别人；我相信，绝大多数同志是站在毛主席革命路线一边的。④

这以后，周恩来多次主持中央政治局会议，研究处理各地揭发批判林彪集团和有关清查工作的情况。从十月下旬到第二年五月中央批林整风汇报会前，根据周恩来所提出的“遵照主席指

① 周恩来接见回国述职大使和外事单位负责同志谈话纪要，1972 年 8 月 1、2 日。

② 中共中央《关于林彪叛国出逃的通知》，1971 年 9 月 18 日。

③ 《周恩来书信选集》，中央文献出版社 1988 年 1 月版，第 610 页。

④ 周恩来在北京市及民航系统干部会议上的讲话记录，1971 年 9 月 23 日。

示，治病救人，以利团结和工作”① 的解决各地问题的方针，中共中央先后在京召开成都、武汉两地区座谈会，并逐一帮助解决广东、广西、湖南、浙江、江西等省、区的问题，取得了明显效果。

在一九七二年五六月间召开的中央批林整风汇报会上，周恩来提出：开展“批林整风”，“主要矛头就是要批判、揭露、粉碎林彪这个反党集团，教育大批干部，团结大批干部，是这样一个精神”。会议期间，周恩来根据毛泽东的意见，花了十天时间写出《对我们党在新民主主义革命阶段六次路线斗争的个人认识》的报告提纲，又连用三个晚上向到会的党、政、军高级干部作长篇报告。报告中，他就大革命时期的陈独秀右倾投降主义，土地革命战争时期的瞿秋白盲动主义、李立三冒险主义、罗章龙右倾分裂主义、王明“左”倾教条主义和张国焘右倾分裂主义，以及抗日战争时期的王明右倾投降主义的历史过程、严重后果和教训等，作出详细的叙述和说明。在谈到王明的“左”右倾错误时，周恩来结合个人经历，对自己作了严厉的、毫不留情的剖析，甚至是过分的检讨。最后，他这样表示：“我入党五十年，没有离开党的队伍，经过长期的复杂而又激烈的党内外、国内外的阶级斗争和革命战争的考验，我还在为党工作，继续坚持对敌斗争；年老了，也还有些革命朝气。”“现在凡是在林彪反党集团的阴谋活动中沾了边甚至陷得深的同志，都应该得到启发，不应该有任何顾虑。要彻底交待，认真改正，‘改正得越迅速，越彻底，越好’。”②

周恩来在党的高层干部会议上光明磊落地检查自己过去所犯

① 周恩来就中央政治局会议情况致毛泽东的信，1971 年 10 月 27 日，手稿。

② 周恩来：《对我们党在新民主主义革命阶段六次路线斗争的个人认识》提纲，1972 年 6 月 10 日，手稿。

错误，现身说法地重申毛泽东和党中央对犯错误干部的一贯政策，为的是促使那些在思想上还没有同林彪完全划清界限的领导干部及早觉悟，站到正确方面来。同时，周恩来站在高度党性原则的立场上，阐明确立毛泽东作为全党领袖、毛泽东思想作为指引中国革命走向胜利的正确指导方针的历史必然性，不仅极富说服力，在这个时候也具有特殊意义。它有利于增强以毛泽东为首的中共中央的凝聚力，有利于全党全军全国的团结、稳定的大局。这正是周恩来几十年来所恪守的“顾全大局”精神的体现。

在揭批林彪一伙的反革命罪行的同时，周恩来已在着手解决“文化大革命”中遭受错误打击的一批老干部的问题。一九七一年九月下旬，在中共中央下达关于林彪事件通知后不久，李富春受中央委托，连续主持在京老同志座谈会。陈毅、聂荣臻、徐向前、蔡畅、邓颖超、邓子恢、张云逸、张鼎丞、曾山、王震等出席座谈会；朱德、刘伯承也分别写信或发表谈话，揭发林彪历史上的问题。

九月底，周恩来主持中央政治局会议，提议成立由叶剑英负责的中央军委办公会议；军委三总部机关分别由李德生、张才千、余秋里主持工作。十月初，报经毛泽东同意，中共中央正式发出通知，决定撤销军委办事组，成立由叶剑英主持的军委办公会议。十月四日，毛泽东、周恩来接见新成立的军委办公会议成员。毛泽东在接见时说：文化大革命中整几位老帅，是林彪、陈伯达他们搞的。又说：要好好整顿我们的军队，军委“凡讨论重大问题，要请总理参加”。①

与此同时，周恩来对仍被监管的许多老干部十分关心。十一

① 毛泽东接见中央军委办公会议成员时的谈话，1971年10月4日，传达记录稿。

月十二日，他在一份公安部门的报告上，一连写下十几条批语，要求提高在押人员的伙食标准，改善他们的生活环境和医疗条件，防止发生意外事故。在那份报告中反映监管人员中存在宁“左”勿右的思想、常以威吓和惩罚代替教育的内容旁，周恩来批道：“不合毛主席的思想和政策！”在反映炊事人员认为给“犯人”做饭不光荣、工作好了是立场不稳旁批道：“错误认识。”在反映有的医务人员觉得反正是“犯人”、病治不好死了也没啥旁又批：“极其有害的思想！”① 此时关在监狱里的伍修权后来回忆说：

“‘九一三’事件以来，我们的待遇和处境都有了明显的改善。我们营养不良、体质下降的问题，看来引起了注意。一九七二年初，卫戍区指定了两名战士专门给我们这批特别‘犯人’做饭，伙食标准也提高到每天六角钱。虽然比原来只多了一角五分，可是对于当时的我们来说，无异是一个福音。同前几年的粗劣伙食相比，饭菜开始好一点了。医疗条件也同时有了改善，专门派来医生给我们看病，也肯开药给我们，晚上睡不着觉还给一点安眠药吃。这不仅诊治了我们身体上的病，更给了我们精神上很大的安慰。”②

对已被林彪一伙迫害致死的老干部，周恩来想方设法，要求查明有关情况，准备为死者恢复名誉或解决其他遗留问题。贺龙元帅夫人薛明回忆：自从贺龙一九六九年六月被迫害致死后，她本人也被押往贵州一个山沟里监管劳动。一九七一年十月，周恩来派人到处寻找她的下落，终于在贵阳磊庄空军某部干校找到她。来人对她说：“周总理要你把贺龙同志遭受林彪一伙迫害的

---

① 周恩来对《关于检查监狱情况报告》的批示，1971年11月12日，手稿。

② 伍修权：《回忆与怀念》，中共中央党校出版社1991年5月版，第427页。

情况，原原本本地写出来，报告中央。”这样，一身是病的薛明被接回北京。①

对各地那些被打倒的老干部，周恩来也尽量采取措施，改善他们的生活条件。同年十二月，周恩来就江华子女来信要求为他们的父亲治病一事，批告中央办公厅负责人：如江华所在宜都不适宜治病，可调江到武汉，并告湖北省委安置他的生活。② 此后一年时间里，先后得到周恩来关照的还有：王恩茂、谭启龙、冯白驹、贺诚、廖汉生、林枫、朱穆之、张化东、刘建章等，以及一些爱国民主人士和文艺界人士。

这时，视周恩来为知己、多年来一直同他并肩奋斗的国务院副总理兼外交部长陈毅，不幸在一九七二年一月初病故。和其他老一辈革命家一样，陈毅在“文化大革命”中备受打击，历经磨难。一九六八年中共扩大的八届十二中全会上，陈毅和其他几位被指责为搞“二月逆流”的成员再次受到批判，并被剥夺继续工作的权利。一九七〇年十月，经周恩来批准，因“战备疏散”到石家庄的陈毅回京住进解放军三〇一医院进行检查治疗。第二年一月，陈毅被确诊为结肠癌。周恩来指示医院组织力量全力救治。这以后，周恩来一直亲自过问陈毅的治疗情况。他看望术后在北戴河疗养的陈毅，嘱咐他安心养病，争取早日康复。但几个月后，陈毅的病情突然恶化。十二月间，周恩来到医院看望病重的陈毅，这是两位老战友的最后一次会面。一九七二年一月六日，毛泽东在同周恩来、叶剑英谈话时表示：现已证明根本不存在“二月逆流”，今后不要再讲“二月逆流”了。叶剑英立刻赶到医院向已病危的陈毅传达了毛泽东的意见。几小时后，陈毅便

① 薛明：《周恩来与贺龙》，《不尽的思念》，中央文献出版社 1987 年 12 月版，第 616 页。

② 周恩来就江华治病事写给汪东兴、王良恩的批语，1971 年 12 月 8 日；周恩来对中共湖北省委报告的批示，1972 年 1 月 20 日。

与世长辞了。

一月八日晚，周恩来赶到医院，向陈毅的遗体深深鞠躬，又轻轻掀起覆盖的白布单的一角，抚摸陈毅的手背，向他作最后告别。接着，周恩来阅改了中央军委起草的悼词稿，并且在毛泽东审阅时，附信告诉他举行陈毅追悼会的时间、规格和悼词修改情况等。

一月十日下午，陈毅追悼会在北京八宝山革命公墓礼堂举行。按事前中央政治局批准的方案，追悼会由中央军委出面组织，只请内宾，不请外宾。但追悼会开始前一刻，毛泽东决定出席。工作人员马上把这个情况告诉周恩来。周恩来作出决断：提高陈毅追悼会的规格，通知在京中央政治局成员，国家副主席宋庆龄和全国人大、政协的负责人参加追悼会；并邀请柬埔寨国家元首西哈努克亲王和夫人出席。追悼仪式前，毛泽东接见陈毅夫人张茜及其子女，对他们说：陈毅是一个好人，是一个好同志。追悼会上，周恩来致悼词，指出：陈毅是中国共产党的优秀党员，是中国人民的忠诚战士。他的逝世，使我们失去了一位老战友、老同志，是我党我军的一大损失。①

第二天，陈毅追悼会的情况经过报刊、广播公开宣布，引起强烈反响。毛泽东出席追悼会，周恩来致悼词，这种“文化大革命”以来从未有过的追悼仪式，暗示着：在“文化大革命”中受到错误批判的老干部是应该平反的。这对广大老干部来说，是企盼已久的一种慰藉。半年后，周恩来还感慨地说：“毛主席参加陈毅同志追悼会，使我们这些老干部、使我们忠于主席的人，都很感动。”②

---

① 《人民日报》，1972年1月11日。

② 周恩来接见回国述职大使和外事单位负责同志谈话纪要，1972年8月1、2日。

周恩来抓住时机，在各种场合扩大这件事造成的影响。一月下旬，他在一次接见会上提到刘伯承和邓小平的历史功绩，说：这是毛主席对我们讲的。林彪一伙就是要把邓小平搞成敌我矛盾。两类不同性质的矛盾不能混淆嘛！又说：听说有的地方还在讲“二月逆流”，现在叶副主席已经主持军委工作，这是经主席批准的。你们听到那些违背中央指示的话，为什么不批驳？① 这一年春天，周恩来得知因“杨、余、傅事件”受到株连的杨成武大女儿杨毅在河南关押处突然身亡，立刻采取措施，派出两支小部队分赴河南开封和滑县，悄悄地将杨成武全家人实行保护性转移。②

同年四月，曾在国务院担任部长的陈正人、曾山、李德全等相继病逝。周恩来又指示有关部门：要对疏散到各地的副部长以上的领导干部普遍进行身体检查，改善他们的医疗条件；政协机关也应对上层爱国民主人士的医疗、生活状况进行调查，掌握情况。

四月二十四日，《人民日报》发表题为《惩前毖后，治病救人》的社论。这是经周恩来亲自审阅修改过的。社论提出，经过长期革命斗争锻炼的老干部是党的宝贵财富。并且强调：“要严格区分敌我矛盾和人民内部矛盾这两类不同性质的矛盾。除了极少数混进革命队伍的阶级敌人和屡教不改、不可救药的分子外，对一切犯错误的同志，不论老干部、新干部，党内的同志、党外的同志，都要按照‘团结——批评——团结’的公式，采取教育为主的方针。”“正如得过伤寒病可以产生免疫力一样，犯过错误的人，只要认真改正错误，善于从错误中吸取教训，有了免疫

① 周恩来接见来京出席新疆工作会议的代表时的讲话记录，1972 年 1 月 24 日。

② 张子申：《杨成武将军访谈录》，中国文联出版公司 1994 年 10 月版，第 246、247 页。

力，就有可能工作得更好。”① 这以后，全国其他报刊相继发表文章，论述落实党的干部政策问题，产生了广泛影响。

干部问题，是“文化大革命”以来一直处在突出地位的重大问题。全国从上到下有这样多老干部被打倒和“靠边站”，正是在“无产阶级专政下继续革命”错误理论指导下“打倒一切”、“全面夺权”的错误实践所造成的严重后果。因此，落实干部政策的各种努力，实际上是着手具体纠正“文化大革命”中普遍存在的那些极端做法，是对群众运动中无政府主义思潮的一种否定。

就在周恩来致力落实“文化大革命”以来备受打击迫害的干部的政策时，他自己却被发现患有不治之症——膀胱癌。当年担任周恩来保健医生的张佐良，清楚地记得为周恩来检查和确诊的过程。他说：

> 那是一九七二年五月十一号或十二号，我仍然像往常那样将总理留下的化验物作常规检查。从尿样中，我发现有三四个红血球。对男性老年人来说，一般有一两个红血球还是正常的，但这三四个就似乎多了点，对此我不敢掉以轻心。万一是肿瘤怎么办？因为当时做的是每月一次的常规化验，并没有做细胞学检查。两天之后，经过一番考虑，我鼓着勇气对总理说：前两天的化验结果有些不正常，也许是尿道出现畸形或结石，也许是泌尿系统血管硬化，等等，有必要再查一次；当然也可能是长了什么东西。总理听完后说：“你呀，说了这半天都是废话。说穿了，不就是怕长肿瘤吗？明天留（尿样）。”他一边说，一边大眼睛忽闪忽闪地看着我，他早就猜透我的言外之意了。四五天后，我们又给总理

① 《人民日报》，1972 年 4 月 24 日。

做了第二次常规化验，同时进行细胞检查，并请北京医院、协和医院、三〇一医院和肿瘤医院的专家对检查结果作了分析鉴定，一致认为周总理患的是膀胱移行上皮细胞癌。后来，又把样本拿到天津、上海，结论都是一样的。五月十八日，确诊总理所患是膀胱癌。①

起初，保健医生并没有将确诊结果告诉周恩来。周恩来心中已经明白，但他在配合医务人员治疗过程中，也不去“点破”这件事，仍像以前一样没日没夜地工作。过了半年，眼看周恩来的病情不断发展，保健医生不得不在同年十一月十一日向中央提出书面报告，详细汇报自五月份以来周恩来身体变化的情况，建议周恩来“宜特别注意休息，增加睡眠，采取减轻工作和其他一些可行的办法”。② 这个报告引起中共中央的高度重视。叶剑英等都同意报告所提意见，要求对周恩来的健康加以保护。十二日，毛泽东在报告上批示：“应当休息、节劳，不可大意。”

七十四岁高龄的周恩来，在身患癌症的情况下，依然担负着连健康的人都难以承受的极端繁重的工作，更不去顾及医生规定的工作限额。在他心中，只有党和人民的重托，只有对事业的无限忠诚和高度责任感。他这时常说：我只有八个字——“鞠躬尽瘁，死而后已”。纠正干部问题上的错误偏向，仅仅是这一时期周恩来领导批判极左思潮的一个方面。

周恩来领导批判极左思潮的另一个重要内容，是处理经济工作中存在的一些突出问题，落实党的各项经济政策。

“文化大革命”以来的国民经济状况，从农业方面看，由于

① 张佐良：《周恩来的最后岁月》，《周恩来和他的秘书们》，中国广播电视出版社 1993 年 3 月版，第 543、544 页。

② 中南海门诊部医生卞志强、张佐良写给中央政治局叶剑英、李先念、李德生、纪登奎、汪东兴的报告，1972 年 11 月 11 日。

气候还好，没有遇到大的自然灾害，农作物收成尤其是粮食生产保持了稳定增长，农田基本建设也能常抓不懈。但是，就全国来说，农业生产水平还很低；加上“文化大革命”中“左”的指导思想的影响，束缚了广大农民的生产积极性。

对于农村经济，周恩来在极端繁忙的情况下一直密切地关注着。他认为，作为一个农业大国，农村的状况决定了基本的国情。他多次提出：中国的国民经济实力按人口比例计算，不能算强大。不这样认识，就会自满、骄傲、不实际。他向外宾说：“中国的二千三百个县中，有的县连修理农机的工厂也没有，还有八十一个县没有农机厂，你们看落后不落后?”[①] 他指出：在农村中，平调劳动力不给报酬，社员负担很重；所以，农业政策要讨论。对“文化大革命”中出现的一些不切实际的做法和口号，周恩来也努力纠正。他在许多场合说过：学习大寨的经验有三条，一是实事求是，二是自力更生，三是先公后私。目前还是提“先公后私”，不宜提“大公无私”，因为“发展生产的结果是要对国家、集体和个人三者都有好处”；如果只讲“公”，不讲“私”，就不符合实际，也不科学。“我们希望每个省、县都有自己的‘大寨’，不要认为非到千里之外才能求得‘仙方’。”他还针对“发扬共产主义大协作精神”的口号指出：“这样提不好。现在我们是搞社会主义，应当提‘社会主义大协作’；讲‘共产主义风格’还可以，共产主义什么样子我们还都未经过嘛!”[②]

一九七〇年中共九届二中全会后，根据周恩来多次讲话的精神，国务院先后召开北方地区农业会议，全国棉花、油料、糖料生产会议和全国林业会议，决定适当放宽农村经济政策，在保证

① 周恩来会见菅沼正久等日本友人时的谈话记录，1970年12月8日。

② 周恩来3次会见韩丁、雷洲安、寒春、阳早等美国友人时的谈话记录，1971年5月24日，6月6日，11月13日、15日。

集体经济占绝对优势的情况下，允许农民个人经营少量自留地和家庭副业，允许生产队拥有因地制宜种植的灵活性。此外，国家还通过调高部分农产品的收购价、降低支农产品的出厂价和销售价以及实行粮食征购一定五年不变等政策，鼓励农民发展生产、改善生活。一九七一年十二月，中共中央作出关于农村人民公社分配问题的指示，重申分配必须兼顾国家、集体和个人三者利益，坚持各尽所能、按劳分配的原则；要求各地不要硬搬照套大寨经验，要全面发展，不能把党的政策所允许的多种经营当作资本主义去批判。这样，在一定程度上纠正了农村中存在的“一平二调”、“割资本主义尾巴”等“左”的做法，受到广大农民的欢迎。

和农业相比较，工业方面的问题要复杂得多。由于“停产闹革命”，一九六七、一九六八两年里主要工业产品产量都呈下跌趋势，直至一九六九年九大以后才有所好转。一九七〇年以来，全国又出现工伤事故大幅度增加、产品质量普遍下降的情况。它的主要原因是企业领导和职工仍受无政府主义影响，思想混乱，管理不严，纪律松弛，无章可循，造成一系列严重后果。

林彪事件发生后，周恩来抓住时机，着手抓企业管理，要求恢复和健全合理的规章制度，强调全面贯彻“抓革命、促生产”的方针，理直气壮地抓生产、学业务、钻技术，批判长期以来林彪一伙散布的空头政治。一九七一年底到第二年二月国务院召开的全国计划会议，是联系经济工作实际、揭批林彪一伙对经济工作的干扰破坏的一次重要会议。会前，周恩来在听取国家计委汇报时指出：现在我们的企业乱得很，要整顿。这是“文化大革命”以来第一次提出“整顿”的主张。会后，国务院有关部门起草了《一九七二年全国计划会议纪要》，明确规定企业应该恢复和健全岗位责任、考勤、技术操作规程、质量检验、设备管理和维修、安全生产、经济核算等七项制度，必须抓好产量、品种、质量、原材料燃料动力消耗、劳动生产率、成本、利润等七项指标。这个文件，贯彻了周恩来提出的整顿企业的方针，体现了周恩来长期以来致力于恢复和发展生产、反对经济工作中无政府主义的意愿，成为工矿企业落实党的各项经济政策的重要依据。

与此同时，周恩来进一步从抓产品质量入手，努力扭转企业中普遍存在的无人负责、无章可循的混乱局面。一九七一年十二月，他同叶剑英、李先念等一起听取关于航空工业产品质量问题的汇报，要求航空系统各单位的主要领导人亲自抓产品质量，恢复合理的规章制度，批判极左思潮。他激动地说：一架飞机质量不好我心里也不安，我有责任，我要负责。又说：不能认为凡是资本主义国家的东西都不好，它们也是劳动人民创造的嘛！不要以为我们什么都能搞，要批判地学习外国的东西。① 这以后，周恩来多次对飞机和汽车生产质量问题作出批示，一再告诫对产品质量需要“提起警惕”，“放在议事日程来解决”。②

一九七二年春天，周恩来连续抓了出口罐头、衬衣、照相机等日用工业品和广交会展品的质量问题。对国内企业屡次出现不合格产品，他感到极为不安。他说：现在，“我们出口数量不大，质量却这么差！这怎么向国家交代？向人民交代？向领袖交代？”“为什么台湾能搞，我们搞不了？过去能搞的，现在搞不出来？我对此非常难过。”“我们只能基本自给，哪能说完全自给呢？需要进口的还得进口嘛！”“产品质量不稳定，就是规章制度执行不好，要遵守好的规章制度，好的工艺流程”；“现在是不敢管，无政府主义泛滥，领导机关不敢讲话”。③

---

① 周恩来在中央军委召开的航空产品质量座谈会上的讲话记录，1971 年 12 月 26 日。

② 《周恩来选集》下卷，人民出版社 1984 年 11 月版，第 463 页。

③ 周恩来在广州接见广东省党政军负责人和参加广州中国出口商品交易会的有关部门、单位代表时的讲话记录，1972 年 4 月 9 日。

和过去一样，周恩来没有直接触及“文化大革命”的根本性错误，但他反复指出的正是几年来“文化大革命”中暴露出的严重问题。这些问题产生的原因是共同的，即极左思潮的突出表现——无政府主义泛滥的结果。

从一九七一年底到一九七二年上半年，随着批林整风运动的深入，周恩来领导的批判极左思潮的斗争全面展开。除了落实党的干部政策和经济政策外，周恩来还指导在文艺、卫生、体育等领域内加紧肃清极左思潮的影响，指出：“极左思潮不肃清，破坏艺术质量的提高”①；“现在要提倡毛泽东思想指引下的百花齐放”。他号召为革命苦练本领，培养人才，为国争光。

在周恩来领导下，各地各系统联系实际批判林彪的过程，已成为批判极左思潮、恢复党和国家正常工作的过程。这必然引起江青集团的强烈不满和反对。和林彪集团一样，江青集团也是“文化大革命”的产物。林彪集团的覆灭，对江青集团来说，消除了一个争夺权力的对手；但随后在周恩来指导下的对极左思潮的批判，又造成对这个集团的新的威胁。在江青一伙眼里，“批极左思潮就是批文化大革命”。② 一九七二年初，张春桥对根据周恩来整顿企业的意见制定的《全国计划会议纪要》百般刁难，阻挠下发。这还只是围绕批判极左思潮而引发的一场愈来愈激烈的斗争的“序曲”。

一九七二年下半年，是周恩来领导的批判极左思潮斗争向纵深发展的时期。在这以前，批判极左思潮已经取得一定成效。但是，就广大干部群众来说，仍存在不少疑虑。例如，在联系实际

① 《周恩来选集》下卷，人民出版社 1984 年 11 月版，第 471—472 页。

② 王洪文在中央政治局召集的解决山西问题的会议上的插话，1974 年 3 月 18 日。

批判林彪的过程中，一方面强调应该肯定和恢复“文化大革命”前许多合理的、正确的东西；另一方面，又要求从指导思想上肯定“文化大革命”的必要性，继续批判所谓“反革命修正主义路线”。这就不能不在实际工作中出现种种自相矛盾的情况，使人无所适从。

正是在这种情况下，周恩来把进一步批透极左思潮的要求提到更加突出的地位。

八月一日、二日，周恩来连续两天在人民大会堂向回国述职大使和外事、宣传单位负责人作长篇报告，系统阐述对国际形势、内外政策、批林整风、政治与业务关系等问题的看法。报告的内容，贯穿着“要批透极左思潮”这一鲜明主题。他说：“极左思潮是有世界性的。中国也有极左思潮，在我们鼻子下面也有嘛，外交部也有，驻外使领馆也有。”“实际上各单位的极左思潮都是林彪放纵起来的”，“就是空洞，极端，形式主义，空喊无产阶级政治挂帅，很抽象，这是违反毛泽东思想的”。“关于这个问题，如果我们不好好做工作，还要犯错误。”“如果在驻外使领馆现在还有人搞极左，就把他们调回来学习，不要妨碍我们的对外工作。”又说：“运动就是要落实在政策和业务上。无产阶级的政治挂帅‘挂’在什么地方呢？就是要挂在业务上。”“如果真正考察一个干部，说这个干部运动好，但业务不好，说明还没有落实。”他还强调：“各部门应该把老干部解放出来。”①

周恩来的这篇讲话，揭示了极左思潮的重要特征和危害。它在干部、群众中广泛地转抄和流传，不仅对外事工作，对其他方面工作中反对极左思潮也产生了重要影响。

周恩来还从“文化大革命”的重灾区教育界、科技界入手，

---

① 周恩来接见回国述职大使和外事单位负责同志谈话纪要，1972 年 8 月 1、2 日。

帮助这些部门排除干扰，尽快恢复正常工作。

这一年七月初，周恩来会见美籍科学家杨振宁时谈到：你说我们基础科学理论太贫乏了，而且也不同国外交流，恐怕这话有道理，你是看到我们的毛病了。你有好的意见我们应该听取，不要还是自高自大，听不进你提的意见，或者听了当耳边风就更危险。① 七月十四日，周恩来又叮嘱陪同他再次会见杨振宁等的北京大学负责人周培源："你回去要把北大理科办好，把基础理论水平提高。这是我交给你的任务。有什么障碍要扫除，有什么钉子要拔掉。"②

过了一个星期，周培源致信周恩来，说在北大传达周总理的讲话后，广大教师心情激动，深感党中央的关怀。信里也反映了许多教师仍然存在的顾虑，主要是觉得搞"科研工作反复性很大，一会儿这样，一会儿那样"，"来一次运动首先受到冲击的是基础理论研究"；造成"老中教师普遍的思想情况是不愿搞也怕搞基本理论研究"，"怕挨'理论脱离实际'的批评"。③ 这封信真实地反映出在极左思潮影响下，广大知识分子欲罢不忍、欲教不成的痛苦心情。这正是周恩来前面指出的"障碍"所在。七月二十三日，周恩来就周培源来信事批告国务院科教组和中国科学院负责人，要求他们以这封信"作依据"，将这个问题"在科教组和科学院好好议一下，并要认真实施，不要如浮云一样，过了就忘了"。④

九月初，周恩来在接见巴基斯坦总统科学顾问萨拉姆时，再次谈到加强科学理论研究的重要性，说：现在这方面我们做得很差，不仅在原子能方面，就是一般科学也是如此。一句话，许多

---

① 周恩来会见美籍中国物理学家杨振宁谈话记录，1972 年 7 月 2 日。

② 周培源：《学习周总理的革命精神》，《北京日报》，1977 年 1 月 6 日。

③ 《周恩来教育文选》，教育科学出版社 1984 年 10 月版，第 259 页。

④ 《周恩来教育文选》，教育科学出版社 1984 年 10 月版，第 236 页。

经验，没有理论，忽视理论，这是我最不满意的。① 他随即写信给张文裕、朱光亚等十八名科学家，强调："这件事不能再延迟了。科学院必须把基础科学和理论研究抓起来，同时又要把理论研究与科学实验结合起来。"②

周恩来向美籍学者李政道表示："对学习社会科学理论或自然科学理论有发展前途的青年，中学毕业后，不需要专门劳动两年，可以直接上大学"；"我们总要有一批大学培养的研究人才出来"。③这是"文化大革命"以来许多人一直想说而不敢说的话，对培养国家建设所必需的人才有着重要意义。李政道后来回忆说：这是我第一次同周恩来长谈。看得出，周恩来当时对基础科学（包括基础理论和基础实验）非常重视，并且十分注意国内外这方面的动态和进展，对我所提的有关建议也很关心。④

十月六日，根据周恩来一系列指示精神，周培源在《光明日报》发表题为《对综合大学理科教育革命的一些看法》的文章，提出："工和理、应用和理论都必须受到重视，不能偏废"；"要批判'理论无用'的错误思想"，"充分认识到科学实验和自然科学理论的重大意义"；"在学校中，基础课的教学工作一定要做好，综合大学理科要对基本理论的研究给予足够的重视"。⑤ 这篇冲破江青集团设置的重重阻力的文章的发表，使得"文化大革命"以来备受压抑的教育、科研部门的广大知识分子受到很大鼓舞；同时，也立刻遭到江青一伙的反扑。

张春桥、姚文元等公然宣称："不管周培源来头多大"，都要进行追查和反击；"那些口口声声说要重视基础理论的人，其实最不懂得马克思主义"。江青一伙在北大的一个亲信直言不讳地

① 周恩来会见巴基斯坦总统科学顾问萨拉姆时的谈话记录，1972 年 9 月 5 日。
②③ 《周恩来选集》下卷，人民出版社 1984 年 11 月版，第 473、473—474 页。
④ 访问李政道谈话记录，1985 年 6 月 6 日。
⑤ 《光明日报》，1972 年 10 月 6 日。

说："他们要拔掉钉子，就是要拔掉我们。"① 张春桥、姚文元还指使《文汇报》连续刊登反驳文章，对周培源的论点进行"批判"。

自从八月间周恩来提出"要批透极左思潮"的意见以来，江青集团已多次向主持中央日常工作的周恩来发难。九月底，周恩来主持起草"两报一刊"国庆社论稿，其中写到应该继续"批判极左思潮"。但是，主管宣传工作的姚文元却两次勾去社论稿中"批判极左思潮"的字样。十月初，《人民日报》头版发表的一篇报道中，再次出现肃清"极左思潮影响"的提法，又引起江青一伙的不满，布置追查"稿子是怎么来的"。② 这样，在批判极左思潮问题上，周恩来同江青一伙的对立和斗争实际已经明朗化。

十月中旬，根据周恩来有关批判极左思潮的意见，《人民日报》组织了一整版理论文章，揭露和批判极左思潮的突出表现——无政府主义。这是林彪事件后，党中央报纸上第一次集中地发表批判极左思潮的文章。文章以大量事实，尖锐地批驳"文化大革命"以来盛行的"打倒一切"、"砸烂一切"和"群众运动天然合理"等谬论；并提醒人们：尽管林彪一伙"已被扫进历史的垃圾堆，但是他们煽起的无政府主义思潮还会'采取稍微新一点的形式，披上前所未见的外衣，或作前所未见的装扮，重新表现出来'"。③

早就对批判极左思潮极为不满的江青一伙，当然不能容忍报刊宣传如此公开地同"文化大革命"唱"反调"，决意"刹住"这股"修正主义回潮"。姚文元看了《人民日报》批判无政府主

① 周培源：《学习周总理的革命精神》，《北京日报》，1977 年 1 月 6 日。

② 李庄：《人民日报风雨四十年》，人民日报出版社 1993 年 9 月版，第 274 页。

③ 龙岩：《无政府主义是假马克思主义骗子的反革命工具——学习笔记》，《人民日报》，1972 年 10 月 14 日。

义的文章后立刻提出："当前要警惕的是右倾思潮抬头"，"不能说什么都是无政府主义，不要批到群众头上，不要混淆两类矛盾"。① 江青直截了当地指责道：这些文章"就是要在全国转移斗争大方向"。他们还一再追查组织批极左文章的"背景"。经张春桥、姚文元授意，《文汇报》内部刊物《文汇情况》连续登载批驳文章，旁敲侧击，反对否定"群众运动"；江青一伙的追随者在《人民日报》社内也大搞"反右倾回潮"。

直到十一月间，周恩来仍然坚持批判极左思潮的意见。十一月二十八日，中联部、外交部在写给周恩来的请示报告中提出：鉴于林彪反党集团煽动的极左思潮在外事部门还没有得到彻底的批判和肃清，准备召开一次全国外事工作会议，彻底批判极左思潮和无政府主义，以便更好地贯彻执行毛主席的革命外交路线。三十日，周恩来批示同意这个报告。这件事遭到江青一伙的竭力反对。周恩来批示的第二天，张春桥便在送"总理再阅"的批语中质问："当前的主要问题是否仍然是极左思潮？批林是否就是批极左和无政府主义？我正在考虑。"江青也在报告上批道：当前应批林彪卖国贼的"极右"，"同时也应着重讲一下无产阶级文化大革命的胜利"。②

鉴于党内高层对全国外事工作会议主题存在着尖锐的意见分歧，十二月三日，周恩来主持中央政治局会议对这件事进行讨论。根据政治局讨论的意见，外交部在修改时删去了原来报告中批判极左思潮和无政府主义的词句。但是，修改后的报告仍强调：会议"主要学习毛主席最近一两年来关于对外工作的批示"、"总理今年八月一、二日接见驻外使节的谈话（纪要）"。次日，

---

① 姚文元对《人民日报》负责人的谈话，1972 年 11 月 14 日。

② 周恩来、张春桥、江青对中联部、外交部《关于召开外事会议的请示报告》的批示，1972 年 11 月 30 日，12 月 1 日、4 日。

周恩来批示同意外交部修改后的报告。①

后来召开的全国外事工作会议尽管避开使用批判“极左思潮”和“无政府主义”的提法，它的基调依然是按毛泽东、周恩来关于反对强加于人和大国主义的指示精神，清理和批判了近些年来在归侨、侨眷、口岸、接待、宣传工作中的种种错误认识和极端做法，并提出今后继续清除极左影响的各项规定。

这是周恩来常常采取的斗争方式。他不愿把更多的时间和精力花在字面的争论上，而注重实效。他十分清楚，如果就某些提法同江青等人争论下去，不仅未必能解决问题，相反还有可能把事情闹大，导致事与愿违，使本来能够解决的问题也变得困难重重。与其如此，不如采取迂回的做法，在形式上作些让步，以求达到原定的目标。以后事情的发展，证明周恩来的这种考虑是有苦心的，也是有理由的。

这时却发生了一件意外的事情。

十二月五日，人民日报社一位负责人出于对江青等人反“右倾回潮”的不满，致信毛泽东，表示“很同意”周恩来不久前关于人民日报社等单位要批透极左思潮的意见，认为批极左不仅适合于机关内部的实际情况，在舆论宣传方面也同样适用。信中还反映了张春桥、姚文元反对批极左的情况。

在指导思想上仍继续坚持“文化大革命”错误理论和实践的毛泽东，这时不可能赞同周恩来批判极左思潮的主张。十二月十七日，毛泽东在同张春桥、姚文元的谈话中，明确表示不同意那封来信中的观点，主张对极左思潮应当“少批一点”，当前主要应该批林彪的修正主义、分裂、阴谋诡计、叛党叛国的“极右”。这是毛泽东担心批极左将导致从根本上否定“文化大革命”而得

① 周恩来对修改后的中联部、外交部《关于召开外事会议的请示报告》的批示，1972年12月4日。

出的结论。

毛泽东的结论，使“九一三”以来周恩来领导的批判极左思潮的斗争难以公开继续下去。早就对周恩来极为不满的江青一伙，变得更加有恃无恐。十二月十九日，周恩来召集人民日报社领导成员开会，传达两天前毛泽东的谈话要点。趾高气扬的江青、张春桥、姚文元也到会。会上，周恩来在不得不批评报社负责人的同时，又自己承担起责任来。他说：这是中央务虚不够，不能完全责备报社工作的同志。江青等人却穷追不舍，无限上纲，指责人民日报社有“一股力量，一股邪气”作怪，声称要“把邪气压下去”。[①] 从这以后，江青一伙完全排除了周恩来对人民日报社的领导，“批判极左思潮”的提法也从各种宣传中消失了，取而代之的是批判林彪的“反革命的修正主义路线”的“极右实质”。一九七三年元旦，“两报一刊”联合发表的社论提出：要始终把批判的矛头对准林彪一伙，“牢牢掌握这个斗争的大方向”。[②] 就是说，在今后只能批判林彪，不许涉及其他。

虽然形势发生了急遽变化，但周恩来领导的批判极左思潮的斗争，实际上仍在以含蓄的、迂回的方式继续进行着。尤其在落实干部政策和经济政策方面，周恩来进行着坚韧不拔的努力。对斗争的方式，他也比过去更注意了。

一九七二年十二月十八日，毛泽东将一封反映狱中监管人员虐待在押人员的来信批给周恩来，提出“应一律废除”法西斯式的审查方式。接到这个批件后，周恩来立刻要求公安部会同北京卫戍区，将他在国务院提出过的清查北京监狱待遇的问题，在年

---

① 李庄：《人民日报风雨四十年》，人民日报出版社 1993 年 9 月版，第 274 页。

② 《人民日报》、《红旗》、《解放军报》社论：《新年献词》，《人民日报》，1973 年 1 月 1 日。

内再作一次彻底清查。他提出：凡属法西斯式的审查方式和虐待、殴打都需列举出来，再一次宣布废除，如有犯者，当依法惩治，更容许犯人控诉。① 一九七三年一月初，周恩来审阅公安部门的检查报告时，批示同意将北京秦城监狱收归公安部直辖，要求该监狱“在一个月整顿好，并定出新的规章，严格遵守”。② 考虑到监狱在押人员中有很多病老体弱者，他建议卫生部门从医院拨出一定数量的床位，以便随时接收在押人员入院治疗。

同一天，周恩来致信负责干部工作的纪登奎、汪东兴两人，指出：当年“大闹怀仁堂”一事，“是林彪故意造成打倒一批老同志的局势所激成的”；谭震林“还是好同志，应该让他回来”。③ 这样，作为“二月逆流”代表人物的谭震林被安排从外地回京治病。周恩来还就王稼祥表示愿做一点工作的来信，向毛泽东建议：“稼祥同志可以做外事调研工作。”这个建议得到毛泽东的同意。④

在这前后，周恩来还批准将李葆华、廖志高、张学铭等释放就医，并亲自到医院看望李井泉、欧阳钦等。对“九一三”事件后已经“解放”的老干部，周恩来强调应该让他们参加领导班子，发挥他们的应有作用。

一九七三年三月，在周恩来主持下，中央政治局会议研究关于落实干部政策和干部处理问题。会后，根据周恩来的意图，由纪登奎、李德生、汪东兴等会同有关部门提出一个“先易后难”的方案，经政治局讨论并报毛泽东批准。⑤ 这是在解决干部问题

---

① 《周恩来选集》下卷，人民出版社 1984 年 11 月版，第 456—457 页。

② 周恩来审阅公安部《关于贯彻执行毛主席对监管工作重要指示的报告》时写的批语，1973 年 1 月 8 日，手稿。

③ 《周恩来书信选集》，中央文献出版社 1988 年 1 月版，第 620 页。

④ 周恩来就王稼祥来信一事致毛泽东的信，1972 年 12 月 18 日，手稿。

⑤ 周恩来就中央政治局会议情况写给毛泽东的报告，1973 年 3 月 10 日，手稿。

上的重大突破，可以避免因为少数争议较大的“疑难”案件而把许多“查无实据”、仍迟迟得不到“解放”的干部一起拖住，实际上是一次有步骤地“解放”大批在“文化大革命”中遭受打击迫害的老干部的开始。

也就在这个时候，根据毛泽东的批示，中共中央决定恢复邓小平的党的组织生活和国务院副总理职务。这件事，成为这一时期加紧落实党的干部政策中最重要的事情，对后来产生了意义深远的影响。

在经济工作方面，周恩来也采取了一系列重要步骤。同年二月二十六日，周恩来召集国务院业务组会议，听取国家计委关于本年度计划和《关于坚持统一计划、加强经济管理的规定》起草情况的汇报。这两个文件，都是准备拿到正在召开的全国计划会议上讨论的。在汇报会上，周恩来历数几年来无政府主义在企业中的种种表现，尖锐地批评它给国民经济带来的严重后果，指出：“一九六九年以后，在经济管理上瞎指挥盛行。南昌把飞机厂最好的工人下放了。景德镇陶瓷窑也给炸了。林彪一伙一直破坏到‘九一三’，影响到一九七三年，恶果逐步暴露出来了。”“一定要批透，把破坏性后果消除掉。”他同时还强调，要把“整顿的方针”写清楚，要贯彻按劳分配的原则，克服平均主义倾向，实行必要的奖励制度。①

遵照周恩来的指示，国家计委将重新修改后的《关于坚持统一计划、加强经济管理的规定》提交计划会议讨论，进一步征求意见。这个文件，和一九七二年全国计划会议纪要相似，仍以纠正生产管理中普遍存在的无政府主义倾向作为指导思想，明确地提出加强统一计划和整顿企业管理的十条规定，其中特别强调：要反对各行其是，要严格各项规章制度，加强劳动纪律，遵守党

① 《周恩来选集》下卷，人民出版社 1984 年 11 月版，第 463—464 页。

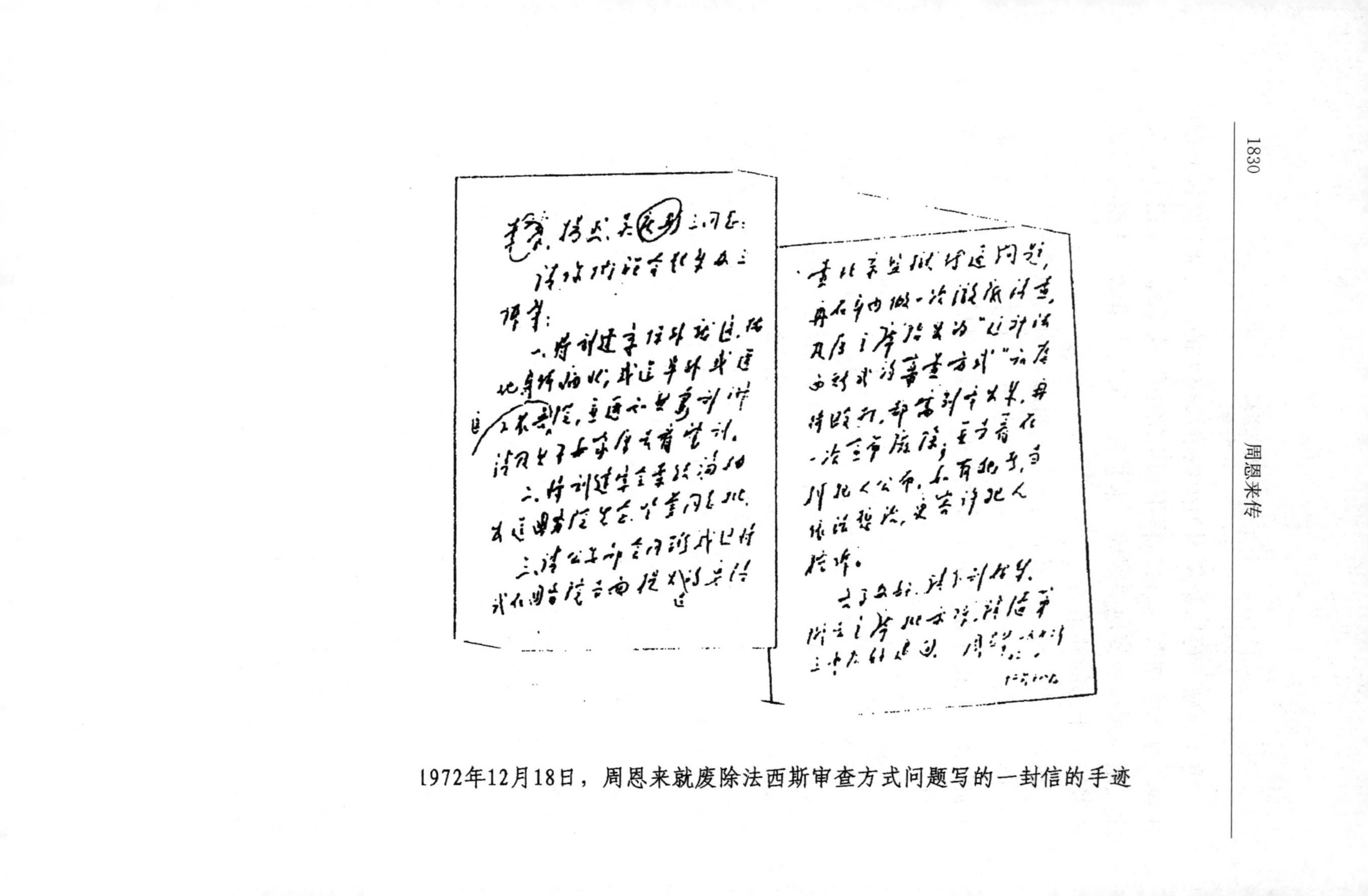

1972年12月18日，周恩来就废除法西斯审查方式问题写的一封信的手迹

纪国法，坚持按劳分配原则，等等。《规定》还重申政治挂帅要挂到业务上的观点。会议期间，全国绝大多数省、市、自治区的代表赞成这个《规定》，只有张春桥、姚文元直接控制下的上海的代表反对。张春桥宣称：这是“拿多数压我们，我坚决反对。我们是光荣的孤立”。他甚至要求将下发的《规定》稿收回。

尽管周恩来关于计划工作的讲话和有关文件中并没有出现批判“极左思潮”的提法，但它的针对性十分清楚。这是江青一伙决不能容忍的。在他们看来，“文化大革命”前的一切事情，包括被实践证明行之有效的那些规章制度，必须全盘否定。张春桥在这次计划会议上的蛮横态度，也反映出江青集团此时日益嚣张的气焰。

甚至在公开场合，江青一伙也向周恩来发难。这年一月，江青、张春桥当众批驳周恩来赞同的关于“文化大革命”以来电影文化工作不能满足群众需要的观点，并攻击持有这种观点的人是“别有用心”。① 周恩来以对建国以来的文艺作品不应一概否定来反驳。

这些事实说明：党内高层在批判极左思潮问题上的较量，仍在继续进行着。

就在这时，中国共产党第十次全国代表大会的各项准备工作开始了。

中共十大是以总结九大以来的工作、特别是总结林彪事件为主题的一次会议。一九七三年五月，周恩来开始主持筹备中共第十次全国代表大会的各项工作。在这期间，毛泽东提出要注意抓路线、抓上层建筑、抓意识形态和要批判孔子的意见。七月，毛

① 中共中央政治局成员接见电影、戏剧、音乐等文艺工作者代表时的讲话记录，1973 年 1 月 1 日。

泽东批评周恩来主管的外交工作，用很严厉的词句提出："结论是四句话：大事不讨论，小事天天送。此调不改动，势必搞修正。"① 周恩来自然明白这四句话包含的分量。这些情况表明，毛泽东仍然十分担心"文化大革命"的理论和实践能否坚持下去，担心党和国家今后会不会出"修正主义"的问题。毛泽东的认识，不能不支配着中共第十次全国代表大会的指导方针。

八月二十三日，中共十大召开前夕，周恩来在中共中央政治局召集的中央和地方党政军负责人协商中央领导机构成员的会议上说：（十大）政治报告署了我的名字，但报告不是我写的，是张春桥按照毛主席的思想、路线起草的，经毛主席看过。报告是毛主席的思想，主席要我作报告。他还说明，自一九七一年林彪事件后，毛主席多次表示要培养工人出身的王洪文做中央领导工作，我们应根据这一精神，重视选拔青年干部，不能看不起"儿童团"。我年纪大了，但我还是要为党鞠躬尽瘁的，我们是立党为公，不是立党为私。②

周恩来依然从党和国家的大局来考虑面对的各种问题。对个人的利害得失，他一向是弃之不顾的。在一次政治局会议上，周恩来当场拒绝了江青提出将"儒法斗争"写入党的十大报告的主张，但他的话说得很委婉，认为对这个问题"还需要消化一段时间"。③

八月二十四日，中国共产党第十次全国代表大会开幕。周恩来代表中共中央作政治报告。这个由张春桥起草的报告批判了林彪反革命集团的罪行，但仍肯定中共九大的政治路线和组织路

---

① 毛泽东同张春桥、王洪文的谈话记录，1973 年 7 月 4 日。

② 周恩来在中共中央政治局召集的各省、市、自治区和中央党、政、军机关负责人会议上的讲话记录，1973 年 8 月 23 日。

③ 周恩来在有国务院各部、委负责人出席的全体会议上的讲话记录，1975 年 2 月 1 日。

线。在大会通过的新党章里，也重申“文化大革命”理论与实践的正确性，并规定“这样的革命，今后还要进行多次”。周恩来当选为新一届中央委员会委员。一批在“文化大革命”中被打倒和受到迫害的老干部，包括邓小平、王稼祥、乌兰夫、李井泉、谭震林、廖承志等，也被选为中央委员。与此同时，江青集团的一批骨干分子也进入中央委员会。

八月三十日，中共十届一中全会选出中央领导机构。毛泽东继续当选为中央委员会主席，周恩来、王洪文、康生、叶剑英、李德生当选为中央委员会副主席。江青、张春桥、姚文元仍进入中央政治局，张春桥成为政治局常委。从此，江青、张春桥、姚文元、王洪文形成在政治局内的“四人帮”。党的领导集团内部的斗争更加复杂和激烈。

中共十大以后，江青一伙操纵宣传舆论工具，开始大搞“评法批儒”，大谈儒法斗争的“现实意义”。他们还在文艺、教育等领域大张旗鼓地批判所谓“回潮”、“复辟”、“翻案”，回击所谓“否定无产阶级文化大革命”及其他“新生事物”的“代表人物”。江青等甚至多次直接把矛头对准周恩来。周恩来据理驳斥了江青一伙的无端挑衅。

这年十一月底、十二月初，毛泽东听取有关人员的汇报，认为周恩来、叶剑英在中美会谈中讲了错话。中央政治局会议错误地批评周恩来、叶剑英的所谓“右倾错误”。会上，江青、姚文元别有用心地提出这是“第十一次路线斗争”，污蔑周恩来是“错误路线的头子”，是“迫不及待”地要取代毛泽东。会后，江青还向毛泽东建议增补她和姚文元为中央政治局常委。十二月九日，毛泽东在了解中央政治局会议情况后，先后同周恩来、王洪文等谈话，肯定了对周恩来的批评；同时又指出：就是有人讲错了两句话。一个是讲“十一次路线斗争”，不应该那么讲，实际上也不是；一个是讲总理“迫不及待”，他（周恩来）不是迫不及待，她（江青）自己才是迫不及待。对江青所提增补政治局常委的意见，毛泽东明确地表示：“不要。”

十一月二十八日，周恩来按原定计划会见日本友人冈崎嘉平太。冈崎在当天的日记中写道：在人民大会堂同周总理进行的一小时的会见中发现，“总理消瘦，显得疲惫……”①

周恩来的处境更加困难了。林彪事件后他所领导的批判极左思潮、初步纠正“文化大革命”中错误的斗争，被迫中断。

① ［日］冈崎嘉平太：《我的人生之师》，《怀念周恩来》，人民出版社 1986 年 1 月版，第 484 页。

七十一、打开外交新局面

粉碎林彪集团后，在“文化大革命”仍在继续进行的混乱日子里，最使周恩来感到欣慰的，是中国的对外关系打开了新局面，特别是恢复了中国在联合国的合法席位、尼克松访华和中日恢复邦交。这三件在一九七一年十月到一九七二年九月间相继发生的大事，对国际关系新格局的形成，产生了巨大而深远的影响，是中国对外关系的重大突破。

“文化大革命”开始后，中国的外交活动几乎陷于停顿状态。一九六九年六月十日下午，到任不久的巴基斯坦驻华大使卡·穆·凯瑟，在人民大会堂江苏厅受到周恩来的接见。凯瑟大使转交了叶海亚总统的一封信，邀请周总理访问巴基斯坦。周恩来回答：已经有好几个国家向我提出什么时候能出国访问，但由于我们国内事情很忙，目前还不能出访。许多友好国家都谅解我们。关于访巴时间，国庆节前不可能，今年冬天有没有可能现在也难说。今年恐怕定不下来。如果（今年）要出国访问，将首先到你们那里去。①

周恩来上一次访问巴基斯坦，还是在三年前“文化大革命”

① 周恩来接见巴基斯坦驻华大使凯瑟谈话记录，1969 年 6 月 10 日。

发动之初。三年来，作为举世公认的杰出外交家，他却不曾迈出国门一步。来华访问的外国领导人也大大减少。就是一九六九年这一年内，周恩来除为吊唁老战友胡志明而去河内半天外，仍没有能安排一次正式出访。

尽管处在这种极不正常的状况下，周恩来仍时刻关注着世界风云的变幻，有远见地从事一些重新发展对外关系的准备工作：整顿外事队伍，保存并培养外语人才，思考国际战略的重大问题。

中国的驻外使节，在一九六七年初召回后，一直没有再派出。除保留驻埃及大使黄华外，在其他国家都处于空缺状态。为了改变这种状况，周恩来抓住九大后国内政局相对稳定的时机，在接见凯瑟大使之前，派遣耿飙、王幼平、黄镇等分别前往阿尔巴尼亚、越南、法兰西等国。这是“文化大革命”以来第一批任命或重新出国的驻外大使。在不到两个月时间里，先后安排了十几名驻外大使回任或到任。六月四日，周恩来在接见耿飙等即将赴任的大使时，对未来充满信心地说：形势是乐观的，但要准备有曲折。外交工作要有主动性，使馆要把调查研究工作作为重要任务，做到“心中有全局，手中有典型”。要教育外交人员谦虚、谨慎、朴素，不亢不卑。由于“文化大革命”中一些驻外机构受到极左思潮泛滥的影响，在对外宣传工作中采取了一些强加于人的做法，周恩来特别强调要善于做对外宣传，要慎之又慎。①

外语专业人才的培养，不是短时间内能见成效的。所以，即使在那些困难的日子里，周恩来仍一直考虑到将来对外交往发展的需要，关注着这个问题。原国务院外事办公室副秘书长马列回忆：

一九六九年，国务院的几个办，包括外办都被撤

① 周恩来在接见即将赴任的部分驻外大使时的谈话记录，1969 年 6 月 4 日。

> 销，这些机构的工作人员被下放到“五七”干校劳动。我没有下去，受总理的委托负责几所外语院校大学毕业生的管理工作。当时中央所属的和重点大学的外语系共有四十多个语种的毕业生和在校生六千多人。总理当时看得很远，想得很深。考虑到将来对外事务的发展，他指示绝对不能让这批外语人才毕业散掉，要先将他们集中管起来等待分配。大学毕业生当时都要接受工农兵的再教育，我就同总参联系，先由部队农场接收下来，边劳动，边接受再教育。总理还一再关照不要荒废这批学生的外语学习，要求安排外语天天读的时间，最后建立了半日劳动、半日学习的制度。①

与此同时，周恩来还提出应该“酌情使用”被认为有这样或那样“问题”的老翻译人员，同意有关部门从全国外语院校一九六六届毕业生和一九六四年外派留学生中选调一批人到外交部工作。他指示外交部会同中共中央联络部、外文局、对外经委和外贸部等，对中央各部门的外事、翻译人员进行调查登记，提出加强管理的办法。

一九七〇年十一月间，周恩来连续五次就外语教学问题同北京外语院校有关负责人和教师代表座谈，指出：现在我们对外口头和文字上的宣传，同中国在国际上的地位和影响实在相差得太远了！外语教学首先要从师资抓起，按照外语教学规律，进行实事求是的研究改进。又说：培养造就高质量的外语人才必须苦练基本功，包括政治思想、语言本身和各种文化知识。否则便是误人子弟。② 同年，周恩来指示北京外国语学院恢复招生。第二年

---

① 马列：《当翻译卡壳的时候》，《周恩来和他的秘书们》，中国广播电视出版社1993年3月版，第237页。

② 《周恩来选集》下卷，人民出版社1984年11月版，第468—470页。

六月，他亲自批准该院招收八百名新生的计划。

更重要的是，中共中央也好，周恩来也好，这时需要对整个国际局势作出冷静而客观的判断。

正确地估量国际形势，本来是党制定外交工作方针和战略策略的基础。然而，在党的九大前后，全国上下到处被“准备打仗”的气氛所笼罩，不能用冷静、客观的头脑来分析世界大势。在这种情况下，周恩来按照毛泽东的意图，把研究国际问题的任务交给原来处在“靠边站”地位的四位老帅：陈毅、叶剑英、徐向前、聂荣臻，组成由陈毅负责的“国际问题研究小组”。周恩来向他们说明这项任务的极端重要性。他说：主席之所以交待给你们这项任务，是因为主席认为还有继续研究的必要。主席的一贯思想是，主观认识应力求符合客观实际，客观实际不断发展变化，主观认识也应随着发展变化，对原来的看法和结论要及时作出部分的甚至全部的修改，所以你们不要被“框住”。现在国际斗争尖锐复杂，各部门集中力量进行“斗、批、改”，只能应付“门市”；熟悉国际问题的干部大部分尚未解放，我一天到晚忙于处理日常工作，实在挤不出时间过细地考虑天下大事。主席没有让你们回到原岗位，除了“蹲点”，你们可以不受行政事务的干扰，每星期有几天时间专心考虑国际形势。你们都是元帅，都有战略眼光，可以协助主席掌握战略动向，供主席参考。这个任务很重要，不要看轻了。① “有了对某一专题的成熟意见，就可写出书面报告呈阅。”② 不久，根据周恩来的意见，外交部又选派熊向晖、姚广协助四位老帅进行这项工作。

一个月后，由陈毅等四人署名的《对战争形势的初步估计》

---

① 熊向晖：《打开中美关系的前奏——1969 年四位老帅对国际形势的研判和建议》，《历史的注脚》，中共中央党校出版社 1995 年 7 月版，第 177 页。

② 周恩来对陈毅 6 月 1 日关于研究国际形势等问题的来信的批语，1969 年 6 月 2 日，手稿。

的书面报告送给周恩来。报告中详尽分析了“中、美、苏三大力量之间的斗争”，认为针对中国的战争目前还不会轻易发生。从这个根本判断出发，报告勾勒出以中、美、苏三方力量相互制衡的国际战略格局。接到这份报告的第二天，周恩来立刻批告外交部：有关外交类的文件，“应发研究国际问题的四位老同志：叶剑英、陈毅、徐向前、聂荣臻”。①

以后的一段时间里，陈毅等在下放工厂“劳动锻炼”的同时，抱着对党和国家极端负责的态度，从中国和世界的现实出发，就国内外大势提出多篇分析报告。这些报告的基调同九大政治报告特别是林彪等人对形势的看法很不相同，而后来的事实证明，他们的看法是客观的、有远见的。这就为毛泽东和周恩来“掌握战略动向”、制定符合实际情况的外交政策提供了可靠依据。

这些，为不久后打开中国对外关系的新局面做了重要准备。

在进行这些重要准备工作的同时，周恩来在外交工作方面采取了一系列行动，改善同周边国家的关系。

一九六九年秋，在全国上下一派紧张备战气氛中，中苏两国总理在北京机场举行了一次不寻常的会晤。

九月初，越南党和国家最高领导人、周恩来的老战友胡志明主席在河内病逝。四日，周恩来、叶剑英率领中国党政代表团在葬礼前赶到河内吊唁，并在当晚返回北京。这时外电作出分析，周恩来是为了避免同参加九日胡志明葬礼的苏联领导人柯西金会面才这样做的。这种说法是十分肤浅的猜测。事实上，中国一直主张举行中苏外交谈判，解决国家关系中存在的问题。这年初中苏两国在珍宝岛发生军事冲突后，柯西金曾通过载波电话要求同

① 周恩来在一份反映国际问题的材料上的批示，1969 年 7 月 12 日。

中国领导人通话。周恩来在得到毛泽东批准后，告诉他们：苏方有什么话要说，可以通过正式外交途径向中方提出。这实际上是向苏联政府敞开了外交谈判的大门。胡志明葬礼结束后，柯西金通过越方向中方提出希望同周恩来会晤，很快得到中方同意。

九月十一日上午，柯西金飞抵北京机场。中苏两国总理在机场举行了长达三个半小时的会谈。会谈中，双方领导人仍互称“同志”，并致问候。这同珍宝岛冲突以来两国间一直剑拔弩张的敌对状态形成微妙的反差。鉴于苏联方面重兵压境、甚至以实行核打击进行威胁的现实，周恩来开门见山地表明中国决不会在任何压力面前屈服的坚定立场。他说：“你们说，你们要用先发制人的手段来摧毁我们的核基地。如果你们这样做，我们就宣布，这是战争，这是侵略，我们就要坚决抵抗，抵抗到底。”同时，他又重申中国希望通过外交谈判解决边界争端的意愿，恳切地说：“我们现在自己国内的事还搞不过来，为什么要打仗呢？”他主张：中苏两党之间的争论，不应当影响两国的国家关系，不应当妨碍两国国家关系的正常化。两国总理经过坦诚地交换意见，共同达成关于维持边界现状、避免发生新的武装冲突的谅解；并对恢复互派大使、扩大贸易、改善两国间的通车通航及界河航运等旨在缓和两国紧张关系的若干具体事项取得一致意见。①

中苏两国总理会谈和达成的谅解，是六十年代以来中苏关系破裂、尤其是一九六九年因边界武装冲突而使两国关系跌至“谷底”后的一次转变契机。它的直接结果，是同年十月在北京开始举行中苏边界问题谈判。尽管谈判历时多年，成效不大，但毕竟使原来兵戎相见的双方坐到了谈判桌旁。始终关注并指导谈判进程的周恩来一再交代中方代表团：缓和边境紧张局势，解决边界

① 周恩来与柯西金会谈记录，1969 年 9 月 11 日。

问题，恢复睦邻关系，这就是我们的方针。①

从这时起，周恩来还比较集中地处理同其他周边国家的关系问题，为修复或稳定中国同这些国家的睦邻友好关系做出一系列的努力。

一九七〇年一月，周恩来致信毛泽东，建议由郭沫若做特使赴尼泊尔参加比兰德拉王太子婚礼；同时，还就近期出访朝鲜等邻国提出初步安排。②

三月十八日，柬埔寨国内发生由美国支持的军事政变，朗诺军事集团乘西哈努克亲王出国访问的机会推翻王国政府，并宣布废黜正在国外的国家元首西哈努克。第二天，西哈努克亲王和夫人一行从莫斯科飞抵北京，周恩来亲自到机场迎接。他当面向西哈努克表示：中国决心支持亲王直到亲王胜利回国。③ 以后，中国政府始终如一地站在以西哈努克亲王为首的柬埔寨民族统一阵线及其领导下的王国民族团结政府一边，并全力支持印度支那“三国四方”（即柬埔寨、老挝、越南南方共和国、越南民主共和国）人民共同开展的抗美救国斗争。

四月上旬，周恩来应邀访问朝鲜。这是他四年来的首次正式出访。在朝期间，周恩来同金日成等朝鲜党政领导人就国际及亚洲地区局势、中朝两党两国关系等问题广泛交换了意见。

六月下旬，周恩来致电哈蒂妮·苏加诺夫人，对印度尼西亚前总统苏加诺的去世表示哀悼。唁电对领导印尼人民争取民族独立、促进亚非人民团结反帝事业的苏加诺作出很高的评价。④

十一月中旬，巴基斯坦总统叶海亚·汗来华进行国事访问。

---

① 柴成文：《周总理领导我们进行中苏边界问题谈判》，《中共党史重大事件述实》，人民出版社 1993 年 11 月版，第 198 页。

② 周恩来致毛泽东、林彪的信，1970 年 1 月 27 日，手稿。

③ 周恩来与西哈努克会谈记录，1970 年 3 月 22 日。

④ 《人民日报》，1970 年 6 月 28 日。

在同叶海亚总统会谈时，周恩来对中巴两国近十年来的友好合作关系给予充分肯定，并赞扬巴基斯坦在联合国大会上主持正义、要求恢复中华人民共和国在联合国一切合法席位的原则立场。叶海亚表示愿意帮助中美两国接触。在以后打开中美关系大门的过程中，巴基斯坦政府起了特殊重要的作用。

第二年八月，缅甸联邦主席和政府总理奈温来华访问，同周恩来就恢复和发展两国关系问题交换意见。奈温对一九六七年发生的两国关系中的不幸事件表示“深切的遗憾”，并感谢周总理给他机会前来解释两国间可能存在的误会。周恩来坦诚地回答道：当时仰光华侨学生的某些过激行动，“我们也不赞成”；“在那个阶段，极左思潮影响到我们外交部。但我国政府还是要控制这个局势，特别是同缅甸的关系”。① 会谈中，周恩来处处表现出来的理解和尊重缅方的态度，使奈温深受感动。中缅关系从此恢复正常。

在不到两年时间里，中国同相邻的绝大多数国家恢复了友好关系或正常往来，新中国的周边环境比较极左思潮泛滥的一九六七年有了巨大改善。这种局面的形成，使党和国家的领导人能有更多精力用于处理国内的繁杂事务，更为进一步打开新的外交格局创造了十分有利的条件。

在打开外交新格局中，最重要的变化是中美关系开始走上正常化的道路。

长期处于对抗状态的中美关系出现这样戏剧性的转折，是许多人没有料想到的。其实，这是整个国际形势发展变化的结果。那时候，苏联正在咄咄逼人地向外扩展势力，中国又已成为国际上一个不可忽视的重要力量。在美国看来，改善中美关系可以增

① 《周恩来外交文选》，中央文献出版社 1990 年 5 月版，第 483 页。

强它同苏联抗衡的力量。在中国看来，改善中美关系可以适应抗御苏联威胁的需要，有助于逐步解决台湾问题，也便于扩大中国的国际交往。但是，要实现这一点是十分不容易的。

一九六九年十二月三日，在波兰首都华沙文化宫举办的南斯拉夫时装表演会上，美国驻波兰大使斯托塞尔看到中国使馆人员离席，便尾随跟出，试图同他们搭话。不料中国官员却走出会场，坐进轿车，准备离开。美国大使情急中不顾外交礼仪，一把拉住其中的翻译，用波兰语说：他得到华盛顿的指示，准备恢复同中国大使馆的联系。中方翻译有礼貌地答应代为转达后，便匆匆离去。

事情发生在华沙，并不是偶然的。长期以来，华沙一直是中美两国进行官方正式接触的地方。一九五八年九月中美大使级会谈就在这里举行。一九六七年三月，已经进行了一百三十多次的中美大使级会谈暂告中止，中美官方接触的渠道也随即中断。尼克松就任美国总统以来，美国开始调整对华政策，向中国方面发出一系列“信息”，表示愿意同中国对话，并多次声明将把改善美中关系作为美国政府的外交目标之一。中苏两国总理的北京机场会晤以及随后举行的中苏边界问题谈判，更促使美方下决心加快美中接触的步伐。正是在这种情况下，发生了美国大使追赶中国外交官的一幕。

周恩来当天晚上看到发自中国驻波兰大使馆的电文，立刻报告毛泽东：“找着门道了，可以敲门了，拿到敲门砖了。”① 在这以前，毛泽东和周恩来早已敏锐地察觉到尼克松发出的一系列值得注意的信号，包括美国政府宣布放宽对华贸易限制、反对苏联方面提出的旨在孤立中国的建议、下令停止美驱逐舰到台湾海峡

① 耿飙：《周恩来是新中国外交的创始人和奠基者》，《研究周恩来——外交思想与实践》，世界知识出版社 1989 年 9 月版，第 15 页。

巡逻等。十一月十六日，周恩来致信毛泽东："尼克松、基辛格的动向可以注意。"① 十二月四日，周恩来批准外交部关于释放两名乘游艇进入中国海域的美国人的报告，并通知美国驻波兰大使斯托塞尔。这也是发出的一个回应信号。几天以后，斯托塞尔应邀到中国驻波兰大使馆同中国代办雷阳会晤，成为第一个进入新中国驻外使馆的美国大使。十二日，周恩来将有关中美华沙会晤的三份电文转报毛泽东，提出：中美接触一事，"拟搁一下看看各方反应，再定如何回答"。② 同日，周恩来接见巴基斯坦驻华大使凯瑟时要他转告叶海亚：尼克松如果要同中方接触，尽可利用官方渠道。③ 十二月底，经过毛泽东、周恩来反复考虑，终于批准恢复中断了近三年的中美华沙会谈。

一九六九年，成为毛泽东和周恩来筹划新的外交战略、进而逐步实现中美两国关系正常化的一个"转折点"。④

重新恢复的中美大使级会谈定于一九七〇年一月二十日在华沙举行。会谈前，周恩来逐字逐句地审阅修改中方的发言稿，并且注明：在我方发言后，美方如重提美与台湾有条约关系，我应以"美蒋条约"是全中国人民所不承认作答；美方如询更高级会谈或其他途径何所指，可答以美国政府如对此感兴趣，可提出方案，也可在大使级会谈中双方商定出方案。⑤

台湾问题一直是中美会谈的关键所在。恰当地处理这个问题，是实现中美关系正常化的前提，是无法回避的实质问题。周

---

① 周恩来致毛泽东的信，1969 年 11 月 16 日，手稿。

② 周恩来就转报中国驻波兰临时代办雷阳会见美国驻波兰大使的材料写给毛泽东的信，1969 年 12 月 12 日，手稿。

③ 周恩来接见巴基斯坦驻华大使凯瑟谈话记录，1969 年 12 月 12 日。

④ 周恩来会见美国专栏作家约瑟夫·艾尔索普夫妇谈话记录，1972 年 11 月 27 日。

⑤ 周恩来修改外交部致雷阳代办电稿及第 135 次中美华沙大使级会谈中方发言稿时加的话，1970 年 1 月 15 日，手稿。

恩来认为有必要向美方特别是尼克松本人表明中方的这一立场。当考虑恢复中美华沙会谈的时候，他就对帮助实现中美接触的巴基斯坦大使表示：当前国际事务错综复杂，中美之间的关系也在变化。对美关系，中国的立场一是和平共处五项原则，一是美国一切武装力量从台湾和台湾海峡地区撤出去。感谢叶海亚总统把中国的这一立场说得很清楚。① 二月中旬，经过周恩来主持的政治局会议讨论修改的华沙会谈中方发言稿中又提出："如果美国政府愿意派部长级的代表或美国总统的特使到北京进一步探讨中美关系中的根本问题，中国政府愿予接待。"② 这里说的"中美关系中的根本问题"，主要是指台湾问题。

不久，巴基斯坦方面传来美方口信：尼克松准备开辟一条白宫通向北京的直接渠道，以便在绝对保密的情况下，"保证完全的自由的决断"。周恩来一看就明白了。他阅后批道："尼克松想采取对巴黎谈判（指关于越南问题的巴黎谈判——编者注）办法，由基辛格秘密接触。"③

这以后，事情发生了一些波折：因为美国支持柬埔寨朗诺集团发动政变，推翻西哈努克亲王领导的王国政府，美国军队入侵柬埔寨，激起印度支那三国人民抗美救国斗争的高潮。为了支持印度支那三国人民，中国方面连续两次推迟中美华沙会谈。六月底，尼克松政府被迫决定把美国军队撤出柬埔寨。同年十一月初，周恩来再次对外谈到中美关系问题。

十一月五日，周恩来会见美国友人斯诺，更加明确地提出："中美谈判从一九五五年开始到现在，没有解决什么问题。为要

① 周恩来接见巴基斯坦驻华大使凯瑟谈话记录，1969 年 12 月 12 日。

② 经中共中央政治局讨论和周恩来修改的第 136 次中美华沙大使级会谈中方发言稿，1970 年 2 月 12 日。

③ 周恩来对中国驻巴基斯坦大使张彤转来叶海亚总统转达的尼克松口信的批语，1970 年 3 月 21 日。

解决问题，现在就要谈台湾问题，就是美国武装侵略和占领了台湾及台湾海峡。其他问题都是次要的。”又说：关于这个问题，我们谈判的态度和方针不会改变，应该改变的是美国政府。我们的大门始终是敞开的。① 几天后，巴基斯坦总统叶海亚来华访问，并带来尼克松关于准备派他的高级助手在任何时候、任何地点同中国相应代表对话的口信。尼克松尽管一再表示愿意同中方进行高级会晤，却对中方表明的解决中美关系的关键问题——台湾问题仍避而不谈。十一月十四日，周恩来回答叶海亚时又一次重申：台湾是中国不可分割的领土，解决台湾问题是中国的内政，不容外人干涉。美国武装力量占领台湾和台湾海峡，是中美关系紧张的关键问题。中国政府一直愿意以谈判来解决这个问题，但是谈了十五年还没有结果。现在，尼克松总统表示要走向同中国和好。如果美方真有解决上述关键问题的愿望和办法，中国政府欢迎美国总统派特使来北京商谈，时机可通过巴基斯坦总统商定。② 十一月下旬，美国又通过罗马尼亚传来类似的信息。中国方面再一次表示欢迎。

十二月十八日，毛泽东会见老朋友埃德加·斯诺。谈到中美关系时，毛泽东告诉斯诺：尼克松早就说要派代表来，他对于华沙那个会谈不感兴趣，要当面谈。如果尼克松愿意来，我愿意和他谈，谈得成也行，谈不成也行。③ 二十五日，《人民日报》头版刊出毛主席在天安门城楼上和斯诺合影的照片，以含蓄的方式向美国发出赞成中美实现高层对话的信息。

这样，举行中美高级会晤的条件已渐趋成熟，等待着实现一次重大突破。

---

① 周恩来会见埃德加·斯诺谈话记录，1970 年 11 月 5 日。

② 周恩来与巴基斯坦总统叶海亚·汗第 5 次单独会谈记录，1970 年 11 月 14 日。

③ 毛主席会见美国友好人士斯诺谈话纪要，1970 年 12 月 18 日。

一九七一年一月二十九日，是农历正月初三。

中南海西花厅内，周恩来正同参加起草中日乒乓球协会会谈纪要的中方人员谈话。看过他们草拟的纪要文本后，周恩来皱起眉头，批评说："后藤钾二的会谈纪要草案已经很好了嘛！后藤先生很早就想来中国，你们对这样的朋友要求也太过分了。"接着，他又焦虑地说："你们不要那么'左'嘛！"[①]

后藤钾二是日本乒乓球协会会长，长期致力于中日友好。鉴于第三十一届世界乒乓球锦标赛即将在日本名古屋举行，他专程来华邀请中国派团参加这次比赛。在后藤提出的作为两国乒乓球协会会谈基础的文本中，明确写有应当遵守"中日关系政治三原则"，即：一、反对"两个中国"；二、争取恢复邦交；三、促进中日友好。但会谈时，中方代表却坚持要把台湾问题写入纪要，并主张将"政治三原则"的文字放在纪要的第一条。这时中日关系还没有正常化，日本国内情况也比较复杂，后藤感到为难，希望中方能够理解他的处境。由于双方相持不下，纪要一时难以定稿。在这种情况下，周恩来把中方会谈人员找来，严厉地批评他们的做法。他说：会谈要看对象，台湾问题在这里没有必要提，你们不要给后藤先生出难题。"中日关系政治三原则"还是按日方原来提的，放在纪要第二条。[②]

在周恩来直接指导下，中日乒乓球协会会谈纪要于二月一日在北京签字。随后，中国乒乓球代表团组成，正式向第三十一届世界乒乓球锦标赛组委会报名参赛。

中国乒乓球队一向受到周恩来的关怀。过去几次出国比赛归来，他常设家宴招待参赛队员和教练员，说："我请你们到我家吃饭，钱我出，但要自带粮票。"席间，周恩来和大家谈笑风生。

---

① 钱江：《"乒乓外交"始末》，东方出版社1987年1月版，第139页。

② 钱江：《"乒乓外交"始末》，东方出版社1987年1月版，第139页。

饭后，有时他还要跟大家一起打球。[①] 可是，从“文化大革命”以来，在世界乒坛享有盛誉的中国乒乓球队却已连续几年没有在国际大赛中露面。一九六九年十月，周恩来在一次观看体育表演时，向国家体委军管会和体育院校军宣队负责人了解运动员的思想、训练、生活情况。当听到有人把“文化大革命”前出国参赛说成“为帝、修、反抬轿子”，搞“投降主义”、“卖国主义”，把在国际比赛中为国家争得荣誉的运动员说成是“修正主义苗子”时，他气愤地说道：“出国比赛，这是为祖国争光嘛！有人不要爱国主义，我们还要爱国主义！”谈到“文化大革命”中体育队伍的现状时，周恩来十分关切地说：有名的运动员大多被关起来了，就和劳动模范一样。告诉他们，要经得起考验。运动员绝大多数是好的，是毛泽东思想培育起来的，是我们自己培养起来的，我们不要自己把自己否定了。为社会主义祖国争光，为国家出力，总还是好事嘛！[②] 不久，周恩来又询问乒乓球运动员的学习、训练情况，提出：要抓紧训练，恢复技术。

一九七一年三月中旬，中国乒乓球队各项参赛工作准备完毕。十四日夜，周恩来召集外交部、国家体委等部门负责人会议，听取关于中国队赴日参赛问题的汇报。当时，体委内部又出现去和不去两种不同意见，不赞成去的还占多数，理由是得知国外有几股敌对势力想破坏中国队的参赛，去了危险性很大。周恩来沉思片刻后说：“不去怎么能行？我们怎么能不守信用呢？”接着，他耐心地阐明派队参赛的理由，果断地说：“我们信守诺言，参加第三十一届世乒赛。”他边说边用铅笔当场给毛泽东写报告，提出：此次出国参赛，已成为一次严重的国际斗争；我方提出

① 赵正洪：《我所知道的“乒乓外交”》，《中共党史资料》，第 39 辑。

② 周恩来与国家体委军管会、北京体育学院工宣队负责人谈话记录，1969 年 10 月 10 日。

“友谊第一，比赛第二”，即使输了也不要紧，反正政治上占了上风。写完后，马上要秘书将报告发出。十五日一早，毛泽东的批示传到体委：“我队应去”，“要一不怕苦，二不怕死”。①

三月二十八日至四月七日，中国乒乓球队如期赴日参赛，一举荣获四项冠军，使世界乒坛为之震动。在短短几天时间里，中国运动员同美国运动员进行了友好接触，在日参赛的美国队向中方提出访华的请求。

四月三日，外交部、国家体委就美国队访华问题写报告给周恩来，认为目前时机还不成熟。四日，周恩来将报告送毛泽东审批。经过反复考虑，毛泽东在七日作出邀请美队访华的决定。周恩来立刻告诉外交部电话通知在日本的中国代表团，正式向美方发出邀请。当中国代表团负责人宣布这一富有象征性含义的消息后，立刻引起轰动，日本各大报纸都在头版头条登出消息，报道中美之间的“乒乓外交”。周恩来兴奋地在转给毛泽东的一份报告上写道：“电话传过去后，名古屋盛传这一震动世界的消息，超过三十一届国际比赛的消息。”② 当晚，周恩来向出席全国旅游和援外工作会议的代表宣布：从今天起，我们展开了新的外交攻势，首先从中国乒乓球队开始。③

一星期后，周恩来在北京接见刚刚来到中国的美国乒乓球代表团全体成员。他说：“中美两国人民过去往来是很频繁的，以后中断了一个很长的时间。你们这次应邀来访，打开了两国人民友好往来的大门。”会见中，美国队员格伦·科恩向周恩来询问他对美国青年中流行的“嬉皮士”的看法。周恩来回答说：“现在

---

① 赵正洪：《我所知道的“乒乓外交”》，《中共党史资料》，第39辑。

② 周恩来在国家体委关于接待美国等国乒乓球队的请示件上的批注，1971年4月8日，手稿。

③ 周恩来接见全国旅游工作会议和援外工作会议代表时的讲话记录，1971年4月7—8日。

世界青年对现状有点不满，想寻求真理。青年思想波动时会表现为各种形式。但各种表现形式不一定都是成熟的或固定的。”“按照人类发展来看，一个普遍真理最后总要被人们去认识的，和自然界的规律一样。我们赞成任何青年都有这种探讨的要求，这是好事。要通过自己的实践认识。但是有一点，总要找到大多数人的共同性，这就可以使人类的大多数得到发展，得到进步，得到幸福。”① 周恩来的好客、谦逊和睿智的风度，给第一次来到这块被认为是“神秘国土”的美国人以深刻印象，并引起全世界舆论的关注。

“乒乓外交”取得了“小球推动地球”的戏剧性效果，加快了实现中美高级接触的进程。

四月二十一日，周恩来通过中国驻巴基斯坦大使馆向美国政府递交《周恩来总理给尼克松总统的口信》：“要从根本上恢复中美两国关系，必须从中国的台湾和台湾海峡地区撤走美国一切武装力量。而解决这一关键问题，只有通过高级领导人直接商谈，才能找到办法。因此，中国政府重申，愿意公开接待美国总统特使如基辛格博士，或美国国务卿甚至美国总统本人来北京直接商谈。”二十九日，尼克松获悉后，先以口头方式回复中方，表示接受邀请。五月十七日，美方又通过巴基斯坦驻美大使正式答复中方：尼克松总统“准备在北京同中华人民共和国诸位领导进行认真交谈，双方可以自由提出各自主要关心的问题”。并提议：“由基辛格博士同周恩来总理或另一位适当的中国高级官员举行一次秘密的预备会谈。基辛格在六月十五日以后来中国。”

尽管美方仍在回避中美会谈的关键问题——台湾问题，但它明白这个问题在会谈时是无法回避的，并且已在对来华的具体工

① 《周恩来外交文选》，中央文献出版社 1990 年 5 月版，第 473 页。

作做出安排，表现出积极认真的态度。在这种情况下，中国方面开始就中美会谈的方针进行准备。

五月二十五日，周恩来召集外交部核心领导成员开会，研究尼克松的答复口信。第二天，他又主持中央政治局会议，商讨中美会谈的方针问题。会后，周恩来写出《中央政治局关于中美会谈的报告》。《报告》回顾了第二次世界大战以来中美关系演变的过程，估计了同基辛格的预备性会谈和尼克松的访问可能出现的各种情况，并拟出相应的对策。《报告》的核心内容是关于中美会谈的基本方针，即：

美国一切武装力量和专用军事设施，应规定限期从中国台湾省和台湾海峡撤走；台湾是中国的领土，解放台湾是中国的内政，外人不容干涉；中国人民力争和平解放台湾；中国政府和人民坚决反对进行“两个中国”或“一中一台”的活动；美国如欲同中国建交，必须承认中华人民共和国是代表中国的唯一合法政府。①

二十九日，毛泽东批准《中央政治局关于中美会谈的报告》。同一天，中方向尼克松发出口信，欢迎基辛格来北京同中国领导人举行秘密会晤。六月二日，尼克松接到口信后兴高采烈，称：这是第二次世界大战以来，美国总统所收到的最重要的信件。

从这时候起，周恩来为准备同基辛格会谈做了大量工作。他多次约外交部等有关部门负责人开会，讨论会谈方案，研究分析美方情况，并对礼宾、民航、安全保密等问题做出周到细致的部署。谈到这次中美会谈的意义时，他说：这是中美交往中断了二十年后第一次重要的高级会晤，这说明了美国封锁敌视中国政策的完全失败。为了摆脱被动局面，美国不得不放下一贯的傲慢架子，跑到北京来与我们会谈；不是我们有求于他们，而首先是他

① 周恩来起草的《中央政治局关于中美会谈的报告》，1971 年 5 月 26 日，手稿。

们有求于我们。我们应该本着落落大方、以礼相待、不卑不亢的精神做好这次工作。①

七月九日中午，尼克松总统的国家安全事务助理基辛格一行在中方有关人员陪同下，乘坐巴基斯坦民航公司的飞机秘密抵京。基辛格在北京逗留了四十八个小时。在这期间，七十三岁的周恩来同这位四十八岁的博士举行了六次总计十七小时的会谈。双方着重就台湾问题以及尼克松访华时间等进行磋商。周恩来重申：台湾历来就是中国的领土，台湾问题是中国的内政，不容外人干涉；美国必须承认台湾是中国的一个省，必须限期撤走驻台美军，必须废除美蒋"共同防御条约"。基辛格表示：美国承认台湾属于中国，希望台湾问题和平解决；美国不再与中国为敌，并随着中美关系的改善逐步减少驻台美军；美蒋共同防御条约历史可以解决。双方商定尼克松总统在一九七二年五月前访华，并确定中美之间今后改用巴黎的秘密联络渠道。

基辛格在回忆录中谈到周恩来在这次会见中给他留下的印象：

"他是一个杰出的历史人物。他精通哲学、熟谙往事，长于历史分析，足智多谋，谈吐机智而有风趣，样样都卓越超群。他对于情况的了解，特别是美国的情况，也包括我个人的背景，了如指掌，简直令人吃惊。他的一言一行几乎都是有明确目的的。"

"简而言之，我生平所遇到的两三个给我印象最深刻的人中，周恩来是其中之一。他温文儒雅，耐心无穷，聪慧过人，机巧敏捷。他在我们讨论之际，轻而易举地就点破了我们新关系的实质，似乎除此之外别无明

① 唐龙彬：《一次神秘的外交使命——接待基辛格秘密访华》，《新中国外交风云》第4辑，世界知识出版社1996年5月版，第39页。

智的选择。”

“中国和美国在七十年代初谋求和解，这是世界环境所决定的。但事情来得这样快，发展又如此顺利，则是由于中国总理的光辉品格和远见卓识起了不小的作用。”①

十一日午后，基辛格一行乘机返回巴基斯坦。两天前还对此行“不摸底、心中惶惶不安”② 的基辛格，到这时终于松了一口气，认为此次访华成果“超过了原来的期望，圆满地完成了所承担的秘密使命”。

七月十五日，中美双方同时发表关于基辛格访华公告。全世界都被这个突如其来的消息震动了。其实，这只是迈出了第一步。中美双方在台湾这个关键性问题上并没有取得共同的协议。

中美公告发表三天后，经周恩来审阅修改的外交部就掌握中美关系的方针问题发给各驻外机构的《通报》强调：在处理中美关系以及其他国际事务方面，“将坚持既定的原则立场，绝不会拿原则做交易”。③

同一天周恩来接见法国议会代表团时，进一步阐明了中国政府的原则立场：中美谋求两国关系正常化，不是没有障碍的。中美之间最大的问题是台湾问题。又说，联合国只要出现“两个中国”、“一中一台”，或者类似的形式，我们就不去，坚决不去。④

中国是联合国的创始会员国，也是安全理事会五个常任理事国之一。新中国成立后，以美国为首的西方势力百般阻挠恢复中

① ［美］亨利·基辛格：《白宫岁月》第3册，世界知识出版社1980年11月版，第16、18、19页。

② 周恩来讲解中美《联合公报》纪要，1972年3月3日。

③ 周恩来修改的外交部就中美关系问题发给各驻外机构的《外交通报》稿，1971年7月18日。

④ 周恩来接见法国议会代表团谈话记录，1971年7月18日。

华人民共和国在联合国的合法席位，使得这一席位长期被在台湾的国民党当局所窃据。建国二十多年来，周恩来始终不渝地为争取恢复新中国在联合国的合法权利而努力。一九七〇年第二十五届联合国大会上，支持恢复中国在联合国合法席位的提案第一次获得半数以上国家的赞同，但因不足三分之二多数而仍未能通过。在形势越来越有利于中国的情况下，周恩来同美国著名记者埃德加·斯诺谈话时表示：如果联大会议通过赞成我们的合法席位，同时驱逐台湾，当然我们对此要进行考虑。①

作为美国方面来说，由于形势的发展变化，已使它越来越难以操纵联合国。这就迫使它不得不改变过去的政策，承认台湾属于中国，甚至表示要在联合国支持恢复中国的合法席位，但同时又反对驱逐台湾当局的代表。这种做法的实质，就是主张在联合国搞“两个中国”或“一中一台”。

一九七一年八月二日，美国国务卿罗杰斯发表《关于中国在联合国的代表权问题的声明》，将“两个中国”的方案公开抛出。以后，美、日等国又提出所谓“重要问题案”和“双重代表权案”，力图保持台湾在联合国的席位。

周恩来十分关注二十六届联大的情况。八月二十一日，他召集党、政、军系统外事部门负责人会议，宣讲外交部批驳美国政府提案的声明。当他询问与会者美国为了在联合国制造“两个中国”曾经同哪些国家开会时，到会的外事干部大多回答不出。周恩来生气地批评道：我真有点恼火！你们报纸也不看，《参考》也不看，外交战线这个样子不行啊。随后，他逐一地举出这二十个国家的名字，并且作了分析，说：从这个名单里，可以看出美国国际地位的下降。②

---

① 周恩来会见埃德加·斯诺谈话记录，1970 年 11 月 5 日。

② 周恩来同回国大使及外事部门负责人的谈话记录，1971 年 8 月 21 日。

十月二十日至二十六日，基辛格“为尼克松总统访华作基本安排”而第二次访华。才处理完林彪叛逃事件不久的周恩来，顾不上已持续一个多月的紧张和疲惫，又全力以赴地投入到繁重的外交事务当中。根据美方要求，这次中美会谈将同时安排各种级别的对口会谈和有关活动。为此，周恩来事先逐一审定、落实了外交部提出的各项方案。

基辛格访华的一星期内，周恩来同他进行了十次会谈，除商定尼克松访华日期和讨论其他国际问题外，双方主要就尼克松访华的中美联合公报交换意见。事前，美方并没有说要发表联合公报，中方没有预做准备。当周恩来看过美方提出的公报草案后，表示不能接受，因为这个公报草案仍沿袭一般联合公报的写法，掩盖彼此之间的分歧，回避实质性的问题，是一个用漂亮辞藻粉饰起来的貌似观点已取得一致的公报。同时，周恩来也没有否认美方草案中的可取之处。他指示有关人员起草对案，提议：可以按照过去同蒋介石达成协议的办法，各说各的，明确写出双方的分歧，同时也吸收美方可取之处，写出双方的共同点，以便共同遵循。在得到毛泽东认可后，中方起草出一份“各说各的”公报稿，其中将美方意见空出留待美方自己写。起初，基辛格感到中方对案“用词尖锐”、“立场都是以最不妥协的词句提出来的”，觉得难以接受。但冷静下来仔细研究后，发现这种“独出心裁”的方式或许能够解决他们的“难题”。经过反复会谈，美方终于同意中方关于联合公报的起草原则和基本内容，并提出修正方案和补充意见。二十六日，双方就联合公报草案达成初步协议。

遵循周恩来提出的“各说各的”原则创造出来的这种奇特的、“过去没有过的”① 外交公报草案，使基辛格再次感到“不虚此行”。

---

① 周恩来讲解中美《联合公报》纪要，1972 年 3 月 3 日。

当基辛格即将离开中国的时候，一件他没有想到的事情发生了。

一九七一年十月二十五日晚上，第二十六届联合国大会以压倒多数的表决结果通过决议，恢复中华人民共和国在联合国的一切合法权利、并立即将台湾蒋介石集团的代表从联合国的一切机构中驱逐出去。表决刚一结束，纽约联合国会议厅里一片欢腾，雷鸣般的掌声和欢呼声从四面响起，一浪高过一浪，此起彼伏，经久不息。支持中国的代表们起立，高举双手用不同的语言欢呼："我们胜利了！"新闻媒介评论道："中国是在自己不在场的情况下，受到联大三分之二以上的国家的祝福，被赋予挥动巨手进入联合国的权利，使联合国发生根本变化。"①

二十天后，中华人民共和国代表团出现在联合国大厦。在纷纷登台致词欢迎中国代表团的发言者里，以亚、非、拉地区国家的代表最引人注目。他们一篇篇热情洋溢的讲话，表达了这些国家对新中国的真挚感情。在他们的心目中，作为大国的中国，处处和他们平等相待，这同一些西方大国的所作所为形成鲜明对照。对一些国家的领导人来说，这种真诚如朋友的关系，是通过接触周恩来而感受到的。一九七六年周恩来去世后，缅甸总统奈温在悼文中深情地说：作为一个大国的领导人，周总理"总是平等待人"；"世界大国中，特别是超级大国中，若能出现更多像周恩来总理那样能给予同情和谅解精神的领导人，这个世界该多么好啊！"②

新中国如此迅速地恢复在联合国的合法席位，也出乎中国领导人的意料之外。联大通过表决后不久，周恩来向一位美国友人

---

① 熊向晖：《恢复中国在联合国席位的斗争历程》，《中共党史资料》，第59辑。

② ［缅］吴奈温：《我所知道的周恩来》，《劳动人民报》（缅），1976年1月15日。

表示：那天联合国的表决完全出乎意料，不但出乎我们的意料，也出乎美国的意料。我们没有派一个人去联大活动，而且提案国是由地中海两岸的两个国家带头的。这么多的国家对我们寄予希望，我们感谢他们。① 第二天，周恩来又对来访的日本客人讲：这么一件大事，全世界都在注意，我们没有准备好是事实。它说明一个问题，就是在联合国美国的指挥棒不灵了。这次表决的结果是违反美国的意愿的，也是违反一向追随美国的日本佐藤政府的意愿的。我们不能不重视这一表决的精神，因为它代表了世界大多数国家和人民的愿望。②

新中国在第二十六届联大上的胜利，归根到底是坚持世界上只有一个中国即中华人民共和国的原则的胜利；同时，也是美国及其追随者长期推行“两个中国”、“一中一台”政策的失败。这个事实，又反过来促使更多国家谋求同中国关系正常化。毛泽东、周恩来审时度势，牢牢把握住这一历史契机，加速打开全新的外交格局。

一九七一年十一月三十日，新华社受权发表公告宣布：中美两国政府商定，尼克松总统将于一九七二年二月二十一日开始对中国访问。从这时起，周恩来直接领导和部署接待尼克松的各项准备工作，包括宣传教育、安全保密、新闻报道等等，他都亲自研究布置，逐一落实。

在中美两国关系史上，第一次美国总统来华访问，是举世瞩目的大事。由于缺乏经验，在接待工作中，稍有疏忽就可能在国际上产生不利影响。周恩来首先明确地规定这次接待工作的基本

① 周恩来会见谢伟思和夫人谈话记录，1971 年 10 月 27 日。

② 周恩来会见日本《朝日新闻》东京总社编辑局长后藤基夫谈话记录，1971 年 10 月 28 日。

原则。十二月二日，他对参加接待尼克松来华准备工作会议的有关负责人强调说：我们是主权国家，凡事不能触犯我国主权。对尼克松总统的接待，一定要反映出无产阶级的原则、作风和严格的纪律，一切事情有条不紊，实事求是，行不通的就改正，行得通的就认真办好。对外宣传上注意不要夸大，不要过头。经周恩来确定的接待工作的总方针是："不冷不热，不亢不卑，待之以礼，不强加于人。"①

一九七二年一月初，美国总统国家安全事务副助理黑格率先遣组来华，为尼克松访华进行技术安排。周恩来召集会议进行研究，原则同意美方提出的通过卫星转播尼克松在华活动实况，决定由中国政府出资买下供美方使用的通讯卫星，然后租给美方使用。周恩来说：在主权问题上，我们一点不能让。美方原来说他们自己带通讯设备，不要我们付费。我们说，这不行，我们是主权国家，我们买过来，租给你们用，你们付费。这样一方面维护了我们的主权，另外我们在跟他们使用时总能学到一点技术。②

对某些观点和提法，周恩来的反应更为敏锐。一月六日，他答复黑格转达的美方口信时指出：美方对中国的"生存能力"表示怀疑，并声称要"维护"中国的"独立"和"生存能力"的说法，令人惊讶。中国认为，任何国家决不能靠外力维护其独立和生存，否则只能成为别人的保护国或殖民地。社会主义的新中国是在不断抗击外来侵略和压迫的斗争中诞生和成长起来的，并一定会继续存在和发展下去。③

二月中旬，接待尼克松访华的各项准备工作基本就绪。周恩

---

① 周恩来同参加接待尼克松来华准备工作会议的有关部门负责人谈话记录，1971 年 12 月 2 日。

② 周恩来讲解中美《联合公报》纪要，1972 年 3 月 3 日。

③ 周恩来答复美国总统国家安全事务副助理黑格转达美方口信要点，1972 年 1 月 6 日。

来密切地注视着这方面的宣传工作。十九日，他对新华社的一则报道提出批评：你们今天写的尼克松启程来华的消息中，没有摘录他所讲的这样一段话——“当我们展望将来的时候，我们必须认识到中华人民共和国政府同美国政府之间存在巨大的分歧。将来我们之间仍将存在分歧。但是，我们必须做的事情是寻找某种办法使我们可以有分歧而又不成为战争中的敌人。”这段话说得最清楚不过了。[①] 为了弥补这则新闻报道的不足，周恩来把这段话中的最后一句，加进了他为尼克松夫妇举行的欢迎宴会的祝酒词里。

二月二十一日中午，尼克松总统和夫人、美国国务卿罗杰斯、总统助理基辛格等一行乘专机抵达北京。周恩来、叶剑英、李先念、郭沫若、姬鹏飞等到机场迎接美国客人。尼克松走下舷梯，将手伸向周恩来。当两只手握在一起时，全世界都看到了这一历史性的时刻：“一个时代结束了，另一个时代开始了。”周恩来对尼克松说：“你的手伸过世界最辽阔的海洋来和我握手——二十五年没有交往了啊！”下午，周恩来陪同毛泽东会见尼克松、基辛格。在一个多小时的会谈中，把此次中美高级会晤的“基本方针都讲了”,[②] 气氛认真而坦率。

晚上，周恩来在人民大会堂为尼克松总统和夫人举行欢迎宴会。席间，周恩来在祝酒词中说：

> 尼克松总统应邀来访，“使两国领导人有机会直接会晤，谋求两国关系正常化，并就共同关心的问题交换意见，这是符合中美两国人民愿望的积极行动，这在中美两国关系史上是一个创举”。“中美两国的社会制度根本不同，在中美两国政府之间存在着巨大的分歧。但

① 周恩来在研究尼克松访华宣传会议上的讲话记录，1972 年 2 月 19 日。

② 周恩来讲解中美《联合公报》纪要，1972 年 3 月 3 日。

是，这种分歧不应当妨碍中美两国在互相尊重主权和领土完整、互不侵犯、互不干涉内政、平等互利和和平共处五项原则的基础上建立正常的国家关系，更不应该导致战争。”“我们希望，通过双方坦率地交换意见，弄清楚彼此之间的分歧，努力寻找共同点，使我们两国的关系能够有一个新的开始。”①

尼克松后来也回忆到他对周恩来的印象：

“周的仪表给人的印象是待人热情，开诚布公，善于自制又显然充满激情。”“周的机敏胜过我所认识的任何一位世界领导人，而且明显地带有中国人性格的特征。”“周还有一种罕见的本领，就是对细小的事情非常留神，但又不被琐事所缠住。”“他的精力充沛得惊人。在我们的一些时间比较长的会谈中，我注意到，随着时间一小时一小时地过去，听着译员低声翻译的单调的声音，双方一些年纪比较轻的人露出了倦意，但是七十三岁的周却始终头脑敏锐，精神抖擞，聚精会神。他从不离题，从不讲废话，也从不要求休息。”②

尼克松在华期间，周恩来同他进行了五次会谈，主要就国际形势和双边关系问题交换看法。尼克松在重申美方对处理台湾问题的原则（即只有一个中国、台湾是中国的一部分，不支持、不鼓励“台湾独立”，逐步实现从台湾撤军等）的同时，又强调美方在政治方面仍有“困难”，希望在他第二届任期内完成中美关系正常化。周恩来一针见血地指出：“还是那句话，不愿意丢掉‘老朋友’，其实老朋友已经丢了一大堆了。‘老朋友’有好的，

① 《周恩来选集》下卷，人民出版社 1984 年 11 月版，第 475—476 页。

② ［美］理查德·尼克松：《领导人》，新华出版社 1983 年 4 月版，第 278、281、282、294 页。

有不好的，应该有选择嘛。”又说：“你们希望和平解放台湾”，“我们只能说争取和平解放台湾。为什么说‘争取’呢？因为这是两方面的事。我们要和平解放，蒋介石不干怎么办？”“我坦率地说，就是希望在你（下届）任期内解决，因为蒋介石已为时不多了。”①

由于双方在台湾问题上存在的分歧，直到二十五日下午，中美联合公报中关于台湾问题的措词仍没有确定下来。这时，美方已在担心，如果公报不能发表，尼克松的访华成果就无法体现。在这种情况下，周恩来告诉美方：反正双方观点已经接近了，我们也报告了毛主席，说已商定要写最后从台湾撤军的问题，但还要设法用双方都能接受的最佳措词表达。基辛格马上表示：我们十分欣赏中方所表现的慷慨和公正的精神。当晚，周恩来出席尼克松总统和夫人举行的答谢宴会。由于公报尚未定稿，不一定能够发表，周恩来在宴会致词中只讲了中美之间的分歧，而没有讲共同点。②

二月二十六日凌晨，双方对中美联合公报的内容基本谈定。经过一番文字推敲和修改后，在二十七日定稿。二十八日，中美《联合公报》在上海发表。公报里美方关于台湾问题的措词为：

> “美国方面声明：美国认识到，在台湾海峡两边的所有中国人都认为只有一个中国，台湾是中国的一部分。美国对这一立场不提出异议。它重申它对由中国人自己和平解决台湾问题的关心。考虑到这一前景，它确认从台湾撤出全部美国武装力量和军事设施的最终目标。”③

---

① 周恩来与尼克松举行的4次限制性会谈记录，1972年2月22—25日。

② 周恩来讲解中美《联合公报》纪要，1972年3月3日。

③ 中美《联合公报》，1972年2月28日。

周恩来不久后谈到：

这是中美会谈中争论最多的一段。从北京争到杭州，从杭州争到上海，一直到二十七日下午三时半才达成协议。这段第一句话是基辛格贡献的，我们挖空心思也没有想出来。这样人民的意见也表达出来了，所以博士还有博士的好处。我们原来提“台湾是中国的一个省”，蒋介石也是这么说的，但美方坚持要改成“一部分”，因为他们国内有人反对。我们同意了，因为“一个省”和“一部分”是一样的。“美国对这一立场不提出异议”一句中的“立场”二字也是美方提出的。争论的一个关键问题是，我们要使他尽可能明确地承认台湾问题是中国人之间的问题。他们提出种种方案，要我们承担和平解放台湾的义务，我们说不行，你这样希望可以。我们要他承担从台湾全部撤军为最终目标。有人问，“美蒋条约”为什么不写上？你写上废除“美蒋条约”，他就要写上保持“美蒋条约”义务，这就不利了。军事设施都撤走了还有什么“条约”？所以抓问题要抓关键性的，有些关键性措词要巧妙，使他们陷于被动，我们处于主动。尼克松上台前十七年，我们一直坚持两条原则，一个是在中美两国之间实行和平共处五项原则，一个是美国从台湾和台湾海峡撤军。这就等于取消了“美蒋条约”，让中国人民自己解决台湾问题。尼克松上台以后，情况有变化，时代也在前进。我们如果还是只有原则性，没有灵活性，就不能推动世界的变化。外电评论说，这个公报是个奇特的公报，双方的原则和立场截然不同。关于台湾问题的立场也不同，但也找到一些共同点。前面有十一个共同点，台湾问题好像也是个共同点。但台湾问题还没有解决。所以这个文件是过去没有过的，所有外交公报都没有把双方尖锐对立的立场写出来。我们把分歧写出来，在国际上创造了一个风格。①

这份来之不易的中美《联合公报》的发表，标志着中美关系开始走向正常化。尼克松显得心情格外舒畅。在上海市为他送行的宴会上，他发表即席讲话说，此次访华的一周，是"改变世界的一周"。离开中国前，尼克松还要国务卿罗杰斯当面邀请周恩来访美。周恩来回答：中美目前还没有建交，我这时访美，似有不妥。②

此时此刻，周恩来已在考虑尼克松访华后给中国对外关系带来的一系列新的变化和应该采取的对策。

中美关系的突破，使得中国开始面对一个新的外交局面。正如这年八月间周恩来所指出的：我们跟美国来往是有原则的。我们到现在没跟美国缔结什么协议，只有一个《联合公报》。但这一突破，使世界上的国家都愿意跟我们来往了。中美来往的收获就在这里。③ 这对改变国际关系的基本格局，产生了巨大而深远的影响。

三月十三日，在中美联合公报发表后只隔了两个星期，中英两国关于互换大使的联合公报签字并公布。两国之间自一九五四年起建立的代办级外交关系，升格为大使级。接着，中国同荷兰、希腊、联邦德国等相继实现外交关系升格或正式建交。中国同西方国家的关系出现重大变化。

受"尼克松冲击波"影响最大的，要算同中国一衣带水的邻国日本。

---

①② 周恩来讲解中美《联合公报》纪要，1972 年 3 月 3 日。

③ 周恩来与金日成会谈记录，1972 年 8 月 24 日。

新中国成立后，周恩来一直关心中日关系，指导对日工作。从五十年代初打开中日民间交往大门，“以民促官”，到六十年代互设贸易代表机构，开辟中日半官方渠道，中日关系每前进一步，都包含着周恩来的精心指导和培育。基辛格秘密访华前，周恩来同日本公明党领导人竹入义胜举行会谈。日本公明党访华代表团同中日友好协会代表团发表联合声明，一致强调：中国只有一个，中华人民共和国政府是代表中国的唯一合法政府；台湾是中国的一个省，是中国领土不可分割的组成部分；日台条约是非法的，必须废除；中国在联合国一切组织的合法权利必须恢复。中国方面表示：如果日本政府能够接受上述主张并为此采取实际步骤，中日两国就可以结束战争状态，恢复邦交，缔结和平条约。这样，中日实现邦交正常化的前景已经明朗。接着，基辛格两次访华和第二十六届联大恢复中国合法权利的现实，又给予日本各界强烈震撼。日本政界、财界团体和人士接踵来华，为推进日中关系正常化积极活动。长期以来一直致力日中友好的日方老朋友们更是不辞辛劳地往来奔波，企盼早日实现共同的夙愿。

周恩来长期处在中日之间这一系列活动的中心地位。一九七二年上半年，周恩来连续同日本社会党、自民党、民社党和公明党人士谈恢复中日邦交问题，提出：中日两国没有任何理由这样对立下去，应该根据和平共处五项原则和恢复中日邦交三项原则来实现两国关系正常化。① 并表示：如果一位现任首相准备解决日中关系问题，亲自到中国来谈，当然我们不好拒绝。有这样勇气的人来，我们怎么能拒绝呢？从原则来讲就是，新的日本政府不敌视中国，不阻挠恢复中日邦交，而是继续日中友好，努力恢复日中邦交，也就是合乎现在大家常说的“三原则”。这样的政府，也就是不继续佐藤路线的政府，我们愿意接触。当然，中日

① 周恩来会见日本自民党顾问三木武夫谈话记录，1972 年 4 月 17 日。

邦交问题还有很复杂的问题，具体实施的微妙处需要通过政府级会谈，同时也要有一个形式问题。如果两国首脑诚心诚意愿意解决问题，那么形式是第二位的，内容是第一位的、本质的，就是要真正促进中日友好，恢复中日邦交。①

一九七二年七月七日，日本佐藤内阁下台，田中角荣接任首相。当天，田中发表声明说："在动荡的世界形势下，应该加速实现同中华人民共和国的邦交正常化，强有力地开展和平外交。"第二天，周恩来召集外交部及有关外事、宣传部门负责人开会，研究田中讲话，商讨推进中日关系问题。他要求新闻单位积极工作，不能掉以轻心，在宣传报道上全面、准确地体现出促进中日友好的精神。② 九日，周恩来在欢迎也门民主人民共和国领导人的宴会上致词，提出："田中内阁七日成立，在外交方面声明要加紧实现中日邦交正常化，这是值得欢迎的。"随后，周恩来又在同法国外长的会谈中表示："日本在对华关系上出现了新气象，这是战后二十七年来日本政府第一次这样做。我们对田中政府这样做没有理由不欢迎。"③ 这两次讲话，是对田中对华关系声明的明确回应。

这时，中日友协副秘书长、原驻东京联络处首席代表孙平化正率团在东京访问。周恩来指示孙平化抓住时机，向田中本人转达他本人对田中访华的邀请，并且传话："只要田中首相能到北京当面谈，一切问题都好商量。"十六日，周恩来会见日本社会党副委员长、众议员佐佐木更三时进一步提出：如果现任首相、外相或其他大臣来华谈恢复日中邦交问题，北京机场准备向他们

---

① 周恩来接见日本公明党第 2 次访华团二宫文造等谈话记录，1972 年 5 月 15 日。

② 周恩来在外交部及其他外事和宣传部门负责人会议上的讲话记录，1972 年 7 月 8 日。

③ 周恩来会见法国外交部长莫里斯·舒曼谈话记录，1972 年 7 月 10 日。

开放。① 按照周恩来的要求，孙平化在七月二十二日先向日本外相大平正芳转达了中方的邀请。田中政府经过研究，在八月十一日把田中首相访华的决定转告中方。周恩来接到报告，立刻授权姬鹏飞外长发表声明，宣布中国总理欢迎并邀请田中首相访华，就中日邦交正常化问题进行谈判。十五日，田中接见在东京的孙平化，正式接受中方邀请，并告诉他访华的时间。

成立只有一个多月的田中内阁，表现出了政治家的勇气和果决精神，毅然摒弃前任佐藤内阁的对华政策，把促进日中友好、实现日中邦交正常化的主张付诸行动。

在这个期间，为了准备中日两国领导人的会谈，周恩来这时虽已发现身患癌症，但仍事无巨细，昼夜操劳。当年参与准备工作的外交部长姬鹏飞回忆道："总理指定我、乔冠华、廖承志、韩念龙等人组成日本组。总理白天接见外宾，那时到中国访问的日本朋友特别多，夜晚将我们找到西花厅或钓鱼台开会研究中日建交问题，或带我们一起到中南海毛主席住处开会，向主席汇报。在主席那里决定了大政方针后，回来总理又同我们一起研究、安排，事无巨细，总理都一一过问，一一想到。他常说：'外交授权有限'，'外交无小事'。这时他已是七十四岁的高龄，并已查明身患癌症。他就是这样带病工作，每天工作十几个小时甚至二十个小时。"② 这种情况，当时几乎毫不为人所知。这是一种何等的忘我献身精神！

解决中日之间邦交正常化，也存在一个台湾问题。不同的是，中日两国领导人的会谈准备一次解决这个问题，也就是日本承认中华人民共和国政府是代表中国的唯一合法政府，双方建立

① 周恩来会见日本社会党副委员长佐佐木更三谈话记录，1972 年 7 月 16 日。

② 姬鹏飞：《饮水不忘掘井人——中国建交纪实》，《周恩来的最后岁月》，中央文献出版社 1995 年 12 月版，第 286 页。

正式外交关系，同时日方断绝同台湾蒋介石集团的官方关系，包括废除所谓“日台条约”。因此，周恩来一直密切地关注着日方对台湾问题的态度，连某些提法的微妙差别也亲自过问。

七月下旬，孙平化向日方转达中方邀请后不久，周恩来再次会见日本公明党领袖竹入义胜。会谈中，周恩来直截了当地提出：现在发生了一个具体问题，田中内阁承认中华人民共和国政府是代表中国的唯一正统政府，我们对“正统”二字不太理解。我们所说的是中华人民共和国政府是代表全中国人民的唯一合法政府。“合法”的反义词是“非法”。因为蒋介石被推翻了，所以它是非法的。去年联合国恢复了中华人民共和国的合法权利，把蒋介石集团赶出去了，也就是说，国际组织也承认中华人民共和国政府是合法的，蒋介石政府是非法的。我为什么要问“正统”这个词的意思呢？因为汉语中有“正统”还有“偏安”。他列举了中国历史上的情况后说：我不知道田中政府中的法律专家讲的“正统”是否有别的意思？周恩来还针对《东京新闻》所传日外务省官员宣称“日台条约已经解决了结束战争问题”的说法，指出：缔结“日台条约”时，中华人民共和国已经成立了。这个条约根本无视中国的存在，同一个逃到台湾的蒋政权缔结结束战争状态，是非法的、无效的，是应当废除的。关于中日联合声明问题，周恩来表示，中方将坚持把结束战争状态和复交三原则两个问题写入联合声明。竹入当场记录下周恩来的意见，表示将带回去向田中首相、大平外相报告。①

解决中日邦交正常化的另一个问题，是如何看待日本军国主义侵华历史的问题。一九七一年元旦，周恩来曾在人民大会堂接见由松冈洋子率领的日本反对军事基地斗争妇女代表团。松冈洋子回忆说：

---

① 周恩来与日本公明党中央执行委员长竹入义胜会谈记录，1972 年 7 月 27 日。

周总理用日语“晚安”来欢迎我们一行。我看到他的衬衣袖子，已经洗得褪了色。他笑容满面，充满了对亲密友人的深厚情谊。作为日本军国主义抬头的例证，自然谈到了当时引起公众注意的《军阀》和《山本五十六》等影片。据说，总理曾在那天清晨一时半看了放映两个小时的《军阀》。本来，像周总理那样的人是没有必要为了同我们十名日本妇女谈军国主义而进行如此周到的准备的。可是他做了。在这部影片中，多次出现日军杀害中国人的镜头。总理问道：“你们知道我们是以怎样的心情来看这样的镜头吗?”我必须作出回答。但要说知道吧，他一定要问我知道些什么。于是我就拼命地说：“不知道。”总理说：“你们以为我们是不进行抵抗就被杀的吗?”仅仅这一句话，就具有使我动弹不得的分量。据说，中国在战争中的牺牲者少说也有一千万，其中有名副其实不能抵抗的婴儿和直不起腰的老人。但是，这一千万人被杀的根本原因是抵抗。这是历史的主流。正因为进行了抵抗，所以才诞生了中华人民共和国，中国才能够是今天的中国。①

两个多月后，周恩来又同来华的一个日本学生访华团讲述近代中日关系的历史。他说：从一八九四年起到一九四五年共五十一年，对中国人民是很大的教育。如果仅仅是甲午战争、日俄战争，还不能教育中国人民。最大的教育是后来日本军国主义发动的那场侵华战争。②

在对日本侵华战争问题上，周恩来始终坚持的原则是：毫不

---

① ［日］松冈洋子：《死得重于泰山，缅怀周恩来总理》，《每日新闻》（日），1976年1月12日。

② 周恩来接见日本关西学生友好访华参观团的谈话记录，1971年3月13日。

含糊地正视历史，以史为鉴；在这个基础上，坚持向前看的方针，着眼于解决今后的问题。

一九七二年九月中旬，周恩来连续三次会见日本众议员、自由民主党日中邦交正常化协议会会长小坂善太郎，对田中首相来华谈判解决中日邦交正常化表示乐观。接着，又会见受日本外相大平正芳之托来华的日中备忘录贸易办事处负责人古井喜实，就中日联合声明问题交换意见。他还多次约见并宴请长期以来致力日中友好的日本老朋友们，引用“饮水不忘掘井人”一语对他们表示感谢。二十日，中日双方同时发表关于田中首相访华的公报，两国领导人会晤的各项准备已全部就绪。

九月二十五日上午，日本国首相田中角荣、外相大平正芳、内阁官房长官二阶堂进等飞抵北京。周恩来、叶剑英、郭沫若等到机场迎接。这是战后日本首相首次访华。当天，中日两国领导人开始就恢复中日邦交正常化及其他有关问题进行会谈。

晚上，在为田中首相举行的欢迎宴会上，周恩来发表祝酒词，称赞田中访华“揭开了中日关系史上新的一页”。同时指出：“自从一八九四年以来的半个世纪中，由于日本军国主义者侵略中国，使得中国人民遭受重大灾难，日本人民也深受其害。前事不忘，后事之师，这样的经验教训，我们应该牢牢记住。”又说：田中首相就任以后，在中日双方的共同努力下，“实现两国邦交正常化已经有了良好的基础。促进中日友好，恢复中日邦交，是中日两国人民的共同愿望。现在是我们完成这一历史性任务的时候了”。①

田中在致词中说：“过去几十年之间，日中关系经历了不幸的过程。其间，我国给中国国民添了很大的麻烦，我对此再次表示深刻的反省之意。”第二天，在同田中会谈时，周恩来直率地

① 《周恩来选集》下卷，人民出版社 1984 年 11 月版，第 477—478 页。

提出：田中首相对过去的不幸的过程感到遗憾，并表示要深深的反省，这是我们能够接受的。但是，“添了很大的麻烦”这一句话，引起了中国人民强烈的反感，因为普通的事情也可以说是“添麻烦”。[①] 田中对此解释说，从日文来讲，“添麻烦”是诚心诚意地表示谢罪之意，并且包含着保证以后不重犯、请求原谅的意思。二十七日，毛泽东会见田中时，也问到“麻烦”的问题。田中表示，日方准备按中国的习惯来改。

中日会谈中遇到的另一个问题，就是战争赔款问题。还在田中访华前，中方已向日方正式转告，为了中日两国人民的友谊，中国准备放弃对日本国的战争赔偿要求，并建议将此写入双方联合声明。然而，日外务省条约局长高岛在商谈具体条文时却提出，联合声明中不必再提赔偿问题，因为它从法律上讲已经解决了，日台条约中已宣布放弃要求赔偿的权利。周恩来得知后向田中和大平提出：我们非常欣赏田中首相和大平外相所说的这样一句话，恢复日中邦交应从政治上解决，而不要从法律条文上去解决。从政治上解决，比较容易解决问题，而且可以照顾双方；如果只从条文上去解释，有时很难说通，甚至发生对立。接着，周恩来批驳了高岛的说法，指出：

“当时蒋介石已逃到台湾，他是在缔结旧金山和约后才签订‘日台条约’，表示所谓放弃赔偿要求的。那时他已不能代表全中国，是慷他人之慨。遭受战争损失的主要是在大陆上。我们是从两国人民的友好关系出发，不想使日本人民因赔偿负担而受苦，所以放弃了赔偿的要求。”“毛主席主张不要日本人民负担赔款，我向日本朋友传达，而你们的条约局长高岛先生反过来不领情，说蒋介石已说过不要赔款，这个话是对我们的侮

① 周恩来与田中第2次限制性会谈记录，1972年9月26日。

辱，我们绝对不能接受。我们经过五十年革命，蒋介石早已被中国人民所推翻。高岛先生的说法不符合你们两位（指田中、大平——编者注）的精神。”①

事实上，日台关系问题一直是恢复中日邦交正常化的主要障碍。田中来华前，在公开场合曾多次表示“充分理解”中方关于复交三原则，但出于国内政治上的原因，日方始终没有对三原则之一的“‘日台条约’是非法的、无效的，应予废除”作出承诺。会谈中，日方提出希望对他们国内的处境和困难给予照顾。因此，中方同意在联合声明中不提“日台条约”，而由日方在另外场合声明，作为日中邦交正常化的结果，“日台条约”宣告结束。这样，剩下的问题就是日方在什么时候作此声明了。二十七日，周恩来在同田中、大平会谈时当面问道：从联合声明公布之日起，两国就建交了，双方互换大使需要多少时间？这句话实际是问日方何时采取废除“日台条约”的具体行动。大平明确回答：“我们有决心尽快采取必要的措施。”周恩来表示满意。第二天会谈时，周恩来用中文写下“言必信，行必果”六字交给田中，田中也写下日本旧宪法里的一句话“信为万事之本”交给周恩来。中日双方表明了相互信任的态度。

九月二十九日，《中华人民共和国政府和日本国政府联合声明》签字仪式在人民大会堂隆重举行。周恩来总理、姬鹏飞外长和田中首相、大平外相分别代表本国政府在声明文本上签字。《联合声明》说：“自本声明公布之日起，中华人民共和国和日本国之间迄今为止的不正常状态宣告结束。”“日本国政府承认中华人民共和国政府是中国的唯一合法政府。”“中华人民共和国政府和日本国政府决定自一九七二年九月二十九日起建立外交关系。”“日本方面痛感日本国过去由于战争给中国人民造成的重大损失

① 周恩来与田中第2次限制性会谈记录，1972年9月26日。

的责任，表示深刻的反省。”“中华人民共和国政府宣布：为了中日两国人民的友好，放弃对日本国的战争赔偿要求。”① 签字仪式后，大平外相举行中外记者招待会，宣布：作为日中邦交正常化的结果，“日台条约”已失去了存在的意义，可以认为该条约已经完结，驻台湾的原日本大使馆处理善后事宜后将予关闭。

从这一天起，中日关系的历史翻开了新的一页。

一九七二年内，中国同世界上十八个国家建立了外交关系或实现外交机构升格，其中包括许多重要的西方国家，这是自新中国成立以来同外国建交最多的一年。这样巨大的突破，在“文化大革命”的动乱年代中取得，是更加不容易的。由此，人民共和国的对外关系和对外友好交往，打开了前所未有的新局面。

① 《中华人民共和国政府和日本国政府联合声明》，1972 年 9 月 29 日。

七十二、四届人大“组阁”之争

中共十大以后，召开第四届全国人民代表大会的问题又重新提了出来。

一九七三年九月十二日，根据毛泽东的意见，周恩来主持政治局会议讨论四届人大的各项准备工作。会议商定，中央在近期内发出关于召开四届人大的通知，并开始进行修改宪法草案的工作。同时，在政治局内设立组织工作小组、宪法修改小组和政府工作报告起草小组。周恩来担任政府工作报告起草小组组长。三个小组的工作，预计在十月五日以前进行完毕。① 九月十四日，周恩来向毛泽东汇报政治局会议情况，提出：“这些程序如果进行得顺利，四届人大正式会议开五六天就能解决问题。”②

几乎在筹备四届人大的同时，在中央政治局内结成“四人帮”的江青、张春桥、王洪文、姚文元，又向抱着重病支撑工作的周恩来发难。

九月十二日，周恩来陪同来访的法国总统蓬皮杜出席专场文艺晚会。晚会上，外交部礼宾司经请示周恩来同意，将原拟演奏的乐曲《大海航行靠舵手》临时改为“文化大革命”前由李劫夫谱曲的《我们走在大路上》。乐曲奏过，在场的江青大为不满，

①② 周恩来就中央政治局会议情况给毛泽东的报告，1973 年 9 月 14 日，手稿。

责令参加晚会演出的中国舞剧团作出检讨。当得知改奏乐曲一事是根据“总理指示”后，江青马上写信给张春桥、姚文元等人说：“在这样场合下犯这样的错误，实在令人气愤”，“这是为林彪一伙翻案的行为”。① 对这封信，张春桥、姚文元都表示“同意”。

江青集团在北京及各地的亲信和骨干分子也大肆活动。他们借“评法批儒”，批判所谓“兴灭国”、“继绝世”、“举逸民”，把矛头对准许多正在恢复工作的老干部和全力推进这项工作的周恩来。在江青一伙授意下，在报刊上发表的一些文章以更加露骨的语言大批“宰相”和“折衷主义”。

周恩来对出现的这些动向是有警觉的。他在可能条件下，批评或制止了一些不利于政局稳定的非组织活动，如迟群在教育系统强行布置“批孔”，浙江造反派头头张永生、翁森鹤煽惑大字报上街等。但是，他并不把主要注意力放在这方面，他考虑得更多的是尽快使那些在“文化大革命”中受到批判或者“靠边站”的老干部重新出来工作。在四届人大即将召开的前夕，这项工作更加重要而迫切。

对在党的十大前后复出的领导人，周恩来想方设法让他们在各种场合露面和见报，实际上是为他们进一步恢复名誉和扩大影响。其中，最重要的是邓小平。三月间，周恩来主持政治局会议，讨论并通过恢复邓小平党的组织生活和国务院副总理职务的决定，文件下发到县、团级党委，传达到党内外群众。在中央国家机关各部、委负责人会议上，周恩来指出：如果不是把林彪、陈伯达的问题揭发出来，不是粉碎林彪反党集团斗争的胜利，邓小平同志的问题是解决不了的。又说：邓小平同志身体很好，根据中央政治局的决定，邓正式参加国务院业务组工作，并以国务

① 江青给张春桥、姚文元等人的信，1973年9月14日。

院副总理身份参加外事活动，当中央政治局讨论重大事项时由邓列席。[①] 不久，周恩来安排邓小平出席外事活动，这就是对外公布邓小平的复职。在中央工作会议上，周恩来重申：中央关于恢复邓小平职务的文件是一个有代表性的文件，绝大多数同志都是满意的。今天的会议，小平同志出席了，同样情况的，还有其他一些人也出席了会议。[②] 在一些外交场合，周恩来把话说得更透。这年秋天，他陪同加拿大总理特鲁多在外地参观时，向他们介绍邓小平说：这是一位将来会成为很重要人物的领导人。[③] 邓小平的复出，引起了海内外极大关注。

对其他老一代领导人，周恩来也努力为他们创造“出面”的机会。十大召开前夕，周恩来多次嘱告体育部门：“比赛过程中，多请董老、朱委员长、陈云、邓小平、李富春、徐向前、聂荣臻、乌兰夫、谭震林、李井泉等分别日期去看。”[④] 在审定出席重要比赛开幕式、闭幕式的领导人名单时，周恩来又提出：“还应加董代主席、朱委员长、国务院几位副总理、军委副主席。”[⑤]

此外，不管是治病期间还是离京外出，周恩来都书面报告毛泽东，由叶剑英代他主持中央的日常工作。

一九七三年十二月，根据毛泽东的建议，他积极安排邓小平担任中央政治局委员、中央军委委员的任职程序，并亲笔草拟中共中央关于邓小平的任职通知。

中共十大前后，有关部门根据周恩来的指示，着手解决在

① 周恩来在中央国家机关各部、委负责人会议上的讲话记录，1973 年 4 月 1 日。

② 周恩来在中央工作会议第 1 次全体会议上的讲话记录，1973 年 5 月 20 日。

③ 访问奥德丽（加拿大友好人士朗宁之女）谈话记录，1985 年 6 月 7 日。

④ 周恩来审阅外交部、国家体委关于亚非拉乒乓球友好邀请赛开（闭）幕式及宴请、会见等活动的请示报告时的批示，1973 年 8 月 17 日。

⑤ 周恩来在外交部负责人关于出席亚非拉乒乓球友好邀请赛几个问题的补充请示上写的批语，1973 年 8 月 22 日。

请主席阅后批印

是否二十三日

周恩来

22/12 1973

中共通知（草案）

各省、市、自治区党委，各大军区、省军区、野战军党委，军委各总部、各军兵种党委，中央、国家机关各部委领导小组或党的核心小组：

遵照毛主席的提议，中共决定：邓小平同志为中央政治局委员，参加中共领导工作，待十届二中全会开会时追认；邓小平同志为中共军事委员会委员，参加军委领导工作。特此通知。

中共中央

一九七三年十二月二十二日

（此通知可下达到党内外群众）

1973 年 12 月 22 日，周恩来代中共中央起草的关于邓小平参加中央和军委领导工作的通知稿

“文化大革命”中大批遭受迫害、眼下仍被“审查”的党政军高级干部的“落实政策”问题。他们的最后“定案”，要由中央政治局讨论通过。据当时列席政治局会议的负责军队高级将领审查工作的解放军总政治部副主任田维新回忆：

> 按照规定，每个被“解放”的将军最后都要经政治局会议讨论通过。政治局会议一般在下午七时半召开，一次会议通常讨论四位将军的审查结论。每位将军都有一份材料，包括本人的经历、被“打倒”的情况、甄别情况、总政的审查结论。个别的还要附上必要的证明材料。这些材料，与会的政治局委员人手一份，讨论之前先浏览一遍。当时的政治局会议都是由周恩来总理主持。材料发完，周恩来便宣布：“大家先把材料看一看。”在讨论老将军们“解放”问题的政治局会议上，争论之激烈、时间之漫长，真令人难以忍受。发难的就是“四人帮”，尤其江青和张春桥为最甚。这样，从下午七时半开始的会议，往往到半夜十二时也结束不了，通常吃过夜宵后一直讨论到凌晨三时才结束。周恩来主持这样的政治局会议，说话不多，却对每个人的态度都了如指掌。他从不在会上与江青公开争论，但是如果江青诬人太甚，帽子扣得太大太多，周恩来就会及时地出来说话。他常用很简洁的语言，把事情的来龙去脉述说一遍，然后反问一句：“这个事能扣这个帽子吗?”经周恩来这么一反问，江青常常就哑口无言了。如果被“解放”的某个干部确实有缺点失误，江青一伙就会趁机无限上纲。这种时候，周恩来常常会说上几句：“这不算个什么错误嘛，这是工作中的问题，谁都会有这样的问题。”轻轻几句话，便将江青一伙扣的大帽子不动声色地顶了回去。某个问题，周恩来感到需要谁支持一下，

便会及时点将："剑英，你说呢?"尽管周恩来竭尽所能，但由于江青一伙的发难，前后一百七十五位将军"解放"的问题在政治局讨论时，没有几个是顺利的。①

叶剑英当年曾作了一首小诗，抒发自己参加讨论"解放"干部的政治局会议时的感受："一匹复一匹，过桥真费力，感谢牵骡人，驱驮赴前敌。"② 他所说的"牵骡人"，指的就是周恩来。

江青等人在这时候百般阻挠对老干部的解放，也同即将召开的四届人大有密切的关系。种种迹象表明，在围绕四届人大的关键问题——人事安排上，将不可避免地要发生一场尖锐的斗争。

一九七四年，"文化大革命"进入第九个年头。这一年从一开始就是不平静的。

元旦当天，中央"两报一刊"联合发表社论，提出"要继续开展对尊孔反法思想的批判"，"批孔是批林的一个组成部分"；强调"党委要抓大事"，"大事不讨论，埋头于小事，这样很危险，势必要搞修正主义"。③

一月十二日，王洪文、江青致信毛泽东，建议转发由"北京大学、清华大学大批判组"汇编的《林彪与孔孟之道》（材料之一），说这份材料"对当前继续深入批林批孔会有很大帮助"。十八日，经毛泽东批准，中共中央转发了这一材料，全国由此展开一场声势浩大的"批林批孔"运动。

在这前后，江青还以个人名义给空军领导机关写信，要求进行"批林批孔"。她找迟群等人谈话，派他们到海军、空军等单

---

① 谢国明：《一百七十五位将军的"解放"》，《周恩来的最后岁月》，中央文献出版社 1995 年 12 月版，第 315—316 页。

② 《叶剑英诗词选集》，人民文学出版社 1991 年 9 月版，第 182 页。

③ 《人民日报》、《红旗》、《解放军报》社论：《元旦献词》，《人民日报》，1974 年 1 月 1 日。

位“点火放炮”。在致国务院文化组负责人的信中，江青提出：“我希望文化组的批林批孔运动能开展、深入下去，开花结果。”一二月间，江青连续以个人名义给中央国家机关、军队领导机关和连队、科研部门以及下乡知识青年等写信，送材料，向迟群等人散布攻击周恩来的言论。她甚至直截了当地告诉迟群：“你们都是我的炮队。”①

一月十七日，《解放军报》刊登一篇根据周恩来、叶剑英一九七三年五月在空军党委扩大会议上的讲话精神而写的文章：《既要讲批评，又要讲谅解》。文章强调要加强领导班子内部的团结。二十八日，江青、张春桥、王洪文召集有关新闻单位开会，指责这篇文章“很坏”，并布置写反驳文章。在他们授意下发表的文章称，《既要讲批评，又要讲谅解》一文“离开批林批孔斗争的大方向来讲团结问题”，“大讲谅解，貌似全面，实际上宣扬了折衷主义、中庸之道”。② 他们所攻击的对象是不言而喻的。

一月二十四日、二十五日，在江青策动下，在北京先后召开中央军委机关和驻京部队、中央和国务院直属机关“批林批孔”动员大会。周恩来出席并主持了二十五日下午召开的中央和国家机关大会，但他是直到当天上午十一时才知道要开这次会议的。③

在有一万人参加的“一·二五”大会上，迟群等按照江青的旨意，发表长篇煽动性讲话。他们借宣讲《林彪与孔孟之道》的材料，大谈所谓“抓大事”、“反复辟”的主题，说“修正主义仍

---

① 在北京市中级人民法院合议庭上公诉人赵世如对被告人迟群所犯罪行的发言，1983 年 2 月 5 日，《历史的审判》（续集），群众出版社 1986 年 9 月版，第 36、51 页。

② 《解放军报》，1974 年 2 月 15 日。

③ 周恩来关于通知在京中央政治局成员参加中央国家机关批林批孔动员大会的批示，1974 年 1 月 25 日。

然是当前的主要危险”，不抓“大事”而埋头“小事”就要变修。会上，江青、姚文元也不断插话，提出：“不准批孔就是不准批林”，“凡是主张中庸之道的人，其实是很毒辣的”。迟群等人还声称，“批林批孔”要联系的现实之一，就是揭批“走后门”，“‘走后门’实际上就是对马列主义的背叛”。[①] 在江青一伙长达几个小时的发言中，周恩来、叶剑英等始终保持沉默，一言不发。

郭沫若自“批孔”以来一直受到非难，精神压力很大。“一·二五”大会，郭沫若也出席了，并且被江青点了名。当晚，周恩来派人到郭家，详细传达了他对保护郭沫若安全的几点指示。三十一日，周恩来又到郭老家里看望。[②]

红军老战士李坚真回忆说：万人大会后过了几天，我去看望总理，我说，现在这些事，我真跟不上啦。总理语重心长地对我说：斗争是复杂的。现在我们要好好学习马列著作和毛主席著作，我现在正在学呢！说罢，扬了扬手里的文件。总理讲话时，语调是那样坚定，目光是那么深沉。[③]

当时担任中联部负责人的耿飙回忆：“一·二五”大会后的一个傍晚，他来到中南海西花厅周总理办公室，向总理谈起中联部运动的情况，认为有人无中生有，借题发挥，被江青抓住，在“一·二五”大会上点了他的名，他想辞职不干了。周总理听后说：“耿飙同志，我送你三句话。第一，人家要打倒你，不论怎么打，你自己不要倒；第二，人家要赶你，不管他怎样赶，你自己不要走；第三，人家整你，不管他怎样整，你自己不要死。”

① 江青、姚文元、迟群等在中央直属机关和国家机关批林批孔动员大会上的讲话，1974 年 1 月 25 日，录音记录稿。

② 周恩来办公室台历，1974 年 1 月 24 日、31 日。

③ 李坚真：《永恒的怀念——献给敬爱的周总理》，《南方日报》，1977 年 1 月 9 日。

周总理这番发自肺腑的话，使他顿时豁然开朗。①

周恩来这些话，也是他自己的内心独白。半年多以前，他同邓颖超会见表妹王去病时，曾有过这样一段对话：

周：你在单位里人家晓不晓得你是我的亲戚？

王：我填表时从不填和总理的关系，所以单位里并不晓得。

周：你为啥不填和我的关系呢？

王：我可以努力做好自己的工作，但在思想上并不能保证永远跟上形势，不出差错。倘若犯了错误，会连累总理的。

周：我也会连累你们啊！

王去病回忆说：当时，我并不理解总理讲这句话的含义。后来知道“四人帮”对总理的迫害，才恍然大悟，理解了总理当时的心情。②

“一·二五”大会后，江青等又制造了一系列事件：

一月二十九日，根据江青的布置，《人民日报》发表文章，批判经周恩来批准来华的意大利摄影师安东尼奥尼拍摄的纪录片《中国》。

一月底，江青借河南唐河县马振扶公社中学一名女学生自杀的事大做文章，认定这是“修正主义教育路线复辟、回潮”的典型。张春桥还针对周恩来认为“马振扶事件”是“个别情况”的看法说：这类“复辟现象”不是个别的。③

二月十日，江青到四机部讲话，用尖刻的语言，指责该部赴

① 石雷：《耿飙在党和国家的生死存亡关头》，《炎黄春秋》，1994年第4期。

② 访问王去病、张福履谈话记录，1986年。

③ 张春桥在周恩来起草的中共中央转发《河南省唐河县马振扶公社中学情况简报》批示稿上的批语，1974年1月29日。

美国考察彩色显像管生产线的成员接受美方所赠礼品玻璃蜗牛是“屈服于帝国主义的压力”，是接受他们把中国的发展说成“蜗牛”式前进的嘲讽，是“崇洋媚外”。她这样做，其实是用来攻击批准引进这项设备的周恩来等，制造出轰动一时的“蜗牛事件”。周恩来冷静地要有关部门进行调查，终于查清玻璃蜗牛是美国人常常用来送人的礼品。这件事也就不了了之。

二月中旬，刘庆棠、于会泳等人秉承江青旨意，在北京举办所谓“黑画”展览。被展出的二百多幅美术作品，都是有关部门根据周恩来指示组织创作、用于装饰宾馆和供外贸出口的。在展览的“前言”中特意提示观众：这些“黑画”的产生，“是得到某些人公开鼓励支持的”，“特别值得我们深思”。

二月间，根据江青出的题目，“梁效”（即“北大、清华大批判组”）写出《孔丘其人》一文。文章含沙射影地刻画一个“言必称仁义，口不离中庸”、“七十一岁，重病在床”的鲁国“代理宰相”孔丘的形象，受到江青等人称赞，认为“写得较生动”、“通俗”，安排在《红旗》杂志和《人民日报》上发表。①

随着“批林批孔”运动的开展，全国局势又动荡起来。造反派们纷纷出动，重新拉起山头，到处制造事端，把攻击矛头指向各级领导干部。许多地方派性再起，人心动荡，生产严重下降。

从一月下旬起，周恩来不得不将很大一部分精力放在处理“批林批孔”中出现的种种问题上，单单一月下旬至三月初的一个多月里，周恩来就主持了十多次政治局会议，讨论“批林批孔”中的问题。他坚持军队首脑机关和作战单位“不搞四大”，“党政机关、生产部门也要有政策界限规定”，各地区、各部门的运动原则上由同级党委“自行处理”，而“不致影响中央、国务

① 江青、张春桥、姚文元对《孔丘其人》送审稿的批语，1974 年 3 月 26 日、27 日、28 日。

院、军委日常工作的进行”。①

二月初，周恩来针对“一·二五”大会后一些地方和机关大批“走后门”的情况写信给毛泽东，提出：在“批林批孔”中，如果“只研究‘走后门’一个问题，这又太狭窄了，不正之风决不止此。而‘走后门’又要进行分析，区别处理，才能收效。”②十五日，毛泽东批示：“现在，形而上学猖獗，片面性。批林批孔，又夹着（批）‘走后门’，有可能冲淡批林批孔。”同时指出，迟群等人在“一·二五”大会上的讲话“有缺点，不宜向下发”。第二天下午，周恩来找迟群、谢静宜谈话，明确告诉他们：毛主席讲的“形而上学猖獗”是批评江青的。二月二十日，中共中央发出通知，提出对“走后门”问题应该进行调查研究，确定政策，放在运动后期妥善处理。

过度的操劳和不断的折磨，使两年前就已诊断患有癌症的周恩来病情愈加严重了。从三月上旬起，周恩来每天便血达到一百多毫升。医疗组决定对周恩来的病症做进一步检查治疗。三月八日，周恩来在医疗组所拟检查治疗方案上作了详细阅改和批注，他特别提出：“根据目前情况，病者倾向于这次不作手术切除。”随即，他又致信叶剑英、张春桥、汪东兴，表示：“治疗方针仍按照你们原报告在这次施行膀胱镜检查，如可能仍采用通过膀胱镜进行电灼或者电切除；如因病情变化，需采用手术切除，则此次不予考虑，以后再议。”③ 当天，叶剑英看后批道：“我和卞

① 周恩来就中央政治局会议讨论批林批孔运动情况给毛泽东的报告，1974 年 2 月 1 日，手稿。

② 周恩来就中央政治局会议讨论批林批孔运动情况给毛泽东的报告，1974 年 2 月 6 日，手稿。

③ 周恩来就医疗组拟定的《检查治疗方案》致叶剑英、张春桥、汪东兴的信，1974 年 3 月 8 日，手稿。

（志强）、张（佐良）两大夫共同阅看了一遍，我赞成这一方案。”根据批准的治疗方案，十一日至十五日，周恩来到解放军三〇五医院作全面检查，确诊是癌症有新的发展。

周恩来不同意在这个时候住院做大手术，是因为政治局内部的斗争正处在重要时刻。在这种情况下，周恩来毅然把个人的一切置之不顾，每天靠输血和其他治疗坚持工作。

三月中旬，出席联合国大会第六届特别会议的代表团人选问题，已经提上议事日程。这一届联大特别会议，参加的大多是各国首脑。在周恩来病势加重、四届人大即将召开之际，由谁代表中国政府出席这次会议，将产生重大的政治影响，是各方面所瞩目的。毛泽东敏锐地看到问题的实质所在。三月二十日，他在审阅外交部关于出席联大特别会议的代表团人选的请示报告后提议：由邓小平担任代表团团长。他并且表示，这件事不要说是他的意见，可以先由外交部在给中央的报告中提出，报请政治局批准。同一天，他答复江青的求见信说：“不见还好些。过去多年同你谈的，你有好些不执行，多见何益？”“你有特权，我死了，看你怎么办？你也是个大事不讨论、小事天天送的人。”

三月二十四日，周恩来接到外交部重写的报告，立刻表示赞成。同日，毛泽东也圈阅同意这一报告。江青却提出反对意见，蛮横地要求外交部撤回报告。周恩来根据毛泽东的意见，主持召开政治局会议讨论。

由于周恩来事前做了工作，在二十六日的政治局会议上，绝大多数与会成员都赞成由邓小平率团出席联大会议。处于孤立的江青仍固执己见，声称她对这件事“保留意见”。第二天，得知政治局会议情况的毛泽东十分生气，写信告诫江青：“邓小平同志出国是我的意见，你不要反对为好。”当晚，在周恩来主持的会议上，江青被迫表示同意。会后，周恩来写信给毛泽东：“大家一致拥护主席关于小平同志出国参加特别联大的决定。小平同志已于二十七日起减少国内工作，开始准备出国工作。""小平等同志出国安全，已从各方面加强布置。四月六日代表团离京时，准备举行盛大欢送，以壮行色。"①

这是邓小平恢复工作后担负的第一项举世瞩目的重大任务。周恩来十分明白邓小平出席联大特别会议这件事的重要性。他不顾自己身患重病，对各项准备工作抓得很紧很细。三月二十七日、二十八日，周恩来先后召集外交部和民航系统负责人会议，研究赴纽约参加联大特别会议的中国代表团的送迎礼仪和飞行安全等问题。四月初，周恩来又连续主持政治局会议，讨论修改邓小平在联大会上的发言稿，批准中国代表团在联大期间的工作方针。江青、张春桥、姚文元却借口"有病"，拒不参加会议。三日、四日，周恩来和邓小平联名写信给毛泽东，报告在联大发言稿的讨论修改情况。四日，毛泽东在周、邓两人信上批道："好，赞同。"第二天一早，周恩来立刻转告邓小平、乔冠华，并嘱咐外交部将毛泽东的批件影印若干份，分送政治局成员传阅后归档，以防江青一伙日后再在这个问题上制造事端。②

四月六日清晨，病情正在恶化而又通宵未眠的周恩来驱车前往首都机场，为邓小平等送行。在邓小平代表中国政府出席联合国大会这个问题上，江青一伙以失败告终。

邓小平出国后，每天靠输血和其他治疗维持体力的周恩来依然超负荷地工作。这段时间里，他直接过问和处理在"批林批孔"中出现问题的省、市、自治区和国家机关就有：新疆、浙江、江苏、上海、山西、江西、吉林、福建、湖北、四川、安徽、广东、湖南、山东、云南以及国家体委、民航总局、四机

---

① 周恩来就邓小平率团出席联大特别会议事给毛泽东的报告，1974 年 3 月 27 日，手稿。

② 周恩来致邓小平、乔冠华的信，1974 年 4 月 5 日，手稿。

部、解放军军政大学等。

这时，海外舆论也对中国国内的“批林批孔”纷纷猜测，尤其注意周恩来的言论行止。四月二十二日，周恩来会见日本自民党前众议员川崎秀二。川崎提出，西方一些报道认为中国开展批孔，也牵涉到周总理，日本朋友对此感到担心。周恩来表示：我们从五四运动起，就提出“打倒孔家店”的口号。孔子思想在中国社会已影响了两千多年，批判并肃清这种影响对中国人民来说是一件大事，并且是长期的、艰巨的任务。在批孔的同时，还要对历史上改革派的思想进行宣传。当然我们不是继承法家，今天马列主义哲学思想已远远超过了法家。① 五月十一日，外电注意到周恩来没有像以往那样去机场迎接巴基斯坦总理布托，而是同邓颖超一起在宾馆迎候来宾。第二天中巴总理举行会谈前，回国不久的邓小平副总理首先建议：遵照医生的劝告，周总理参加今天的会谈最好不超过一个小时，是不是在周总理参加时把主要问题先谈。② 在这前后，外交部还授权向来华访问的塞内加尔总统桑戈尔、塞浦路斯总统马卡里奥斯解释：周总理年事已高，身体不好，医生让他尽量减少外事活动。对这些，外国驻京记者都进行了报道。

五月二十四日晚上，身体极为虚弱的周恩来坚持增加一次外事活动：会见美籍华人物理学家李政道夫妇，时间又超出医生规定的一小时。十一年后，李政道回忆这次会见的情形：

> “我第二次与周总理长谈是在一九七四年五月，那时他身体已不太好。那次主要谈教育工作，当时‘四人帮’都参加了，还有邓小平。这次会见的背景是，一九

① 周恩来会见日本自民党前众议员、日本世界青少年交流协会会长川崎秀二谈话记录，1974 年 4 月 22 日。

② 周恩来、邓小平与巴基斯坦总理布托会谈记录，1974 年 5 月 12 日。

七四年我回国到上海，在那里看到不要说基础科学，连教育也几乎没有了。我就写信向周总理反映我的意见，说：我在上海听人家谈到芭蕾舞学校的情况，学生从小入学，学语言、参加劳动，但跳芭蕾舞不能停。此事对我有启发。难道科技发展反而不如跳芭蕾舞？既然学芭蕾舞不能停，学科技的学生也不应脱产专门劳动几年，而应改为每天早晨劳动半小时。另外，培养科技人才也不能每人都一样，应选择优秀青少年（因每人先天条件不同，环境不同，有个别差异）使之早入大学，加以培养。我的信交上去一星期，周总理就提出要见我。会见中，周总理说：本来没有安排见你，看了你的建议，认为非常重要，立即排出大字版送毛主席参阅。周总理说完便把麦克风交给我，要我向在场的人说明我的建议。这时会场空气紧张，‘小四人帮’也在座，人很多，围坐了三圈。我讲完后，‘小四人帮’中的一员毫无礼貌地质问我，要同我辩论（看来此人是有准备的）。她问：‘拔尖子的目的在哪儿？’我答：‘目的是为人民服务。’当时会上情况不正常，他们在私下里议论。周总理制止说：‘不许开小组会。’会上没有人能说跳芭蕾舞重要而科学研究不重要。结果他们表面上被说服，少年班可以试办。会议开了一个半小时，周总理宣布会议‘到此结束’。”“周总理对教育非常关心。虽然这时他的身体已很不好，也知道说服那些人非常困难，但他还是尽量说服他们。少年班有周的支持，‘种子’是种下了，可是还有人控制此事，他们有阴谋，对这件事进行歪曲。”①这样借用外国友人的话，来批评“文化大革命”中的一些荒

① 访问李政道谈话记录，1985年6月6日。

谬言行，是周恩来常用的一种斗争方式。“文化大革命”期间多次受到周恩来接见的美国朋友韩丁（威廉·欣顿）曾谈到一九七一年五月间的一件事：

“这一年五一节，各种文艺演出都是反映抗日战争、解放战争的，而从一九四九年到一九七一年这一段社会主义建设时期的内容却没有反映，而且演出的节目都千篇一律，看了一个戏等于别的戏都看了。我对此很有意见。在一次讨论文艺问题的会上，张春桥、姚文元也在座，周总理就请我发表上述意见，这使张春桥等人很恼火。实际上周同意我的意见。这就是他这位伟大的外交家和心理学家的做法。有时他发现我们讲的话有用，就用这些话来反映他的某种观点。他所做的事都是有目的的，并且每次他都达到了某些目的。”①

五月二十九日傍晚，周恩来和李先念一起在人民大会堂同来访的马来西亚总理拉扎克举行会谈。这时周恩来的身体已非常虚弱。为了预防意外，医护人员做好了随时抢救的准备。这是周恩来最后一次同外国首脑举行的正式会谈。三十一日，在周恩来入院施行手术的前一天，他和拉扎克分别代表本国政府签署了中马两国建交公报。这对改善中国同东南亚国家的关系，是一个重要突破。以后，中国同菲律宾、泰国的建交公报也都由周恩来亲自签署。

周恩来是在等候邓小平参加联合国特别会议归来、又处理完手头几件重要事情后，才同意入院施行手术的。

一九七四年六月一日，是一个令人难忘的日子。这一天，根据中央政治局批准的医疗组意见，周恩来告别他工作、生活了二十多个春秋的中南海西花厅，住院进行手术治疗。离开西花厅

① 访问韩丁（威廉·欣顿）谈话记录，1985 年 5 月 31 日。

前，周恩来嘱咐秘书带上他要看的书籍和待批的文件，口授了“六月一日后对送批文件的处理意见”。临上汽车时，周恩来似乎又想起什么。他走回自己的办公室，细细地凝视室内他所熟悉的每一件物品。当天下午，载着七十六岁高龄的共和国总理的汽车驶离中南海，开进位于北海公园西侧的中国人民解放军三〇五医院。在这里，周恩来将度过他生命的最后时刻。

周恩来在住进医院的当天就施行了一次大手术。术后病情有所好转。当身体刚刚恢复一些，周恩来又开始挂念国内外的各种事情。

六月四日，他嘱托医护人员转告秘书：通知有关部门保护好援助柬埔寨的物资，以免运输途中因刮风下雨而遭受损失。不久，他又要工作人员写信给即将出国参加世界卫生组织会议的天津医学院妇科主任俞霭峰，要俞遵循中央制定的外交方针和政策，不卑不亢，以礼相待，防止大国沙文主义和妄自尊大，搞好学术交流工作。

周恩来住院后，他的两名卫士守在医院值班，另外两个秘书留在办公室。秘书按照他的交代，每天把挑选出来的重要文件交给邓颖超带去医院。年已七旬的邓颖超天天去医院，有时为了及时把文件送到，需要上下午各跑一趟。承受着身心双重巨大压力的邓颖超，毅然担当起这个责任。①

七月五日上午，周恩来在医院会见了他住院后的第一批外宾：美国民主党参议员亨利·杰克逊和夫人。他告诉杰克逊：我这一段时间确实有病，毛主席要我疗养、休息，因此六月的一个月里没有见客人了。外国客人、中国同志都没有见。你这次来，

① 高振普：《在总理和大姐身边成长》，《周恩来和他的秘书们》，中国广播电视出版社 1993 年 3 月版，第 480 页。

没有计划让我出面。但了解到你的要求，请示了毛主席，同意我见你，也报告了党中央。[①] 第二天，《人民日报》在头版刊登新华社发出的消息："周恩来总理今天上午在医院会见了美国民主党参议员亨利·杰克逊和夫人。周总理请杰克逊参议员回国后转达他对尼克松总统和基辛格国务卿的问候。"在这篇报道旁边，还有新华社记者拍摄的周恩来和美国客人的合影。照片上的周恩来面容憔悴。

周恩来住院的消息一公布，立刻牵动全国亿万人民的心。人们怀着极为关切的心情，注视着报纸上偶尔登载的周总理在医院会见客人的消息。他们端详着总理的照片，悄悄议论着总理的病情。一封封热情洋溢的慰问信、慰问电，一份份凝聚着血和泪的决心书、保证书，一付付药方，一包包药品，也从祖国各地源源不断地寄到北京。

人民离不开自己的总理，总理也放不下人民。

周恩来的秘书钱嘉东回忆：

> 一天半夜，我已经睡了，突然电话响起来，总机说是总理找我。我在电话里听到总理的声音。他说：我正在看一份关于粮食问题的材料，觉得有些数字有问题，你明天找有关部门问一问，要他们把确切的数字送来。在这深更半夜的时候，有谁会想到，我们的总理正抱着病体在计算群众吃粮的问题！[②]

七月十六日，周恩来在反映甘肃定西、庆阳两地区灾情的材料上写下批语："口粮不够，救济款不够，种子留得不够，饲料饲草不够，衣服缺得最多，副业没有，农具不够，燃料不够，饮

① 周恩来会见美国民主党参议员亨利·杰克逊和夫人谈话记录，1974 年 7 月 5 日。

② 钱嘉东：《还是让我们谈总理吧》，《周恩来和他的秘书们》，中国广播电视出版社 1993 年 3 月版，第 252 页。

水不够，打井配套都不够，生产基金、农贷似乎没有按重点放，医疗队不够，医药卫生更差等，必须立即解决。否则外流更多，死人死畜，大大影响劳动力!!!”又批：“先发救济口粮款，至少要增加无息长期农贷。”① 这一连串“不够”，是细心的周恩来经过反复计算后得出的结论；他连续画出三个惊叹号，充分表达出他的忧虑焦灼之情。

这时，自称“抓大事”的江青一伙却正忙于继续批“现代的儒”。

六月十五日，江青等人召集“梁效”写作班子成员开会，提出要批“除了林彪、陈伯达以外”的“现代的儒”。江青“启发”在座者说：“难道现在没有儒了吗？如果没有，为什么要批孔？为什么要搞这样大的运动?”“不要以为到社会主义就没有儒了，我们党内就出了不少儒。”② 迟群等人也声称他们所要批的“现代的儒”，“不是指林彪、陈伯达”。③ 六月下旬，江青到天津的一些工厂、农村和部队，继续散布“儒法斗争持续到现在”，煽动要“揪现代大儒”、“批党内大儒”。同时借外国电讯上的说法(即外国驻京记者评论中国“批林批孔”运动时提出的“中国以江青为代表的激进派同以周恩来为代表的温和派之间的斗争还在继续”)，向“梁效”成员进行所谓“路线”交底，暗示周恩来就是她所指的“现代的儒”。④

在这期间，王洪文也借机大批从国外买船的做法，认为这是“迷信外国资产阶级的‘假洋鬼子’”，是“修正主义路线”，把矛头对准周恩来等国务院领导人。

---

① 周恩来对甘肃省定西、庆阳地区灾情材料的批语，1974年7月16日，手稿。

② 江青接见“梁效”（“北京大学、清华大学大批判组”）成员时的讲话，1974年6月15日，记录稿。

③ “梁效”及有关人员的揭发、交代材料，1978年1月22日、7月6日。

④ “梁效”成员的揭发材料，1977年12月14日。

七月十七日下午，毛泽东在中南海召集在京中央政治局成员会议，这是毛泽东离京赴南方前召开的一次重要会议。周恩来也从医院赶去参加。会上，毛泽东严厉批评江青等："不要设两个工厂，一个叫钢铁工厂，一个叫帽子工厂，动不动就给人戴大帽子。"他指着江青说："她算上海帮呢！你们要注意呢！不要搞成四人小宗派呢！""你也是难改呢。"毛泽东当着政治局成员的面宣布："她（指江青——编者注）并不代表我，她代表她自己"，"总而言之，她代表她自己"。[①] 这是毛泽东第一次在党内高层指出"四人帮"的问题。

从这以后的一段时间里，江青一伙攻击周恩来的活动不得不在表面上有所收敛。周恩来抓住时机，抱病继续进行落实干部政策的工作。

七月下旬，在武汉的毛泽东提出，杨成武、余立金、王尚荣和吕正操等人应该出席"八一"建军节招待会，第二天见报。这样，久拖不决的杨成武等人的"案子"才算结束。七月三十一日下午，周恩来、叶剑英、邓小平以及王洪文、张春桥等政治局成员，在中央军委办公地接见杨成武、吕正操等，向他们传达了毛泽东一九七三年十二月关于八大军区司令员对调时的讲话，以及他对罗瑞卿问题和"杨、余、傅事件"所作的自我批评。杨成武回忆说：

> "一九七四年五月二十二日，我们一家人结束了监禁生活，回到北京。（同年七月三十一日）在一个明亮的会客厅里，周恩来总理接见了我。总理第一句话便说：'你回来不容易啊，成武！'接着又说：'林彪一伙是要害你的，如果不是毛主席保护，可能早就没有你了！'""总理在谈了我被解救出来的经过后，又沉痛地

① 毛泽东召集在京中央政治局成员谈话记录，1974 年 7 月 17 日。

说：‘有件事本不想告诉你，但我相信你能经受得住任何打击：你的大女儿不幸在河南滑县被迫害死了！’”“周总理安慰我说：‘战争年代，你多次为党和人民的事业流血。这次，你的亲人又失去了生命，仇恨要集中在林彪一伙身上！’周总理还说：‘在我有生之年，要把你大女儿的问题处理好。’在百忙之中，周总理先后批示过三个有关杨毅（杨成武大女儿——编者注）问题要妥善处理的文件。最后一个文件，竟是在重病中躺在病床上，叫邓颖超念给他听后签发的。”①

吕正操也回忆周恩来这天对他讲的话：

“我进去后，正好总理也进来了。他握住我的手说：‘事出有因，查无实据’，过去的事就过去了，不要在意喽！我见总理面容消瘦，眼里含着泪花，我心里很难过，含泪问他身体情况。他说，动了个小手术，现在已经好了。”②

当天晚上，周恩来出席国防部为庆祝中国人民解放军建军四十七周年举行的招待会，杨成武、吕正操等一批在“文化大革命”中遭受迫害的军队高级将领及其亲属应邀到会。

林彪事件以后，周恩来曾嘱咐贺龙夫人薛明向中央写出贺龙被林彪一伙迫害致死的情况的报告，为贺龙平反做准备。一九七三年十二月，毛泽东也提出当时错整了贺龙。一九七四年一月，周恩来又当面嘱咐廖汉生对贺龙的几个问题写证明材料，以便在复查中弄清事实，作出结论。③ 但是，由于江青等人的阻挠，贺

① 张子申：《杨成武将军访谈录》，中国文联出版公司 1994 年 10 月版，第 162、167、240—242 页。

② 吕正操：《永远怀念周总理》，《怀念周恩来》，人民出版社 1986 年 1 月版，第 63 页。

③ 访问廖汉生谈话记录，1984 年 2 月 18 日。

龙的案子一直拖着没有解决。一九七四年九月，前往武汉陪同毛泽东会见外宾的邓小平回京后，向政治局传达毛泽东关于要抓紧给贺龙平反的指示。政治局委托华国锋、纪登奎代中央起草了一份为贺龙恢复名誉的通知稿。通知稿经过叶剑英、邓小平、聂荣臻修改，在九月中旬送周恩来审阅。九月十五日，在医院中的周恩来对中央通知稿进行认真的修改和审定。他把原稿评价贺龙“几十年来为党为人民的革命事业曾做出重要的贡献”中的“重要”二字改成“重大”。为了推倒林彪一伙强加在贺龙头上的诬陷不实之词，周恩来还指示公安部通过技术鉴定证明所谓“历史信件”纯属伪造，不足为据。九月二十九日，经毛泽东批准，中共中央正式发出《关于为贺龙同志恢复名誉的通知》。

从九月二十八日起，周恩来开始审阅出席二十五周年国庆招待会人员名单。这是一份长达两千多人的名单。接到名单的当天，周恩来就提出应增加原文化部副部长齐燕铭。第二天，他“细细翻阅”名单后，又致信王洪文并中央政治局，提议在爱国人士中再增加起义四将领的夫人，即卫立煌夫人韩权华、程潜夫人郭翼青、张治中夫人洪希厚和傅作义夫人刘芸生，指出：“四夫人对国内外影响也不小。”并告诉说：“因林彪利用东北军一案大搞东北民主人士，现吕正操同志已平反，张学思已死（此案亦应弄清)”，因此，还有必要增加张学良之弟、张学思之兄张学铭。① 同一天，周恩来还审阅了国庆二十五周年招待会上的祝酒词稿。

九月三十日，正好是农历中秋节。这天晚上，人民大会堂宴会厅里灯火辉煌，参加国庆招待会的有国内外四千五百多位来宾。在座位上焦急地等候着的人们议论得最多的话题是：周总理今晚能不能来。七时许，宴会厅东侧入口处的帷幕拉开，水银灯

① 《周恩来选集》下卷，人民出版社 1984 年 11 月版，第 457 页。

齐亮，军乐队奏起《迎宾曲》。周总理及党和国家其他领导人一边鼓掌，一边步入大厅。顷刻间，热烈的掌声响彻全场，经久不息。连有的外国朋友也顾不得礼仪，站到椅子上，以便更清楚地看一看周恩来。

一位当年出席宴会的篮球运动员深情地回忆说：

“一九七四年，周总理因为病重，好长一段时间没有出面了。我和全国人民的心情一样，为周总理的健康担忧，心里总是暗暗地祝愿他老人家能早日康复。”“这一年国庆宴会，我们到会的同志坐在宴会大厅里，气氛明显地与往年不一样，大家都不约而同地惦念着周总理的健康，多么希望敬爱的周总理能出席啊！忽然，掌声雷动，我们敬爱的周总理迈着矫健有力的步伐，走进了宴会大厅。顿时，全场沸腾，中外来宾同声欢呼，一拥而上，围在周总理的周围，都想仔仔细细看看周总理。有的人高兴得情不自禁地喊：‘总理的病好了！总理的病好了！’我和大家一样，压在心上的石头也落下来了。全场都为周总理的出席而万分激动。人们兴高采烈地谈论着见到周总理的幸福心情，宴会厅里久久平静不下来。祝酒时，我仔细地望着周总理，我发现周总理的确是瘦了，头发也变得更灰白了，但他那熟悉的声音却还是那样洪亮有力，多次被全场热烈的掌声所打断，他那炯炯的目光还是焕发着饱满的神采。我心里感到极为宽慰，充满了胜利的信心。当周总理离开宴会大厅时，人们再一次报以经久不息的掌声，向敬爱的周总理告别。这一阵阵热烈的掌声，充分反映了全国人民和全世界人民对周总理的无限热爱和尊敬。”①

---

① 钱澄海：《幸福的回忆，沉痛的悼念》，《体育报》，1977年1月5日。

另一位从事外贸工作的老干部也谈到这个难以忘怀的不寻常的时刻：

> “当周总理出现在人民大会堂宴会厅入口处时，会场内一片激动。周总理登台致词时，在场的人包括许多外宾都拼命鼓掌、欢呼。我禁不住热泪盈眶。我看到，虽然周总理的面容消瘦了一些，但他那简洁的语言、潇洒的风度、铿锵的声音、有力的手势，完全是原来的样子。这使大家的心中燃起了希望：周总理的健康恢复了，不久他将出来领导我们的工作了！我们多么需要周总理啊！”①

周恩来出面主持国庆宴会，不仅使国内人民感到振奋，国际舆论也争相报道，发表评论。一家外国通讯社说：“周总理从夏天入院治疗以来，他的健康情况一直令人担心。”“在这个值得庆贺的中国最大的节日，人们对总理所寄予的信任和期望是何等的巨大啊！”②

然而，怀着良好愿望的人们并不知道自己的总理得的是什么病，更不知道这是周恩来最后一次主持国庆招待会。

回到医院的周恩来尽管疲惫至极，却仍惦记着他审阅过的出席国庆招待会名单上的每一个人。第二天，他发现报纸所登名单中没有卫立煌夫人韩权华，立刻委托邓颖超前往探望。韩权华后来回忆说：

> “当时，我正卧病在床，未能参加国庆招待会。第三天，邓大姐就到家里来看我。并说，总理知道名单上

① 柴树藩：《周恩来与新技术引进》，《我们的周总理》，中央文献出版社 1990 年 1 月版，第 205 页。

② 外交部理论组：《伟大的国际主义战士——回忆周总理同第三世界的深情厚意》，《人民日报》，1978 年 3 月 4 日。

有你，但报纸上没有报道你的名字，我打电话问才知道你病了……我万万没有想到，在几千人参加的宴会名单中，总理还注意到我没有出席。当时，有多少重大的国内外事情等待总理去处理，但总理却为这样一件小事分心。现在回想起总理那时已经身患重病，但他却毫不在意，坚持工作，顽强战斗。更万万没想到，这是我失去了和总理见面的最后一次机会，这是我终生的最大憾事。”①

国庆节刚过，在武汉的毛泽东向中央提出建议：由邓小平出任国务院第一副总理。同时，毛泽东还提出召开第四届全国人民代表大会的意见。显然，这是毛泽东经过反复考虑后作出的一个重要决定。在周恩来病重的情况下，由邓小平出任第一副总理，等于确定了接替周恩来主持国务院工作的人选。这是江青一伙无论如何也不能接受的。

十月六日晚上，江青迫不及待地赶到三〇五医院，当面向周恩来提出她对四届人大人事安排的“意见”。刚接待完外宾还没有恢复疲劳的周恩来，以极大的克制和耐心同江青谈了整整两个钟头。② 六年后，王洪文在法庭上讲到这件事：“（一九七四年十月六日）政治局开会之后，江青把我留下对我讲，她去看了总理，她向总理提出关于四届人大人选问题，主要讲了总参谋长的人选问题，总理不表态支持她。她就向我声明，说‘我保留我提名观点’，并且还说总理在医院里经常找人谈话，谈得很晚。经

---

① 韩权华：《周总理是贯彻执行毛主席统一战线政策的光辉典范》，《中国新闻》，1977 年 1 月 22 日。

② 周恩来卫士记录的《首长活动日记》（1974 年—1976 年）。

常到总理那里谈话的有叶剑英、邓小平、李先念。”① 事情很清楚：因为第一副总理已经由毛泽东提出人选，“四人帮”便把眼睛盯住“总参谋长”这一军队中的重要职务，但又碰了壁。

几天后，根据毛泽东的意见，中共中央正式发出在近期内召开第四届全国人民代表大会的通知，其中转达了毛泽东的意见：“无产阶级文化大革命，已经八年。现在，以安定团结为好。全党全军要团结。”

然而，以江青为首的“四人帮”却在继续加强他们图谋“组阁”的步骤。

十月十四日，江青从新华社的内部刊物《国内动态清样》上看到有关“风庆”轮事件的报道，其中有批判“造船不如买船，买船不如租船”的所谓“洋奴哲学”的内容。江青立刻挥笔批道：“试问，交通部是不是毛主席、党中央领导的中华人民共和国的一个部？国务院是无产阶级专政的国家机关，但是交通部确有少数崇洋迷（媚）外、买办资产阶级思想的人专了我们的政。”“这种洋奴思想、爬行哲学，不向它斗争可以吗？”“政治局对这个问题应该有个表态，而且应该采取必要的措施。”

江青批示后，王洪文、张春桥、姚文元、康生都表示“完全同意”江青的意见，要求抓住“风庆”轮这件事“批判修正主义路线”，“对交通部进行彻底检查整顿”。② 形成鲜明对照的是，邓小平只在这份材料上画了个圈，周恩来也不过在江青派人专送的传阅件上批了“已阅”两个字。

“四人帮”多次攻击买船，是怎么一回事呢？“文化大革命”

---

① 在最高人民法院特别法庭一审江青时王洪文出庭作的证词，1980 年 11 月 26 日，《中华人民共和国最高人民法院特别法庭审判林彪、江青反革命集团案主犯纪实》，群众出版社 1982 年 4 月版，第 120 页。

② 江青、王洪文、张春桥、姚文元、康生在《国内动态清样》（1974 年 10 月 13 日）上的批示，1974 年 10 月 14 日、26 日。

期间在周恩来身边工作的顾明说：

“‘文化大革命’中，周总理是坚决主张买船的。七十年代初，石油能源危机影响到世界各国，使运输业萧条，船队运输也不景气，八成新的船用原价百分之五十就可以买到手，一条万吨级的轮船花原价百分之二十就能买来。于是，周总理提出要买一批船，以加强我们自己的运输力量，搞上几年就会连本带利都赚回来。经周总理批准，外贸部门便动用贷款买了一批外轮。为此，‘四人帮’批总理批得很凶。”①

由于周恩来、邓小平都没有理睬江青等人借“风庆”轮一事的纠缠，十月十七日晚，在中央政治局会议上，江青一伙突然向邓小平发难。江青首先站起来就“风庆”轮一事质问邓小平，要邓小平当场表明态度，承认这件事是所谓“崇洋媚外”、“洋奴哲学”。邓小平严词反驳道：“对这件事我还要调查，不能搞强加于人，一定要赞成你们的意见！”于是，张春桥、姚文元一起指责邓小平。江青更是对邓小平大肆攻击和谩骂。邓小平忍无可忍，愤然退场。当夜，“四人帮”在一起碰头，要王洪文去长沙，向在那里养病的毛泽东“告状”。

第二天，王洪文背着周恩来和中央政治局多数成员，飞赴长沙。见到毛泽东后，他按照事先同江青等商量好的意见，硬说邓小平仍在继续推行“造船不如买船”，北京现在大有庐山会议的“味道”。并且说，周总理虽然有病，但昼夜忙着找人谈话，经常去总理那里的有邓小平、叶剑英、李先念等。他们频繁来往，一定和四届人大的人事安排有关。

毛泽东听了王洪文的“汇报”，对他们的“告状”十分不满，当即批评王洪文：有意见当面谈，这么搞不好！要跟小平同志搞

① 访问顾明谈话记录，1987年2月26日。

好团结。又说，你回去后，要多找总理和剑英同志谈谈，不要跟江青搞在一起，你要注意她。两天后，毛泽东又提出：总理还是总理，四届人大的筹备工作和人事安排由周总理和王洪文主持，同各方面商量办理；开人大的时间除了看准备情况外，还要视总理病情而定。他告诫王洪文、张春桥、姚文元三个人，不要跟在江青后面批东西。毛泽东建议：邓小平任第一副总理兼总参谋长。王洪文来的时候没有这么明确，现在再明确一下。

这时，在北京三〇五医院的周恩来也不断地约人谈话，了解这次政治局会议争论的情况。他说："风庆"轮事件并不像江青他们所说的那样，而是他们预先计划好了要整小平同志，小平同志已经忍耐很久了。

频繁的会客、谈话和批阅文件，使手术后不久的周恩来难以得到正常的休息。医疗组不得不再次写报告给政治局有关成员，提出："连续会客、谈话及批阅文件后，影响白天休息及夜间睡眠。最近几天显得疲劳，恩来同志自己也感到精力不足。建议最近期间减少送阅文件及会客次数，并缩短谈话时间。"①

可是，周恩来的工作量不但没有减少，反而更加重了。

十一月一日至三日，周恩来分三批约在京政治局成员开会，解决"风庆"轮事件的问题。以后，他致信毛泽东，汇报一个月来四届人大各项准备工作的情况。信中说："人事名单估计十一月下旬可搞出几个比较满意的人选"，"我积极支持主席提议的小平为第一副总理，还兼总参谋长"。对自己的病情，他在信中表示："我的身体情况比七月十七日见主席时好多了，只是弱了些，如果十二月能开人大，定能吃得消"；"最希望主席健康日好，这

① 周恩来医疗组就施行第2次手术后周恩来身体恢复情况给王洪文、叶剑英、张春桥、汪东兴的报告，1974年10月。

一过渡时期，只有主席健在，才能领导好”。① 当天，毛泽东在信上批：“同意。”

十一月十二日，邓小平陪外宾赴长沙去见毛泽东。毛泽东向他了解了十月十七日政治局会议“风波”的情况后，肯定了邓小平的做法，并且批评了江青。同一天，毛泽东写信给江青，警告她：“不要多露面，不要批文件，不要由你组阁（当后台老板）。你积怨甚多，要团结多数。”针对江青提名由王洪文当人大常委会副委员长，毛泽东一针见血地指出：“江青有野心。她是想叫王洪文作（人大）委员长，她自己作党的主席。”毛泽东托人转告周恩来：（人大常委会）朱德、董必武之后要安排宋庆龄；邓小平、张春桥、李先念等可任国务院副总理。其他人事问题由周恩来主持安排。

十二月中下旬，四届人大的准备工作进入最后阶段。十四日，周恩来审阅出席四届人大会议各类代表名额的分配方案后，致信王洪文和中央政治局，建议在现有名单基础上，再增加老干部、外事和体育等方面的名额，并提交政治局审议批准。二十日，他又审阅、修改了由邓小平主持起草的《政府工作报告》稿，表示“基本同意”。二十一日，周恩来召集部分在京中央政治局成员会议，讨论新一届国务院各部委人事安排问题。会上，江青、张春桥等竭力想把他们的亲信安插在文化、教育、体育等部门。会后，周恩来同李先念、纪登奎交换意见，认为教育部以周荣鑫掌管为宜，文化部和体委可作些让步。同一天，周恩来还拟出四届人大常委会委员长、副委员长和国务院副总理名单方案，在副委员长名单中增加了陈云、韦国清二人。② 至此，四届

---

① 周恩来致毛泽东的信，1974 年 11 月 6 日，手稿。

② 吴庆彤注明的周恩来对《拟提四届人大常委会委员长、副委员长名单第一方案》改动意见，1974 年 12 月 21 日。

人大的各项准备工作全部就绪。

十二月二十三日，根据中央政治局的意见，周恩来、王洪文前往长沙向毛泽东汇报四届人大准备情况。行前，医务人员再次发现周恩来便中潜血，需要马上进行检查治疗。周恩来自己也明白，这样远途奔波会使病情恶化。但他以国事为重，坚定地向医生表示："既然把我推上历史舞台，我就得完成历史任务。"① 负责周恩来医疗工作的叶剑英再三叮嘱随周恩来前往的医护人员：为了党和国家的最高利益，不能改变计划，但要想尽一切办法，绝对保证周总理的安全。

当天中午，身体虚弱的周恩来离开三〇五医院，启程去长沙。一位当年跟随周恩来前往的机组人员回忆说：

> 总理跟我过去见到的完全不一样了：他明显消瘦，穿了一件灰呢子大衣，戴一顶蓝呢子帽，还围着围巾，戴着口罩。以前我送总理上飞机，他在舷梯上一步一步地走得很有劲。这次登机时，总理走得很慢，很费劲，而且还有点晃。总理脸上、手上有很多老年斑，端杯子时手还微微发抖。看到这种情况，我的心一下就提起来了。②

下午，周恩来飞抵长沙。王洪文也另机到达。在毛泽东住地，周恩来和王洪文同毛泽东会面。周恩来关切地询问毛泽东的身体状况，毛泽东也很惦念周恩来的病情。从这天起到二十七日，毛泽东同周恩来、王洪文一连进行了四次谈话。鉴于江青等人在筹备四届人大期间的帮派活动，毛泽东严厉警告王洪文：

---

① 吴阶平：《终生难忘的教诲》，《不尽的思念》，中央文献出版社 1987 年 12 月版，第 584 页。

② 汪云现场回忆，电视历史回顾纪实片《伟人周恩来》，第 15 集。

“不要搞‘四人帮’”，“不要搞宗派，搞宗派是要摔跤的”。又说：“江青有野心。你们看有没有？我看是有。”毛泽东提出，江青应该作自我批评，并且要求王洪文写出书面检查。与此同时，毛泽东高度评价了邓小平，说邓小平“政治思想强”，“人才难得”。毛泽东还采纳周恩来的建议，提出在四届人大前召开的中共十届二中全会上，补选邓小平为中央政治局常委、副主席，同时担任中央军委副主席、国务院副总理兼总参谋长。关于四届人大的人事安排问题，毛泽东重申，“总理还是我们的总理”，人大开过后，总理可安心养病，国务院的工作由邓小平去顶。毛泽东还就四届人大常委会委员长、副委员长和国务院副总理、各部部长的人选问题提出一些具体意见。①

十二月二十六日，是毛泽东八十一岁生日。这一天的谈话，只有他和周恩来两个人。相处近五十年的两位老战友，在决定党和国家命运的关键时刻，促膝长谈，直到次日凌晨。毛泽东对周恩来说：“列宁为什么说对资产阶级专政，这个问题要搞清楚。这个问题不搞清楚，就会变修正主义。要使全国知道。”② 毛泽东还谈到，要尽快“解放”一批干部，要安定团结，要把国民经济搞上去。他们还就党和国家领导人员的任职问题交换意见，最终确定中共十届二中全会和四届人大会议上的人事安排方案。在听取周恩来汇报后，毛泽东表示他已经知道江青、张春桥有严重政治历史问题的情况。

不辱使命的周恩来谈话后心情很好，因为事情解决得比较圆满。就这样，毛泽东、周恩来共同作出具有深远意义的“长沙决

① 周恩来起草的在中央政治局常委会议上传达的毛泽东谈话要点，1974 年末至 1975 年初，手稿。

② 毛泽东与周恩来的谈话（关于理论问题），1974 年 12 月 26 日，记录稿。

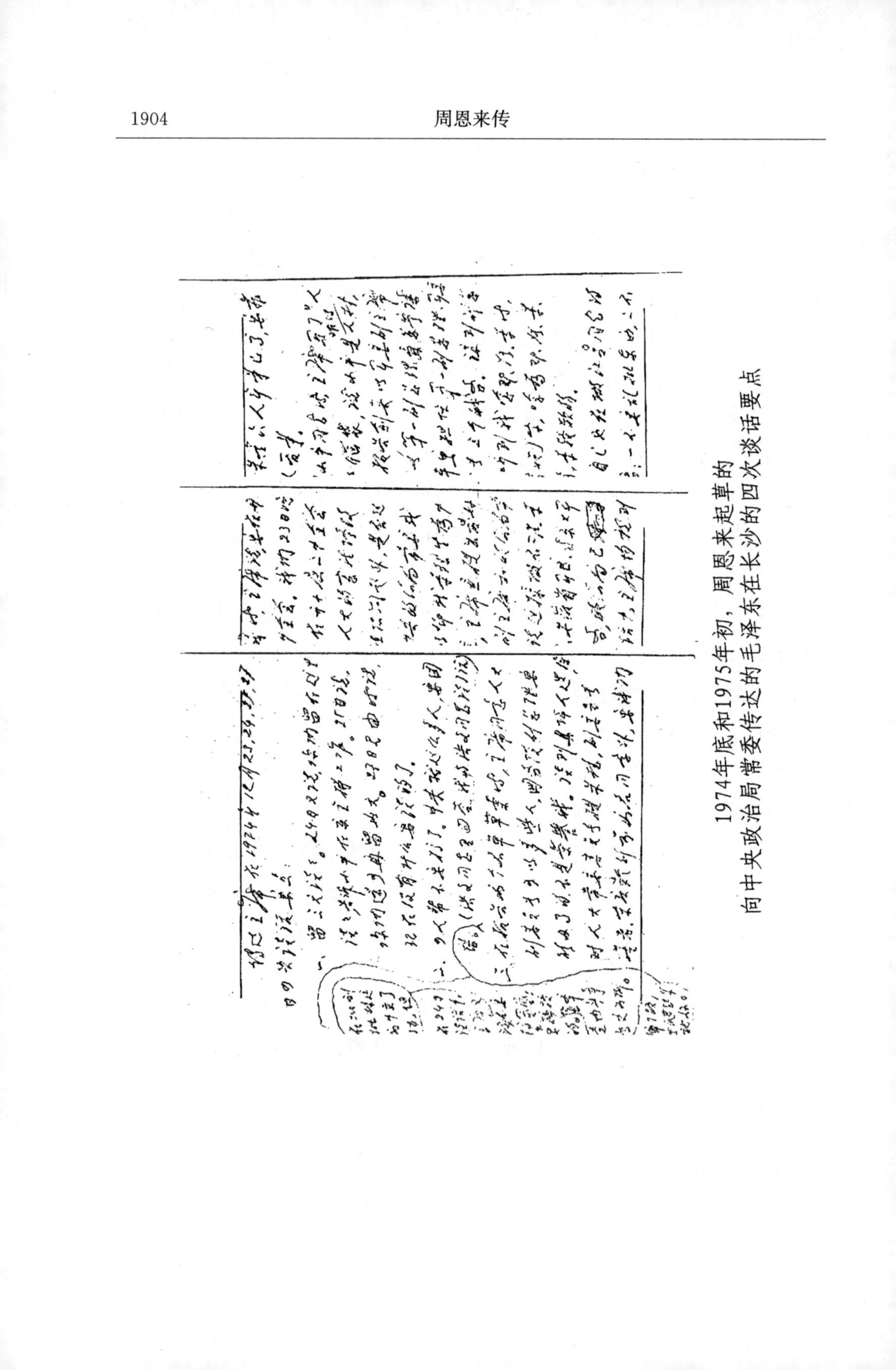

1974年底和1975年初，周恩来起草的
向中央政治局常委传达的毛泽东在长沙的四次谈话要点

策”。以江青为首的“四人帮”长期以来企图“组阁”的阴谋完全破产了。这对以后中国局势的发展和中华民族的命运，有着至关紧要的意义。

七十三、最后的日子

一九七五年一月，周恩来进入他生命的最后日子。他清楚地知道，留给自己的时间已经不多了，必须在这十分有限的时间内尽可能把有关国家前途命运的大事安排好。

一月一日傍晚，他同邓小平进行了单独谈话。随后，就和邓小平一起离开医院，前往人民大会堂主持政治局会议。这次会议根据“长沙决策”，讨论将由四届人大确定的人事安排方案。方案中最重要的是：周恩来继续担任国务院总理；邓小平在十二个副总理中列在第一位，准备在周恩来治疗期间代替他主持中央的日常工作。会议通过由邓小平起草的国务院所属部、委设置和各部部长、委员会主任以及最高人民法院院长人选的报告，决定“基本不动，个别调整”。一月二日、四日，周恩来两次向在长沙的毛泽东书面报告会议情况：“（十届）二中全会拟定在一月八日至十日开会”，“四届人大会期拟定在一月十三日至十八日”。①

一月五日，中共中央发出一号文件，任命邓小平为中央军委副主席兼中国人民解放军总参谋长。在这以前，根据毛泽东、周恩来的意见，邓小平已列席中央政治局常委会议，参与所有重大

① 周恩来就中央政治局会议所议事项写给毛泽东的报告（王洪文签名），1975年1月2日、4日，手稿。

问题的决策。

八日至十日，中共十届二中全会在北京如期召开。全会讨论了第四届全国人民代表大会的各项准备工作，决定将《中华人民共和国宪法修改草案》、《关于修改宪法的报告》、《政府工作报告》和全国人民代表大会常务委员会、国务院成员的候选人名单等，提请全国人民代表大会讨论。全会正式追认邓小平为中共中央政治局委员，选举邓小平为中共中央副主席、政治局常委。①

一月十日晚，周恩来来到京西宾馆，主持中共十届二中全会闭幕式，并致了闭幕词。他说：二中全会闭幕前，请示毛主席有什么话要说，主席讲了八个字："还是安定团结为好。"最后，我还是说主席的话，"还是安定团结为好"。希望中央政治局的工作，各省、市、自治区的工作，解放军的工作，各级革命委员会一直到人民公社的工作，都要遵照主席的指示做好。一九七五年是安定团结的一年，是争取跃进胜利的一年。我相信，在毛主席的谆谆教导下，安定团结，一定会把各项工作做得更好。②

在简短的闭幕词里，周恩来一连讲了四次"安定团结"，表明他对这个问题的不同寻常的关切。

一月十三日晚八时，人民大会堂大厅里灯火辉煌，庄严肃穆。中华人民共和国第四届全国人民代表大会第一次会议在这里隆重开幕了！这是在"文化大革命"期间经过多年的波折和磨难，才得以召开的。四届人大会议共有三项议程：一、修改宪法；二、讨论《政府工作报告》；三、选举和任命国家领导工作人员。

周恩来走上大会主席台，这是一个激动人心的时刻。来自全国各地、各条战线的两千八百多名代表向抱病前来参加会议的总

① 中共十届二中全会公报，《人民日报》，1975 年 1 月 18 日。

② 周恩来在中共十届二中全会上的讲话记录，1975 年 1 月 10 日。

理报以长时间的、暴风雨般的掌声。接着，周恩来代表国务院作《政府工作报告》。《报告》中，他郑重地重申一九六四年在三届人大《政府工作报告》里提出的“两步设想”：“第一步，用十五年时间，即在一九八〇年以前，建成一个独立的比较完整的工业体系和国民经济体系；第二步，在本世纪内，全面实现农业、工业、国防和科学技术的现代化，使我国国民经济走在世界的前列。”①

实现“四个现代化”，是整个《政府工作报告》中最引人注目的地方，也是这篇《报告》的精髓所在。在经历了漫长的“文化大革命”苦难岁月后，重新在全国人民面前响亮地提出这个宏伟目标，使人们心中燃烧起新的希望。其实，对这个问题周恩来已经想得很久很久了。还在一九七一年八月，林彪叛逃事件发生的前夜，正主持起草《政府工作报告》的周恩来曾写了一份《报告》提纲，其中明确地写下：“农业、工业、国防和科技的现代化”。②

进入七十年代后，有着宽广的世界眼光并熟知中国国情的周恩来，常常以一种难以言状的心情，注视着世界经济的迅猛发展，尤其是发达国家科学技术日新月异的变化。当美国总统尼克松将中国称为“世界五大力量”之一时，周恩来表示，中国确实是一个潜在的力量，但不是一个现实的力量。中国的工业水平比美国落后得多，还要奋斗好几十年。在这个问题上要有点自知之明。他还向法国总统蓬皮杜说过，人家说我们是大国，我说不完全是。面积大、人口多，这算是大国。但从经济发展来说，差得很远。如果按人均国民生产总值来说，法国是中国的十多倍。中

① 周恩来：《政府工作报告》（1975年1月13日），《人民日报》，1975年1月21日。

② 周恩来起草的四届人大政府工作报告提纲稿，1971年8月31日，手稿。

国需要几十年的努力，至少要到二十一世纪，才能达到法国现在的水平。① 关于科学技术方面的差距，周恩来也作过具体比较。一次，他对美籍物理学家李政道谈到，在计算机生产上，中国要比日本差三十年。现在我们不了解这方面的情况，白纸一张。这跟整个工业水平、技术水平有关。② 眼看着国际经济和科学技术的竞争日趋激烈，而中国却在“文化大革命”的苦难中白白丧失时机，同世界先进水平的差距在不断拉大，这对周恩来来说，是再焦急不过的事情了！因此，在四届人大会议上向全国人民重新宣布努力实现“四个现代化”的宏伟目标，正是晚年周恩来内心最强烈的愿望。

参加起草《政府工作报告》的顾明回忆说：

“一九七四年冬，小平同志受毛主席委托代恩来同志起草《政府工作报告》，并传达了毛主席的指示。毛主席考虑照顾恩来同志病体的承受能力，要求我们草拟一个三千字左右的《报告》稿。小平同志与‘四人帮’坚决斗争，排除种种干扰，确定了总纲和方针。最后定稿约五千字，经济部分不到两千字。经过大家反复思考，把恩来同志四个现代化建设的一贯思想作为重点来写，与三届人大的《政府工作报告》相衔接。一九七五年一月十三日，在四届人大一次会议上，恩来同志以无比顽强的意志，战胜病痛，激昂有力地向大会作《报告》，全场振奋，掌声雷动，经久不息。我激动得热泪盈眶。恩来同志又一次为中国人民鼓起了建设社会主义现代化强国的斗志。”③

---

① 周恩来与法国总统蓬皮杜会谈记录，1973 年 9 月 13 日、14 日。

② 周恩来会见美籍物理学家李政道谈话记录，1972 年 10 月 14 日。

③ 顾明：《历尽艰辛创四化》，《周恩来和他的秘书们》，中国广播电视出版社 1993 年 3 月版，第 14 页。

一月十七日，四届人大会议闭幕式在人民大会堂举行。会议一致通过决议，批准周恩来所作的《政府工作报告》。根据中共中央的提议，大会决定周恩来为国务院总理，邓小平等十二人为国务院副总理。重病在身的周恩来参加天津代表团讨论时，坦然而又郑重地对大家说：我已经得了癌症，工作的时间不会太长了，这也是自然规律，是不以人的意志为转移的。现在，我正在医院里同疾病作斗争，在可能的情况下，我还要继续和大家一起奋斗，共同实现我们的宏伟目标。

两周后，周恩来在医院里主持召开政治局常委会议，研究新的国务院领导班子的分工。二月一日，他嘱咐国务院办公室主任吴庆彤，请邓小平将国务院各副总理的分工列出，说：有些话小平同志不好讲，由我来讲。

这天下午，周恩来在人民大会堂召集四届人大后的第一次国务院常务会议，审定国务院十二位副总理的分工。邓小平等副总理出席，中央军委常务副主席叶剑英、中国科学院院长郭沫若列席。会议确定邓小平“主管外事，在周恩来总理治病疗养期间，代总理主持会议和呈批主要文件”。会议还确定李先念、纪登奎、华国锋三名常务副总理“负责处理国务院日常事务”。① 会上，周恩来对大家说：“我身体不行了，今后国务院的工作由小平同志主持。”又说，“医院是不想放我出来的，但我还是想争取每个星期来和大家见一次面。”随后，周恩来又主持有各部、委负责人参加的国务院全体会议，在讲话中说：今天没有什么议事，就是同大家见一见。根据毛主席的指示和中央的决定，我们从今天开始来完成四届人大以后的工作，把国务院的组织健全起来。今天是开始。恐怕我也只能够完成这个开始的任务。他重申了毛泽

① 周恩来就国务院各副总理分工问题给毛泽东的请示报告，1975 年 2 月 2 日，手稿。

东关于邓小平“人才难得”、“政治思想强”的评价，并且强调：现在我病了，将来这样的会，请小平同志主持。希望新的国务院成立以后，出现新的气象，争取今年第四个五年计划能够完成并且超额完成。①

第二天，周恩来致信毛泽东，报告国务院各副总理分工等情况。从这时起，邓小平实际上代他主持国务院的工作。

四届人大开过、中央人事安排确定以后，周恩来完成了一件大事，心里感到踏实了。他告诉医生：现在我可以安心治疗了。二月二日，就在周恩来写信向毛泽东报告副总理分工的当天，他向毛泽东汇报了自己近三个月来的病势及治疗情况，表示待下一步检查后，“不论有无病变，仍继续住院疗养”。②

然而，这时的周恩来还是像过去那样，对普通百姓的安危冷暖，无时无刻不挂在心上，继续为这些事情操心。

二月四日下午，经中央政治局四人小组和毛泽东批准，周恩来再次动了手术。这次手术，整整进行了四个钟头。在这令人难熬的时刻，周恩来想到了远在祖国西南边陲的受着矽肺病（肺癌）折磨的矿工们。刚做完手术、还躺在手术台上的周恩来，让人把日坛医院（肿瘤医院）院长李冰叫到身边，当面嘱咐她去办这件事。这个情景，李冰在多少年后仍历历在目。她说：

> 我没有想到，总理会在这个时候找我。当时手术已经完了，还在包扎过程中，医护人员叫我，我就进去了。总理的声音很小，我把头伸到布帘子里面听着——那个场面，他的声音，我这一辈子都忘不了。总理问我，云南锡业公司矿工肺癌发病很高，你知不知道？我

① 周恩来在国务院各部、委负责人会议上的讲话记录，1975年2月1日。

② 周恩来就近来病情及治疗情况写给毛泽东的信，1975年2月2日，手稿。

> 说我知道一些。总理说，知道为什么不去，你赶快去！就这么几句话。我一时发蒙了，我难以想象总理在麻醉后的手术中间还想着这件事。出来时，我哭了，周围的医务人员也都流着泪。回去我就照总理说的做准备，内科的、外科的，还有胸部的专家，一个礼拜之后就去（云南）了。当地矿工得知周总理对他们的亲切关怀，全都感动得哭了。①

在周恩来做手术的当天，辽宁省海城、营口地区发生七点三级强烈地震，因震前有关部门已作出预报，使这次发生在人口稠密地区的地震损失大大减轻。事后，经周恩来批准，国务院及时发出通报表扬地震预报的有功单位和人员。二月十日（除夕）那天，周恩来在医院里特意调看了电影科教片《地震》，并对国家地震局的一份简报写下批语：“我今天已看了《地震》科教片，虽然中间还少了一些地震震前震后的征兆（我于一九六六年邢台地区两次地震都看了不少征兆和记录），但还是一个好片子，可以在国内多印拷贝进行地震知识教育。”② 三月五日，是周恩来七十七岁的生日。当天夜里，周恩来获悉北京通县麦庄公社发现一条地裂缝，他要求地震部门连夜派人调查，并具体指示应该解决现场照明问题。

一九七五年二月十一日是农历春节。这一天，周恩来想起一位老人——马寅初。三年前，九十高龄的马老因患直肠癌需要进行大手术，在周恩来亲自过问下，马老的手术做得很成功。现在马老的情况怎样呢？他派吴阶平、卞志强两位大夫去看望马寅初。在马老家里，吴、卞二人从马老手术后的身体状况到生活起

---

① 中国医学科学院：《伟大的人，伟大的精神》，《人民日报》，1977 年 1 月 9 日；李冰现场回忆，电视历史回顾纪实片《伟人周恩来》，第 15 集。

② 周恩来对国家地震局简报《关于京、津、唐、渤近期地震趋势分析意见》的批示，1975 年 2 月 10 日。

居、家庭成员情况、有什么困难和请求等，问得十分仔细，并代表总理向马老转达慰问，才告辞离去。不料只过了半小时，两位大夫又从总理那里给马寅初家打来电话，说总理听取了他们的汇报，问得很细，当问到马老在吃什么药时，两位大夫没有能回答上来——他们只有这件事忘记问马老了！总理要他们立刻打电话问清楚。听完家人的述说，马寅初的眼睛潮湿了。半晌，他才深沉地吐出五个字："周总理无私。"①

从二月四日做过大手术以后，周恩来的病情仍不稳定，几乎每天都便血。三月间，在进行食钡和灌钡检查时，又发现大肠内接近肝部有一个核桃大的肿瘤。鉴于周恩来病情复杂，而且有不断发展的趋势，周恩来医疗组已由最初的几个人扩大到几十个人，包括：泌尿科专家吴阶平（医疗组组长），外科专家董方中、吴蔚然、陆惟善、熊如成、潘铨，内科专家张孝骞，心脏病专家陶寿淇、黄宛、方圻，肿瘤专家吴德成，麻醉师尚德延，营养学家陈敏章，中医高辉远，以及原医疗组成员卞志强、张佐良等。针对周恩来罕见的病情，医疗组成员全力以赴，潜心研究、揣摩中外各种治疗方案，运用各种先进的技术手段，希望能在周恩来身上创造出奇迹来。

巨大的责任和压力，使每日轮流守候在周恩来身边的医生们常常变得沉默寡言，寝食难安。一位医生这样描述当时的情况：

> 周总理当时的病情比外界猜测的要严重得多。值班时，看到总理因癌症的剧烈疼痛头冒虚汗、紧皱眉头的情形，我们心如刀绞。休息时，一闭上眼睛，周总理被疾病折磨得憔悴的面容就浮现在脑海里。我们医疗组的

① 胡韧：《一生一死，乃知交情——周总理关怀马寅初记事》，《经济日报》，1985年1月8日。

许多同志平时都要靠安眠药才能睡觉。当时不少人是在增加安眠药的剂量后，才能每天睡几个小时的。一次，黄宛主任交班后怕睡不着觉，服食了大量的安眠药，结果在食堂吃饭时药物起了作用，他饭没吃完便从椅子上滑到了餐桌下面，是服务员和警卫员同志把他抬回到房间去的。负责周总理医疗组工作的叶剑英副主席对我们很关心，曾亲自到食堂看了我们的伙食，指示要提高伙食标准。其实，食堂的伙食是很不错的，只是在那种情况下，总理的病越来越重，大家心情不好，吃什么东西也觉得没味。

病中的周恩来，头脑仍像往常那样清醒。当他觉察到医护人员情绪不高或看到他们面露愁容时，一再对他们进行安慰。一次，他发现有位值班医生情绪低落，说话也支支吾吾，答非所问，便猜出是自己的病情又恶化了。他非常坦然地对这位医生说：你皱着眉头干什么？不必愁眉苦脸嘛，我不会责怪你们的。你们已经尽了最大努力，我完全相信你们。目前世界上还没有好的办法来对付这种病。人要死是自然规律，谁也逃脱不了的。

对新发现的周恩来体内的肿瘤，医疗组向负责这项工作的中央政治局常委四人小组王洪文、叶剑英、邓小平、张春桥作了汇报，并提供有关技术鉴定资料。四人小组经过研究，同意报毛泽东批准后在近期内开刀。三月二十日凌晨，在病房的周恩来支撑病体，写出一份长达七百字的报告，向在南方的毛泽东详细说明几年来病情发展、变化的过程。关于新出现的肿瘤，他写道："这一大肠内的肿瘤位置，正好就是四十年前我在沙窝会议后得的肝脓疡病在那里穿肠成便治好的，也正是主席领导我们通过草地北上而活到现在的。由于病有内因，一说即明。好了的疮疤，现在生出了肿瘤，不管它良性或者恶性，除了开刀取出外，别无其他治疗方法。""我因主席对我病状关怀备至，今又突然以新的病变报告主席，心实不安，故将病情经过及历史造因说清楚，务请主席放心。”① 细心的周恩来，知道这时毛泽东的健康状况和心情也不好，为了不给毛泽东加重精神负担，他又提笔给毛泽东的机要秘书张玉凤写了一封信：“我现在又以突然的病变报告主席，心实不安。但政治局常委四同志必将医疗组报告送请主席批准。在主席正在有病待治的时候，我又以开刀治病干扰，你可以想到我这时的心情。我只能补写一封关于病情病因的报告，请你看后斟酌，在主席已批准洪文等同志报告后，或在主席休息好后再读给主席听。一切托你酌办，千万不要干扰主席太多！”② 几天后，张玉凤从杭州毛泽东住地打来电话：病情报告都念过了，主席很惦记总理，有几天睡不好觉。③

三月二十六日，经毛泽东批准，周恩来施行住院以来的第三次大手术。手术前，周恩来同秘书一起清理住院以来尚未批办的重要文件，对若干亟待处理的积案，周恩来尽可能提出具体意见，嘱咐秘书抓紧办理。在这些文件中，有不少是“文化大革命”以来受到“审查”的许多党政军高级干部的“悬而未决”的材料。在这以前，周恩来曾审查、阅改汪东兴、纪登奎等写给党中央的《关于专案审查对象处理意见的请示报告》。《报告》提出：由中央专案所管的六百七十名审查对象，“大多数人的问题已经基本查清”。“这些人，凡是专案组能够作出结论的，应作出结论；一时还不能作结论的，应先放出来。”这样，继罗瑞卿、杨成武等人后，长期遭到监禁的彭真、安子文、薄一波、杨尚昆、黄克诚等也陆续获释。尽管如此，周恩来还是留意看了专案组认为“能够作出结论”的审查对象的材料。他把比较有代表性

① 周恩来致毛泽东的信，1975 年 3 月 20 日，手稿。

② 周恩来致毛泽东秘书张玉凤的信，1975 年 3 月 20 日，手稿。

③ 毛泽东秘书张玉凤打给周恩来的电话记录，1975 年 3 月。

的杨勇“问题”的复查报告抽出来，嘱咐秘书送给叶剑英，并且注明：“对杨勇同志问题的复查是处理类似问题的第一件，从现在的口径来看，严了一些。”① 此外，周恩来对江青等在“批林批孔”运动中的材料也逐一过目，嘱咐将江青一年前以个人名义到处写信的原件“均暂保存”；将迟群就一九七四年“一・二五”大会的检讨批转有关负责人，并批道：“迟的检讨空洞无物。”②

处理完所有文件，已是傍晚。再过一会儿，周恩来就要进手术室了。此时此刻，看着疲倦、瘦弱的总理，心绪难以言状的秘书祝愿他手术成功。周恩来听罢坦然回答：“不一定，两种可能。”

周恩来这次手术长达八个小时之久。在医生们竭尽全力下，手术是成功的，但周恩来的身体却更加虚弱了。四月三日，应对方一再请求，手术后才一个星期的周恩来躺在病床上会见了来自北非的一位客人。两天后，他又审阅中共中央为四月二日在京病逝的董必武所拟的悼词稿。四月七日，首都举行董必武追悼会。仍不能下床活动的周恩来只能向董老敬送花圈，表示哀悼。

就在周恩来施行这次大手术前后，以江青为首的“四人帮”突然又打出批判“经验主义”的旗号，把矛头对准周恩来和一批老干部。

三月一日，在全军各大单位政治部主任座谈会上，张春桥借讲述“无产阶级专政理论”，提出批判“经验主义”的问题。他说：全国解放以后，“对经验主义没有注意批过”。现在，“对经验主义的危险，恐怕还是要警惕”。讲话中，张春桥露骨地指责一九七二年开展的对极左思潮的批判，是“跟着刘少奇那条路线走”，影射四届人大提出的实现“四个现代化”的目标将导致

①② 周恩来总理值班室《工作日志》，1975年3月26日。

“卫星上天，红旗落地”。[①] 同一天，姚文元在《论林彪反党集团的社会基础》一文中，也歪曲地引用毛泽东一九五九年写过的一段话，强调：“现在，主要危险是经验主义。”

张春桥、姚文元这样“步调一致”地批判“经验主义”，是有所指的。三十年前的延安整风时，周恩来曾被认为是“犯经验主义错误”的代表。周恩来抱着严于律己的态度，诚恳地检查了自己在历史上犯过的错误。后来，周恩来屡作自我批评，甚至是过分的检讨，目的在教育全党，引以为鉴。完全清楚这些事实的江青一伙，却借他们操纵的舆论工具，大肆宣扬“经验主义是修正主义的助手”，“犯有经验主义错误”的人“很容易跟着修正主义路线走”等。[②] 四月初，江青又一再宣称：“现在我们的主要危险不是教条主义，而是经验主义”；“经验主义是修正主义的帮凶，是当前的大敌”。[③] 四月中旬，江青把反“经验主义”的问题正式提到中央政治局会议，要求进行讨论，并主张“交锋”。这时，在医院里的周恩来同邓小平进行了多次单独谈话。他们还几次同因接待外宾而有机会在外地见到毛泽东的王海容和唐闻生长谈。[④]

四月十八日，从南方回到北京的毛泽东会见一位外国党领导人。邓小平借陪见的机会，当面向毛泽东反映了一个多月来江青等大反“经验主义”的情况，明确表示他不同意“经验主义是当前主要危险”的说法。毛泽东赞同邓小平的意见。几天后，毛泽东对姚文元所送新华社《关于报道学习无产阶级专政理论问题的请示报告》写下一段批语：“提法似应提反对修正主义，包括反

---

① 张春桥在全军各大单位政治部主任座谈会上的讲话记录，1975 年 3 月 1 日。

② 《人民日报》社论：《领导干部要带头学好》，1975 年 3 月 21 日。

③ 江青对北京新华印刷厂的电话指示（迟群传达），1975 年 4 月 4 日；江青对“北京大学、清华大学大批判组”的指示，1975 年 4 月 5 日。

④ 周恩来卫士记录的《首长活动日记》（1974 年—1976 年）。

对经验主义和教条主义，二者都是修正马列主义的，不要只提一项，放过另一项。”又说：“我党真懂马列的不多，有些人自以为懂了，其实不大懂。自以为是，动不动就训人，这也是不懂马列的一种表现。”批示要求将这个问题“提政治局一议”。

根据毛泽东的意见，中共中央政治局在四月二十七日召开会议，研究贯彻毛泽东批示精神。叶剑英、邓小平等在会上先后发言，批评江青、张春桥等大反“经验主义”的错误，并针对江青一九七三年十二月中央政治局会议期间提出所谓“第十一次路线斗争”、一九七四年批林批孔运动中以个人名义到处送“材料”，以及其他“四人帮”宗派活动的事实，提出尖锐质问。会后，主持会议的王洪文以汇报为名致信毛泽东，污蔑周恩来、叶剑英、邓小平总是把形势说得一团漆黑，支持、纵容社会上最凶的谣言，并说：“这场争论，实际上是总理想说而不好说的话，由叶、邓说出来，目的是翻前年十二月会议的案。”江青也通过秘书转告毛泽东：二十七日政治局会议是在搞“围攻”，是一九七〇年庐山会议的“再现”。

虽然周恩来没有出席四月二十七日的政治局会议，但通过会后和叶剑英、邓小平、李先念等的谈话，已完全了解会议情况。五月一日下午，他再次约王海容、唐闻生长谈。第二天，他又嘱秘书将姚文元的《论林彪反党集团的社会基础》一文以及其他登有反“经验主义”的报刊文章找出送给他看。①

双方的对峙和斗争，已进入“两军对垒”、一触即发的关头。

五月三日夜，毛泽东在他的住处中南海游泳池召开在京中央政治局成员会议。这是上一年七月中旬离京后他首次同大家见面。周恩来抱病参加了会议。毛泽东开门见山地说：批“经验主义”的文章（指姚文元的《论林彪反党集团的社会基础》）“我没

① 周恩来总理值班室《工作日志》，1975 年 5 月 2 日、4 日。

有看出来”，“我自己也犯了错误”。他批评江青等：“你们只恨经验主义，不恨教条主义”；“我看批经验主义的人，自己就是经验主义”。毛泽东严厉地警告他们：“不要搞‘四人帮’，你们不要搞了，为什么照样搞呀？为什么不和二百多个中央委员搞团结？搞少数人不好，历来不好。”“这一次还是三条，要马列不要修正，要团结不要分裂，要光明正大不要搞阴谋诡计，就是不要搞宗派主义。”又说：“我看问题不大，不要小题大作，但有问题要讲明白。上半年解决不了，下半年解决；今年解决不了，明年解决；明年解决不了，后年解决。”会上，毛泽东还不点名地批评江青：“不要随便，要有纪律，要谨慎；不要个人自作主张，要跟政治局讨论，有意见要在政治局讨论，印成文件发下去；要以中央的名义，不要用个人的名义，比如也不要以我的名义，我是从来不送什么材料的。”①

周恩来回到医院，已是凌晨一时了。

四日上午，邓小平第一个来到医院同周恩来单独谈话。接着王海容、唐闻生又来谈了很久。当天晚上，周恩来前往人民大会堂，主持有王洪文、叶剑英、邓小平、张春桥参加的中央政治局常委会议，研究在政治局范围内讨论贯彻毛泽东五月三日讲话的问题。由于五月三日会上“有些事大家还没听得很清楚”，常委会的一项重要内容是核对毛泽东的讲话记录。

四日、五日，周恩来用两天时间起草有关学习和政治局工作等问题的意见稿，这份意见稿，多处驳斥了江青等在“经验主义”问题上散布的种种谬论。在起草过程中，周恩来曾交待秘书把前一时期报刊上批“经验主义”的情况综合出一个简况，以便“从量上提供材料”。② 意见稿首先谈了对“文化大革命”、“批林

① 毛泽东在在京中央政治局成员会议上的讲话记录，1975 年 5 月 3 日。

② 周恩来总理值班室《工作日志》，1975 年 5 月 2 日、4 日。

批孔”、“反修防修”等问题的认识，提出：在学习过程中，需“在一定时期有针对性加以宣传”，“把主席指示的反修防修的目的说清楚”。同时认为，“凡犯一般经验主义的人，他们凭经验办事，要慢慢来教育改造”。强调：在过去一个多月里，“有些报告、报刊社论、一般文章、新闻报道、内部清样，强调反修正主义的一项经验主义，放过另一项教条主义，有些地方甚至连反修正主义主题都不提了，这不能不是一个错误。报纸全国转载，清样有时转至各地，军队报告发至下层，这不能不引起一部分地区、部队和一部分机关、学校弄得争论不休，或者年老干部又不敢负责工作。因为有文章上说，资格老、能打仗的人就有背上经验主义包袱的。这就刺激成百万的人，对于教育他们不利”。对毛泽东指出江青等人的“错误”，周恩来表示拥护提出，“有错误的，要有自我批评”。此外，“同意小平同志意见，愿自我批评的就说，说多少都可以，不说也可以，不要强人所难”。意见稿还就政治局内部的工作程序等提出具体要求。①

过了三天，周恩来在人民大会堂主持政治局常委会，继续研究在政治局内讨论贯彻毛泽东五月三日讲话事。会议商定，等邓小平出访法国回来（五月十八日）以后，再召开贯彻毛泽东讲话的政治局会议。可是，直到五月十三日，王洪文才向在京政治局成员通知这件事，中间竟拖延了五天！江青等人的消极态度，表明他们对召开这次政治局会议已预感情况有些不妙。十四日晚上，在医院的周恩来不顾“连日头痛兼见客”的劳累，打电话向王洪文询问政治局会议通知情况，并在第二天亲自写报告给毛泽东说：“对主席这样重视的会议和指示，我们处理这样迟慢，报

---

① 周恩来起草的关于学习理论问题和中央政治局工作问题的意见稿，1975年5月4日、5日，手稿。

告又这样不及时，责任完全在我。”①

十八日晚上，刚从法国返京的邓小平顾不上休息，赶到三〇五医院，同周恩来单独谈了整整一个小时。这次出访归来，邓小平还为他留法勤工俭学时的“兄长”周恩来带回一件“礼物”——他们当年常吃的法式月牙面包。在和邓小平谈话后，周恩来又先后同叶剑英、李先念、吴德等政治局成员谈话。②

五月二十一日，周恩来就四日、八日两次中央政治局常委会讨论情况写信给全体政治局成员，对前一时期反“经验主义”的问题作出说明，指出：

> 姚文元文章中提了“现在，主要危险是经验主义”。以后，《解放军报》、《人民日报》的两篇社论也是根据姚文引用的。而小平同志向毛主席反映的，是指三月一日张春桥在总政召开的各大单位主任座谈会上的讲话（邓小平阅后在此处批注：“当时还提到江青同志在政治局会议正式提出了反经验主义问题”），这在各大军区政治部向总政反映讨论情况的三、四月份电报中可以看出。现在政治局既开正式会讨论主席批示和指示，特补写如上说明；如大家同意，亦请将此信转主席一阅。③

在召开政治局会议前夕，周恩来这封信实际上点明了会议的主题。二十二日，张春桥在周恩来信的传阅件上批道：“总理的信，有些话不确切。但我不反对报主席。”江青、姚文元在批语中称他们对一些情况“不了解”。江青等人的“解释”，表明他们毫无认错的诚意。在这种情况下，周恩来认为有必要继续把问题说清楚。

---

① 周恩来给毛泽东的报告，1975 年 5 月 15 日，手稿。

② 周恩来卫士记录的《首长活动日记》（1974 年—1976 年）。

③ 周恩来致全体中央政治局成员的信，1975 年 5 月 21 日，手稿。

二十六日下午，周恩来来到同三〇五医院只有一墙之隔的北海公园（这座公园在“文化大革命”爆发后不久就关闭了）。从这个月中旬开始，周恩来在医护人员陪同下，常来这里散步和休息。今天，他依然像往常那样，很少说话，只是默默地踱步、思考。

第二天，周恩来致信张春桥，以事实反驳他所谓“不确切”的说法。信中首先说明，张早在批林整风期间，就已经流露出批“经验主义”的思想。随即指出：“你在三月一日总政召开的各大单位主任座谈会上片面地强调经验主义的危险，这在三、四月中各政治部向总政来电反映讨论情况，也可看出。”“我这段回忆的文字，不知是否较为确切。如果仍不确切，请你以同志的坦率勾掉重改或者批回重写，我决不会介意，因为我们是遵守主席实事求是和‘三要三不要’的教导的。”① 同日，张春桥看信后被迫表示：“不再改了。”接到退件，周恩来立刻将二十一日信的原件送毛泽东审阅。

五月二十七日，经毛泽东批准，由邓小平主持中央政治局会议，集中批评江青等人。会上，由邓小平作中心发言。他首先谈了对毛泽东五月三日讲话的理解，指出：主席这篇讲话，对于我们党非常重要，因为主席是对政治局讲的，（政治局）是党的核心。主席提出要政治局安定团结，“三要三不要”，联系批评宗派主义、“四人帮”。这是很重要的原则问题，需要好好讨论。针对江青等对四月二十七日政治局会议的无端指责，邓小平进行了有力驳斥，说：有人说这次会上的讲话过了头，还有人讲是突然袭击、是围攻。其实，百分之四十也没有讲到，有没有百分之二十也难讲。因此，谈不上“突然袭击”、“过头”的问题。邓小平提出，这里有三件事需要讲清楚：一是前年十二月会议上提出“第

① 周恩来复张春桥的信，1975年5月27日，手稿。

十一次路线斗争”，二是批林批孔中又批“走后门”，三是学理论又提出批“经验主义”。倒是问一问，这是为什么？不讲明白，没有好处。邓小平发言后，吴德、李先念、陈锡联等相继发言，批评“四人帮”的宗派活动。① 六月三日，中央政治局继续开会。叶剑英就邓小平五月二十七日讲话中提出的“三件事”作长篇发言，质问江青一伙。在多数政治局成员的批评下，王洪文不得已作出检讨；江青仍拒绝检讨，并否认“四人帮”存在的事实。主持会议的邓小平表示：“讲多少算多少”，要将会议情况“给主席作报告”。②

周恩来十分关注这场斗争。五月二十七日的政治局会议开过后，他同第一个来到医院的邓小平长谈达三小时之久。接着，他先后同李先念、纪登奎、陈锡联、王洪文、苏振华等谈话，了解政治局会议批评“四人帮”的情况。③

同一个月前一样，江青对政治局会议的批评极为不满。第一次会议刚开过，她就迫不及待地托人向毛泽东反映，说是政治局对她进行“围攻”。毛泽东没有理睬，反而充分肯定这次政治局会议，指出：“她这个人只能批评别人，很凶，别人不能批评她。”④

六月七日夜，在医院里刚会见过一批外宾的周恩来，不顾疲劳，继续同邓小平以及王海容、唐闻生长谈。周恩来和邓小平要王、唐二人向毛泽东报告江青等在政治局会议上的表现。几天后，邓小平又当面向毛泽东汇报中央政治局会议的情况。毛泽东称赞道：“我看有成绩，把问题摆开了。”又说，“他们几个人现在不行了，反总理、反你、反叶帅。”“现在政治局的风向快要转

①② 张春桥记录的中共中央政治局会议情况，1975年5月27日、6月3日。

③ 周恩来卫士记录的《首长活动日记》（1974—1976年）。

④ 张玉凤记录的毛泽东对江青的批评，1975年5月。

了。”毛泽东满怀期望地向邓小平提出：“你要把工作干起来!”邓小平坚定地表示：“在这方面，我有决心就是了。”①

江青等一再拒绝政治局会议对他们的批评，使毛泽东感到失望。从六月下旬起，根据毛泽东的意见，王洪文被派往浙江、上海“帮助工作”。六月二十八日，在批评“四人帮”的政治局会议开过一个月后，江青终于向毛泽东和政治局交出一份书面检讨。江青正式向党中央作检讨，这是九年“文化大革命”以来的第一次。“检讨书”中，江青不得不检查自己一年多来“所犯的错误”，包括提出“十一次路线斗争”、批林批孔中搞“三箭齐发”、“个人自作主张送材料”，以及讲“主要危险是经验主义”等；同时，她被迫承认“四人帮”“是个客观存在”，“我负主要责任”。两天后，周恩来看过“检讨书”，批示将它送在京政治局成员传阅，并表示欢迎这一检讨，指出：“今后政治局同志凡遇大事都经过组织讨论，事先请示主席，遵照主席指示执行，认真深入学习，联系中国实际，在实践中多听同志好意见，坚决改正常犯的错误，政治局的团结就会搞得更好。”② 批示还建议将这个“检讨书”送毛泽东。邓小平、叶剑英等看后，表示“同意总理的建议”。毛泽东最后圈阅了此件。“检讨”后的江青，一扫以往那种不可一世的骄横气焰，变得异常沮丧，连续很长时间没有公开露面。

经毛泽东同意，从七月初开始，中共中央政治局的日常工作由邓小平主持。七月四日，邓小平向中央读书班第四期学员发表《加强党的领导，整顿党的作风》的讲话，提出“三项指示为纲”的口号。他说：“前一个时期，毛泽东同志有三条重要指示：第

① 王海容、唐闻生记录的毛泽东与邓小平谈话要点，1975 年 6 月 7 日。

② 周恩来就江青检讨信（6 月 28 日）写给在京中央政治局成员的信，1975 年 6 月 30 日，手稿。

一，要学习理论，反修防修；第二，要安定团结；第三，要把国民经济搞上去。这三条指示互相联系，是个整体，不能丢掉任何一条。这是我们这一时期工作的纲。”他还强调，当前，我们有好多事要办，“特别是要把国民经济搞上去”。① 在以后的几个月里，邓小平连续发表讲话，指导各条战线雷厉风行、大刀阔斧地进行整顿，开始系统地纠正“文化大革命”以来种种“左”的做法，落实党的正确政策。

邓小平领导“全面整顿”期间，周恩来同邓小平谈话次数更频繁了。从七月初邓小平主持中央日常工作起，每隔几天他们就要见一次面。单在七、八、九三个月，他们在一起开会或谈话就有十二次，几乎每周一次。② 邓小平是周恩来在医院里会见次数最多的中央领导人。此外，周恩来经常约见的政治局成员还有叶剑英、李先念、纪登奎、吴德、华国锋、汪东兴等。

对邓小平主持中央日常工作以来取得的显著成效，周恩来感到由衷的欣慰。这种欣慰之情，在他以后同外宾的多次谈话中也毫不掩饰地表露出来。

八月二十六日晚，周恩来在医院会见即将返回柬埔寨的西哈努克亲王和宾努亲王。在一个多小时的会见中，周恩来热情地赞扬邓小平，给两位亲王留下深刻的印象。在场的柬埔寨民主团结政府大臣秀蒲拉西回忆说：周称赞邓小平副总理，并说有邓代替他，他就感到放心了。③

九月七日中午，病情已十分严重的周恩来不顾医护人员一再劝阻，坚持会见由伊利耶·维尔德茨率领的罗马尼亚党政代表团全体成员。当谈到自己的病情时，他坦然而又肯定地告诉客人

---

① 《邓小平文选》第2卷，人民出版社1994年10月第2版，第12页。

② 周恩来卫士记录的《首长活动日记》（1974年—1976年）。

③ 访问秀蒲拉西谈话记录，1985年6月5日。

们：马克思的“请帖”，我已经收到了。这没有什么，这是不以人的意志为转移的自然法则。接着，他满怀信心地说：我现在病中，已经不能再工作了，邓小平同志将接替我主持国务院工作。邓小平同志很有才能，你们可以完全相信，邓小平同志将会继续执行中国党和政府的内外方针。整个会见只有短短十五分钟。十多年后，维尔德荻说到这次会见“是在一个非常特殊的情况下、也是在一个令人难以忘记的情况下进行的”，“是非常热烈和激动人心的”。

从一九七五年六月以后，已经清醒地估计到自己的生命“还有半年”的周恩来，拖着只剩下三十点五公斤①的重病之躯，继续顽强地工作，同病魔、同邪恶势力进行着最后的搏斗。

六月九日，是贺龙元帅含冤逝世六周年的日子。这一天，中央军委等单位准备在北京八宝山举行一个小型的“贺龙同志骨灰安放仪式”。贺龙家属虽被通知参加仪式，但被要求对外保密，提出“不治丧，不致悼词，不献花圈，不报道，不宣传”。这是六月六日王洪文主持的中央政治局会议讨论决定的。贺龙的长女贺捷生在六月七日分别写信给毛泽东、周恩来，表示对这种做法“百思而不可解”，信中提出：

> “林贼诬陷贺龙，颠倒历史，强奸民意，动员舆论，鸣锣击鼓，血口文章满天飞，何其不‘保密’、不‘小型’，而任其泛滥，流毒全国？今日，为执行中央通知（指一九七四年九月中共中央为贺龙恢复名誉的通知——编者注），恢复贺龙同志名誉，反而不能讣告国人，举行公祭，挽回影响，使举国声讨林贼之恶，伸张正义？再者，受贺龙一案所累之干部群众甚多，惨死者、

① 周恩来就第3次手术后病情等事致毛泽东的信，1975年6月16日，手稿。

长期坐牢者大有人在，许多同志至今犹受歧视，既失去健康，又失去工作。贺龙后事尚且如此，等而下之，如何了结？为此，恳请中央，补行葬仪。死者虽已无知，生者定能戴德！”

看到贺捷生的信，周恩来立刻写信给毛泽东：“今年六月九日为贺龙同志开逝世六周年纪念会事，我也知道。后因我三月开刀治疗，未再过问。昨（八日）晚想起，始知纪念会照开，无悼词，不登报。”“今得贺捷生同志此信，特送上。如主席另有指示，当与政治局设法补救。”① 看得出，周恩来希望得到毛泽东的指示，以便修改政治局原定的贺龙骨灰安放仪式的方案。当天，毛泽东批复：“照总理意见办理。”周恩来托人转告贺捷生，要她顾全大局，一定参加她父亲的骨灰安放仪式。贺捷生表示：听总理的话。

六月九日下午，北京八宝山革命公墓礼堂被一片沉痛、肃穆的气氛所笼罩——“贺龙同志骨灰安放仪式”在这里举行。接到毛泽东批示以后，周恩来决定：重新布置会场，安放花圈，准备悼词，他自己参加这个仪式。当年出席这次仪式的徐向前元帅目睹了周恩来来到会场时的情形：

“总理是不顾人们的劝阻抱病参加的。他签到时，显然是由于心情激动和身体虚弱，书写签到簿时手哆嗦得很厉害。我问他：‘你病成这个样子，怎么还来了？’总理尽力抑制着自己的感情，沉痛地说：‘这个会，我不能不来啊！’在场的同志谁都可以感觉到总理心中感情的分量，谁都不能不想得很多。总理在这个场合流露的感情，包含着对林彪、‘四人帮’倒行逆施造成严重

① 周恩来致毛泽东的信，1975年6月9日，手稿。

后果的深深的愤慨。”①

在去八宝山以前，周恩来的心情一直难以平静。在他身边的邓颖超觉察到这一点。她打电话告诉贺龙的夫人薛明：“总理也许来。若来了，你们双方要控制些感情。”在八宝山的休息室里，周恩来见到了薛明和她的子女。周恩来再也无法抑制自己的感情了。薛明回忆当时的情景说：

> “六月九日下午四点，我和孩子们提前到了八宝山。在休息室里，好多老同志进来一个一个和我握手。正在这个时候，我听见外面有人叫：‘薛明，薛明啊！’接着，门被推开了，总理走进来。我看他确实瘦了许多。我急忙迎上去说：‘我在这儿。’总理拉住我的手，又扶着我的肩头，声音颤抖地说：‘薛明，我没有保住贺龙啊！都六年了，老总的骨灰没能移到八宝山公墓，我很难过呀……’他说着哭出声音来了。我说：‘总理，你不要太难过了……’我替他抹去流下的泪水。他拉着我的手直哆嗦：‘薛明，我没想到，我没想到啊！’这时，我女儿（晓明）看到情况不好，怕总理太受刺激了，就劝道：‘周伯伯，你自己要保重身体啊！’总理听了抬起头，缓缓地说：‘晓明啊，我的时间也不长了！……’这个时候，我终于控制不住了，在场所有的人也都忍不住了，一屋子的人全都‘呜呜’地哭起来。”②

伴随着低回的哀乐，周恩来走进安放仪式的会场，在贺龙遗像前深深地鞠了七个躬。他代表党中央致悼词，说：“贺龙同志是一个好同志。在毛主席、党中央的领导下，几十年来为党、为

---

① 徐向前：《鞠躬尽瘁，砥柱中流——回忆周总理在“文化大革命”中的片断》，《红旗》，1978 年第 3 期。

② 薛明：《周恩来与贺龙》，《不尽的思念》，中央文献出版社 1987 年 12 月版，第 617、618 页；薛明现场回忆，电视历史回顾纪实片《伟人周恩来》，第 15 集。

人民的革命事业曾做出重大的贡献。”“贺龙同志的逝世，使我们失去了一位老同志、老战友，是我党、我军的重大损失。”

对战友的思念，多年来已成为周恩来情感世界的一个重要部分。几年前，一批日本客人向周恩来请教“养生之道”，周恩来回答：“在漫长的中国革命岁月中，有许多同志都牺牲了。我们这些活着的人，要更加倍地工作。我每天都以此激励自己。这也可以算是我的‘养生之道’吧！”① 病重后，在病房里，周恩来的思绪依然常常流连于那些战火纷飞的年代。他又想起同自己和贺龙等一起领导打响南昌起义第一枪的叶挺。他曾托人转告叶挺的子女，将来有机会，他要亲自给他们讲述他们的爸爸在革命战争中的故事。② 甚至在睡梦中，这种思念有时也使周恩来惊醒。担任治疗工作的方圻医生回忆：一天，正在熟睡中的总理突然醒了。我们听到动静，赶紧过去看看是怎么回事。总理告诉说，我做了一个噩梦，梦见和陈毅同志在一个山坡上，陈毅脚下一滑，我一把没拽住，两个人险些都要摔到山下。③

这时的周恩来，除非不得已，仍然自己动手起草或批阅文件。他历来反对那种只动脑不动手甚至既不动脑也不动手的领导作风。但是，在重病中他已经力不从心了。医院的环境，又使周恩来在精神上感到压抑。为了调剂一下工作的环境和心情，周恩来有时便来到北海公园的漪澜堂，在这里处理和批阅文件。身体异常虚弱的周恩来，走路都觉得很费力。他常用左手支撑着腰部，坚持步行到漪澜堂大厅。看文件时间长了，他感觉眼睛疲劳

① 周恩来会见日本公明党委员长竹入义胜及所率代表团成员谈话记录，1971 年 6 月 28 日。

② 叶启光：《缅怀周伯伯对我们全家的关怀——纪念敬爱的周总理诞辰八十周年》，《解放日报》，1978 年 3 月 1 日。

③ 方圻现场回忆，电视历史回顾纪实片《伟人周恩来》，第 15 集。

时，才让秘书读文件给他听。但秘书们必须遵守一条规定：凡是写有周恩来亲启的信件，仍由周恩来本人拆封、阅读。北海公园仿膳饭庄的一位女服务员，亲眼见到过周恩来抱病工作的情景：

> “前年（一九七五年——编者注）夏天，他老人家重病在身，却仍然操劳着国家大事和世界大事。每次来我们这里，总理都带着许多文件，坐在漪澜堂大厅里，仔细地阅读、研究。这样一坐，就是很长很长时间。有一次，总理看文件很费力，就请秘书读给他听。时间一小时一小时地过去了，门外的同志十分着急地走来走去——‘我们的好总理，您还在病中，您需要休息啊!’我们几个人禁不住轻轻地把门推开一条缝，只见总理坐在椅子上，不时地倒换着手支撑着身子，豆大的汗珠从他老人家的脸上一个劲地往下淌，汗水早就湿透了衣裳。然而，总理的神情却还是那样坚毅，那样专注……我们的泪水伴着总理的汗水一下子涌了出来，真叫人心痛欲碎啊！等了好久好久，文件念完了，总理用左手扶着腰，慢慢地走出门来。我几步跑了上去，要搀他老人家一把，可是总理摆了摆手，对我说：‘不用，我自己走!’”①

几个月里，在病情日益加重的情况下，周恩来亲自处理或过问的事情还可以举一些例子：

六月九日，在医院和菲律宾总统马科斯签署中菲两国建交公报。

六月十五日，与中央派往浙江的纪登奎谈话，就解决浙江派性、落实中央有关整顿措施问题提出意见。这天午后，周恩来最后一次来到西花厅（住院期间，周恩来曾三次回到这里）。

---

① 马玉玲：《周总理叫我学铁梅》，《北京日报》，1977年1月7日。

七月一日，同泰国总理克立·巴莫签署中泰建交公报。

七月六日，在医院主持中央政治局常委扩大会议，研究毛泽东眼病的治疗问题（二十三日，毛泽东施行白内障手术治疗）。

七月十五日，审阅《第二次汉字简化方案（草案）》，对实施中的有关问题作出指示。

七月二十三日，最后一次来到人民大会堂，嘱咐工作人员对新同志要搞好“传、帮、带”。

七月二十四日，在北海公园遇到彭绍辉，向彭详细询问罗瑞卿近况，并问候罗（以后，又托邓颖超了解罗的病情）。①

七月二十五日，毛泽东就故事片《创业》问题作出批示，批评江青等人无端指责该片。周恩来要人找来江青等强加给《创业》的“十条罪名”的材料看。

七月二十九日，致信杨成武，就其长女杨毅被林彪一伙迫害致死的调查处理情况作出说明，告诉他当“恢复杨毅同志军籍和名誉”。②

八月二十四日，在北海公园散步时，长时间凝望湖水沉思，并问身边医护人员：“你知道今天是什么日子吗？今天是老舍先生的忌日！”

八月二十九日，同准备参加西藏自治区成立十周年庆祝活动的中央代表团团长华国锋谈话，请华转达他对西藏人民的问候，提出要特别注意执行党的民族宗教政策，培养藏族干部，发展民族经济。

九月四日，看了香港《七十年代》刊载的《访蒋经国旧部蔡省三》一文（该文介绍了蒋介石去世后的台湾局势、蒋经国的经

---

① 罗瑞卿：《党的三大作风的楷模——回忆周总理》，《解放军报》，1978 年 3 月 1 日；彭绍辉：《深切怀念敬爱的周总理》，《解放军报》，1978 年 2 月 24 日。

② 周恩来致杨成武的信，1975 年 7 月 29 日，手稿。

香港《七十年代》编辑部专稿 《访蒋经国旧部蔡省三》

问：蒋经国先生的民族情感怎么样？

答：说到民族情感，他当时还是有的。他的母亲毛夫人是被日本飞机炸死的。我曾经带着宣传大队到了他的家乡溪口去过一趟，就住在他的家里，悼念了毛氏。后来他还为他母亲开了追悼会。最初怕宋美龄不高兴，所以不敢公开举行。后来大概是取得宋美龄的谅解，在赣州举行了盛大的追悼会。但是有一件事情，直到现在仍然令人费解，当年，我们以为赣州一定会遭到日本的轰炸，但是却没有。

问：您可不可以想象，蒋经国先生对您的印象怎么样？

答：我觉得，最低限度，他这点应该知道我，蔡某人不是奴才型，我不盲目附和人家。包括我对他也是一样。比如说当年我为了反对马克思主义，而把马克思的《资本论》全部啃完。这事情蒋先生是知道的。我不是没有头脑、没有思想的人。在赣南，就有人送给我一个外号，叫做“小钢炮”，言下之意就是天不怕地不怕。一九四五年，为了宣传蒋先生在上海“打老虎”的功绩，我专为蒋先生写了一本书，书名叫《蒋经国在上海》。我写这本书虽然是受国民党中宣部委托的，但也可说明一个问题，就是我对蒋经国先生比较了解，热忱支持，他也表示满意。

问：外界有些人推测，蒋经国先生是长期留苏的，他可能不会跟大陆和谈，而终于会靠拢苏联，依靠苏联力量继续同中共敌对，你想有这种可能吗？

答：这个问题，因为我没有经过调查研究，不可以代替蒋经国先生发言，况且对他这二十多年来的情况，也很不了解。但是我自己有个看法，就是如果他跟苏联走，绝对没有什么出路。

1975 年 9 月 4 日，周恩来就《参考消息》上所刊

对蒋经国旧部蔡省三采访报道的批语

历等情况）后，托人转告王昆仑、屈武等对此文“进行分析”，“弄清真相”。①

九月七日，会见伊利耶·维尔德茨率领的罗马尼亚党政代表团。这是周恩来生前的最后一次外事活动。

九月二十八日，在病床上接见前往参加新疆维吾尔自治区成立二十周年庆祝活动的中央代表团成员，请他们转达他对新疆各族人民的问候。

进入九月以后，周恩来的病情急转直下，癌细胞继续扩散，免疫力严重下降。在这种情况下，医疗组不得不取消周恩来的外事接待活动和室外散步。九月二十日下午，周恩来做住院后的第四次手术。邓小平、张春桥、李先念、汪东兴和邓颖超等来到医院手术室外守候。周恩来清楚：施行这次手术的后果很难预测。进入手术室前，他要工作人员找来自己一九七二年六月在中央批林整风汇报会上作的《关于国民党造谣污蔑地登载所谓〈伍豪启事〉问题》的报告的录音记录稿，用很长时间仔细地看了一遍，用颤抖的手签上名字，并注明签字的环境和时间：“于进入手术室（前），一九七五、九、二十”。②

在生死难料的情况下，周恩来把自己的全部希望寄托给老战友邓小平。在进入手术室的前一刻，躺在推车上的周恩来示意停下，轻声问道：“小平同志来了吗?”邓小平立刻跨步上前，靠近推车。周恩来吃力地抽出手来，紧握住邓小平的手说：“你这一年干得很好，比我强得多!”③

长达五个小时的手术，对于极度虚弱的周恩来来说，又是一

① 周恩来写给罗青长、钱嘉东的批语，1975年9月4日，手稿。

② 周恩来签字手迹，1975年9月20日。

③ 吴蔚然现场回忆，电视文献纪录片《邓小平》，第5集。

次严重的考验。但周恩来坚持了下来。手术过程中，发现周恩来体内的癌瘤已扩散到全身，无法医治了。邓小平只能指示医疗组，尽一切努力，“减少痛苦，延长生命”。十月二十四日，周恩来又做了第五次手术。这次手术后，周恩来再也没能从病床上下来。

周恩来知道自己将不久于人世。半个多世纪以来，他一直处在时代激流的中心位置，经历过多少次血和火、生和死的考验，使得他虽然面对死亡，却内心坦然，神态自若，没有丝毫悲观失望和烦躁不安的表现。唯一使他感到遗憾的，就是自己再不能像以前那样工作了。尽管如此，周恩来的头脑仍在想，他的眼睛仍在看。他关注着国内政局的变化，思考着党和国家的前途和命运。开始，他还能勉强支撑着自己看报、看文件，后来却不得不靠医护人员帮助念了。面对着因江青一伙不断反扑而趋于恶化的形势，医务人员常常看到周恩来眼望天花板，时而陷入沉思，时而轻轻地摇头叹息。

这一年十月，是中国工农红军长征四十周年。在邓小平等支持下，北京军区战友歌舞团冲破江青一伙阻挠，在十月中旬重新演出萧华作词的长征组歌《红军不怕远征难》。

“雪皑皑，野茫茫。高原寒，炊断粮。
红军都是钢铁汉，千锤百炼不怕难。
雪山低头迎远客，草毯泥毡扎营盘。
风雨侵衣骨更硬，野菜充饥志越坚。
官兵一致同甘苦，革命理想高于天。”

这是长征组歌中的一个片断：《过雪山草地》。它也是周恩来十分爱听爱唱的一首歌曲。当时领唱这首歌的男高音歌唱家贾世骏回忆：

《过雪山草地》唱的是红军长征中最为艰难的一段路程，当年，有许多红军战士在这里倒下、牺牲……周总理生前特别喜欢这首歌，他不仅听过多遍，还特地要我教他唱。有一天晚上在人民大会堂，周总理一见到我就让我过去，说："你再教教我唱《过雪山草地》吧！"总理因为白天接见红卫兵，说话把嗓子都说哑了。我就说："总理，您不是已经会唱了吗？"总理说："再教我唱一唱，纠正纠正。"于是，我一边打着节拍，总理一边用沙哑的嗓子唱了起来。听总理唱完，我兴奋地说："总理，您唱得一点儿也不差啊！"周总理笑道："你再唱一遍，让我熟悉熟悉。"当时陈毅、谭震林等同志也在场，我放声唱了起来。唱完后，总理亲自给我端上来一杯热茶。①

这首颂扬红军英雄气概和顽强斗志的歌曲，一次次地把周恩来仿佛又带回过去那艰难困苦的岁月，成为鼓舞他坚持工作、忘却病痛和劳累的巨大力量。当长征组歌重新演出后不久，邓颖超打电话告诉有关部门：总理在医院里很想再看一看、再听一听长征组歌。

和周恩来相濡以沫整整五十载的妻子邓颖超，不顾自己体弱多病，紧紧守候在丈夫身边，从精神上给周恩来以更多的关怀和慰藉。他们以彻底唯物主义者的态度，共同商量"后事"。邓颖超回忆说：

"我自己是共产党员，我用无产阶级的坚韧性，高度地克制我内心的痛苦，在他病中还要用愉快的精神和恩来同志一起同疾病作斗争。当他知道自己的病不能挽救时，一再叮嘱我，死后不要保留他的骨灰。这是我和恩来在十几年前共同约定下来的。""一九五八年，恩来

① 俞亮鑫：《周总理请贾世骏教唱："雪皑皑……"》，《新民晚报》，1995 年 5 月 3 日。

首先把他死去的父亲，我把自己死去的母亲以及重庆办事处的一些死去的同志的坟墓平掉，进行深埋。恩来还把他在淮安几代亲人的坟墓，也托人平掉，改为深埋，把土地交公使用。在中央作出人死后实行火葬这个决定不久，我们二人共同商定，互相保证，把我们的骨灰撒到祖国的大好河山去，撒到水里、土里去。”“他自己就曾经讲过：人死后为什么要保留骨灰？把它撒在地里可以做肥料，撒在水里可以喂鱼。他还主张人死了以后应该做尸体解剖。在他病重住院期间，他曾专门交代医务人员：现在对癌症的治疗还没有好办法，我一旦死去，你们要彻底解剖检查一下，好好研究研究，能为国家的医学发展做出一点贡献，我是很高兴的。”“恩来对他的后事，曾经对我说过，丧仪要从简，规格不要超过中央的任何人。”“一定不要搞特殊化。”①

在这生离死别的最后时刻，他们之间该有多少要说的话啊！可是，他们谈论的仍然是如何严于律己，遵守组织决定，如何为人民、为后代造福。至于他们认为不应该谈论的其他“心里话”，始终没有讲起。邓颖超回忆道：

有一次，我们在一起交谈，他对我说：“我肚子里还装着很多话没有说。”我回答他：“我肚子里也装着很多话没有说。”当时双方都知道最后的诀别不久就会残酷无情地出现在我们的面前，然而我们把没有说的话终于埋藏在各自的心底里，永远地埋藏在心底了。②

---

① 邓颖超：《继承遗志，永远向前》（1976 年 1 月 15 日同周恩来身边工作人员、医务工作者和亲属的谈话），《不尽的思念》，中央文献出版社 1987 年 12 月版，第 625 页。

② 邓颖超：《一个严格遵守保密纪律的共产党员——为纪念建党六十一周年作》，《人民日报》，1982 年 6 月 30 日。

从十二月中旬起，终日卧床的周恩来已无法进食，所需要的食物由医护人员用管子直接灌入胃里。这时周恩来的身上插满了各种管子，进食、输血、输液、排液……以至连翻身都受到限制。为了减少周恩来的痛苦，医生不得已使用了安眠药和止痛针。但是，不时袭来的剧痛，仍使周恩来常常浑身颤抖，大汗淋漓。就是在这种状态下，他仍表现出高度的自制力。医生张佐良回忆："总理用的止痛药，开头打一针可管上四五个小时，后来管两三个小时……他疼得实在不行时，就把我叫进去，说，我很疼，能不能哼一哼，叫唤叫唤。听到这里我的眼泪都掉出来了，我说，总理，你现在愿意怎样就怎样吧！"护士许奉生说："这时总理是很痛苦的，可他从来不哼也不叫。有一次他正睡觉，一下让病痛惊醒了，就问，我喊了没有？我们说，你叫叫没关系的，如果你疼，你就哼哼，就叫，没关系。他摇摇头。"①

十二月二十日上午，周恩来体温达三十八度七。应约来谈对台工作的罗青长来到周恩来的床前。周恩来非常吃力地向罗青长询问台湾近况以及在台的一些老朋友的情况，并且嘱咐道：不能忘记那些对人民做过有益事情的人们……不到十五分钟的谈话，周恩来竟两次被病痛折磨得说不出话来，最后进入昏迷状态。②

到十二月底，病危中的周恩来因为长时间没有修面理发，他的容貌已完全变了：花白的头发蓬长，胡须几乎把嘴唇遮住，灰黄的面部布满一块块的老年斑，深陷的眼窝发黑，双目更不见原有的神韵和风采。过去一直为周恩来理发的北京饭店职工朱殿华，几次托人捎信请求来给总理理发。周恩来知道后，告诉工作人员说：朱师傅给我理发二十多年，看我现在病成这个样子，他

---

① 张佐良、许奉生现场回忆，电视历史回顾纪实片《伟人周恩来》，第15集。

② 罗青长：《铭记不忘——回忆周总理在"文化大革命"中对我的亲切嘱咐》，《人民日报》，1979年1月9日。

会难受的，还是不要让他来了。谢谢他了！

病危之际，周恩来多次询问毛泽东的身体状况，询问中央其他领导人的健康，并对一些党内领导干部、民主党派人士、高级知识分子、文艺界人士以及过去身边工作人员的处境和下落表示关切。他嘱咐叶剑英说：要注意斗争方法，无论如何不能把权落到“他们”手里。

一九七六年一月五日凌晨，医务人员为生命垂危的周恩来做最后一次手术。随后，接到周恩来病危通知的在京中央政治局成员、国务院负责人等陆续来到医院。

一月七日，周恩来病情继续恶化，气息已变得十分微弱，长时间处于昏迷状态。医疗组成员、护理人员等昼夜守护在病房，随时准备抢救。深夜十一时，弥留中的周恩来从昏迷中苏醒。他微睁双眼，认出守在他身边的吴阶平大夫，用微弱的声音说道：“我这里没有什么事了。你们还是去照顾别的生病的同志，那里更需要你们……”① 这是周恩来留下的最后的话。

一九七六年一月八日上午九时五十七分，周恩来的心脏停止了跳动。

中共中央副主席、中华人民共和国国务院总理、全国政协主席周恩来与世长辞，终年七十八岁。

一月九日，中共中央、全国人大常委会、国务院发表讣告，沉痛宣告周恩来逝世。同时宣布成立由毛泽东、王洪文、叶剑英、邓小平、朱德等一百零七人组成的治丧委员会。这一天，北京天安门、新华门、劳动人民文化宫、外交部等处下半旗志哀。十日、十一日，党和国家领导人朱德、叶剑英、邓小平、宋庆龄以及首都各界群众代表一万多人，前往北京医院向周恩来的遗体

---

① 吴阶平现场回忆，电视历史回顾纪实片《伟人周恩来》，第 15 集。

告别。由于对前往告别的人员有严格的限制，许多人自发地赶去，只能站在医院墙外，表达自己的哀思。

十一日下午，周恩来的遗体由邓颖超和治丧委员会人员护送到北京八宝山革命公墓火化。从北京医院到八宝山沿途数十里长街上，首都百万群众很早就自发地聚集在街道两侧，在凛冽寒风中肃立致敬，送别周恩来。当载着周恩来遗体的灵车缓缓通过时，人们含悲饮泣，泪眼相送，整个长安街头笼罩在一片哀痛气氛中。这种感人的情景，在中国历史上还从来不曾有过。

从十二日起，首都各界群众四万多人有秩序地陆续前往天安门东侧劳动人民文化宫吊唁大厅，沉痛悼念周恩来。毛泽东、朱德、叶剑英、邓小平、宋庆龄等党和国家领导人，周恩来夫人邓颖超，以及其他方面的单位和个人敬献了花圈。邓颖超所送花圈的缎带上写着："悼念恩来战友——小超哀献"。世界许多国家的首脑和政府，驻中国的外交使团、大使、大使馆，国外马列主义政党和组织及其领导人，在北京的外宾、专家、留学生和实习生等也送了花圈。吊唁仪式后，周恩来的骨灰转到人民大会堂，安放在台湾厅内。

吊唁期间，更多的首都群众冲破"四人帮"的禁令，自发地或有组织地举行各种悼念活动，深切缅怀周恩来。天安门广场中央镌刻有周恩来手书碑文的人民英雄纪念碑，成为人们追悼、怀念周恩来的主要场地。几天里，以纪念碑为中心的天安门广场花如海，人如潮，一派悲壮景象。除北京外，天津、上海、武汉、南京、西安、重庆、南昌、广州以及全国其他大中城市也出现类似的群众性悼念场面。

一月十五日下午，党和国家领导人以及首都各界群众代表几千人在人民大会堂举行隆重的追悼大会。中共中央副主席、国务院副总理邓小平代表中共中央致悼词。他说：

今天，我们怀着极其沉痛的心情，悼念中国共产党的优秀党员、伟大的无产阶级革命家、杰出的共产主义战士、中国人民久经考验的卓越的党和国家领导人周恩来同志。周恩来同志的逝世，对于我党我军和我国人民，对于我国的社会主义革命和建设事业，对于国际反帝、反殖、反霸的事业和国际共产主义运动的事业，都是巨大的损失。

周恩来同志忠于党，忠于人民，为贯彻执行毛主席的无产阶级革命路线，争取中国人民解放事业和共产主义事业的胜利，英勇斗争，鞠躬尽瘁，无私地贡献了自己毕生的精力。在毛主席的领导下，周恩来同志对建设和发展马克思主义的中国共产党，对建设和发展战无不胜的人民军队，对夺取新民主主义革命的胜利，创建社会主义的新中国，对巩固工人阶级领导的以工农联盟为基础的各族人民的大团结，发展革命统一战线，对争取社会主义革命和建设事业的胜利，巩固我国的无产阶级专政，都做出了不可磨灭的贡献，建立了不朽的功勋。全党全军全国人民衷心地爱戴他，尊敬他。周恩来同志在国际事务中，坚决贯彻执行毛主席的革命外交路线，坚持无产阶级国际主义。他对加强我党同各国马列主义政党和组织的团结，促进国际共产主义运动的发展，对加强我国人民同各国人民特别是第三世界各国人民的团结，在和平共处五项原则的基础上争取同一切国家建立和发展关系，联合国际上一切可以联合的力量，进行反对帝国主义的斗争，同样做出了不可磨灭的卓越的贡献，赢得了世界人民的尊敬。周恩来同志的一生，是为共产主义事业光辉战斗的一生，是坚持继续革命的一生。他是我们全党全军全国人民学习的榜样。

在悼念周恩来同志的时候，我们要学习他对马克思

> 主义、列宁主义、毛泽东思想的无限忠诚，终生为实现共产主义的伟大理想而奋斗；要学习他全心全意为人民服务的崇高品质，勤勤恳恳，任劳任怨，忘我地、不知疲倦地为中国人民和世界人民谋利益；要学习他对敌斗争的坚定性，奋不顾身，机智勇敢，坚定沉着，充满着必胜的信心；要学习他坚强的无产阶级党性，光明磊落，顾全大局，遵守党的纪律，严于解剖自己，善于团结广大干部，维护党的团结和统一；要学习他谦虚谨慎，平易近人，以身作则，艰苦朴素的优良作风和他同疾病作斗争的革命毅力。
>
> 中国人民伟大的革命战士周恩来同志和我们永别了。我们要化悲痛为力量，在毛主席为首的党中央领导下，团结一致，为把我国建设成为社会主义的现代化强国，为共产主义事业的胜利而奋斗。

邓小平致悼词后，全体到会人员向周恩来遗像和骨灰盒三鞠躬。

遵照周恩来的遗愿，十五日夜至次日凌晨，周恩来的骨灰由西花厅党支部工作人员乘飞机撒在北京、天津和山东北部黄河入海口等处。

周恩来的逝世使全世界为之震动。一百三十多个国家和政党领导人先后发来唁电、唁函，向中国党和政府表示深切的悼念，对周恩来为中国、为世界所做出的巨大贡献，作出崇高的评价。在联合国安全理事会上，由会议主席提议，全体代表起立，向周恩来默哀。联合国大厦也下半旗志哀。

周恩来逝世后，以江青为首的“四人帮”百般阻挠并竭力压制全国人民自发举行的各种悼念周恩来的活动，激起人民群众更加强烈的不满。十五日追悼大会当天，上海市广大工人不顾“四人帮”的禁令，拉响停泊在各港口码头船只的汽笛。听到笛声，行人止步，车辆停驶，人们自动肃立街头，向周恩来默默致哀。天津、烟台、青岛、连云港、福州、黄埔、湛江等港口码头的中外船只也纷纷拉响汽笛。呜咽、悲壮的笛声此起彼伏，连绵不绝，响彻数千公里祖国沿海的上空。三月下旬，南京市人民发动声讨“四人帮”一伙倒行逆施的抗议活动，举国响应。清明节（四月四日）前后，首都人民在天安门广场举行更大规模的悼念周恩来、拥护邓小平、反对“四人帮”的活动。面对种种禁令、高压和恐吓，人们无所畏惧，万众一心，用诗词、传单、演说等方式，表达自己的思念和决心，将全国性的悼念、抗议活动推向高潮。这为后来粉碎江青反革命集团并结束“文化大革命”十年内乱，奠定了广泛的群众基础。

人民的意志是不可战胜的。周恩来逝世后只有半年多，取得了粉碎江青反革命集团的胜利，从危难中挽救了党，挽救了国家。党的十一届三中全会，成为历史的伟大转折。一九八一年六月二十七日，中共十一届六中全会通过《关于建国以来党的若干历史问题的决议》。这个由邓小平主持起草的决议中郑重地写道：“周恩来同志对党和人民无限忠诚，鞠躬尽瘁。他在‘文化大革命’中处于非常困难的地位。他顾全大局，任劳任怨，为继续进行党和国家的正常的工作，为尽量减少‘文化大革命’所造成的损失，为保护大批的党内外干部，做了坚持不懈的努力，费尽了心血。他同林彪、江青反革命集团的破坏进行了各种形式的斗争。他的逝世引起了全党和全国各族人民的无限悲痛。”这是历史作出的公正结论。

一九八八年春天，中南海西花厅院落的海棠花又盛开了。这是周恩来最喜爱的花。八十四岁的邓颖超深情地回忆十二年前离去的周恩来：

“你不在了，可是每到海棠花开放的时候，常常有爱花的人来看花。在花下树前，大家一边赏花，一边缅怀你，想念你，仿佛你仍在我们中间。你离开了这个院落，离开它们，离开我们，你不会再来。你到哪里去了啊？我认为你一定随着春天温暖的风，又踏着严寒冬天的雪，你经过春风的吹送和踏雪的足迹，已经深入到祖国的高山、平原，也飘进了黄河、长江，经过黄河、长江的运移，你进入了无边无际的海洋。你，不仅是为我们的国家，为我们国家的人民服务，而且你为全人类的进步事业，为世界的和平，一直在那里跟人民并肩战斗。”“当你告别人间的时候，我了解你。你是忧党、忧国、忧民，把满腹忧恨埋藏在你的心里，跟你一起走了。但是，你没有想到，人民的力量，人民的觉醒，我们党的中坚优秀领导人，很快就一举粉碎了‘四人帮’。‘四人帮’粉碎之后，祖国的今天，正在开着改革开放之花，越开越好、越大、越茁壮，正在结着丰硕的果实，使我们的国家繁荣昌盛，给我们的人民带来幸福。”①

① 邓颖超：《从西花厅的海棠花忆起》，《人民日报》，1997 年 3 月 5 日。

后　记

编写周恩来同志的传记，是中共中央文献研究室承担的一项重要任务。

本书的主要资料依据是中央档案馆保存的周恩来同志数万件文稿、电报、书信、讲话记录和大量会议记录，还有原由邓颖超同志保存的周恩来同志青年时代日记、作文和书信等。同时，广泛参考了当时各种报刊和许多同周恩来同志有过直接接触的人员的访问记录、回忆录等。力求根据丰富的第一手资料，写出比较翔实的信史。

由于编写周恩来传记的工作量太大，本书曾分建国前和建国后两部分出版。《周恩来传（1898—1949）》在一九八九年二月由人民出版社、中央文献出版社出版第一版。这以后，又经过九年的工作，《周恩来传（1949—1976）》方才完稿，由中央文献出版社出版。

《周恩来传（1898—1949）》，由李琦指导写作并审阅定稿，由金冲及主要撰写。写作的过程是：先由力平、马芷荪、石仲泉、李海文、金冲及分工执笔，写出第一稿；再由金冲及写成全书第二稿，并根据各方面所提意见作了多次增补和修改；廖心文核对了全部引文，并注明出处。为本书做了很多工作的还有方铭、陈浩、吴瑞章、朱同顺、高文谦、熊华源、孙翊以及周恩来研究组和办公室的其他同志。

第一版出版后，受到社会各界的鼓励，先后获得第一届国家图书奖、一九八九年全国图书金钥匙奖一等奖、第二届吴玉章奖金一等奖等，被列入中共中央宣传部等五部委推荐的百部爱国主义图书之内。并由日本阿吽社、台北地球出版社分别出版日文本和中文繁体字本（日文本由京都大学狭间直树教授监译）。

最使我们感动的是，邓颖超同志在病中要护士把这本书念给她听，每次十至十五页，多的时候到二十页。一九八九年四月二十五日，她把作者找去谈了她的看法："我的第一个印象是觉得这部书是一种创新，文风上也是一种创新。你们花了许多时间收集了大量的资料，这样写出的传记不是片面的，而是比较全面的。最难能的是，你们对许多材料去伪存真，写进传记里，使得历史上一些误传的情况得以澄清。我认为这部传记写得很好，是一种创新。特别是对文风我很满意。你们把收集到的大量历史资料经过研究、选材，组织起来，比较完整地反映出一些重要的历史情况，这是一次最好的尝试。""你们费了很大的力量来思考和组织材料，这一点值得你们发扬，至少要提倡这种写作方法。"我们的理解，邓颖超同志这些话，目的是要告诫我们应该坚持怎样的写作方法。对这本书的不足，她也提出了意见："比如，沙基惨案，恩来同志也是参加了群众队伍的。当时三个人一排，机枪扫射过来，恩来同志两旁的人都中弹身亡，他得以幸免。这件事可以说明恩来同群众的关系，他总是勇于站在第一线。希望你们再版时把这个内容补充上。"

《周恩来传（1949—1976）》同样是集体劳动的成果，由金冲及任主编。各章执笔人如下：

三十八——四十五，金冲及

四十六、四十七、六十、六十一，熊华源

四十八——五十九、六十二、六十三，廖心文

六十四——七十三，安建设

金冲及统一地对全书作了仔细的修改，并负责定稿。李琦审阅了全部书稿。廖心文等选定书中的照片和插图。中央文献研究室办公厅秘书处和档案处、中央文献出版社，为本书的编写和出版做了许多工作。

在《周恩来传（1949—1976）》将要定稿时，我们对《周恩来传（1898—1949）》第一版进行了必要的修订，主要是根据出版后各方面所提意见和我们自己已发现的问题对书中叙述得不准确或漏校的地方作了改正，还根据以后新看到的材料作了少量最必要的补充，改动的地方约上百处。这项工作主要是廖心文做的，由金冲及定稿。

由于周恩来传记的全书已经完稿，这次不再单独出版《周恩来传（1898—1949）》第二版，而是把它同建国后部分合在一起，用《周恩来传》的书名出版，以此来纪念周恩来同志诞辰一百周年。考虑到《周恩来传（1898—1949）》第一版已发行数十万册，《周恩来传（1949—1976）》仍单独出版，和本书同时发行。

书中不当的地方，仍请读者批评指正。

一九九七年十二月

本书修订过程中，对个别错漏之处作了订正。

二〇〇七年十二月

图书在版编目（CIP）数据

周恩来传/金冲及主编；中共中央文献研究室编．—北京：中央文献出版社，2010.12

ISBN 978-7-5073-3189-9

Ⅰ．①周…　Ⅱ．①金…②中…　Ⅲ．①周恩来（1898～1976）–传记　Ⅳ．①K827=7

中国版本图书馆 CIP 数据核字（2010）第 246471 号

周恩来传

编　　者/中共中央文献研究室
主　　编/金冲及
责任编辑/边彦军　杨茂荣
封面设计/视觉共振工作室
版式设计/寇　炫

出版发行/中央文献出版社
地　　址/北京西四北大街前毛家湾 1 号
网　　址/www.zywxpress.com
邮　　编/100017
销售热线/010-83089313　83089394　83072509　83089404
经　　销/新华书店
排　　版/北京华艺排版公司
印　　刷/北京汇林印务有限公司

680×960mm　16 开　123 印张　1520 千字
2011 年 1 月第 2 版　2019 年 11 月第 2 次印刷
印　数　1-3000 套

ISBN 978-7-5073-3189-9　　定价：360.00 元（全 4 卷）